LE Cte ALFRED DE VIGNY

(DE L'ACADÉMIE FRANÇAISE)

CINQ-MARS

OU

UNE CONJURATION SOUS LOUIS XIII

TREIZIÈME ÉDITION
PRÉCÉDÉE DE RÉFLEXIONS SUR LA VÉRITÉ DANS L'ART
Accompagnée de documents historiques

PARIS
LIBRAIRIE NOUVELLE
Boulevard des Italiens, 15

A. BOURDILLIAT ET Cie, ÉDITEURS

1861

CINQ-MARS

> Le Roi était tacitement le chef de cette conjuration. Le grand écuyer Cinq-Mars en était l'âme ; le nom dont on se servait était celui du duc d'Orléans, frère unique du roi, et leur conseil était le duc de Bouillon. La Reine sçut l'entreprise et les noms des conjurés.....
>
> MÉMOIRES D'ANNE D'AUTRICHE,
> *Par Madame de Motteville.*

Qui trompe-t-on donc ici ?

PARIS. — IMPRIMERIE DE LA LIBRAIRIE NOUVELLE

A. Bourdilliat, 15, rue Breda

Le Cᵗᵉ ALFRED DE VIGNY
(DE L'ACADÉMIE FRANÇAISE)

CINQ-MARS

OU

UNE CONJURATION SOUS LOUIS XIII

TREIZIÈME ÉDITION
PRÉCÉDÉE DE RÉFLEXIONS SUR LA VÉRITÉ DANS L'ART
Accompagnée de documents historiques

PARIS
LIBRAIRIE NOUVELLE
BOULEVARD DES ITALIENS, 15

A. BOURDILLIAT ET Cⁱᵉ, ÉDITEURS
La traduction et la reproduction sont réservées
1861

RÉFLEXIONS

SUR

LA VÉRITÉ DANS L'ART

L'étude du destin général des sociétés n'est pas moins nécessaire aujourd'hui dans les écrits que l'analyse du cœur humain. Nous sommes dans un temps où l'on veut tout connaître et où l'on cherche la source de tous les fleuves. La France surtout aime à la fois l'Histoire et le Drame, parce que l'une retrace les vastes destinées de l'HUMANITÉ, et l'autre le sort particulier de l'HOMME. C'est là toute la vie. Or, ce n'est qu'à la Religion, à la Philosophie, à la Poésie pure, qu'il appartient d'aller plus loin que la vie, au delà des temps, jusqu'à l'éternité.

Dans ces dernières années (et c'est peut-être une suite de nos mouvements politiques), l'Art s'est empreint d'histoire plus fortement que jamais. Nous avons tous les yeux attachés sur nos Chroniques, comme si, parvenus à la virilité en marchant vers de plus grandes choses, nous nous arrêtions un moment pour nous rendre compte de notre jeunesse et de ses erreurs. Il a donc fallu doubler l'INTÉRÊT en y ajoutant le SOUVENIR.

Comme la France allait plus loin que les autres nations dans cet amour des faits et que j'avais choisi une époque récente et connue, je crus aussi ne pas devoir imiter les étrangers, qui, dans leurs tableaux, montrent à peine à l'horizon les hommes dominants de leur histoire ; je plaçai les nôtres sur le devant de la scène, je les fis principaux acteurs de cette tragédie dans laquelle j'avais dessein de peindre les trois sortes d'ambition qui nous peuvent remuer, et, à côté d'elles, la beauté du sacrifice de soi-même à une généreuse pensée. Un traité sur la chute de la féodalité, sur la position extérieure et intérieure de la France au dix-septième siècle, sur la question des alliances avec les armes étrangères, sur la justice aux mains des parlements ou des commissions secrètes et sur les accusations de sorcellerie, n'eût pas été lu peut-être ; le roman le fut.

Je n'ai point dessein de défendre ce dernier système de composition plus historique, convaincu que le germe de la grandeur d'une œuvre est dans l'ensemble des idées et des sentiments d'un homme et non pas dans le genre qui leur sert de forme. Le choix de telle époque nécessitera cette MANIÈRE, telle autre la devra repousser ; ce sont là des secrets du travail de la pensée qu'il n'importe point de faire connaître. A quoi bon qu'une théorie nous apprenne pourquoi nous sommes charmés ? Nous entendons les sons de la harpe ; mais sa forme élégante nous cache les ressorts de fer. Cependant, puisqu'il m'est prouvé que ce livre a en lui quelque vitalité [1], je ne puis m'em-

---

[1] Douze éditions réelles de formats divers et des traductions dans toutes les langues peuvent en être la preuve. (*Note de l'Éditeur.*)

pêcher de jeter ici ces réflexions sur la liberté que doit avoir l'imagination d'enlacer dans ses nœuds formateurs toutes les figures principales d'un siècle, et, pour donner plus d'ensemble à leurs actions, de faire céder parfois la réalité des faits à l'IDÉE que chacun d'eux doit représenter aux yeux de la postérité ; enfin sur la différence que je vois entre la VÉRITÉ de l'Art et le VRAI du Fait.

De même que l'on descend dans sa conscience pour juger des actions qui sont douteuses pour l'esprit, ne pourrions-nous pas aussi chercher en nous-mêmes le sentiment primitif qui donne naissance aux formes de la pensée, toujours indécises et flottantes ? Nous trouverions dans notre cœur plein de trouble, où rien n'est d'accord, deux besoins qui semblent opposés, mais qui se confondent, à mon sens, dans une source commune ; l'un est l'amour du VRAI, l'autre l'amour du FABULEUX. Le jour où l'homme a raconté sa vie à l'homme, l'Histoire est née. Mais à quoi bon la mémoire des faits véritables, si ce n'est à servir d'exemple de bien ou de mal ? Or les exemples que présente la succession lente des événements sont épars et incomplets ; il leur manque toujours un enchaînement palpable et visible, qui puisse amener sans divergence à une conclusion morale ; les actes de la famille humaine sur le théâtre du monde ont sans doute un ensemble, mais le sens de cette vaste tragédie qu'elle y joue ne sera visible qu'à l'œil de Dieu, jusqu'au dénoûment qui le révélera peut-être au dernier homme. Toutes les philosophies se sont en vain épuisées à l'expliquer, roulant sans cesse leur rocher, qui n'arrive jamais et retombe sur elles, chacune élevant son frêle édifice sur la ruine des autres et le voyant crouler à son tour. Il me semble donc que l'homme, après avoir satisfait à cette première curiosité des faits, désira quelque chose de plus complet, quelque groupe, quelque réduction à sa portée et à son usage des anneaux de cette vaste chaîne d'événements que sa vue ne pouvait embrasser ; car il voulait aussi trouver, dans les récits, des exemples qui pussent servir aux vérités morales dont il avait la conscience ; peu de destinées particulières suffisaient à ce désir, n'étant que les parties incomplètes du TOUT insaisissable de l'histoire du monde ; l'une était pour ainsi dire un quart, l'autre une moitié de preuve ; l'imagination fit le reste et les compléta. De là, sans doute, sortit la fable. — L'homme la créa vraie, parce qu'il ne lui est pas donné de voir autre chose que lui-même et la nature qui l'entoure ; mais il la créa VRAIE d'une VÉRITÉ toute particulière.

Cette VÉRITÉ toute belle, tout intellectuelle, que je sens, que je vois et voudrais définir, dont j'ose ici distinguer le nom de celui du VRAI, pour me mieux faire entendre, est comme l'âme de tous les arts. C'est un choix du signe caractéristique dans toutes les beautés et toutes les grandeurs du VRAI visible ; mais ce n'est pas lui-même, c'est mieux que lui ; c'est un ensemble idéal de ses principales formes, une teinte lumineuse qui comprend ses plus vives couleurs, un baume enivrant de ses parfums les plus purs, un élixir délicieux de ses sucs les meilleurs, une harmonie parfaite de ses sons les plus mélodieux ; enfin c'est une somme complète de toutes ses valeurs. A cette seule VÉRITÉ doivent prétendre les œuvres de l'Art qui sont une représentation morale de la vie, les œuvres dramatiques. Pour l'atteindre, il faut sans doute commencer par connaître tout le VRAI de chaque siècle, être imbu profondément de son ensemble et de ses détails ; ce n'est là qu'un pauvre mérite d'attention, de patience et de mémoire ; mais ensuite il faut choisir et grouper autour d'un centre inventé : c'est là l'œuvre de l'imagination et de ce grand BON SENS qui est le génie lui-même.

A quoi bon les Arts s'ils n'étaient que le redoublement et la contre-épreuve de l'existence ? Eh ! bon Dieu, nous ne voyons que trop autour de nous la triste et désenchanteresse réalité : la tiédeur insupportable des demi-caractères, des ébauches de vertus et de vices, des amours irrésolus, des haines mitigées, des amitiés tremblotantes, des doctrines variables, des fidélités qui ont leur hausse et leur baisse, des opinions qui s'évaporent ; laissez-nous rêver que parfois ont paru des hommes plus forts et plus grands, qui furent des bons ou des méchants plus résolus ; cela fait du bien. Si la pâleur de votre VRAI nous poursuit dans l'Art, nous fermerons ensemble le théâtre et le livre pour ne pas le rencontrer deux fois. Ce que l'on veut des œuvres qui font mouvoir des fantômes d'hommes, c'est, je le répète, le spectacle philosophique de l'homme profondément travaillé par les passions de son caractère et de son temps ; c'est donc la VÉRITÉ de cet homme et de ce TEMPS, mais tous deux élevés à une puissance supérieure et idéale qui en concentre toutes les forces. On la reconnaît, cette VÉRITÉ, dans les œuvres de la pensée, comme l'on se récrie sur la ressemblance d'un portrait dont on n'a jamais vu l'original ; car un beau talent peint la vie plus encore que le vivant.

Pour achever de dissiper sur ce point les scrupules de quelques consciences littérairement timorées que j'ai vues saisies d'un trouble tout particulier en considérant la hardiesse avec laquelle l'imagination se jouait des personnages les plus graves qui aient jamais eu vie, je me hasarderai jusqu'à avancer que, non dans son entier, je ne l'oserais dire, mais dans beaucoup de ses pages, et qui ne sont peut-être pas les moins belles : l'histoire est un roman dont le peuple est l'auteur. —L'esprit humain ne me semble se soucier du vrai que dans le caractère général d'une époque ; ce qui lui importe surtout, c'est la masse des événements et les grands pas de l'humanité qui emportent les individus ; mais, indifférent sur les détails, il les aime moins réels que beaux, ou plutôt grands et complets.

Examinez de près l'origine de certaines actions, de certains cris héroïques qui s'enfantent on ne sait comment : vous les verrez sortir tout faits des On dit et des murmures de la foule, sans avoir en eux-mêmes autre chose qu'une ombre de vérité ; et pourtant ils demeureront historiques à jamais. — Comme par plaisir et pour se jouer de la postérité, la voix publique invente des mots sublimes pour les prêter, de leur vivant même et sous leurs yeux, à des personnages qui, tout confus, s'en excusent de leur mieux comme ne méritant pas tant de gloire [1] et ne pouvant porter si haute renommée. N'importe, on n'admet point leurs réclamations ; qu'ils les crient, qu'ils les écrivent, qu'ils les publient, qu'ils les signent, on ne veut pas les écouter, leurs paroles sont sculptées dans le

---

[1] De nos jours un général russe n'a-t-il pas renié l'incendie de Moscou, que nous avons fait tout romain ; et qui demeurera tel ? Un général français n'a-t-il pas nié le mot du champ de bataille de Waterloo qui l'immortalisera ? Et si le respect d'un événement sacré ne me retenait, je rappellerais qu'un prêtre a cru devoir désavouer publiquement un mot sublime qui restera comme le plus beau qui ait été prononcé sur un échafaud : *Fils de saint Louis, montez au ciel !* Lorsque je connus tout dernièrement son auteur véritable, je m'affligeai tout d'abord de la perte de mon illusion, mais bientôt je fus consolé par une idée qui honore l'humanité à mes yeux. Il me semble que la France a consacré ce mot, parce qu'elle a éprouvé le besoin de se réconcilier avec elle-même, de s'étourdir sur son énorme égarement, et de croire qu'alors il se trouva un honnête homme qui osa parler haut.

bronze, les pauvres gens demeurent historiques et sublimes malgré eux. Et je ne vois pas que tout cela se soit fait seulement dans les âges de barbarie, cela se passe à présent encore, et accommode l'Histoire de la veille au gré de l'opinion générale, muse tyrannique et capricieuse qui conserve l'ensemble et se joue du détail. Eh! qui de vous n'a assisté à ses transformations! Ne voyez-vous pas de vos yeux la chrysalide du FAIT prendre par degré les ailes de la FICTION? — Formé à demi par les nécessités du temps, un FAIT est enfoui tout obscur et embarrassé, tout naïf, tout rude, quelquefois mal construit, comme un bloc de marbre non dégrossi; les premiers qui le déterrent et le prennent en main le voudraient autrement tourné, et le passent à d'autres mains déjà un peu arrondi; d'autres le polissent en le faisant circuler; en moins de rien il arrive au grand jour transformé en statue impérissable. Nous nous récrions; les témoins oculaires et auriculaires entassent réfutation sur explications; les savants fouillent, feuillettent et écrivent; on ne les écoute pas plus que les humbles héros qui se renient; le torrent coule et emporte le tout sous la forme qu'il lui a plu de donner à ces actions individuelles. Qu'a-t-il fallu pour toute cette œuvre? Un rien, un mot; quelquefois le caprice d'un journaliste désœuvré. Et y perdons-nous? Non. Le fait adopté est toujours mieux composé que le vrai, et n'est même adopté que parce qu'il est plus beau que lui; c'est que l'HUMANITÉ ENTIÈRE a besoin que ses destinées soient pour elle-même une suite de leçons; plus indifférente qu'on ne pense sur la RÉALITÉ DES FAITS, elle cherche à perfectionner l'événement pour lui donner une grande signification morale; sentant bien que la succession des scènes qu'elle joue sur la terre n'est pas une comédie, et que, puisqu'elle avance, elle marche à un but dont il faut chercher l'explication au delà de ce qui se voit.

Quant à moi, j'avoue que je sais bon gré à la voix publique d'en agir ainsi, car souvent sur la plus belle vie se trouvent des taches bizarres et des défauts d'accord qui me font peine lorsque je les aperçois. Si un homme me paraît un modèle parfait d'une grande et noble faculté de l'âme, et que l'on vienne m'apprendre quelque ignoble trait qui le défigure, je m'en attriste, sans le connaître, comme d'un malheur qui me serait personnel, et je voudrais presque qu'il fût mort avant l'altération de son caractère.

Aussi, lorsque la MUSE (et j'appelle ainsi l'Art tout entier, tout ce qui est du domaine de l'imagination, à peu près comme les anciens nommaient MUSIQUE l'éducation entière), lorsque la MUSE vient raconter, dans ses formes passionnées, les aventures d'un personnage que je sais avoir vécu, et qu'elle recompose ses événements selon la plus grande idée de vice ou de vertu que l'on puisse concevoir de lui, réparant les vides, voilant les disparates de sa vie et lui rendant cette unité parfaite de conduite que nous aimons à voir représentée même dans le mal; si elle conserve d'ailleurs la seule chose essentielle à l'instruction du monde, le génie de l'époque, je ne sais pourquoi l'on serait plus difficile avec elle qu'avec cette voix des peuples qui fait subir chaque jour à chaque fait de si grandes mutations.

Cette liberté, les anciens la portaient dans l'histoire même; ils n'y voulaient voir que la marche générale et le large mouvement des sociétés et des nations, et, sur ces grands fleuves déroulés dans un cours bien distinct et bien pur, ils jetaient quelques figures colossales, symboles d'un grand caractère et d'une haute pensée. On pourrait presque calculer géométriquement que, soumise à la double composition de l'opinion et de l'écrivain, leur histoire nous arrive de troisième main, et éloignée de deux degrés de la vérité du fait.

C'est qu'à leurs yeux l'Histoire aussi était une œuvre de l'Art ; et, pour avoir méconnu que c'est là sa nature, le monde chrétien tout entier a encore à désirer un monument historique, pareil à ceux qui dominent l'ancien monde et consacrent la mémoire de ses destinées, comme ses pyramides, ses obélisques, ses pylônes et ses portiques dominent encore la terre qui lui fut connue, et y consacrent la grandeur antique.

Si donc nous trouvons partout les traces de ce penchant à déserter le POSITIF, pour apporter l'IDÉAL jusque dans les annales, je crois qu'à plus forte raison l'on doit s'abandonner à une grande indifférence de la réalité historique pour juger les œuvres dramatiques, poëmes, romans ou tragédies, qu'empruntent à l'Histoire des personnages mémorables. L'ART ne doit jamais être considéré que dans ses rapports avec sa BEAUTÉ IDÉALE. Il faut le dire, ce qu'il y a de VRAI n'est que secondaire, c'est seulement une illusion de plus dont il s'embellit, un de nos penchants qu'il caresse. Il pourrait s'en passer, car la VÉRITÉ dont il doit se nourrir est la *vérité d'observation sur la nature humaine, et non l'authenticité du fait*. Les noms des personnages ne font rien à la chose.

L'*Idée* est tout. Le nom propre n'est rien que l'exemple et la preuve de l'idée.

Tant mieux pour la mémoire de ceux que l'on choisit

pour représenter des idées philosophiques ou morales ; mais, encore une fois, la question n'est pas là : l'imagination fait d'aussi belles choses sans eux ; elle est une puissance toute créatrice ; les êtres fabuleux qu'elle anime sont doués de vie autant que les êtres réels qu'elle ranime. Nous croyons à Othello comme à Richard III, dont le monument est à Westminster ; à Lovelace et à Clarisse autant qu'à Paul et à Virginie, dont les tombes sont à l'île de France. C'est du même œil qu'il faut voir jouer ces personnages et ne demander à la MUSE que sa VÉRITÉ plus belle que le VRAI ; soit que, rassemblant les traits d'un CARACTÈRE épars dans mille individus complets, elle en compose un TYPE dont le nom seul est imaginaire ; soit qu'elle aille choisir sous leur tombe et toucher de sa chaîne galvanique les morts dont on sait de grandes choses, les force à se lever encore et les traîne, tout éblouis, au grand jour, où, dans le cercle qu'a tracé cette fée, ils reprennent à regret leurs passions d'autrefois et recommencent par-devant leurs neveux le triste drame de la vie.

Écrit en 1827.

CINQ-MARS

CHAPITRE PREMIER

LES ADIEUX

> Fare thee well, and if for ever,
> Still for ever fare thee well.
> LORD BYRON.
>
> Adieu ! et, si c'est pour toujours, pour
> toujours encore adieu...

Connaissez-vous cette contrée que l'on a surnommée le jardin de la France, ce pays où l'on respire un air si pur dans des plaines verdoyantes arrosées par un grand fleuve? Si vous avez traversé, dans les mois d'été, la belle Touraine, vous aurez longtemps suivi la Loire paisible avec enchantement, vous aurez regretté de ne pouvoir déterminer, entre les deux rives, celle où vous choisiriez votre demeure, pour y oublier les hommes auprès d'un être aimé. Lorsque l'on accompagne le flot jaune et lent du beau fleuve, on ne cesse de perdre ses regards dans les riants détails de la rive droite. Des vallons peuplés de jolies maisons blanches qu'entourent des bosquets, des coteaux jaunis par les vignes, ou blanchis par les fleurs du cerisier, de vieux murs couverts de chèvrefeuilles naissants, des jardins de roses d'où sort tout à coup une tour élancée, tout rappelle la fécondité de la terre ou l'ancienneté de ses monuments, et tout intéresse dans les œuvres de ses habitants industrieux. Rien ne leur a été inutile : il semble que, dans leur amour d'une aussi belle patrie, seule province de France que n'occupa jamais l'étranger, ils n'aient pas voulu perdre le moindre espace de son terrain, le plus léger grain de son sable. Vous croyez que cette vieille tour démolie n'est habitée que par les oiseaux hideux de la nuit? Non. Au bruit de vos chevaux, la tête riante d'une jeune fille sort du lierre poudreux, blanchi sous la poussière de la grande route; si vous gravissez un coteau hérissé de raisins, une petite fumée vous avertit tout à coup qu'une cheminée est à vos pieds; c'est que le rocher même est habité, et que des familles de vignerons respirent dans ses profonds souterrains, abritées dans la nuit par la terre nourricière qu'elles cultivent laborieusement pendant le jour. Les bons Tourangeaux sont simples comme leur vie, doux comme l'air qu'ils respirent, et forts comme le sol puissant qu'ils fertilisent. On ne voit sur leurs traits bruns ni la froide immobilité du Nord, ni la vivacité grimacière du Midi ; leur visage a, comme leur caractère, quelque chose de la candeur du vrai peuple de saint Louis ; leurs cheveux châtains sont encore longs et arrondis autour des oreilles comme les statues de pierre de nos vieux rois ; leur langage est le plus pur français, sans lenteur, sans vitesse, sans accent; le berceau de la langue est là, près du berceau de la monarchie.

Mais la rive gauche de la Loire se montre plus sérieuse dans ses aspects : ici c'est Chambord que l'on aperçoit de loin, et qui, avec ses dômes bleus et ses petites coupoles, ressemble à une grande ville de l'Orient ; là c'est Chanteloup, suspendant au milieu de l'air son élégante pagode. Non loin de ces palais un bâtiment plus simple attire les yeux du voyageur par sa position magnifique et sa masse imposante; c'est le château de Chaumont. Construit sur la colline la plus élevée du rivage de la Loire, il encadre ce large sommet avec ses hautes murailles et ses énormes tours; de longs clochers d'ardoises les élèvent aux yeux, et donnent à l'édifice cet air de couvent, cette forme religieuse de tous nos vieux châteaux, qui imprime un caractère plus grave aux paysages de la plupart de nos provinces. Des arbres noirs et touffus entourent de tous côtés cet ancien manoir, et de loin ressemblent à ces plumes qui environnaient le chapeau du roi Henri ; un joli village s'étend au pied du mont, sur le bord de la rivière, et l'on dirait que ses maisons blanches sortent du sable doré ; il est lié au château, qui le protége par un étroit sentier qui circule dans le rocher ; une chapelle est au milieu de la colline ; les seigneurs descendaient et les villageois montaient à son autel : terrain d'égalité, placé comme une ville neutre entre la misère et la grandeur, qui se sont trop souvent fait la guerre.

Ce fut là que, dans une matinée du mois de juin 1639, la cloche du château ayant sonné à midi, selon l'usage, le dîner de la famille qui l'habitait, il se passa dans cette antique demeure des choses qui n'étaient pas habituelles. Les nombreux domestiques remarquèrent qu'en disant la prière du matin à toute la maison assemblée la maréchale d'Effiat avait parlé d'une voix moins assurée et les larmes dans les yeux, qu'elle avait paru vêtue d'un deuil plus austère que de coutume. Les gens de la maison et les Italiens de la duchesse de Mantoue, qui s'était alors retirée momentanément à Chaumont, virent avec surprise des préparatifs de départ se faire tout à coup. Le vieux domestique du maréchal d'Effiat, mort depuis six mois, avait repris ses bottes, qu'il avait juré précédemment d'abandonner pour toujours. Ce brave homme, nommé Granchamp, avait suivi partout le chef de la famille dans les guerres et dans ses travaux de finance ; il avait été son écuyer dans les unes et son secrétaire dans les autres ; il était revenu d'Allemagne depuis peu de temps, apprendre à la mère et aux enfants les détails de la mort du maréchal, dont il avait reçu les derniers soupirs à Luzzelstein ; c'était un de ces fidèles serviteurs dont les modèles sont devenus trop rares en France, qui souffrent des malheurs de la famille et se réjouissent de ses joies, désirent qu'il se forme des mariages pour avoir à élever de jeunes maîtres, grondent les enfants et quelquefois les pères, s'exposent à la mort pour eux, les servent sans gages dans les révolutions, travaillent pour les nourrir, et, dans les temps prospères, les suivent et disent : « Voilà nos vignes » en revenant au château. Il avait une figure sévère très-remarquable, un teint fort cuivré, des cheveux gris argentés, et dont quelques mèches, encore noires comme ses sourcils épais, lui donnaient un air dur au premier aspect ; mais un regard pacifique adoucissait cette première impression. Cependant le son de sa voix était rude. Il s'occupait beaucoup ce jour-là de hâter le dîner, et commandait à tous les gens du château, vêtus de noir comme lui.

— Allons, disait-il, dépêchez-vous de servir pendant que Germain, Louis et Étienne vont seller leurs chevaux ; M. Henry et nous, il faut que nous soyons loin d'ici à huit heures du soir. Et vous, messieurs les Italiens, avez-vous averti votre jeune princesse ? Je gage qu'elle est allée lire avec ses dames au bout du parc ou sur les bords de l'eau. Elle arrive toujours après le premier service, pour faire lever tout le monde de table.

— Ah ! mon cher Grandchamp, dit à voix basse une jeune femme de chambre qui passait et s'arrêta, ne faites pas songer à la duchesse ; elle est bien triste, et je crois qu'elle restera dans son appartement. Santa Maria ! je vous plains de voyager aujourd'hui, partir un vendredi, le 13 du mois, et le jour de Saint-Gervais et Saint-Protais, le jour des deux martyrs. J'ai dit mon chapelet toute la matinée pour M. de Cinq-Mars ; mais en vérité je n'ai pu m'empêcher de songer à tout ce que je vous dis ; ma maîtresse y pense aussi bien que moi, toute grande dame qu'elle est ; ainsi n'ayez pas l'air d'en rire.

En disant cela, la jeune Italienne se glissa comme un oiseau à travers la grande salle à manger, et disparut dans un corridor, effrayée de voir ouvrir les doubles battants des grandes portes du salon.

Grandchamp s'était à peine aperçu de ce qu'elle avait dit, et semblait ne s'occuper que des apprêts du dîner ; il remplissait les devoirs importants de maître d'hôtel, et jetait le regard le plus sévère sur les domestiques, pour voir s'ils étaient tous à leur poste, se plaçant lui-même derrière la chaise du fils aîné de la maison, lorsque tous les habitants du château entrèrent successivement dans la salle : onze personnes, hommes et femmes, se placèrent à table. La maréchale avait passé la dernière, donnant le bras à un beau vieillard vêtu magnifiquement, qu'elle fit placer à sa gauche. Elle s'assit dans un grand fauteuil doré, au milieu de la table, dont la forme était un carré long. Un autre siége un peu plus orné était à sa droite, mais il resta vide. Le jeune marquis d'Effiat, placé en face de sa mère, devait l'aider à faire les honneurs; il n'avait pas plus de vingt ans, et son visage était assez insignifiant; beaucoup de gravité et des manières distinguées annonçaient pourtant un naturel sociable, mais rien de plus. Sa jeune sœur de quatorze ans, deux gentilhommes de la province, trois jeunes seigneurs italiens de la suite de Marie de Gonzague (duchesse de Mantoue), une demoiselle de compagnie, gouvernante de la jeune fille du maréchal, et un abbé du voisinage, vieux et fort sourd, composaient l'assemblée. Une place à gauche du fils aîné restait vacante encore.

La maréchale, avant de s'asseoir, fit le signe de la croix, et dit le *Benedicite* à haute voix : tout le monde y répondit en faisant le signe entier, ou sur la poitrine seulement. Cet usage s'est conservé en France dans beaucoup de familles jusqu'à la Révolution de 1789; quelques-unes l'ont encore, mais plus en province qu'à Paris, et non sans quelque embarras et quelque phrase préliminaire sur le bon temps, accompagnés d'un sourire d'excuse, quand il se présente un étranger : car il est trop vrai que le bien a aussi sa rougeur.

La maréchale était une femme d'une taille imposante, dont les yeux grands et bleus étaient d'une beauté remarquable. Elle ne paraissait pas avoir atteint encore quarante cinq-ans; mais, abattue par le chagrin, elle marchait avec lenteur et ne parlait qu'avec peine, fermant les yeux et laissant tomber sa tête sur sa poitrine pendant un moment, lorsqu'elle avait été forcée d'élever la voix. Alors sa main appuyée sur son sein montrait qu'elle y ressentait une vive douleur. Aussi vit-elle avec satisfaction que le personnage placé à gauche, s'emparant, sans en être prié par personne, du dé de la conversation, le tint avec un sang-froid imperturbable pendant tout le repas. C'était le vieux maréchal de Bassompierre ; il avait conservé sous ses cheveux blancs un air de vivacité et de jeunesse fort étrange à voir ; ses manières nobles et polies avaient quelque chose d'une galanterie surannée comme son costume, car il portait une fraise à la Henry IV et les manches tailladées à la manière du dernier règne, ridicule impardonnable aux yeux des *beaux* de la cour. Cela ne nous paraît pas plus singulier qu'autre chose à présent ; mais il est convenu que dans chaque siècle on rira de l'habitude de son père, et je ne vois guère que les Orientaux qui ne soient pas attaqués de ce mal.

L'un des gentilshommes italiens avait à peine fait une question au maréchal sur ce qu'il pensait de la manière dont le Cardinal traitait la fille du duc de Mantoue, que celui-ci s'écria dans son langage familier :

— Eh corbleu ! monsieur, à qui parlez-vous ? Puis-je rien comprendre à ce régime nouveau sous lequel vit la France ? Nous autres vieux compagnons d'armes du feu roi, nous entendons mal la langue que parle la cour nouvelle, et elle ne sait plus la nôtre. Que dis-je ? on n'en parle aucune dans ce triste pays, car tout le monde s'y tait devant le Cardinal; cet orgueilleux petit vassal nous regarde comme de vieux portraits de famille, et de temps en temps il en retranche la tête; mais la devise y reste toujours, heureusement. N'est-il pas vrai, mon cher Puy-Laurens ?

Ce convive était à peu près du même âge que le maréchal ; mais, plus grave et plus circonspect que lui, il répondit quelques mots vagues, et fit un signe à son contemporain pour lui faire remarquer l'émotion désagréable qu'il avait fait éprouver à la maîtresse de la maison en lui rappelant la mort récente de son mari, et en parlant ainsi du ministre son ami; mais ce fut en vain, car Bassompierre, content du signe de demi approbation, vida d'un trait un fort grand verre de vin, remède qu'il vante dans ses Mémoires comme parfait contre la peste et la réserve, et, se penchant en arrière pour en recevoir un autre de son écuyer, s'établit plus carrément que jamais sur sa chaise et dans ses idées favorites.

— Oui, nous sommes tous de trop ici : je le dis l'autre jour à mon cher duc de Guise, qu'ils ont ruiné. On compte les minutes qui nous restent à vivre, et l'on secoue notre sablier pour le hâter. Quand M. le Cardinal-duc voit dans un coin trois ou quatre de nos grandes figures qui ne quittaient pas les côtés du feu roi, il sent bien qu'il ne peut pas mouvoir ces statues de fer, et qu'il y fallait la main du grand homme ; il passe vite et n'ose pas se mêler à nous, qui ne le craignons pas. Il croit toujours que nous conspirons, et, à l'heure qu'il est, on dit qu'il est question de me mettre à la Bastille.

— Eh ! monsieur le maréchal, qu'attendez-vous pour partir ? dit l'Italien ; je ne vois que la Flandre qui vous puisse être un abri.

— Ah ! monsieur, vous ne me connaissez guère ; au lieu de fuir, j'ai été trouver le roi avant son départ, et je lui ai dit que c'était afin qu'on n'eût pas la peine de me chercher, et que si je savais où il veut m'envoyer, j'irais moi-même sans qu'on m'y menât. Il a été aussi bon que je m'y attendais, et m'a dit : « Comment, vieil ami, aurais-tu la pensée que je le voulusse faire ? Tu sais bien que je t'aime. »

— Ah ! mon cher maréchal, je vous fais compliment, dit madame d'Effiat d'une voix douce, je reconnais la bonté du roi à ce mot-là : il se souvient de la tendresse que le roi son père avait pour vous : il me semble même qu'il vous a accordé tout ce que vous vouliez pour les vôtres, ajouta-t-elle avec insinuation, pour le remettre dans la voie de l'éloge et le tirer du mécontentement qu'il avait entamé si hautement.

— Certes, madame, reprit-il, personne ne sait mieux reconnaître ses vertus que François de Bassompière ; je lui serai fidèle jusqu'à la fin, parce que je me suis donné corps et biens à son père dans un bal ; et je jure que, de mon consentement du moins, personne de ma famille ne manquera à son devoir envers le roi de France. Quoique les *Bestein* soient étrangers et Lorrains, mordieu! une poignée de main de Henry IV nous a conquis pour toujours : ma plus grande douleur a été de voir mon frère mourir au service de l'Espagne, et je viens d'écrire à mon neveu que je le déshériterais s'il passait à l'empereur, comme le bruit en a couru.

Un des gentilshommes, qui n'avait rien dit encore, et que l'on pouvait remarquer à la profusion des nœuds de rubans et d'aiguillettes qui couvraient son habit, et à l'ordre de Saint-Michel dont le cordon noir ornait son cou, s'inclina en disant que c'était ainsi que tout sujet fidèle devait parler.

— Pardieu, monsieur Delaunay, vous vous trompez fort, dit le maréchal, en qui revint le souvenir de ses ancêtres ; les gens de notre sang sont sujets par le cœur, car Dieu nous a fait naître tout aussi bien seigneur de nos terres que le roi l'est des siennes. Quand je suis venu en France, c'était pour me promener, et suivi de mes gentilshommes et de mes pages. Je m'aperçois que plus nous allons, plus on perd cette idée, et surtout à la cour. Mais voilà un jeune homme qui arrive bien à propos pour m'entendre.

La porte s'ouvrit en effet, et l'on vit entrer un jeune homme d'une assez belle taille ; il était pâle, ses cheveux étaient bruns, ses yeux noirs, son air triste et insouciant : c'était Henry d'Effiat, marquis de CINQ-MARS (nom tiré d'une terre de famille) ; son costume et son manteau court étaient noirs ; un collet de dentelle tombait sur son cou jusqu'au milieu de sa poitrine ; de petites bottes fortes très-évasées et ses éperons faisaient assez de bruit sur les dalles du salon pour qu'on l'entendît venir de loin. Il marcha droit à la maréchale d'Effiat en la saluant profondément, et lui baisa la main. — Eh bien ! Henry, lui dit-elle, vos chevaux sont-ils prêts ? A quelle heure partez-vous ? — Après le dîner, sur-le-champ, madame, si vous permettez, dit-il à sa mère avec le cérémonieux respect du temps. Et, passant derrière elle, il fut saluer M. de Bassompière, avant de s'asseoir à la gauche de son frère aîné.

— Eh bien, dit le maréchal tout en dînant de fort bon appétit, vous allez partir, mon enfant; vous allez à la cour; c'est un terrain glissant aujourd'hui. Je regrette pour vous qu'il ne soit pas resté ce qu'il était. La cour autrefois n'était autre chose que le salon du roi, où il recevait ses amis naturels; les nobles des grandes maisons, ses pairs, qui lui faisaient visite pour lui montrer leur dévouement et leur amitié, jouaient leur argent avec lui et l'accompagnaient dans ses parties de plaisir, mais ne recevaient rien de lui que la permission de conduire leurs vassaux se faire casser la tête avec eux pour son service. Les honneurs que recevait un homme de qualité ne l'enrichissaient guère, car il les payait de sa bourse; j'ai vendu une terre à chaque grade que j'ai reçu; le titre de colonel général des Suisses m'a coûté quatre cent mille écus, et le baptême du roi actuel me fit acheter un habit de cent mille francs.

— Ah! pour le coup, vous conviendrez, dit en riant la maîtresse de la maison, que rien ne vous y forçait : nous avons entendu parler de la magnificence de votre habit de perles; mais je serais très-fâchée qu'il fût encore de mode d'en porter de pareils.

— Ah! madame la marquise, soyez tranquille, ce temps de magnificence ne reviendra plus. Nous faisions des folies sans doute, mais elles prouvaient notre indépendance; il est clair qu'alors on n'eût pas enlevé au roi des serviteurs que l'amour seul attachait à lui, et dont les couronnes de duc ou de marquis avaient autant de diamants que sa couronne fermée. Il est visible aussi que l'ambition ne pouvait s'emparer de toutes les classes, puisque de semblables dépenses ne pouvaient sortir que des mains riches, et que l'or ne vient que des mines. Les grandes maisons, que l'on détruit avec tant d'acharnement, n'étaient point ambitieuses, et souvent, ne voulant aucun emploi du gouvernement, tenaient leur place à la cour par leur propre poids, existaient de leur propre être, et disaient comme l'une d'elles : *Prince ne daigne, Rohan je suis.* Il en était de même de toute famille noble à qui sa noblesse suffisait, et que le roi relevait lui-même en écrivant à l'un de mes amis : *L'argent n'est pas chose commune entre gentilhommes comme vous et moi.*

— Mais, monsieur le maréchal, interrompit froidement et avec beaucoup de politesse M. de Launay, qui peut-être avait dessein de l'échauffer, cette indépendance a produit aussi bien des guerres civiles et des révoltes comme celles de M. de Montmorency.

— Corbleu ! monsieur, je ne puis entendre parler ainsi ! dit le fougueux maréchal en sautant sur son fauteuil. Ces révoltes et ces guerres, monsieur, n'ôtaient rien aux lois fondamentales de l'État, et ne pouvaient pas plus renverser le trône que ne le ferait un duel. De tous ces grands chefs de parti il n'en est pas un qui n'eût mis sa victoire aux pieds du roi s'il eût réussi, sachant bien que tous les autres seigneurs aussi grands que lui l'eussent abandonné ennemi du souverain légitime. Nul ne s'est armé que contre une faction et non contre l'autorité souveraine, et, cet accident détruit, tout fût rentré dans l'ordre. Mais qu'avez-vous fait en nous écrasant? vous avez cassé les bras du trône et ne mettrez rien à leur place. Oui, je n'en doute plus à présent, le Cardinal-duc accomplira son dessein en entier, la grande noblesse quittera et perdra ses terres, et, cessant d'être la grande propriété, cessera d'être une puissance ; la cour n'est déjà plus qu'un palais où l'on sollicite : elle deviendra plus tard une antichambre, quand elle ne se composera plus que des gens de la suite du roi; les grands noms commenceront par ennoblir des charges viles ; mais, par une terrible réaction, ces charges finiront par avilir les grands noms. Étrangère à ses foyers, la noblesse ne sera plus rien que par les emplois qu'elle aura reçus, et si les peuples, sur lesquels elle n'aura plus d'influence, veulent se révolter...

— Que vous êtes sinistre aujourd'hui, maréchal! interrompit la marquise. J'espère que ni moi ni mes enfants ne verrons ces temps-là. Je ne reconnais plus votre caractère enjoué à toute cette politique ; je m'attendais à vous entendre donner des conseils à mon fils. Eh bien ! Henry, qu'avez-vous donc ? vous êtes bien distrait.

Cinq-Mars, les yeux attachés sur la grande croisée de la salle à manger, regardait avec tristesse le magnifique paysage qu'il avait sous les yeux. Le soleil était dans toute sa splendeur et colorait les sables de la Loire, les arbres et les gazons, d'or et d'émeraude; le ciel était d'azur, les flots d'un jaune transparent, les îles d'un vert plein d'éclat; derrière leurs têtes arrondies, on voyait s'élever les grandes voiles latines des bateaux marchands comme une flotte en embuscade. O nature, nature! se disait-il, belle nature, adieu! Bientôt mon cœur ne sera plus assez simple pour te sentir, et tu ne plairas plus qu'à mes yeux; ce cœur est déjà brûlé par une passion profonde, et le récit des intérêts des hommes y jette un trouble inconnu : il faut donc entrer dans ce labyrinthe ; je m'y perdrai peut-être, mais pour Marie...

Se réveillant alors au mot de sa mère, et craignant de montrer un regret trop enfantin de son beau pays et de sa famille :

— Je songeais, madame, à la route que je vais prendre pour aller à Perpignan, et aussi à celle qui me ramènera chez vous.

— N'oubliez pas de prendre celle de Poitiers et d'aller à Loudun voir votre ancien gouverneur, notre bon abbé Quillet; il vous donnera d'utiles conseils sur la cour, il est fort bien avec le duc de Bouillon ; et d'ailleurs, quand il ne vous serait pas très-nécessaire, c'est une marque de déférence que vous lui devez bien.

— C'est donc au siége de Perpignan que vous vous rendez, mon ami? répondit le vieux maréchal, qui commençait à trouver qu'il était resté bien longtemps dans le silence. Ah ! c'est bien heureux pour vous. Peste ! un siége ! c'est un joli début : j'aurais donné bien des choses pour en faire un avec le feu roi à mon arrivée à sa cour; j'aurais mieux aimé m'y faire arracher les entrailles du ventre qu'à un tournoi, comme je fis. Mais on était en paix, et je fus obligé d'aller faire le coup de pistolet contre les Turcs avec le Rosworm des Hongrois, pour ne pas affliger ma famille par mon désœuvrement. Du reste, je souhaite que Sa Majesté vous reçoive d'une manière aussi aimable que son père me reçut. Certes, le roi est brave et bon; mais on l'a habitué malheureusement à cette froide étiquette espagnole qui arrête tous les mouvements du cœur ; il contient lui-même et les autres par cet abord immobile et cet aspect de glace : pour moi, j'avoue que j'attends toujours l'instant du dégel, mais en vain. Nous étions accoutumés à d'autres manières par ce spirituel et simple Henry, et nous avions du moins la liberté de lui dire que nous l'aimions.

Cinq-Mars, les yeux fixés sur ceux de Bassompierre, comme pour se contraindre lui-même à faire attention à ses discours, lui demanda qu'elle était la manière de parler du feu roi.

— Vive et franche, dit-il. Quelque temps après mon arrivée en France, je jouais avec lui et la duchesse de Beaufort à Fontainebleau ; car il voulait, disait-il, me gagner mes pièces d'or et mes belles portugalaises. Il me demanda ce qui m'avait fait venir dans ce pays. « Ma foi, sire, lui dis-je franchement, je ne suis point venu à dessein de m'embarquer à votre service, mais bien pour passer quelque temps à votre cour, et de là à celle d'Espagne ; mais vous m'avez tellement charmé, que, sans aller plus loin, si vous voulez de mon service, je m'y voue jusqu'à la mort. » Alors il m'embrassa, et m'assura que je n'eusse pu trouver un meilleur maître, qui m'aimât plus ; hélas !... je l'ai bien éprouvé... et moi je lui ai tout sacrifié, jusqu'à mon amour, et j'aurais fait plus encore, s'il se pouvait faire plus que de renoncer à Mlle de Montmorency.

Le bon maréchal avait les yeux attendris ; mais le jeune marquis d'Effiat et les Italiens, se regardant, ne purent s'empêcher de sourire en pensant qu'alors la princesse de Condé n'était rien moins que jeune et jolie. Cinq-Mars s'aperçut de ces signes d'intelligence, et rit aussi, mais d'un rire amer. — Est-il donc vrai, se disait-il, que les passions puissent avoir la destinée des modes, et que peu d'années puissent frapper du même ridicule un habit et un amour ? Heureux celui qui ne survit pas à sa jeunesse, à ses illusions, et qui emporte dans la tombe tout son trésor !

Mais, rompant encore avec effort le cours mélancolique de ses idées, et voulant que le bon maréchal ne lût rien de déplaisant sur le visage de ses hôtes :

— On parlait donc alors avec beaucoup de liberté au roi Henry ? dit-il. Peut-être aussi au commencement de son règne avait-il besoin d'établir ce ton-là ; mais, lorsqu'il fut le maître, changea-t-il ?

— Jamais, non, jamais notre grand roi ne cessa d'être le même jusqu'au dernier jour ; il ne rougissait pas d'être un homme, et parlait à des hommes avec force et sensibilité. Eh ! mon Dieu ! je le vois encore embrassant le duc de Guise en carrosse, le jour même de sa mort ; il m'avait fait une de ses spirituelles plaisanteries, et le duc lui dit : « Vous êtes à mon gré un des plus agréables hommes du monde, et notre destin portait que nous fussions l'un à l'autre ; car, si vous n'eussiez été qu'un homme ordinaire, je vous aurais pris à mon service, à quelque prix que c'eût été ; mais, puisque Dieu vous a fait naître un grand roi, il fallait bien que je fusse à vous. » Ah ! grand homme ! tu l'avais bien dit, s'écria Bassompierre les larmes aux yeux, et peut-être un peu animé par les fréquentes rasades qu'il se versait : *Quand vous m'aurez perdu, vous connaîtrez ce que je valais.* »

Pendant cette sortie, les différents personnages de la table avaient pris des attitudes diverses, selon leurs rôles dans les affaires publiques. L'un des Italiens affectait de causer et de rire tout bas avec la jeune fille de la maréchale ; l'autre prenait soin du vieux abbé sourd, qui, mettant une main derrière son oreille pour mieux entendre, était le seul qui eût l'air attentif ; Cinq-Mars avait repris sa distraction mélancolique après avoir lancé le maréchal, comme on regarde ailleurs après avoir jeté une balle à la paume, jusqu'à ce qu'elle revienne ; son frère aîné faisait les honneurs de la table avec le même calme ; Puy-Laurens regardait avec soin la maîtresse de la maison : il était tout au duc d'Orléans et craignait le Cardinal ; pour la maréchale, elle avait l'air affligé et inquiet ; souvent des mots rudes lui avaient rappelé ou la mort de son mari ou le départ de son fils ; plus souvent encore elle avait craint pour Bassompierre lui-même qu'il ne se compromît, et l'avait poussé plusieurs fois en regardant M. de Launay, qu'elle connaissait peu, et qu'elle avait quelque raison de croire dévoué au premier ministre ; mais avec un homme de ce caractère, de tels avertissements étaient inutiles ; il eut l'air de n'y point faire attention ; et, au contraire, écrasant ce gentilhomme de ses regards hardis et du son de sa voix, il affecta de se tourner vers lui et de lui adresser tout son discours. Pour celui-ci, il prit un air d'indifférence et de politesse consentante qu'il ne quitta pas jusqu'au moment où, les deux battants étant ouverts, on annonça *mademoiselle la duchesse de Mantoue.*

Les propos que nous venons de transcrire longuement furent pourtant assez rapides, et le dîner n'était pas à la moitié quand l'arrivée de Marie de Gonzague fit lever tout le monde. Elle était petite, mais fort bien faite, et quoique ses yeux et ses cheveux fussent très-noirs, sa fraîcheur était éblouissante comme la beauté de sa peau. La maréchale fit le geste de se lever pour son rang, et l'embrassa sur le front pour sa bonté et son bel âge.

— Nous vous avons attendue longtemps aujourd'hui, chère Marie, lui dit-elle en la plaçant près d'elle ; vous me restez heureusement pour remplacer un de mes enfants qui part.

La jeune duchesse rougit, et baissa la tête et les yeux pour qu'on ne vît pas leur rougeur, et dit d'une voix timide : — Madame, il le faut bien, puisque vous remplacez ma mère auprès de moi. Et un regard fit pâlir Cinq-Mars à l'autre bout de la table.

Cette arrivée changea la conversation ; elle cessa d'être générale, et chacun parla bas à son voisin. Le maréchal seul continuait à dire quelques mots de la magnificence de l'ancienne cour, et de ses guerres en Turquie, et des tournois, et de l'avarice de la cour nouvelle ; mais, à son grand regret, personne ne relevait ses paroles, et on allait sortir de table, lorsque l'horloge ayant sonné deux heures, cinq chevaux parurent dans la grande cour : quatre seulement étaient montés par des domestiques en manteaux et bien armés ; l'autre cheval, noir et très-vif, était tenu en main par le vieux Grandchamp, c'était celui de son jeune maître.

— Ah ! ah ! s'écria Bassompierre, voilà notre cheval de bataille tout sellé et bridé ; allons, jeune homme, il faut dire comme notre vieux Marot :

> Adieu la cour, adieu les dames !
> Adieu les filles et les femmes !
> Adieu vous dy pour quelque temps ;
> Adieu vos plaisans passe-temps ;
> Adieu le bal, adieu la dance,
> Adieu mesure, adieu cadance,
> Tabourins, hautbois, violons,
> Puisqu'à la guerre nous allons.

Ces vieux vers et l'air du maréchal faisaient rire toute la table hormis trois personnes.

— Jésus-Dieu ! il me semble, continua-t-il, que je n'ai que dix-sept ans comme lui ; il va nous revenir tout brodé, madame, il faut laisser son fauteuil vacant.

Ici tout à coup la maréchale pâlit, sortit de table en fondant en larmes, et tout le monde se leva avec elle : elle ne put faire que deux pas et retomba assise sur un autre fauteuil. Ses fils et sa fille et la jeune duchesse l'entourèrent avec une vive inquiétude, et démêlèrent parmi des étouffements et des pleurs qu'elle voulait retenir : — Pardon !... mes amis... c'est une folie... un enfantillage... mais je suis si faible à présent, que je n'en ai pas été maîtresse. Nous étions treize à table, et c'est vous qui en avez été cause, ma chère duchesse. Mais c'est bien mal à moi de montrer tant de faiblesse devant lui. Adieu, mon enfant, donnez-moi votre front à baiser, et que Dieu vous conduise ! Soyez digne de votre nom et de votre père.

Puis, comme a dit Homère, *riant sous les pleurs*, elle se leva en le poussant et disant : — Allons, que je vous voie à cheval, bel écuyer !

Le silencieux voyageur baisa les mains de sa mère et la salua ensuite profondément ; il s'inclina aussi devant la duchesse sans lever les yeux ; puis, embrassant son frère aîné, serrant la main au maréchal et baisant le front de sa jeune sœur presque à la fois, il sortit et dans un instant fut à cheval. Tout le monde se mit aux fenêtres qui donnaient sur la cour, excepté madame d'Effiat, encore assise et souffrante.

— Il part au galop ; c'est bon signe, dit en riant le maréchal.

— Ah ! Dieu ! cria la jeune princesse en se retirant de la croisée.

— Qu'est-ce donc ? dit la mère.

— Ce n'est rien, ce n'est rien, dit M. de Launay : le cheval de monsieur votre fils s'est abattu sous la porte, mais il l'a bientôt relevé de la main : tenez, le voilà qui salue de la route.

— Encore un présage funeste ! dit la marquise en se retirant dans ses appartements.

Chacun l'imita en se taisant ou en parlant bas.

La journée fut triste et le souper silencieux au château de Chaumont.

Quand vinrent dix heures du soir, le vieux maréchal, conduit par son valet de chambre, se retira dans la tour du nord, voisine de la porte et opposée à la rivière. La chaleur était extrême ; il ouvrit la fenêtre, et, s'enveloppant d'une vaste robe de soie, plaça un flambeau pesant sur une table et voulut rester seul. Sa croisée donnait sur la plaine, que la lune dans son premier quartier n'éclairait que d'une lumière incertaine ; le ciel se chargeait de nuages épais, et tout disposait à la mélancolie. Quoique Bassompierre n'eût rien de rêveur dans le caractère, la tournure qu'avait prise la conversation du dîner lui revint à la mémoire, et il se mit à repasser en lui-même toute sa vie, et les tristes changements que le nouveau règne y avait apportés, règne qui semblait avoir soufflé sur lui un vent d'infortune : la mort d'une sœur chérie, les désordres de l'héritier de son nom, les pertes de ses terres et de sa faveur, la fin récente de son ami, le maréchal d'Effiat, dont il occupait la chambre, toutes ces pensées lui arrachèrent un soupir involontaire ; il se mit à la fenêtre pour respirer.

En ce moment, il crut entendre du côté du bois la marche d'une troupe de chevaux ; mais le vent qui vint à augmenter le dissuada de cette première pensée, et, tout bruit cessant tout à coup, il l'oublia. Il regarda encore quelque temps tous les feux du château, qui s'éteignirent successivement après avoir serpenté dans les ogives des escaliers et rôdé dans les cours et les écuries; retombant ensuite sur son grand fauteuil de tapisserie, le coude appuyé sur la table, il se livra profondément à ses réflexions ; et bientôt après tirant de son sein un médaillon qu'il y cachait suspendu à un ruban noir : « Viens, mon bon et vieux maître, viens, dit-il, viens causer avec moi comme tu fis si souvent ; viens, grand roi, oublier ta cour pour le rire d'un ami véritable ; viens, grand homme, me consulter sur l'ambitieuse Autriche ; viens, inconstant chevalier, me parler de la bonhomie de ton amour et de la bonne foi de ton infidélité ; viens, héroïque soldat, me crier encore que je t'offusque au combat ; ah! que ne l'ai-je fait dans Paris ! que n'ai-je reçu ta blessure ! Avec ton sang, le monde a perdu les bienfaits de ton règne interrompu...

Les larmes du maréchal troublaient la glace du large médaillon, et il les effaçait par de respectueux baisers, quand sa porte ouverte brusquement le fit sauter sur son épée.

— Qui va là? cria-t-il dans sa surprise. Elle fut bien plus grande quand il reconnut M. de Launay, qui, le chapeau à la main, s'avança jusqu'à lui, et lui dit avec embarras:

— Monsieur le maréchal, c'est le cœur navré de douleur que je me vois forcé de vous dire que le roi m'a commandé de vous arrêter. Un carrosse vous attend à la grille avec trente mousquetaires de M. le Cardinal-duc.

Bassompierre ne s'était point levé, et avait encore le médaillon dans la main gauche et l'épée dans l'autre main ; il la tendit dédaigneusement à cet homme, et lui dit :

— Monsieur, je sais que j'ai vécu trop longtemps, et c'est à quoi je pensais ; c'est au nom de ce grand Henry que je remets paisiblement cette épée à son fils. Suivez-moi.

Il accompagna ces mots d'un regard si ferme, que de Launay fut atterré et le suivit en baissant la tête, comme si lui-même eût été arrêté par le noble vieillard, qui, saisissant un flambeau, sortit de la cour et trouva toutes les portes ouvertes par des gardes à cheval, qui avaient effrayé les gens du château, au nom du roi, et ordonné le silence. Le carrosse était préparé et parti rapidement, suivi de beaucoup de chevaux. Le maréchal, assis à côté de M. de Launay, commençait à s'endormir, bercé par le mouvement de la voiture, lorsqu'une voix forte cria au cocher : *Arrête!* et, comme il poursuivait, un coup de pistolet partit... Les chevaux s'arrêtèrent. — Je déclare, monsieur, que ceci se fait sans ma participation, dit Bassompierre. Puis, mettant la tête à la portière, il vit qu'il se trouvait dans un petit bois et un chemin trop étroit pour que les chevaux pussent passer à droite ou à gauche de la voiture, avantage très-grand pour les agresseurs, puisque les mousquetaires ne pouvaient avancer; il cherchait à voir ce qui se passait, lorsqu'un cavalier, ayant à la main une longue épée dont il parait les coups que lui portait un garde, s'approcha de la portière en criant : *Venez, venez, monsieur le maréchal.*

— Eh quoi! c'est vous, étourdi d'Henry, qui faites de ces escapades ? Messieurs, messieurs, laissez-le, c'est un enfant.

Et de Launay ayant crié aux mousquetaires de le quitter, on eut le temps de se reconnaître.

— Et comment diable êtes-vous ici? reprit Bassompierre; je vous croyais à Tours, et même bien plus loin, si vous aviez fait votre devoir, et vous voilà revenu pour faire une folie?

— Ce n'était point pour vous que je revenais seul ici, c'est pour affaire secrète, dit Cinq-Mars plus bas; mais, comme je pense bien qu'on vous mène à la Bastille, je suis sûr que vous n'en direz rien; c'est le temple de la discrétion. Cependant, si vous aviez voulu, continua-t-il très-haut, je vous aurais délivré de ces messieurs dans ce bois où un cheval ne pouvait remuer; à présent il n'est plus temps. Un paysan m'avait appris l'insulte faite à nous plus qu'à vous par cet enlèvement dans la maison de mon père.

— C'est par ordre du roi, mon enfant, et nous devons respecter ses volontés; gardez cette ardeur pour son service; je vous en remercie cependant de bon cœur; touchez là, et laissez-moi continuer ce joli voyage.

De Launay ajouta : — Il m'est permis d'ailleurs de vous dire, monsieur de Cinq-Mars, que je suis chargé par le roi même d'assurer monsieur le maréchal qu'il est fort affligé de ceci, mais que c'est de peur qu'on ne le porte à mal faire qu'il le prie de demeurer quelques jours à la Bastille [1].

Bassompierre reprit en riant très-haut : — Vous voyez, mon ami, comment on met les jeunes gens en tutelle; ainsi prenez garde à vous.

— Eh bien, soit, partez donc, dit Henry, je ne ferai plus le chevalier errant pour les gens malgré eux. Et, rentrant dans le bois pendant que la voiture repartait au grand trot, il prit par des sentiers détournés le chemin du château.

Ce fut au pied de la tour de l'ouest qu'il s'arrêta. Il était seul en avant de Grandchamp et de sa petite escorte et ne descendit point de cheval; mais, s'approchant du mur de manière à y coller sa botte, il souleva la jalousie d'une fenêtre du rez-de-chaussée, faite en forme de herse, comme on en voit encore dans quelques vieux bâtiments.

Il était alors plus de minuit, et la lune s'était cachée. Tout autre que le maître de maison n'eût jamais su trouver son chemin par une obscurité si grande. Les tours et les toits ne formaient qu'une masse noire qui se détachait à peine sur le ciel un peu plus transparent; aucune lumière ne brillait dans toute la maison rendormie. Cinq-Mars, caché sous un chapeau à larges bords et un grand manteau, attendait avec anxiété.

Qu'attendait-il? qu'était-il revenu chercher? un mot d'une voix qui se fit entendre très-bas derrière la croisée :

— Est-ce vous, monsieur de Cinq-Mars?

— Hélas! qui serait-ce? qui reviendrait comme un malfaiteur toucher la maison paternelle sans y rentrer et sans dire encore adieu à sa mère? qui reviendrait pour se plaindre du présent, sans rien attendre de l'avenir, si ce n'était moi?

La voix douce se troubla, et il fut aisé d'entendre que des

---

[1] Il y resta douze ans.

pleurs accompagnaient sa réponse: — Hélas! Henry, de quoi vous plaignez-vous? n'ai-je pas fait plus et bien plus que je ne devais! Est-ce ma faute si mon malheur a voulu qu'un prince souverain fût mon père? peut-on choisir son berceau? et dit-on: « Je naîtrai bergère? » Vous savez bien quelle est toute l'infortune d'une princesse: on lui ôte son cœur en naissant, toute la terre est avertie de son âge, un traité la cède comme une ville, et elle ne peut jamais pleurer. Depuis que je vous connais, que n'ai-je pas fait pour me rapprocher du bonheur et m'éloigner des trônes! Depuis deux ans, j'ai lutté en vain contre ma mauvaise fortune, qui me sépare de vous, et contre vous, qui me détournez de mes devoirs. Vous le savez bien, j'ai désiré qu'on me crût morte; que dis-je? j'ai presque souhaité des révolutions! J'aurais peut-être béni le coup qui m'eût ôté mon rang, comme j'ai remercié Dieu lorsque mon père fut renversé; mais la cour s'étonne, la reine me demande; nos rêves sont évanouis, Henry, notre sommeil a été trop long; réveillons-nous avec courage. Ne songez plus à ces deux belles années: oubliez tout pour ne vous souvenir que de notre grande résolution; n'ayez qu'une seule pensée, soyez ambitieux par... ambitieux pour moi...

— Faut-il donc oublier tout, ô Marie? dit Cinq-Mars avec douceur.

Elle hésita...

— Oui, tout ce que j'ai oublié moi-même, reprit-elle. Puis un instant après elle continua avec vivacité:

— Oui, oubliez nos jours heureux, nos longues soirées, et même nos promenades de l'étang et du bois; mais souvenez-vous de l'avenir; partez. Votre père était maréchal, soyez plus, connétable, prince. Partez, vous êtes jeune, noble, riche, brave, aimé...

— Pour toujours? dit Henry.

— Pour la vie et l'éternité.

Cinq-Mars tressaillit, et, tendant la main, s'écria:

— Eh bien! j'en jure par la Vierge dont vous portez le nom, vous serez à moi, Marie, ou ma tête tombera sur l'échafaud.

— O ciel! que dites-vous! s'écria-t-elle en prenant sa main avec une main blanche qui sortit de la fenêtre. Non, vos efforts ne seront jamais coupables, jurez-le-moi; vous n'oublierez jamais que le roi de France est votre maître; aimez-le plus que tout, après celle pourtant qui vous sacrifiera tout, et vous attendra en souffrant. Prenez cette petite croix d'or; mettez-la sur votre cœur; elle a reçu beaucoup de mes larmes. Songez que si jamais vous étiez coupable envers le roi, j'en verserais de bien plus amères. Donnez-moi cette bague que je vois briller à votre doigt. O Dieu! ma main et la vôtre sont toutes rouges de sang!

— Qu'importe! il n'a pas coulé pour vous; n'avez-vous rien entendu il y a une heure?

— Non; mais à présent n'entendez-vous rien vous-même?

— Non, Marie, si ce n'est un oiseau de nuit sur la tour.

— On a parlé de nous, j'en suis sûre. Mais d'où vient donc ce sang? dites vite, et partez.

— Oui, je pars; voici un nuage qui nous rend la nuit. Adieu, ange céleste, je vous invoquerai. L'amour a versé l'ambition dans mon cœur comme un poison brûlant; oui, je le sens pour la première fois, l'ambition peut être ennoblie par son but. Adieu, je vais accomplir ma destinée.

— Adieu! mais songez à la mienne.

— Peuvent-elles se séparer?

— Jamais! s'écria Marie, que par la mort!

— Je crains plus encore l'absence, dit Cinq-Mars.

— Adieu! je tremble; adieu! dit la voix chérie. Et la fenêtre s'abaissa lentement sur les deux mains encore unies.

Cependant le cheval noir ne cessait de piaffer et de s'agiter en hennissant; son maître inquiet lui permit de partir au galop, et bientôt ils furent rendus dans la ville de Tours, que les clochers de Saint-Gatien annonçaient de loin.

Le vieux Grandchamp, non sans murmurer, avait attendu son jeune seigneur, et gronda de voir qu'il ne voulait pas se coucher. Toute l'escorte partit, et cinq jours après entra dans la vieille cité de Loudun en Poitou silencieusement et sans événement.

CHAPITRE II

LA RUE

> Je m'avançais d'un pas pénible et mal
> assuré vers le but de ce convoi tragique.
> CH. NODIER, *Smarra*.

Ce règne dont nous vous voulons peindre quelques années, règne de faiblesse qui fut comme une éclipse de la couronne entre les splendeurs de Henry IV et de Louis le Grand, afflige les yeux qui le contemplent par quelques souillures sanglantes. Elles ne furent pas toute l'œuvre d'un homme, de grands corps y prirent part. Il est triste de voir que, dans ce siècle encore désordonné, le clergé, pareil à une grande nation, eut sa populace, comme il avait sa noblesse; ses ignorants et ses criminels, comme ses savants et vertueux prélats. Depuis ce temps, ce qui lui restait de barbarie fut poli par le long règne de Louis XIV, et ce qu'il eut de corruption fut lavé dans le sang des martyrs qu'il offrit à la Révolution de 1793. Ainsi, par une destinée toute particulière, perfectionné par la monarchie et la république, adouci par l'une, châtié par l'autre, il nous est arrivé ce qu'il est aujourd'hui, austère et rarement vicieux.

Nous avons éprouvé le besoin de nous arrêter un moment à cette pensée avant d'entrer dans le récit des faits que nous offre l'histoire de ces temps, et, malgré cette consolante observation, nous n'avons pu nous empêcher d'écarter les détails trop odieux en gémissant encore sur ce qui reste de coupables actions, comme en racontant la vie d'un vieillard vertueux, on pleure sur les emportements de sa jeunesse passionnée ou les penchants corrompus de son âge mûr.

Lorsque la cavalcade entra dans les rues étroites de Loudun, un bruit étrange s'y faisait entendre, elles étaient remplies d'une foule immense; les cloches de l'église et du couvent sonnaient de manière à faire croire à un incendie, et tout le monde, sans nulle attention aux voyageurs, se pressait vers un grand bâtiment attenant à l'église. Il était facile de distinguer sur les physionomies des traces d'impressions fort différentes et souvent opposées entre elles. Des groupes et des attroupements nombreux se formaient, le bruit des conversations y cessait tout à coup, et l'on n'y entendait plus qu'une voix qui semblait exhorter ou lire, puis des cris furieux mêlés de quelques exclamations pieuses s'élevaient de tous côtés; le groupe se dissipait, et l'on voyait que l'orateur était un capucin ou un récollet, qui, tenant à la main un crucifix de bois, montrait à la foule le grand bâtiment vers lequel elle se dirigeait. — *Jésus Maria!* s'écriait une vieille femme, qui aurait jamais cru que le malin esprit eût choisi notre bonne ville pour demeure?

— Et que les bonnes Ursulines eussent été possédées? disait l'autre.

— On dit que le démon qui agite la supérieure se nomme *Légion*, disait une troisième.

— Que dites-vous, ma chère? interrompit une religieuse; il y en a sept dans son pauvre corps, auquel sans doute elle avait attaché trop de soin à cause de sa grande beauté; à présent, il est réceptacle de l'enfer; M. le prieur des Carmes, dans l'exorcisme d'hier, a fait sortir de sa bouche le démon *Eazas*, et le révérend père Lactance a chassé aussi le démon *Beherit*. Mais les cinq autres n'ont pas voulu partir, et, quand les saints exorcistes, que Dieu soutienne! les ont sommés, en latin, de se retirer, ils ont dit qu'ils ne le feraient pas qu'ils n'eussent prouvé leur puissance, dont les huguenots et les hérétiques ont l'air de douter; et le démon *Elimi*, qui est le plus méchant, comme vous savez, a prétendu qu'aujourd'hui il enlèverait la calotte de M. de Laubardemont, et la tiendrait suspendue en l'air pendant un *Miserere*.

— Ah! sainte Vierge! reprenait la première, je tremble déjà de tout mon corps. Et quand je pense que j'ai été plusieurs fois demander des messes à ce magicien d'Urbain!

— Et moi, dit une jeune fille en se signant, moi qui me suis confessée à lui il y a dix mois, j'aurais été sûrement possédée sans la relique de sainte Geneviève que j'avais heureusement sous ma robe, et...

— Et, sans reproche, Martine, interrompit une grosse marchande, vous étiez restée assez longtemps, pour cela, seule avec le beau sorcier.

— Eh bien, la belle, il y a maintenant un mois que vous seriez dépossédée, dit un jeune soldat qui vint se mêler au groupe en fumant sa pipe.

La jeune fille rougit, et ramena sur sa jolie figure le capuchon de sa pelisse noire. Les vieilles femmes jetèrent un regard de mépris sur le soldat, et, comme elles se trouvaient alors près de la porte d'entrée encore fermée, elles reprirent leurs conversations avec plus de chaleur que jamais, voyant qu'elles étaient sûres d'entrer les premières, et, s'asseyant sur les bornes et les bancs de pierre, elles se préparèrent par leurs récits au bonheur qu'elles allaient goûter d'être spectatrices de quelque chose d'étrange, d'une apparition, ou au moins d'un supplice.

— Est-il vrai, ma tante, dit la jeune Martine à la plus vieille, que vous ayez entendu parler les démons?

— Vrai comme je vous vois, et tous les assistants en peuvent dire autant, ma nièce; c'est pour que votre âme soit édifiée que je vous ai fait venir avec moi aujourd'hui, ajouta-t-elle, et vous connaîtrez véritablement la puissance de l'esprit malin.

— Quelle voix a-t-il, ma chère tante ? continua la jeune fille, charmée de réveiller une conversation qui détournait d'elle les idées de ceux qui l'entouraient.

— Il n'a pas d'autre voix que la voix même de la supérieure, à qui Notre-Dame fasse grâce. Cette pauvre jeune femme, je l'ai entendue hier bien longtemps : cela faisait peine de la voir se déchirer le sein et tourner ses pieds et ses bras en dehors et les réunir tout à coup derrière son dos. Quand le saint père Lactance est arrivé et a prononcé le nom d'Urbain Grandier, l'écume est sortie de sa bouche, et elle a parlé latin comme si elle lisait la Bible. Aussi je n'ai pas bien compris, et je n'ai retenu que *Urbanus magicus rosas diabolica*; ce qui voulait dire que le magicien Urbain l'avait ensorcelée avec des roses que le diable lui avait données, et il est sorti de ses oreilles et de son cou des roses couleur de flamme, qui sentaient le soufre au point que M. le lieutenant criminel a crié que chacun ferait bien de fermer ses narines et ses yeux, parce que les démons allaient sortir.

— Voyez-vous cela ! crièrent d'une voix glapissante et d'un air de triomphe toutes les femmes assemblées en se tournant du côté de la foule, et particulièrement vers un groupe d'hommes habillés en noir, parmi lesquels se trouvait le jeune soldat qui les avait apostrophées en passant.

— Voilà encore ces vieilles folles qui se croient au sabbat, dit-il, et qui font plus de bruit que lorsqu'elles y arrivent à cheval sur un manche à balai.

— Jeune homme, jeune homme, dit un bourgeois d'un air triste, ne faites pas de ces plaisanteries en plein air : le vent deviendrait de flamme pour vous, par le temps qu'il fait.

— Ma foi, je me moque bien de tous ces exorcistes, moi ! reprit le soldat ; je m'appelle Grand-Ferré, et il n'y en a pas beaucoup qui aient un goupillon comme le mien.

Et, prenant la poignée de son sabre d'une main, il retroussa de l'autre sa moustache blonde et regarda autour de lui en fronçant le sourcil ; mais comme il n'aperçut dans la foule aucun regard qui cherchât à braver le sien, il partit lentement en avançant le pied gauche le premier, et se promena dans les rues étroites et noires avec cette insouciance parfaite d'un militaire qui débute, et un mépris profond pour tout ce qui ne porte pas son habit.

Cependant huit ou dix habitants raisonnables de cette petite ville se promenaient ensemble et en silence à travers la foule agitée; ils semblaient consternés de cette étonnante et soudaine rumeur, et s'interrogeaient du regard à chaque nouveau spectacle de folie qui frappait leurs yeux. Ce mécontentement muet attristait les hommes du peuple et les nombreux paysans venus de leurs campagnes, qui tous cherchaient leur opinion dans les regards des propriétaires, leurs patrons pour la plupart; ils voyaient que quelque chose de fâcheux se préparait, et avaient recours au seul remède que puisse prendre le sujet ignorant et trompé, la résignation et l'immobilité.

Néanmoins le paysan de France a dans le caractère certaine naïveté moqueuse dont il se sert avec ses égaux souvent, et toujours avec ses supérieurs. Il fait des questions embarrassantes pour le pouvoir, comme le sont celles de l'enfance pour l'âge mûr; il se rapetisse à l'infini pour que celui qu'il interroge se trouve embarrassé dans sa propre élévation; il redouble de gaucherie dans les manières et de grossièreté dans les expressions, pour mieux voir le but secret de sa pensée; tout prend, malgré lui cependant, quelque chose d'insidieux et d'effrayant qui le trahit; et son sourire sardonique, et la pesanteur affectée avec laquelle il s'appuie sur son long bâton, indiquent trop à quelles espérances il se livre, et quel est le soutien sur lequel il compte.

L'un des plus âgés s'avança suivi de dix ou douze jeunes paysans, ses fils et neveux; ils portaient tous le grand chapeau et cette blouse bleue, ancien habit des Gaulois, et que le peuple de France met encore sur tous ses autres vêtements, et qui convient si bien à son climat pluvieux et à ses laborieux usages. Quand il fut à portée des personnages dont nous avons parlé, il ôta son chapeau, et toute sa famille en fit autant: on vit alors sa figure brune et son front nu et ridé, couronné de cheveux blancs fort longs; ses épaules étaient voûtées par l'âge et le travail. Il fut accueilli avec un air de satisfaction et presque de respect par un homme très-grave du groupe noir, qui, sans se découvrir, lui tendit la main.

— Eh bien, mon père Guillaume Leroux, lui dit-il, vous aussi, vous quittez notre ferme de la Chênaie pour la ville quand ce n'est pas jour de marché? C'est comme si vos bons bœufs se dételaient pour aller à la chasse aux étourneaux, et abandonnaient le labourage pour voir forcer un pauvre lièvre.

— Ma fine, monsieur le comte du Lude, reprit le fermier, queuquefois le lièvre se vient jeter devant iceux ; il m'est advis qu'on veut nous jouer, et je v'nons voir un peu comment.

— Brisons là, mon ami, reprit le comte; voici M. Fournier, l'avocat, qui ne vous trompera pas, car il s'est démis de sa charge de procureur du roi hier au soir, et dorénavant son éloquence ne servira plus qu'à sa noble pensée : vous l'entendrez peut-être aujourd'hui ; mais je le crains autant pour lui que je le souhaite pour l'accusé.

— N'importe, monsieur, la vérité est une passion pour moi, dit Fournier.

C'était un jeune homme d'une extrême pâleur, mais dont le visage était plein de noblesse et d'expression ; ses cheveux blonds, ses yeux bleus, mobiles et très-clairs, sa maigreur et sa taille mince lui donnaient d'abord l'air d'être plus jeune qu'il n'était ; mais son visage pensif et passionné annonçait beaucoup de supériorité, et cette maturité précoce de l'âme que donnent l'étude et l'énergie naturelle. Il portait un habit et un manteau noirs assez courts, à la mode du temps, et, sous son bras gauche, un rouleau de papiers, qu'en parlant il prenait et serrait convulsivement de la main droite, comme un guerrier en colère saisit le pommeau de son épée. On eût dit qu'il voulait le dérouler et en faire sortir la foudre sur ceux qu'il poursuivait de ses regards indignés. C'étaient trois capucins et un récollet qui passaient dans la foule.

— Père Guillaume, poursuivit M. de Lude, pourquoi n'avez-vous amené que vos enfants mâles avec vous, et pourquoi ces bâtons?

— Ma fine, monsieur, c'est que je n'aimerions pas que nos filles apprinsent à danser comme les religieuses ; et puis, pa' l' temps qui court, les garçons savont mieux se remuer que les femmes.

— Ne nous *remuons* pas, mon vieux ami, croyez-moi, dit le comte, rangez-vous tous plutôt pour voir la procession qui vient à nous, et souvenez-vous que vous avez soixante et dix ans.

— Ah! ah! dit le vieux père, tout en faisant ranger ses douze enfants comme des soldats, j'avons fait la guerre avec le feu roi Henry, et j'savons jouer du pistolet tout aussi bien que les *ligueux* faisiont. Et il branla la tête et s'assit sur une borne, son bâton noueux entre les jambes, ses mains croisées dessus et son menton à barbe blanche par-dessus ses mains. Là, il ferma à demi les yeux comme s'il se livrait tout entier à ses souvenirs d'enfance.

On voyait avec étonnement son habit rayé comme du temps du roi béarnais, et sa ressemblance avec ce prince dans les derniers temps de sa vie, quoique ses cheveux eussent été privés par le poignard de cette blancheur que ceux du paysan avaient passiblement acquise. Mais un grand bruit de cloches attira l'attention vers l'extrémité de la grande rue de Loudun.

On voyait venir de loin une longue procession dont la bannière et les piques s'élevaient au-dessus de la foule qui s'ouvrit en silence pour examiner cet appareil à moitié ridicule et à moitié sinistre.

Des archers à barbe pointue, portant de larges chapeaux à plumes, marchaient d'abord sur deux rangs avec de longues hallebardes, puis, se partageant en deux files de chaque côté de la rue, renfermaient dans cette double ligne deux lignes pareilles de pénitents gris ; du moins donnerons-nous ce nom, connu dans quelques provinces du midi de la France, à des hommes revêtus d'une longue robe de cette couleur, qui leur couvre entièrement la tête en forme de capuchon, et dont le masque de la même étoffe se termine en pointe sous le menton comme une longue barbe, et n'a que trois trous pour les yeux et le nez. On voit encore de nos jours quelques enterrements suivis et honorés par des costumes semblables, surtout dans les Pyrénées. Les pénitents de Loudun avaient des cierges énormes à la main, et leur marche lente, et leurs yeux qui semblaient flamboyants sous le masque, leur donnaient un air de fantômes qui attristait involontairement.

Les murmures en sens divers commencèrent dans le peuple.

— Il y a bien des coquins cachés sous ce masque, dit un bourgeois.

— Et dont la figure est plus laide encore que lui, reprit un jeune homme.

— Ils me font peur ! s'écriait une jeune femme.

— Je ne crains que pour ma bourse, répondit un passant.

— Ah ! Jésus ! voilà donc nos saints frères de la Pénitence, disait une vieille en écartant sa mante noire. Voyez-vous quelle bannière ils portent ? quel bonheur qu'elle soit avec nous ! certainement elle nous sauvera : voyez-vous dessus le diable dans les flammes, et un moine qui lui attache une chaîne au cou ? Voici actuellement les juges qui viennent : ah ! les honnêtes gens ! voyez leurs robes rouges, comme elles sont belles ! Ah ! sainte Vierge ! qu'on les a bien choisis !

— Ce sont les ennemis personnels du curé, dit tout bas le comte du Lude à l'avocat Fournier, qui prit une note.

— Les reconnaissez-vous bien tous ? continua la vieille en distribuant des coups de poing à ses voisines, et en pinçant le bras à ses voisins jusqu'au sang pour exciter leur attention : voici ce bon M. Mignon qui parle tout bas à messieurs les conseillers au présidial de Poitiers ; que Dieu répande sa sainte bénédiction sur eux !

— C'est Roatin, Richard et Chevalier, qui voulaient le faire destituer il y a un an, continuait à demi-voix M. du Lude au jeune avocat, qui écrivait toujours sous son manteau, entouré et caché par le groupe noir des bourgeois.

— Ah! voyez, voyez, rangez-vous donc! voici M. Barré, le curé de Saint-Jacques de Chinon, dit la vieille.

— C'est un saint, dit une autre.

— C'est un hypocrite, dit une voix d'homme.

— Voyez comme le jeûne l'a rendu maigre!

— Comme les remords le rendent pâle!

— C'est lui qui fait fuir les diables.

— C'est lui qui les souffle.

Ce dialogue fut interrompu par un cri général : — Qu'elle est belle?

La supérieure des Ursulines s'avançait suivie de toutes ses religieuses; son voile blanc était relevé. Pour que le peuple pût voir les traits des possédées, on voulut que cela fût ainsi pour elle et six autres sœurs. Rien ne la distinguait dans son costume qu'un immense rosaire à grains noirs tombant de son cou à ses pieds, et se terminant par une croix d'or; mais la blancheur éclatante de son visage, que relevait encore la couleur brune de son capuchon, attirait d'abord tous les regards; ses yeux noirs semblaient porter l'empreinte d'une profonde et brûlante passion; ils étaient couverts par les arcs parfaits de deux sourcils que la nature avait dessinés avec autant de soin que les Circassiennes en mettent à les arrondir avec le pinceau; mais un léger pli entre eux deux révélait une agitation forte et habituelle dans les pensées. Cependant elle affectait un grand calme dans tous ses mouvements et dans tout son être; ses pas étaient lents et cadencés; ses deux belles mains étaient réunies, aussi blanches et aussi immobiles que celles des statues de marbre qui prient éternellement sur les tombeaux.

— Oh! remarquez-vous, ma tante, dit la jeune Martine, sœur Agnès et sœur Claire qui pleurent auprès d'elle?

— Ma nièce, elles se désolent d'être la proie du démon.

— Ou se repentent, dit la même voix d'homme, d'avoir joué le ciel.

Cependant un silence profond s'établit partout, et nul mouvement n'agita le peuple ; il sembla glacé tout à coup par quelque enchantement, lorsque à la suite des religieuses parut, au milieu des quatre pénitents qui le tenaient enchaîné, le curé de l'église de Sainte-Croix, revêtu de la robe du pasteur ; la noblesse de son visage était remarquable et rien n'égalait la douceur de ses traits ; sans affecter un calme insultant, il regardait avec bonté et semblait chercher à droite et à gauche s'il ne rencontrerait pas le regard attendri d'un ami ; il le rencontra, il le reconnut, et ce dernier bonheur d'un homme qui voit approcher son heure dernière ne lui fut pas refusé : il entendit même quelques sanglots ; il vit des bras s'étendre vers lui, et quelques-uns n'étaient pas sans armes ; mais il ne répondit à aucun signe ; il baissa les yeux, ne voulant pas perdre ceux qui l'aimaient, et leur communiquer par un coup d'œil la contagion de l'infortune. C'était Urbain Grandier.

Tout à coup la procession s'arrêta à un signe du dernier homme qui la suivait et qui semblait commander à tous. Il était grand, sec, pâle, revêtu d'une longue robe noire, la tête couverte d'une calotte de même couleur ; il avait la figure d'un Basile, avec le regard de Néron. Il fit signe aux gardes de l'entourer, voyant avec effroi le groupe noir dont nous avons parlé, et que les paysans se serraient de près pour l'écouter ; les chanoines et les capucins se placèrent près de lui, et il prononça d'une voix glapissante ce singulier arrêt :

« Nous, sieur de Laubardemont, maître des requêtes étant envoyé et subdélégué, revêtu du pouvoir discrétionnaire relativement au procès du magicien *Urbain Grandier*, pour le juger sur tous les chefs d'accusation, assisté des révérends pères *Mignon*, chanoine ; *Barré*, curé de Saint-Jacques de Chinon ; du père Lactance et de tous les juges appelés à juger icelui magicien ; avons préalablement décrété ce qui suit : *Primo*, la prétendue assemblée de propriétaires nobles, bourgeois de la ville et des terres environnantes est cassée, comme tendant à une sédition populaire ; ses actes seront déclarés nuls, et sa prétendue lettre au roi contre nous, juges, interceptée et brûlée en place publique, comme calomniant les bonnes Ursulines et les révérends pères et juges. *Secondo,* il sera défendu de dire publiquement ou en particulier que les susdites religieuses ne sont point possédées du malin esprit, et de douter du pouvoir des exorcistes, à peine de vingt mille livres d'amende et punition corporelle.

« Les baillis et échevins s'y corformeront. Ce 18 juin de l'an de grâce 1639. »

A peine eut-il fini cette lecture, qu'un bruit discordant de trompettes partit avant la dernière syllabe de ses paroles, et couvrit, quoique imparfaitement, les murmures qui le poursuivaient ; il pressa la marche de la procession, qui entra précipitamment dans le grand bâtiment qui tenait à l'église, ancien couvent dont les étages étaient tous tombés en ruine, et qui ne formait plus qu'une seule et immense salle propre à l'usage qu'on en voulait faire. Laubardemont ne se crut en sûreté que lorsqu'il y fut entré, et qu'il entendit les lourdes et doubles portes se refermer en criant sur la foule qui hurlait encore.

CHAPITRE III

LE BON PRÊTRE

> L'homme de paix me parla ainsi.
> VICAIRE SAVOYARD.

A présent que la procession diabolique est entrée dans la salle de son spectacle, et tandis qu'elle arrange sa sanglante représentation, voyons ce qu'avait fait Cinq-Mars au milieu des spectateurs en émoi. Il était naturellement doué de beaucoup de tact, et sentit qu'il ne parviendrait pas facilement à son but de trouver l'abbé Quillet dans un moment où la fermentation des esprits était à son comble. Il resta donc à cheval avec ses quatre domestiques dans une petite rue fort obscure qui donnait dans la grande, et d'où il put voir facilement tout ce qui s'était passé. Personne ne fit d'abord attention à lui ; mais, lorsque la curiosité publique n'eut pas d'autre aliment, il devint le but de tous les regards. Fatigués de tant de scènes, les habitants le voyaient avec assez de mécontentement, et se demandaient à demi-voix si c'était encore un exorciseur qui leur arrivait; quelques paysans même commençaient à trouver qu'il embarrassait la rue avec ses cinq chevaux.

Il sentit qu'il était temps de prendre son parti, et, choisissant sans hésiter les gens les mieux mis, comme ferait chacun à sa place, il s'avança avec sa suite et le chapeau à la main vers le groupe noir dont nous avons parlé, et, s'adressant au personnage qui lui parut le plus distingué :

— Monsieur, dit-il, où pourrais-je voir M. l'abbé Quillet?

A ce nom, tout le monde le regarda avec un air d'effroi, comme s'il eût prononcé celui de Lucifer. Cependant personne n'en eut l'air offensé; il semblait, au contraire, que cette demande fît naître sur lui une opinion favorable dans les esprits. Du reste le hasard l'avait bien servi dans son choix. Le comte du Lude s'approcha de son cheval en le saluant :

— Mettez pied à terre, monsieur, lui dit-il, et je vous pourrai donner sur son compte d'utiles renseignements.

Après avoir parlé fort bas, tous deux se quittèrent avec la cérémonieuse politesse du temps. Cinq-Mars remonta sur son cheval noir, et, passant dans plusieurs petites rues, fut bientôt hors de la foule avec sa suite.

— Que je suis heureux ! disait-il chemin faisant : je vais voir du moins un instant ce bon et doux abbé qui m'a élevé ; je me rappelle encore ses traits, son air calme et sa voix pleine de bonté.

Comme il pensait tout ceci avec attendrissement, il se trouva dans une petite rue fort noire qu'on lui avait indiquée ; elle était si étroite, que les genouillères de ses bottes touchaient aux deux murs. Il trouva au bout une maison de bois à un seul étage, et, dans son empressement, frappa à coups redoublés.

— Qui va là ? cria une voix furieuse.

Et presque aussitôt la porte s'ouvrant laissa voir un petit homme gros, court et tout rouge, portant une calotte noire, une immense fraise blanche, des bottes à l'écuyère qui engloutissaient ses petites jambes dans leurs énormes tuyaux, et deux pistolets d'arçon à sa main.

— Je vendrai chèrement ma vie ! cria-t-il, et...

— Doucement, l'abbé, doucement, lui dit son élève en lui prenant le bras : ce sont vos amis.

— Ah! mon pauvre enfant, c'est vous! dit le bonhomme, laissant tomber ses pistolets, que ramassa avec précaution un domestique armé aussi jusqu'aux dents. Eh! que venez-vous faire ici? L'abomination y est venue, et j'attends la nuit pour partir. Entrez vite, mon ami, vous et vos gens; je vous ai pris pour les archers de Laubardemont, et, ma foi, j'allais sortir un peu de mon caractère. Vous voyez ces chevaux; je vais en Italie rejoindre notre ami le duc de Bouillon. Jean, Jean, fermez vite la grande porte par-dessus ces braves domestiques, et recommandez-leur de ne pas faire trop de bruit, quoiqu'il n'y ait pas d'habitation près de celle-ci.

Grandchamp obéit à l'intrépide petit abbé, qui embrassa quatre fois Cinq-Mars en s'élevant sur la pointe de ses bottes pour atteindre le milieu de sa poitrine. Il le conduisit bien vite dans une étroite chambre, qui semblait un grenier abandonné, et, s'asseyant avec lui sur une malle de cuir noir, il lui dit avec chaleur :

— Eh! mon enfant, où allez-vous? A quoi pense madame la maréchale de vous laisser venir ici? Ne voyez-vous pas bien tout ce qui se fait contre un malheureux qu'il faut perdre? Ah! bon Dieu! était-ce là le premier spectacle que mon cher élève devait avoir sous les yeux? Ah! ciel! quand vous voilà à cet âge charmant où l'amitié, les tendres affections, la douce confiance, devaient vous entourer, quand tout devait vous donner une bonne opinion de votre espèce, à votre entrée dans le monde! quel malheur! ah! mon Dieu! pourquoi êtes-vous venu?

Quand le bon abbé eut ainsi gémi en serrant affectueusement les deux mains du jeune voyageur dans ses mains rouges et ridées, son élève eut enfin le temps de lui dire :

— Mais ne devinez-vous pas, mon cher abbé, que c'est parce que vous étiez à Loudun que j'y suis venu? Quant à ces spectacles dont vous parlez, ils ne m'ont paru que ridicules, et je vous jure que je n'en aime pas moins l'espèce humaine, dont vos vertus et vos bonnes leçons m'ont donné une excellente idée; et parce que cinq ou six folles...

— Ne perdons pas de temps ; je vous dirai cette folie, je vous l'expliquerai. Mais répondez, où allez-vous ? que faites-vous ?

— Je vais à Perpignan, où le Cardinal-duc doit me présenter au roi.

Ici le bon et vif abbé se leva de sa malle, et, marchant ou plutôt courant de long en large dans la chambre en frappant du pied :

— Le Cardinal ! le Cardinal ! répéta-t-il en étouffant, devenant tout rouge et les larmes dans les yeux, pauvre enfant ! ils vont le perdre ! Ah ! mon Dieu ! quel rôle veulent-ils lui faire jouer là ? que lui veulent-ils ? Ah ! qui vous gardera, mon ami, dans ce pays dangereux ? dit-il en se rasseyant et reprenant les deux mains de son élève dans les siennes avec une sollicitude paternelle, et cherchant à lire dans ses regards.

— Mais je ne sais trop, dit Cinq-Mars en regardant au plafond ; je pense que ce sera le Cardinal de Richelieu, qui était l'ami de mon père.

— Ah ! mon cher Henry, vous me faites trembler, mon enfant ; il vous perdra si vous n'êtes pas son instrument docile. Ah ! que ne puis-je aller avec vous ! Pourquoi faut-il que j'aie montré une tête de vingt ans dans cette malheureuse affaire ?... Hélas ! non, je vous serais dangereux ; au contraire, il faut que je me cache. Mais vous aurez M. de Thou près de vous, mon fils, n'est-ce pas ? dit-il en cherchant à se calmer ; c'est votre ami d'enfance, un peu plus âgé que vous ; écoutez-le, mon enfant ; c'est un sage jeune homme : il a réfléchi, il a des idées à lui.

— Oh ! oui, mon cher abbé, comptez sur mon tendre attachement pour lui ; je n'ai pas cessé de l'aimer...

— Mais vous avez sûrement cessé de lui écrire, n'est-ce pas ? reprit en souriant un peu le bon abbé.

— Je vous demande pardon, mon bon abbé ; je lui ai écrit une fois, et hier pour lui annoncer que le Cardinal m'appelle à la cour.

— Quoi ! lui-même a voulu vous avoir !

Alors Cinq-Mars montra la lettre du Cardinal-duc à sa mère, et peu à peu son ancien gouverneur se calma et s'adoucit.

— Allons, allons, disait-il tout bas, allons, ce n'est pas mal, cela promet: capitaine aux gardes à vingt ans, ce n'est pas mal.

Et il sourit.

Et le jeune homme, transporté de voir ce sourire qui s'accordait enfin avec tous les siens, sauta au cou de l'abbé et l'embrassa comme s'il se fût emparé de tout un avenir de plaisir, de gloire et d'amour.

Cependant, se dégageant avec peine de cette chaude embrassade, le bon abbé reprit sa promenade et ses réflexions. Il toussait souvent et branlait la tête, et Cinq-Mars, sans oser reprendre la conversation, le suivait des yeux et devenait triste en le voyant redevenu sérieux.

Le vieillard se rassit enfin, et commença d'un ton grave le discours suivant:

— Mon ami, mon enfant, je me suis livré en père à vos espérances; je dois pourtant vous dire, et ce n'est point pour vous affliger, qu'elles me semblent excessives et peu naturelles. Si le Cardinal n'avait pour but que de témoigner à votre famille de l'attachement et de la reconnaissance, il n'irait pas si loin dans ses faveurs; mais il est probable qu'il a jeté les yeux sur vous. D'après ce qu'on lui aura dit, vous lui semblez propre à jouer tel ou tel rôle impossible à deviner, et dont il aura tracé l'emploi dans le repli le plus profond de sa pensée. Il veut vous y élever, vous y dresser, passez-moi cette expression en faveur de sa justesse, et pensez-y sérieusement quand le temps en viendra. Mais n'importe, je crois qu'au point où en sont les choses, vous feriez bien de suivre cette veine; c'est ainsi que de grandes fortunes ont commencé; il s'agit seulement de ne point se laisser aveugler et gouverner. Tâchez que les faveurs ne vous étourdissent pas, mon pauvre enfant, et que l'élévation ne vous fasse pas tourner la tête; ne vous effarouchez pas de ce soupçon, c'est arrivé à de plus vieux que vous. Écrivez-moi souvent ainsi qu'à votre mère; voyez M. de Thou, et nous tâcherons de vous bien conseiller. En attendant, mon fils, ayez la bonté de fermer cette fenêtre, d'où il me vient du vent sur la tête, et je vais vous conter ce qui s'est passé ici.

Henry, espérant que la partie morale du discours était finie, et ne voyant plus dans la seconde qu'un récit, ferma vite la vieille fenêtre tapissée de toiles d'araignées, et revint à sa place sans parler.

— A présent que j'y réfléchis mieux, je pense qu'il ne vous sera peut-être pas inutile d'avoir passé par ici, quoique ce soit une triste expérience que vous y deviez trouver; mais elle suppléera à ce que je ne vous ai pas dit autrefois de la perversité des hommes; j'espère d'ailleurs que la fin ne sera pas sanglante, et que la lettre que nous avons écrite au roi aura le temps d'arriver.

— J'ai entendu dire qu'elle était interceptée, dit Cinq-Mars.

— C'en est fait alors, dit l'abbé Quillet; le curé est perdu. Mais écoutez-moi bien.

A Dieu ne plaise, mon enfant, que ce soit moi, votre ancien instituteur, qui veuille attaquer mon propre ouvrage et porter atteinte à votre foi. Conservez-la toujours et partout, cette foi simple dont votre noble famille vous a donné l'exemple, que nos pères avaient plus encore que nous-mêmes, et dont les plus grands capitaines de nos temps ne rougissent pas. En portant votre épée, souvenez-vous qu'elle est à Dieu. Mais aussi, lorsque vous serez au milieu des hommes, tâchez de ne pas vous laisser tromper par l'hypocrite; il vous entourera, vous prendra, mon fils, par le côté vulnérable de votre cœur naïf, en parlant à votre religion; et, témoin des extravagances de son zèle affecté, vous vous croirez tiède auprès de lui, vous croirez que votre conscience parle contre vous-même; mais ce ne sera pas sa voix que vous entendrez. Quels cris elle jetterait, combien elle serait plus soulevée contre vous, si vous aviez contribué à perdre l'innocence en appelant contre elle le ciel même en faux témoignage!

— O mon père! est-ce possible? dit Henry d'Effiat en joignant les mains.

— Que trop véritable, continua l'abbé; vous en avez vu l'exécution en partie ce matin. Dieu veuille que vous ne soyez pas témoin d'horreurs plus grandes! Mais écoutez bien : quelque chose que vous voyiez se passer, quelque crime que l'on ose commettre, je vous en conjure, au nom de votre mère et de tout ce qui vous est cher, ne prononcez pas une parole, ne faites pas un geste qui manifeste une opinion quelconque sur cet événement. Je connais votre caractère ardent, vous le tenez du maréchal votre père; modérez-le, ou vous êtes perdu ; ces petites colères du sang procurent peu de satisfaction et attirent de grands revers; je vous y ai vu trop enclin ; si vous saviez combien le calme donne de supériorité sur les hommes! Les anciens l'avaient empreint sur le front de la Divinité, comme son plus bel attribut, parce que l'impassibilité attestait l'être placé au-dessus de nos craintes, de nos espérances, de nos plaisirs et de nos peines. Restez donc aussi impassible dans les scènes que vous allez voir, mon cher enfant; mais voyez-les, il le faut; assistez à ce jugement funeste; pour moi, je vais subir les conséquences de ma sottise d'écolier. La voici : elle vous montrera qu'avec une tête chauve on peut être encore enfant comme sous vos beaux cheveux châtains.

Ici l'abbé Quillet lui prit la tête dans ses deux mains et continua ainsi :

— Oui, j'ai été curieux de voir les diables des Ursulines tout comme un autre, mon cher fils ; et sachant qu'ils s'annonçaient pour parler toutes les langues, j'ai eu l'imprudence de quitter le latin et de leur faire quelques questions en grec; la supérieure est fort jolie, mais elle n'a pas pu répondre dans cette langue. Le médecin Duncan a fait tout haut l'observation qu'il était surprenant que le démon, qui n'ignorait rien, fît des barbarismes et des solécismes, et ne pût répondre en grec. La jeune supérieure, qui était alors sur son lit de parade, se tourna du côté du mur pour pleurer, et dit tout bas au père Barré: *Monsieur! je n'y tiens plus;* je le répétai tout haut, et je mis en fureur tous les exorcistes : ils s'écrièrent que je devais savoir qu'il y avait des démons plus ignorants que des paysans, et dirent que pour leur puissance et leur force physique nous n'en pouvions douter, puisque les esprits nommés *Grésil des Trônes, Aman des puissances* et *Asmodée* avaient promis d'enlever la calotte de M. de Laubardemont. Ils s'y préparaient, quand le chirurgien Duncan, qui est homme savant et probe, mais assez moqueur, s'avisa de tirer un fil qu'il découvrit attaché à une colonne et caché par un tableau de sainteté de manière à retomber, sans être vu, fort près du maître des requêtes; cette fois on l'appela huguenot, et je crois que si le maréchal de Brézé n'était son protecteur il s'en tirerait mal. M. le comte du Lude s'est avancé alors avec son sang-froid ordinaire, et a prié les exorcistes d'agir devant lui. Le père Lactance, ce capucin dont la figure est si noire et le regard si dur, s'est chargé de la sœur Agnès et de la sœur Claire; il a élevé ses deux mains, les regardant comme le serpent regarderait deux colombes, et a crié d'une voix terrible: *Quis te misit, Diabole?* et les deux filles ont dit parfaitement ensemble: *Urbanus.* Il allait continuer, quand M. du Lude, tirant d'un air de componction une petite boîte d'or, a dit qu'il tenait là une relique laissée par ses ancêtres, et que, ne doutant pas de la possession, il voulait l'éprouver. Le père Lactance, ravi, s'est saisi de la boîte, et, à peine en a-t-il touché le front des deux filles, qu'elles ont fait des sauts prodigieux, se tordant les pieds et les mains; Lactance hurlait ses exorcismes, Barré se jetait à genoux avec toutes les vieilles femmes, Mignon et les juges applaudissaient. Laubardemont, impassible, faisait (sans être foudroyé!) le signe de la croix. Quand, M. du Lude reprenant sa boîte, les religieuses sont restées paisibles: — *Je ne crains pas,* a dit fièrement Lactance, *que vous doutiez de la vérité de vos reliques!*

— *Pas plus que de celle de la possession,* a répondu M. du Lude en ouvrant sa boîte.

Elle était vide.

— Messieurs, vous vous moquez de nous, a dit Lactance.

J'étais indigné de ces momeries, et lui dis:

— Oui, monsieur, comme vous vous moquez de Dieu et des hommes. C'est pour cela que vous me voyez, mon cher ami, des bottes de sept lieues, si lourdes et si grosses, qui me font mal aux pieds, et de longs pistolets; car notre ami Laubardemont m'a décrété de prise de corps, et je ne veux point le lui laisser saisir, tout vieux qu'il est.

— Mais, s'écria Cinq-Mars, est-il donc si puissant?

— Plus qu'on ne le croit et qu'on ne peut le croire; je sais que l'abbesse possédée est sa nièce, et qu'il est muni d'un arrêt du conseil qui lui ordonne de juger, sans s'arrêter à tous les appels interjetés au parlement, à qui le Cardinal interdit connaissance de la cause d'Urbain Grandier.

— Et enfin quels sont ses torts? dit le jeune homme déjà puissamment intéressé.

— Ceux d'une âme forte et d'un génie supérieur, une volonté inflexible qui a irrité la puissance contre lui, et une passion profonde qui a entraîné son cœur et lui a fait commettre le seul péché mortel que je croie pouvoir lui être reproché; mais ce n'a été qu'en violant le secret de ses papiers, qu'en les arrachant à Jeanne d'Estièvre, sa mère octogénaire, qu'on a su et publié son amour pour la belle Madeleine de Brou; cette jeune demoiselle avait refusé de se marier, et voulait prendre le voile. Puisse ce voile lui avoir caché le spectacle d'aujourd'hui! L'éloquence de Grandier et sa beauté angélique ont souvent exalté des femmes qui venaient de loin pour l'entendre parler; j'en ai vu s'évanouir durant ses sermons; d'autres s'écrier que c'était un ange, toucher ses vêtements et baiser ses mains lorsqu'il descendait de la chaire. Il est certain que, si ce n'est sa beauté, rien n'égalait la sublimité de ses discours, toujours inspirés : le miel pur des Évangiles s'unissait, sur ses lèvres, à la flamme étincelante des prophéties, et l'on sentait au son de sa voix un cœur tout plein d'une sainte pitié pour les maux de l'homme, et tout gonflé de larmes prêtes à couler sur nous.

Le bon prêtre s'interrompit, parce que lui-même avait des pleurs dans la voix et dans les yeux; sa figure ronde et naturellement gaie était plus touchante qu'une autre dans cet état, car la tristesse semblait ne pouvoir l'atteindre. Cinq-Mars, toujours plus ému, lui serra la main sans rien dire, de crainte de l'interrompre. L'abbé tira un mouchoir rouge, s'essuya les yeux, se moucha et reprit :

— Cette effrayante attaque de tous les ennemis d'Urbain est la seconde ; il avait déjà été accusé d'avoir ensorcelé les religieuses et examiné par de saints prélats, par des magistrats éclairés, par des médecins instruits, qui l'avaient absous, et qui, tous indignés, avaient imposé silence à ces démons de fabrique humaine. Le bon et pieux archevêque de Bordeaux se contenta de choisir lui-même les examinateurs de ces prétendus exorcistes, et son ordonnance fit fuir ces prophètes et taire leur enfer. Mais, humiliés par la publicité des débats, honteux de voir Grandier bien accueilli de notre bon roi lorsqu'il fut se jeter à ses pieds à Paris, ils ont compris que, s'il triomphait, ils étaient perdus et regardés comme des imposteurs ; déjà le couvent des Ursulines ne semblait plus être qu'un théâtre d'indignes comédies ; les religieuses, des actrices déhontées ; plus de cent personnes acharnées contre le curé s'étaient compromises dans l'espoir de le perdre ; leur conjuration, loin de se dissoudre, a repris des forces par son premier échec : voici les moyens que ses ennemis implacables ont mis en usage.

Connaissez-vous un homme appelé l'Éminence grise, ce capucin redouté que le Cardinal emploie à tout, consulte souvent et méprise toujours ? c'est à lui que les capucins de Loudun se sont adressés. Une femme de ce pays et du petit peuple, nommée Hamon, ayant eu le bonheur de plaire à la reine quand elle passa dans ce pays, cette princesse l'attacha à son service. Vous savez quelle haine sépare sa cour de celle du Cardinal, vous savez qu'Anne d'Autriche et M. de Richelieu se sont quelque temps disputé la faveur du roi, et que, de ces deux soleils, la France ne savait jamais le soir lequel se lèverait le lendemain. Dans un moment d'éclipse du Cardinal, une satire parut, sortie du système planétaire de la Reine ; elle avait pour titre la *Cordonnière de la reine mère;* elle était bassement écrite et conçue, mais renfermait des choses si injurieuses sur la naissance et la personne du Cardinal, que les ennemis de ce ministre s'en emparèrent et lui donnèrent une vogue qui l'irrita. On y révélait, dit-on, beaucoup d'intrigues et de mystères qu'il croyait impénétrables ; il lut cet ouvrage anonyme et voulut en savoir l'auteur. Ce fut dans ce temps même que les capucins de cette petite ville écrivirent au père Joseph qu'une correspondance continuelle entre Grandier et la Hamon ne leur laissait aucun doute qu'il ne fût l'auteur de cette diatribe. En vain avait-il publié précédemment des livres religieux de prières et de méditations dont le style seul devait l'absoudre d'avoir mis la main à un libelle écrit dans le langage des halles ; le Cardinal, dès longtemps prévenu contre Urbain, n'a voulu voir que lui de coupable : on lui a rappelé que lorsqu'il n'était encore que prieur de Coussay, Grandier lui disputa le pas, le prit même avant lui : je suis bien trompé si ce pas ne met son pied dans la tombe...

Un triste sourire accompagna ce mot sur les lèvres du bon abbé.

— Quoi ! vous croyez que cela ira jusqu'à la mort ?

— Oui, mon enfant, oui, jusqu'à la mort ; déjà on a enlevé toutes les pièces et les sentences d'absolution qui pouvaient lui servir de défense, malgré l'opposition de sa pauvre mère, qui les conservait comme la permission de vivre donnée à son fils ; déjà on a affecté de regarder un ouvrage contre le célibat des prêtres, trouvé dans ses papiers, comme destiné à propager le schisme. Il est bien coupable, sans doute, et l'amour qui l'a dicté, quelque pur qu'il puisse être, est une faute énorme dans l'homme qui est consacré à Dieu seul ; mais ce pauvre prêtre était loin de vouloir encourager l'hérésie, et c'était, dit-on, pour apaiser les remords de mademoiselle de Brou qu'il l'avait composé. On a si bien vu que ces fautes véritables ne suffisaient pas pour le faire mourir qu'on a réveillé l'accusation de sorcellerie assoupie depuis longtemps, et que, feignant d'y croire, le Cardinal a établi dans cette ville un tribunal nouveau, et enfin mis à sa tête Laubardemont ;

c'est un signe de mort. Ah! fasse le ciel que vous ne connaissiez jamais ce que la corruption des gouvernements appelle *coups d'État*.

En ce moment un cri horrible retentit au delà d'un petit mur de la cour; l'abbé effrayé se leva, Cinq-Mars en fit autant.

— C'est un cri de femme, dit le vieillard.

— Qu'il est déchirant! dit le jeune homme. Qu'est-ce? cria-t-il à ses gens qui étaient tous sortis dans la cour.

Ils répondirent qu'on n'entendait plus rien.

— C'est bon, c'est bon! cria l'abbé, ne faites plus de bruit.

Il referma la fenêtre et mit ses deux mains sur ses yeux.

— Ah! quel cri! mon enfant, dit-il (et il était fort pâle), quel cri! il m'a percé l'âme; c'est quelque malheur. Ah! mon Dieu! il m'a troublé, je ne puis plus continuer à vous parler. Faut-il que je l'aie entendu quand je vous parlais de votre destinée! Mon cher enfant, que Dieu vous bénisse! Mettez-vous à genoux.

Cinq-Mars fit ce qu'il voulait, et fut averti par un baiser sur ses cheveux que le vieillard l'avait béni, et le relevait en disant:

— Allez vite, mon ami, l'heure s'avance; on pourrait vous trouver avec moi, partez; laissez vos gens et vos chevaux ici; enveloppez-vous dans un manteau, et partez. J'ai beaucoup à écrire avant l'heure où l'obscurité me permettra de prendre la route d'Italie. Ils s'embrassèrent une seconde fois en se promettant des lettres, et Henry s'éloigna. L'abbé, le suivant encore des yeux par la fenêtre, lui cria: — Soyez bien sage, quelque chose qui arrive; et lui envoya encore une fois sa bénédiction paternelle en disant: — Pauvre enfant!

CHAPITRE IV

LE PROCÈS

> Oh ! vendetta di Dio, quanto tu dei
> Esser temuta da ciascun che legge
> Ciò, che fu manifesto agli occhi miei !
> DANTE.
>
> O vengeance de Dieu, combien tu dois
> être redoutable à quiconque va lire ceci,
> qui se manifesta sous mes yeux.

Malgré l'usage des séances secrètes, alors mis en vigueur par Richelieu, les juges du curé de Loudun avaient voulu que la salle fût ouverte au peuple, et ne tardèrent pas à s'en repentir. Mais d'abord ils crurent en avoir assez imposé à la multitude par leurs jongleries, qui durèrent près de six mois ; ils étaient tous intéressés à la perte d'Urbain Grandier, mais ils voulaient que l'indignation du pays sanctionnât en quelque sorte l'arrêt de mort qu'ils préparaient et qu'ils avaient ordre de porter, comme l'avait dit le bon abbé à son élève.

Laubardemont était une espèce d'oiseau de proie que le Cardinal envoyait toujours quand sa vengeance voulait un agent sûr et prompt, et, en cette occasion, il justifia le choix qu'on avait fait de sa personne. Il ne fit qu'une faute, celle de permettre la séance publique, contre l'usage ; il avait l'intention d'intimider et d'effrayer ; il effraya, mais fit horreur.

La foule que nous avons laissée à la porte y était restée deux heures, pendant qu'un bruit sourd de marteaux annonçait que l'on achevait dans l'intérieur de la grande salle des préparatifs inconnus et faits à la hâte. Des archers firent tourner péniblement sur leurs gonds les lourdes portes de la rue, et le peuple avide s'y précipita. Le jeune Cinq-Mars fut jeté dans l'intérieur avec le second flot, et, placé derrière un pilier fort lourd de ce bâtiment, il y resta pour voir sans être vu. Il remarqua avec déplaisir que le groupe noir des bourgeois était près de lui; mais les grandes portes, en se refermant, laissèrent toute la partie du local où était le peuple dans une telle obscurité, qu'on n'eût pu le reconnaître. Quoique l'on ne fût qu'au milieu du jour; des flambeaux éclairaient la salle, mais étaient presque tous placés à l'extrémité, où s'élevait l'estrade des juges, rangés derrière une table fort longue ; les fauteuils, les tables, les degrés, tout était couvert de drap noir et jetait sur les figures de livides reflets. Un banc réservé à l'accusé, était placé sur la gauche, et sur le crêpe qui le couvrait on avait brodé en relief des flammes d'or, pour figurer la cause de l'accusation. Le prévenu y était assis, entouré d'archers, et toujours les mains attachées par des chaînes que deux moines tenaient avec une frayeur simulée, affectant de s'écarter au plus léger de ses mouvements, comme s'ils eussent tenu en laisse un tigre ou un loup enragé, ou que la flamme eût dû s'attacher à leurs vêtements. Ils empêchaient aussi avec soin que le peuple ne pût voir sa figure.

Le visage impassible de M. de Laubardemont paraissait dominer les juges de son choix; plus grand qu'eux presque de toute la tête, il était placé sur un siége plus élevé que les leurs ; chacun de ses regards ternes et inquiets leur envoyait un ordre. Il était vêtu d'une longue et large robe rouge, une calotte noire couvrait ses cheveux ; il semblait occupé à débrouiller des papiers qu'il faisait passer aux juges et circuler dans leurs mains. Les accusateurs, tous ecclésiastiques, siégeaient à droite des juges ; ils étaient revêtus d'aubes et d'étoles; on distinguait le père Lactance à la simplicité de son habit de capucin, à sa tonsure et à la rudesse de ses traits. Dans une tribune était caché l'évêque de Poitiers ; d'autres tribunes étaient pleines de femmes voilées. Aux pieds des juges, une foule ignoble de femmes et d'hommes de la lie du peuple s'agitait derrière six jeunes religieuses des Ursulines dégoûtées de les approcher ; c'étaient les témoins.

Le reste de la salle était plein d'une foule immense, sombre, silencieuse, suspendue aux corniches, aux portes, aux poutres, et pleine d'une terreur qui en donnait aux juges, car cette stupeur venait de l'intérêt du peuple pour l'accusé. Des archers nombreux, armés de longues piques, encadraient ce lugubre tableau d'une manière digne de ce farouche aspect de la multitude.

Au geste du président on fit retirer les témoins, auxquels un huissier ouvrit une porte étroite. On remarqua la supérieure des Ursulines, qui, en passant devant M. de Laubardemont, s'avança, et dit assez haut : — Vous m'avez trompée, monsieur. Il demeura impassible : elle sortit.

Un silence profond régnait dans l'assemblée.

Se levant avec gravité, mais avec un trouble visible, un des juges, nommé Houmain, lieutenant criminel d'Orléans, lut une espèce de mise en accusation d'une voix très-basse et si enrouée, qu'il était impossible d'en saisir aucune parole. Cependant il se faisait entendre lorsque ce qu'il avait à dire devait frapper l'esprit du peuple. Il divisa les preuves du procès en deux sortes : les unes résultant des dépositions de soixante-douze témoins ; les autres et les plus certaines, des exorcismes des révérends pères ici présents, s'écria-t-il en faisant le signe de la croix.

Les pères Lactance, Barré et Mignon s'inclinèrent profondément en répétant aussi ce signe sacré. — Oui, messeigneurs, dit-il, s'adressant aux juges, on a reconnu et déposé devant vous ce bouquet de roses blanches et ce manuscrit signé du sang du magicien, copie du pacte qu'il avait fait avec Lucifer, et qu'il était forcé de porter sur lui pour conserver sa puissance. On lit encore avec horreur ces paroles écrites au bas du parchemin : *La minute est aux enfers, dans le cabinet de Lucifer.*

Un éclat de rire qui semblait sortir d'une poitrine forte s'entendit dans la foule. Le président rougit, et fit signe à des archers, qui essayèrent en vain de trouver le perturbateur. Le rapporteur continua :

— Les démons ont été forcés de déclarer leurs noms par la bouche de leurs victimes. Ces noms et leurs faits sont déposés sur cette table : ils s'appellent Astaroth, de l'ordre des Séraphins ; Easas, Celsus, Acaos, Cédron, Asmodée, de l'ordre des Trônes ; Alex, Zabulon, Cham, Uriel et Achas, des Principautés, etc.; car le nombre en était infini. Quant à leurs actions, qui de nous n'en fut témoin ?

Un long murmure sortit de l'assemblée; on imposa silence, quelques hallebardes s'avancèrent, tout se tut.

— Nous avons vu avec douleur la jeune et respectable supérieure des Ursulines déchirer son sein de ses propres mains et se rouler dans la poussière ; les autres sœurs, Agnès, Claire, etc., sortir de la modestie de leur sexe par des gestes passionnés ou des rires immodérés. Lorsque des impies ont voulu douter de la présence des démons, et que nous-mêmes avons senti notre conviction ébranlée, parce qu'ils refusaient de s'expliquer devant des inconnus, soit en grec, soit en arabe, les révérends pères nous ont raffermi en daignant nous expliquer que, la malice des mauvais esprits étant extrême, il n'était pas surprenant qu'ils eussent feint cette ignorance pour être moins pressés de questions; qu'ils avaient même fait, dans leurs réponses, quelques barbarismes, solécismes et autres fautes, pour qu'on les méprisât, et que par dédain les saints docteurs les laissassent en repos ; et que leur haine était si forte, que, sur le point de faire un de leurs tours miraculeux, ils avaient fait suspendre une corde au plancher pour faire accuser de supercherie des personnages aussi révérés, tandis qu'il a été affirmé sous serment, par des personnes respectables, que jamais il n'y eut de cordes en cet endroit.

Mais, messieurs, tandis que le ciel s'expliquait ainsi miraculeusement par ses saints interprètes, une autre lumière nous est venue tout à l'heure : à l'instant même où les juges étaient plongés dans leurs profondes méditations, un grand cri a été entendu près de la salle du conseil; et, nous étant transportés sur les lieux, nous avons trouvé le corps d'une jeune demoiselle d'une haute naissance; elle venait de rendre le dernier soupir dans la voie publique, entre les mains du révérend père Mignon, chanoine; et nous avons su de ce même père, ici présent, et de plusieurs autres personnages graves, que, soupçonnant cette demoiselle d'être possédée, à cause du bruit qui s'était répandu dès longtemps de l'admiration d'Urbain Grandier pour elle, il eut l'heureuse idée de l'éprouver, et lui dit tout à coup en l'abordant : *Grandier vient d'être mis à mort;* sur quoi elle ne poussa qu'un seul grand cri, et tomba morte, privée par le démon du temps nécessaire pour les secours de notre sainte mère l'Église catholique.

Un murmure d'indignation s'éleva dans la foule, où le mot d'*assassin* fut prononcé; les huissiers imposèrent silence à haute voix; mais le rapporteur le rétablit en reprenant la parole, ou plutôt la curiosité générale triompha.

— Chose infâme! messeigneurs, continua-t-il, cherchant à s'affermir par des exclamations, on a trouvé sur elle cet ouvrage écrit de la main d'Urbain Grandier.

Et il tira de ses papiers un livre couvert en parchemin.

— Ciel! s'écria Urbain de son banc.

— Prenez garde! s'écrièrent les juges aux archers qui l'entouraient.

— Le démon va sans doute se manifester, dit le père Lactance d'une voix sinistre; resserrez ses liens.

On obéit.

Le lieutenant criminel continua : — Elle se nommait Madeleine de Brou, âgée de dix-neuf ans.

— Ciel! ô ciel! c'en est trop! s'écria l'accusé, tombant évanoui sur le parquet.

L'assemblée s'émeut en sens divers; il y eut un moment de tumulte. — Le malheureux! il l'aimait, disaient quelques-uns. Une demoiselle si bonne! disaient les femmes. La pitié commençait à gagner. On jeta de l'eau froide sur Grandier sans le faire sortir, et on l'attacha sur la banquette. Le rapporteur continua :

— Il nous est enjoint de lire le début de ce livre à la cour. Et il lut ce qui suit :

« C'est pour toi, douce et belle Madeleine, c'est pour mettre
» en repos ta conscience troublée, que j'ai peint dans un livre
» une seule pensée de mon âme. Elles sont toutes à toi, fille cé-
» leste, parce qu'elles y retournent comme au but de toute mon
» existence ; mais cette pensée que je t'envoie comme une fleur
» vient de toi, n'existe que par toi, et retourne à toi seule.

» Ne sois pas triste parce que tu m'aimes; ne sois pas affligée
» parce que je t'adore. Les anges du ciel, que font-ils? et les
» âmes des bienheureux, que leur est-il promis? Sommes-nous
» moins purs que les anges? nos âmes sont-elles moins détachées
» de la terre qu'après la mort? O Madeleine! qu'y a-t-il en nous
» dont le regard du Seigneur s'indigne? Est-ce lorsque nous
» prions ensemble, et que, le front prosterné dans la poussière
» devant ses autels, nous demandons une mort prochaine qui
» nous vienne saisir durant la jeunesse et l'amour? Est-ce au
» temps où rêvant seuls sous les arbres funèbres du cimetière,
» nous cherchions une double tombe, souriant à notre mort et
» pleurant sur notre vie? Serait-ce lorsque tu viens t'agenouiller
» devant moi-même au tribunal de la pénitence, et que, parlant
» en présence de Dieu, tu ne peux rien trouver de mal à me
» révéler, tant j'ai soutenu ton âme dans les régions pures du
» ciel? Qui pourrait donc offenser notre Créateur? Peut-être, oui,
» peut-être seulement, je le crois, quelque esprit du ciel aurait
» pu m'envier ma félicité, lorsqu'au jour de Pâques je te vis pro-
» sternée devant moi, épurée par de longues austérités du peu de
» souillure qu'avait pu laisser en toi la tache originelle. Que tu
» étais belle! ton regard cherchait ton Dieu dans le ciel, et ma
» main tremblante l'apporta sur tes lèvres pures que jamais lèvre
» humaine n'osa effleurer. Être angélique, j'étais seul à partager
» les secrets du Seigneur, ou plutôt l'unique secret de la pureté
» de ton âme ; je t'unissais à ton créateur, qui venait de descen-

» dre aussi dans mon sein. Hymen ineffable dont l'Éternel fut le
» prêtre lui-même, vous étiez seul permis entre la Vierge et le
» Pasteur ; la seule volupté de chacun de nous fut de voir une
» éternité de bonheur commencer pour l'autre, et de respirer
» ensemble les parfums du ciel, de prêter déjà l'oreille à ses con-
» certs, et d'être sûrs que nos âmes dévoilées à Dieu seul et à
» nous étaient dignes de l'adorer ensemble.

» Quel scrupule pèse encore sur ton âme, ô ma sœur ? Ne
» crois-tu pas que j'aie rendu un culte trop grand à ta vertu ?
» crains-tu qu'une si pure admiration ne m'ait détourné de celle
» du Seigneur ?... »

Houmain en était là quand la porte par laquelle étaient sortis les témoins s'ouvrit tout à coup. Les juges, inquiets, se parlèrent à l'oreille. Laubardemont, incertain, fit signe aux pères pour savoir si c'était quelque scène exécutée par leur ordre ; mais, étant placés à quelque distance de lui, et surpris eux-mêmes, ils ne purent lui faire entendre que ce n'était point eux qui avaient préparé cette interruption. D'ailleurs, avant que leurs regards eussent été échangés, l'on vit, à la grande stupéfaction de l'assemblée, trois femmes en chemise, pieds nus, la corde au cou, un cierge à la main, s'avancer jusqu'au milieu de l'estrade. C'était la supérieure, suivie des sœurs Agnès et Claire. Toutes deux pleuraient ; la supérieure était fort pâle, mais son port était assuré et ses yeux fixes et hardis : elle se mit à genoux ; ses compagnes l'imitèrent ; tout fut si troublé, que personne ne songea à l'arrêter, et d'une voix claire et ferme, elle prononça ces mots, qui retentirent dans tous les coins de la salle :

— Au nom de la très-sainte Trinité, moi, Jeanne de Belfiel, fille du baron de Cose, moi, supérieure indigne du couvent des Ursulines de Loudun, je demande pardon à Dieu et aux hommes du crime que j'ai commis en accusant l'innocent Urbain Grandier. Ma possession était fausse, mes paroles suggérées, le remords m'accable...

— Bravo ! s'écrièrent les tribunes et le peuple en frappant des mains. Les juges se levèrent; les archers, incertains, regardèrent le président : il frémit de tout son corps, mais resta immobile.

— Que chacun se taise! dit-il d'une voix aigre; archers, faites votre devoir!

Cet homme se sentait soutenu par une main si puissante, que rien ne l'effrayait, car la pensée du ciel ne lui était jamais venue.

— Mes pères, que pensez-vous? dit-il en faisant signe aux moines.

— Que le démon veut sauver son ami... *Obmutesce Satanas!* s'écria le père Lactance d'une voix terrible, ayant l'air d'exorciser encore la supérieure.

Jamais le feu mis à la poudre ne produisit un effet plus prompt que celui de ce seul mot. Jeanne de Belfiel se leva subitement, elle se leva dans toute sa beauté de vingt ans, que sa nudité terrible augmentait encore; on eût dit une âme échappée de l'enfer apparaissant à son séducteur; elle promena ses yeux noirs sur les moines, Lactance baissa les siens; elle fit deux pas vers lui avec ses pieds nus, dont les talons firent retentir fortement l'échafaudage; son cierge semblait, dans sa main, le glaive de l'ange.

— Taisez-vous, imposteur! dit-elle avec énergie, le démon qui m'a possédée, c'est vous : vous m'avez trompée, il ne devait pas être jugé; d'aujourd'hui seulement je sais qu'il l'est; d'aujourd'hui j'entrevois sa mort; je parlerai.

— Femme, le démon vous égare.

— Dites que le repentir m'éclaire : filles aussi malheureuses que moi, levez-vous; n'est-il pas innocent?

— Nous le jurons! dirent encore à genoux les deux jeunes sœurs laies en fondant en larmes, parce qu'elles n'étaient pas animées par une résolution aussi forte que celle de la supérieure. Agnès même eut à peine dit ce mot que, se tournant du côté du peuple : — Secourez-moi, s'écria-t-elle; ils me puniront, ils me feront mourir! Et, entraînant sa compagne, elle se jeta dans la foule, qui les accueillit avec amour; mille voix leur jurèrent protection, des imprécations s'élevèrent, les hommes agitèrent leurs bâtons contre terre ; on n'osa pas empêcher le peuple de les faire sortir de bras en bras jusqu'à la rue.

Pendant cette nouvelle scène, les juges interdits chuchotaient, Laubardemont regardait les archers et leur indiquait les points où leur surveillance devait se porter; souvent il montra du doigt le groupe noir. Les accusateurs regardèrent à la tribune de l'évêque de Poitiers, mais ils ne trouvèrent aucune expression sur sa figure apathique. C'était un de ces vieillards dont la mort s'empare dix ans avant que le mouvement cesse tout à fait en eux; sa vue semblait voilée par un demi-sommeil; sa bouche béante ruminait quelques paroles vagues et habituelles de piété qui n'avaient aucun sens; il lui était resté assez d'intelligence pour distinguer le plus fort parmi les hommes et lui obéir, ne songeant même pas un moment à quel prix. Il avait donc signé la sentence des docteurs de Sorbonne qui déclarait les religieuses possédées, sans en tirer seulement la conséquence de la mort d'Urbain; le reste lui semblait une de ces cérémonies plus ou moins longues auxquelles il ne prêtait aucune attention, accoutumé qu'il était à les voir et à vivre au milieu de leurs pompes, en étant même une partie et un meuble indispensable. Il ne donna donc aucun signe de vie en cette occasion, mais il conserva seulement un air parfaitement noble et nul.

Cependant le père Lactance, ayant eu un moment pour se remettre de sa vive attaque, se tourna vers le président et dit :

— Voici une preuve bien claire que le ciel nous envoie sur la possession, car jamais madame la supérieure n'avait oublié la modestie et la sévérité de son ordre.

— Que tout l'univers n'est-il ici pour me voir ! dit Jeanne de Belfiel, toujours aussi ferme. Je ne puis être assez humiliée sur la terre, et le ciel me repoussera, car j'ai été votre complice.

La sueur ruisselait sur le front de Laubardemont. Cependant, essayant de se remettre : — Quel conte absurde! et qui vous y força donc, ma sœur?

La voix de la jeune fille devint sépulcrale, elle en réunit toutes les forces, appuya la main sur son cœur, comme si elle eût

voulu l'arracher, et, regardant Urbain Grandier, elle répondit :
— L'amour.

L'assemblée frémit ; Urbain, qui, depuis son évanouissement, était resté la tête baissée et comme mort, leva lentement ses yeux sur elle et revint entièrement à la vie pour subir une douleur nouvelle. La jeune pénitente continua :

— Oui, l'amour qu'il a repoussé, qu'il n'a jamais connu tout entier, que j'avais respiré dans ses discours, que mes yeux avaient puisé dans ses regards célestes, que ses conseils même ont accru. Oui, Urbain est pur comme l'ange, mais bon comme l'homme qui a aimé ; je ne le savais pas, qu'il eût aimé ! C'est vous, dit-elle alors plus vivement, montrant Lactance, Barré et Mignon, et quittant l'accent de la passion pour celui de l'indignation, c'est vous qui m'avez appris qu'il aimait, vous qui ce matin m'avez trop cruellement vengée en tuant ma rivale par un mot ! Hélas ! je ne voulais que les séparer. C'était un crime ; mais je suis Italienne par ma mère ; je brûlais, j'étais jalouse ; vous me permettiez de voir Urbain, de l'avoir pour ami et de le voir tous les jours...

Elle se tut ; puis, criant : — Peuple, il est innocent ! Martyr, pardonne-moi ! j'embrasse tes pieds ! elle tomba aux pieds d'Urbain, et versa enfin des torrents de larmes.

Urbain éleva ses mains liées étroitement, et, lui donnant sa bénédiction, dit d'une voix douce, mais faible :

— Allez, ma sœur, je vous pardonne au nom de Celui que je verrai bientôt ; je vous l'avais dit autrefois, et vous le voyez à présent, les passions font bien du mal quand on ne cherche pas à les tourner vers le ciel.

La rougeur monta pour la seconde fois sur le front de Laubardemont : — Malheureux ! dit-il, tu prononces les paroles de l'Église.

— Je n'ai pas quitté son sein, dit Urbain.

— Qu'on emporte cette fille ! dit le président.

Quand les archers voulurent obéir, ils s'aperçurent qu'elle avait serré avec tant de force la corde suspendue à son cou, qu'elle était rouge et presque sans vie. L'effroi fit sortir toutes les femmes de l'assemblée, plusieurs furent emportées évanouies; mais la salle n'en fut pas moins pleine, les rangs se serraient, et les hommes de la rue débordaient dans l'intérieur.

Les juges épouvantés se levèrent, et le président essaya de faire vider la salle ; mais le peuple, se couvrant, demeura dans une effrayante immobilité ; les archers n'étaient plus assez nombreux, il fallut céder, et Laubardemont, d'une voix troublée, dit que le conseil allait se retirer pour une demi-heure. Il leva la séance; le public, sombre, demeura debout.

CHAPITRE V

LE MARTYRE

> La torture interroge et la douleur répond.
> *Les Templiers.*

L'intérêt non suspendu de ce demi-procès, son appareil et ses interruptions, tout avait tenu l'esprit public si attentif, que nulle conversation particulière n'avait pu s'engager. Quelques cris avaient été jetés, mais simultanément, mais sans qu'aucun spectateur se doutât des impressions de son voisin, ou cherchât même à les deviner ou à communiquer les siennes. Cependant, lorsque le public fut abandonné à lui-même, il se fit comme une explosion de paroles bruyantes. On distinguait plusieurs voix, dans ce chaos, qui dominaient le bruit général, comme un chant de trompettes domine la basse continue d'un orchestre.

Il y avait encore à cette époque assez de simplicité primitive dans les gens du peuple pour qu'ils fussent persuadés par les mystérieuses fables des agents qui les travaillaient, au point de n'oser porter un jugement d'après l'évidence, et la plupart attendirent avec effroi la rentrée des juges, se disant à demi-voix ces mots prononcés avec un certain air de mystère et d'importance qui sont ordinairement le cachet de la sottise craintive : — On ne sait qu'en penser, monsieur ! — Vraiment, madame, voilà des choses extraordinaires qui se passent ! — Nous vivons dans un temps bien singulier ? — Je me serais bien douté d'une partie de tout ceci ; mais, ma foi, je n'aurais pas prononcé, et je ne le ferais pas encore ! — Qui vivra verra, etc.; discours idiots de la foule, qui ne servent qu'à montrer qu'elle est au premier qui la saisira fortement. Ceci était la basse continue, mais du côté du groupe noir on entendait d'autres choses : — Nous laisserons-nous faire ainsi ? Quoi ! pousser l'audace jusqu'à brûler notre lettre au Roi ! Si le Roi le savait ! — Les barbares ! les imposteurs ! avec quelle adresse leur complot est formé ! le meurtre s'accomplira-t-il sous nos yeux ? aurons-nous peur de ces archers ? — Non, non, non. C'étaient les trompettes et le dessus de ce bruyant orchestre.

On remarquait le jeune avocat, qui, monté sur un banc, commença par déchirer en mille pièces un cahier de papier ; ensuite élevant la voix : — Oui, s'écria-t-il, je déchire et jette au vent le plaidoyer que j'avais préparé en faveur de l'accusé ; on a supprimé les débats : il ne m'est pas permis de parler pour lui ; je ne peux parler qu'à vous, peuple, et je m'en applaudis ; vous avez vu ces juges infâmes : lequel peut encore entendre la vérité ? lequel est digne d'écouter l'homme de bien ? lequel osera soutenir son regard ? Que dis-je ? ils la connaissent tout entière, la vérité, ils la portent dans leur sein coupable ; elle ronge leur cœur comme un serpent ; ils tremblent dans leur repaire, où ils dévorent sans doute leur victime ; ils tremblent parce qu'ils ont entendu les cris de trois femmes abusées. Ah ! qu'allais-je faire ? j'allais parler pour Urbain Grandier ! Quelle éloquence eût égalé celle de ces infortunées ? quelles paroles vous eussent fait mieux voir son innocence ? Le ciel s'est armé pour lui en les appelant au repentir et au dévouement, le ciel achèvera son ouvrage.

— *Vade retro, Satanas !* prononcèrent des voix entendues par une fenêtre assez élevée.

Fournier s'interrompit un moment :

— Entendez-vous, reprit-il, ces voix qui parodient le langage divin ? Je suis bien trompé, ou ces instruments d'un pouvoir infernal préparent par ce chant quelque nouveau maléfice.

— Mais, s'écrièrent tous ceux qui l'entouraient, guidez-nous : que ferons-nous ? qu'ont-ils fait de lui ?

— Restez ici, soyez immobiles, soyez silencieux, répondit le jeune avocat : l'inertie d'un peuple est toute-puissante, c'est là sa sagesse, c'est là sa force. Regardez en silence, et vous ferez trembler.

— Ils n'oseront sans doute pas reparaître, dit le comte du Lude.

— Je voudrais bien revoir ce grand coquin rouge, dit Grand-Ferré, qui n'avait rien perdu de tout ce qu'il avait vu.

— Et ce bon monsieur le curé, murmura le vieux père Guillaume Leroux en regardant tous ses enfants irrités qui se parlaient bas en mesurant et comptant les archers. Ils se moquaient même de leur habit, et commençaient à les montrer au doigt.

Cinq-Mars, toujours adossé au pilier derrière lequel il s'était placé d'abord, toujours enveloppé dans son manteau noir, dévorait des yeux tout ce qui se passait, ne perdait pas un mot de ce qu'on disait et remplissait son cœur de fiel et d'amertume ; de violents désirs de meurtre et de vengeance, une envie indéterminée de frapper, le saisissaient malgré lui : c'est la première impression que produise le mal sur l'âme d'un jeune homme ; plus tard, la tristesse remplace la colère ; plus tard, c'est l'indifférence et le mépris ; plus tard encore, une admiration calculée pour les grands scélérats qui ont réussi ; mais c'est lorsque, des deux éléments de l'homme, la boue l'emporte sur l'âme.

Cependant, à droite de la salle, et près de l'estrade élevée pour les juges, un groupe de femmes semblait fort occupé à considérer un enfant d'environ huit ans, qui s'était avisé de monter sur une corniche à l'aide des bras de sa sœur Martine, que nous avons vue plaisantée à toute outrance par le jeune soldat Grand-Ferré. Cet enfant, n'ayant plus rien à voir après la sortie du tribunal, s'était élevé, à l'aide des pieds et des mains, jusqu'à une petite lucarne qui laissait passer une lumière très-faible, et qu'il pensa renfermer un nid d'hirondelles ou quelque autre trésor de son âge ; mais, quand il se fut bien établi les deux pieds sur la corniche du mur et les mains attachées aux barreaux d'une ancienne châsse de saint Jérôme, il eût voulu être bien loin et cria :

— Oh ! ma sœur, ma sœur, donne-moi la main pour descendre !

— Qu'est-ce que tu vois donc ? s'écria Martine.

— Oh ! je n'ose pas le dire ; mais je veux descendre.

Et il se mit à pleurer.

— Reste, reste, dirent toutes les femmes, reste, mon enfant, n'aie pas peur, et dis-nous bien ce que tu vois.

— Eh bien, c'est qu'on a couché le curé entre deux grandes planches qui lui serrent les jambes, et il y a des cordes autour des planches.

— Ah ! c'est la question, dit un homme de la ville. Regarde bien, mon ami, que vois-tu encore ?

L'enfant, rassuré, se remit à la lucarne avec plus de confiance, et, retirant sa tête, il reprit :

— Je ne vois plus le curé, parce que tous les juges sont autour de lui à le regarder, et que leurs grandes robes m'empêchent de voir. Il y a aussi des capucins qui se penchent pour lui parler tout bas.

La curiosité assembla plus de monde aux pieds du jeune garçon, et chacun fit silence, attendant avec anxiété sa première parole, comme si la vie de tout le monde en eût dépendu.

— Je vois, reprit-il, le bourreau qui enfonce quatre morceaux de bois entre les cordes, après que les capucins ont béni les marteaux et les clous... Ah ! mon Dieu ! ma sœur, comme ils ont l'air fâché contre lui, parce qu'il ne parle pas... Maman, maman, donne-moi la main, je veux descendre.

Au lieu de sa mère, l'enfant, en se retournant, ne vit plus que des visages mâles qui le regardaient avec une avidité triste et lui faisaient signe de continuer. Il n'osa pas descendre, et se remit à la fenêtre en tremblant.

— Oh ! je vois le père Lactance et le père Barré qui enfoncent eux-mêmes d'autres morceaux de bois qui lui serrent les jambes Oh ! comme il est pâle ! il a l'air de prier Dieu ; mais voilà sa tête qui tombe en arrière comme s'il mourait. Ah ! ôtez-moi de là...

Et il tomba dans les bras du jeune avocat, de M. de Lude et de Cinq-Mars, qui s'étaient approchés pour le soutenir.

— *Deus stetit in synagoga deorum : in medio autem Deus dijudicat...* chantèrent des voix fortes et nasillardes qui sortaient de cette petite fenêtre ; elles continuèrent longtemps un plainchant de psaumes entrecoupé par des coups de marteau, ouvrage infernal qui marquait la mesure des chants célestes. On aurait pu se croire près de l'antre d'un forgeron ; mais les coups étaient sourds et faisaient bien sentir que l'enclume était le corps d'un homme.

— Silence ! dit Fournier, il parle ; les chants et les coups s'interrompent.

Une faible voix en effet dit lentement : — O mes pères ! adoucissez la rigueur de vos tourments, car vous réduiriez mon âme au désespoir, et je chercherais à me donner la mort.

Ici partit et s'élança jusqu'aux voûtes l'explosion des cris du peuple ; les hommes, furieux, se jettent sur l'estrade et l'emportent d'assaut sur les archers étonnés et hésitants ; la foule sans armes les pousse, les presse, les étouffe contre les murs, et tient leurs bras sans mouvement ; ses flots se précipitent sur les portes qui conduisent à la chambre de la question, et, les faisant crier sous leur poids, menacent de les enfoncer ; l'injure retentit par mille voix formidables et va épouvanter les juges.

— Ils sont partis, ils l'ont emporté ! s'écrie un homme.

Tout s'arrête aussitôt, et, changeant de direction, la foule s'enfuit de ce lieu détestable et s'écoule rapidement dans les rues. Une singulière confusion y régnait.

La nuit était venue pendant la longue séance, et des torrents de pluie tombaient du ciel. L'obscurité était effrayante ; les cris des femmes glissant sur le pavé ou repoussées par le pas des chevaux des gardes, les cris sourds et simultanés des hommes rassemblés et furieux, le tintement continuel des cloches qui annonçaient le supplice avec les coups répétés de l'agonie, les roulements d'un tonnerre lointain, tout s'unissait pour le désordre. Si l'oreille était étonnée, les yeux ne l'étaient pas moins ; quelques torches funèbres allumées au coin des rues et jetant une lumière capricieuse montraient des gens armés et à cheval qui passaient au galop en écrasant la foule : ils couraient se réunir sur la place de Saint-Pierre ; des tuiles les frappaient quelquefois dans leur passage, mais, ne pouvant atteindre le coupable éloigné, ces tuiles tombaient sur le voisin innocent. La confusion était extrême, et devint plus grande encore lorsque, débouchant par toutes les rues sur cette place nommée Saint-Pierre-le-Marché, le peuple la trouva barricadée de tous côtés et remplie de gardes à cheval et d'archers. Des charrettes liées aux bornes des rues en fermaient toutes les issues, et des sentinelles armées d'arquebuses étaient auprès. Sur le milieu de la place s'élevait un bûcher composé de poutres énormes posées les unes sur les autres de manière à former un carré parfait ; un bois plus blanc et plus léger les recouvrait ; un immense poteau s'élevait au centre de cet échafaud. Un homme vêtu de rouge et tenant une torche baissée était debout près de cette sorte de mât, qui s'apercevait de loin. Un réchaud énorme, recouvert de tôle à cause de la pluie, était à ses pieds.

A ce spectacle la terreur ramena partout un profond silence; pendant un instant on n'entendit plus que le bruit de la pluie qui tombait par torrents, et du tonnerre qui s'approchait.

Cependant Cinq-Mars, accompagné de MM. du Lude et Fournier, et de tous les personnages les plus importants, s'était mis à l'abri de l'orage sous le péristyle de l'église de Sainte-Croix, élevée sur vingt degrés de pierre. Le bûcher était en face, et de cette hauteur on pouvait voir la place dans toute son étendue. Elle était entièrement vide, et l'eau seule des larges ruisseaux la traversait ; mais toutes les fenêtres des maisons s'éclairaient peu à peu, et faisaient ressortir en noir les têtes d'hommes et de femmes qui se pressaient aux balcons. Le jeune d'Effiat contemplait avec tristesse ce menaçant appareil; élevé dans les sentiments d'honneur, et bien loin de toutes ces noires pensées que la haine et l'ambition peuvent faire naître dans le cœur de l'homme, il ne comprenait pas que tant de mal pût être fait sans quelque motif puissant et secret; l'audace d'une telle condamnation lui sembla si incroyable, que sa cruauté même commençait à la justifier à ses yeux; une secrète horreur se glissa dans son âme, la même qui faisait taire le peuple; il oublia presque l'intérêt que le malheureux Urbain lui avait inspiré, pour chercher s'il n'était pas possible que quelque intelligence secrète avec l'enfer eût justement provoqué de si excessives rigueurs; et les révélations publiques des religieuses et les récits de son respectable gouverneur s'affaiblirent dans sa mémoire, tant le succès est puissant, même aux yeux des êtres distingués! tant la force en impose à l'homme, malgré la voix de sa conscience! Le jeune voyageur se demandait déjà s'il n'était pas probable que la torture eût arraché quelque monstrueux aveu à l'accusé, lorsque l'obscurité dans laquelle était l'église cessa tout à coup; ses deux grandes portes s'ouvrirent, et à la lueur d'un nombre infini de flambeaux parurent tous les juges et les ecclésiastiques entourés de gardes; au milieu d'eux s'avançait Urbain, soulevé ou plutôt porté par six hommes vêtus en pénitents noirs, car ses jambes unies et entourées de bandages ensanglantés semblaient rompues et incapables de le soutenir. Il y avait tout au plus deux heures que Cinq-Mars ne l'avait vu, et cependant il eut peine à reconnaître la figure qu'il avait remarquée à l'audience : toute couleur, tout embonpoint en avaient disparu; une pâleur mortelle couvrait une peau jaune et luisante comme l'ivoire; le sang paraissait avoir quitté toutes ses veines; il ne restait de vie que dans ses yeux noirs, qui semblaient être devenus deux fois plus grands, et qu'il promenait autour de lui; ses cheveux bruns étaient épars sur son cou et sur une chemise blanche qui le couvrait tout entier; cette sorte de robe à larges manches avait une teinte jaunâtre et portait avec elle une odeur de soufre; une longue et forte corde entourait son cou et tombait sur son sein. Il ressemblait à un fantôme, mais à celui d'un martyr.

Urbain s'arrêta, ou plutôt fut arrêté sur le péristyle de l'église : le capucin Lactance lui plaça dans la main droite et y soutint une torche ardente, et lui dit avec une dureté inflexible : — Fais amende honorable, et demande pardon à Dieu de ton crime de magie.

Le malheureux éleva la voix avec peine, et dit, les yeux au ciel :

— Au nom du Dieu vivant, je t'ajourne à trois ans, Laubardemont, juge prévaricateur ! On a éloigné mon confesseur, et j'ai été réduit à verser mes fautes dans le sein de Dieu même, car mes ennemis m'entourent : j'en atteste ce Dieu de miséricorde, je n'ai jamais été magicien ; je n'ai connu de mystères que ceux de la religion catholique, apostolique et romaine, dans laquelle je meurs : j'ai beaucoup péché contre moi, mais jamais contre Dieu et notre Seigneur...

— N'achève pas ! s'écria le capucin, affectant de lui fermer la bouche avant qu'il prononçât le nom du Sauveur ; misérable endurci, retourne au démon qui t'a envoyé !

Il fit signe à quatre prêtres, qui, s'approchant avec des goupillons à la main, exorcisèrent l'air que le magicien respirait, la terre qu'il touchait et le bois qui devait le brûler. Pendant cette cérémonie, le lieutenant criminel lut à la hâte l'arrêt, que l'on trouve encore dans les pièces de ce procès, en daté du 18 août 1639, *déclarant Urbain Grandier dûment atteint et convaincu du crime de magie, maléfice, possession, ès-personnes d'aucunes religieuses ursulines de Loudun, et autres, séculiers,* etc.

Le lecteur, ébloui par un éclair, s'arrêta un instant, et se tournant du côté de M. de Laubardemont, lui demanda si, vu le temps qu'il faisait, l'exécution ne pouvait pas être remise au lendemain, celui-ci répondit :

— L'arrêt porte exécution dans les vingt-quatre heures : ne craignez point ce peuple incrédule, il va être convaincu...

Tous les personnages les plus considérables et beaucoup d'étrangers étaient sous le péristyle et s'avancèrent, Cinq-Mars parmi eux.

— ..... Le magicien n'a jamais pu prononcer le nom du Sauveur et repousse son image.

Lactance sortit en ce moment du milieu des pénitents, ayant dans sa main un énorme crucifix de fer qu'il semblait tenir avec précaution et respect; il l'approcha des lèvres du patient, qui effectivement se jeta en arrière, et, réunissant toutes ses forces, fit un geste du bras qui fit tomber la croix des mains du capucin.

— Vous le voyez, s'écria celui-ci, il a renversé le crucifix !

Un murmure s'éleva, dont le sens était incertain.

— Profanation! s'écrièrent les prêtres.

On s'avança vers le bûcher.

Cependant Cinq-Mars, se glissant derrière un pilier, avait tout observé d'un œil avide; il vit avec étonnement que le crucifix, en tombant sur les degrés, plus exposés à la pluie que la plateforme, avait fumé et produit le bruit du plomb fondu jeté dans l'eau. Pendant que l'attention publique se portait ailleurs, il s'avança et y porta une main qu'il sentit vivement brûlée. Saisi d'indignation et de toute la fureur d'un cœur loyal, il prend le crucifix avec les plis de son manteau, s'avance vers Laubardemont, et le frappant au front :

— Scélérat, s'écrie-t-il, porte la marque de ce fer rougi !

La foule entend ce mot et se précipite.

— Arrêtez cet insensé ! dit en vain l'indigne magistrat.

Il était saisi lui-même par des mains d'hommes qui criaient :

— Justice ! au nom du Roi !

— Nous sommes perdus ! dit Lactance, au bûcher ! au bûcher !

Les pénitents traînent Urbain vers la place, tandis que les juges et les archers rentrent dans l'église et se débattent contre les citoyens furieux ; le bourreau, sans avoir le temps d'attacher la victime, se hâta de la coucher sur le bois et d'y mettre la flamme. Mais la pluie tombait par torrents, et chaque poutre, à peine enflammée, s'éteignait en fumant. En vain Lactance et les autres chanoines eux-mêmes excitaient le foyer, rien ne pouvait vaincre l'eau qui tombait du ciel.

Cependant le tumulte qui avait lieu au péristyle de l'église s'était étendu tout autour de la place. Le cri de *justice* se répétait et circulait avec le récit de ce qui s'était découvert ; deux barricades avaient été forcées, et, malgré trois coups de fusil, les archers étaient repoussés peu à peu vers le centre de la place. En vain faisaient-ils bondir leurs chevaux dans la foule, elle les pressait de ses flots croissants. Une demi-heure se passa dans cette lutte, où la garde reculait toujours vers le bûcher, qu'elle cachait en se resserrant.

— Avançons, avançons, disait un homme, nous le délivrerons ; ne frappez pas les soldats, mais qu'ils reculent : voyez-vous, Dieu ne veut pas qu'il meure. Le bûcher s'éteint ; amis, encore un effort.
— Bien. — Renversez ce cheval. — Poussez, précipitez-vous.

La garde était rompue et renversée de toutes parts, le peuple se jette en hurlant sur le bûcher ; mais aucune lumière n'y brillait plus : tout avait disparu, même le bourreau. On arrache, on disperse les planches : l'une d'elles brûlait encore, et sa lueur fit voir, sous un amas de cendre et de boue sanglante, une main noircie, préservée du feu par un énorme bracelet de fer et une chaîne. Une femme eut le courage de l'ouvrir ; les doigts serraient une petite croix d'ivoire et une image de sainte Madeleine.

— Voilà ses restes, dit-elle en pleurant.
— Dites les reliques du martyr, répondit un homme.

CHAPITRE VI

LE SONGE

> Le bien de la fortune est un bien périssable,
> Quand on bastit sur elle, on bastit sur le sable;
> Plus on est élevé, plus ou court de dangers.
> Les grands pins sont en butte aux coups de la tempête...
> RACAN.

> Les vergers languissants, altérés de chaleurs,
> Balancent des rameaux dépourvus de feuillage ;
> Il semble que l'hiver ne quitte pas les cieux.
> *Maria.* JULES LEFÈVRE.

Cependant Cinq-Mars, au milieu de la mêlée que son emportement avait provoquée, s'était senti saisir le bras gauche par une main aussi dure que le fer, qui, le tirant de la foule jusqu'au bas des degrés, le jeta derrière le mur de l'église, et lui fit voir la figure noire du vieux Grandchamp, qui dit d'une voix brusque :
— Monsieur, ce n'était rien que d'attaquer trente mousquetaires dans un bois à Chaumont, parce que nous étions à quelques pas de vous sans que vous l'ayez su, que nous vous aurions aidé au besoin et que d'ailleurs vous aviez affaire à des gens d'honneur; mais ici c'est différent. Voici vos chevaux et vos gens au bout de la rue : je vous prie de monter à cheval et de sortir de la ville, ou bien de me renvoyer chez madame la maréchale, parce que je suis responsable de vos bras et de vos jambes, que vous exposez bien lestement.

Cinq-Mars, quoique un peu étourdi de cette manière brusque de rendre service, ne fut pas fâché de sortir d'affaire ainsi, ayant eu le temps de réfléchir au désagrément qu'il y aurait d'être reconnu pour ce qu'il était, après avoir frappé le chef de l'autorité judiciaire, et l'agent du Cardinal même qui allait le présenter au Roi. Il remarqua aussi qu'il s'était assemblé autour de lui une foule de gens de la lie du peuple, parmi lesquels il rougissait de se trouver. Il suivit donc sans raisonner son vieux domestique, et trouva en effet les trois autres serviteurs qui l'attendaient. Malgré la pluie et le vent, il monta à cheval et fut bientôt sur la grand'-route avec son escorte, ayant pris le galop pour ne pas être poursuivi.

A peine sorti de Loudun, le sable du chemin, sillonné par de profondes ornières que l'eau remplissait entièrement, le força de ralentir le pas. La pluie continuait à tomber par torrents, et son manteau était presque traversé. Il en sentit un plus épais recouvrir ses épaules ; c'était encore son vieux valet de chambre qui l'approchait et lui donnait ces soins maternels.

— Eh bien, Grandchamp, à présent que nous voilà hors de cette bagarre, dis-moi donc comment tu t'es trouvé là, dit Cinq-Mars, quand je t'avais ordonné de rester chez l'abbé ? — Parbleu ! monsieur, répondit d'un air grondeur le vieux serviteur, croyez-vous que je vous obéisse plus qu'à M. le maréchal ? Quand feu mon maître me disait de rester dans sa tente et qu'il me voyait derrière lui dans la fumée du canon, il ne se plaignait pas, parce qu'il avait un cheval de rechange quand le sien était tué, et il ne me grondait qu'à la réflexion. Il est vrai que pendant quarante ans que je l'ai servi, je ne lui ai jamais rien vu faire de semblable à ce que vous avez fait depuis quinze jours que je suis avec vous. Ah ! ajouta-t-il en soupirant, nous allons bien, et, si cela continue, je suis destiné à en voir de belles, à ce qu'il paraît.

— Mais sais-tu, Grandchamp, que ces coquins avaient fait rougir le crucifix, et qu'il n'y a pas d'honnête homme qui ne se fût mis en fureur comme moi ?

— Excepté M. le maréchal, votre père, qui n'aurait point fait ce que vous faites, monsieur.

— Et qu'aurait-il donc fait ?

— Il aurait laissé brûler très-tranquillement ce curé par les autres curés, et m'aurait dit : « Grandchamp, aie soin que mes chevaux aient de l'avoine, et qu'on ne la retire pas ; » ou bien : « Grandchamp, prends bien garde que la pluie ne fasse rouiller mon épée dans le fourreau et ne mouille l'amorce de mes pistolets ; car M. le maréchal pensait à tout, et ne se mêlait jamais de ce qui ne le regardait pas. C'était son grand principe ; et, comme il était, Dieu merci, aussi bon soldat que général, il avait toujours soin de ses armes comme le premier lansquenet venu, et il n'aurait pas été seul contre trente jeunes gaillards avec une petite épée de bal. »

Cinq-Mars sentait fort bien les pesantes épigrammes du bonhomme, et craignait qu'il ne l'eût suivi plus loin que le bois de Chaumont ; mais il ne voulait pas le savoir, de peur d'avoir des explications à donner, ou un mensonge à faire, ou le silence à ordonner, ce qui eût été un aveu et une confidence, il prit le parti de piquer son cheval et de passer devant son vieux domestique ; mais celui-ci n'avait pas fini, et, au lieu de marcher à la droite de son maître, il revint à sa gauche et continua la conversation.

— Croyez-vous, monsieur, par exemple, que je me permette de vous laisser aller où vous voulez sans vous suivre ? Non, monsieur, j'ai trop avant dans l'âme le respect que je dois à madame la marquise pour me mettre dans le cas de m'entendre dire : « Grandchamp, mon fils a été tué d'une balle ou d'un coup d'épée ; pourquoi n'étiez-vous pas devant lui ? » ou bien : « Il a reçu un coup de stylet d'un Italien, parce qu'il allait la nuit sous la fenêtre d'une grande princesse ; pourquoi n'avez-vous pas arrêté l'assassin ? » Cela serait fort désagréable pour moi, monsieur, et jamais on n'a rien eu de ce genre à me reprocher. Une fois M. le maréchal me prêta à son neveu, M. le comte, pour faire une campagne dans les Pays-Bas, parce que je sais l'espagnol ; eh bien, je m'en suis tiré avec honneur, comme je le fais toujours. Quand M. le comte reçut son boulet dans le bas-ventre, je ramenai moi seul ses chevaux, ses mulets, sa tente et tout son équipage sans qu'il manquât un mouchoir, monsieur; et je puis vous assurer que les chevaux étaient aussi bien pansés et harnachés, en rentrant à Chaumont, que si M. le comte eût été prêt à partir pour la chasse. Aussi n'ai-je reçu que des compliments et des choses agréables de toute la famille, comme j'aime à m'en entendre dire.

— C'est très-bien, mon ami, dit Henry d'Effiat, je te donnerai peut-être un jour des chevaux à ramener; mais, en attendant, prends donc cette grande bourse d'or que j'ai pensé perdre deux ou trois fois, et tu payeras pour moi partout; cela m'ennuie tant!...

— M. le maréchal ne faisait pas cela, monsieur. Comme il avait été surintendant des finances, il comptait son argent de sa main; et je crois que vos terres ne seraient pas en si bon état et que vous n'auriez pas tant d'or à compter vous-même s'il eût fait autrement; ayez donc la bonté de garder votre bourse, dont vous ne savez sûrement pas le contenu exactement.

— Ma foi, non!

Grandchamp fit entendre un profond soupir à cette exclamation dédaigneuse de son maître.

— Ah! monsieur le marquis! monsieur le marquis! quand je pense que le grand roi Henry, devant mes yeux, mit dans sa poche ses gants de chamois parce que la pluie les gâtait; quand je pense que M. de Rosny lui refusait de l'argent, quand il en avait trop dépensé; quand je pense...

— Quand tu penses, tu es bien ennuyeux, mon ami, interrompit son maître, et tu ferais mieux de me dire ce que c'est que cette figure noire qui me semble marcher dans la boue derrière nous.

— Je crois que c'est quelque pauvre paysanne qui veut demander l'aumône; elle peut nous suivre aisément, car nous n'allons pas vite avec ce sable où s'enfoncent les chevaux jusqu'aux jarrets. Nous irons peut-être aux Landes un jour, monsieur, et vous verrez alors un pays comme celui-ci, des sables, et de grands sapins tout noirs; c'est un cimetière continuel à droite et à gauche de la route ; et en voici un petit échantillon. Tenez, à présent que la pluie a cessé, et qu'on y voit un peu, regardez toutes ces bruyères et cette grande plaine sans un village ni une maison. Je ne sais pas trop où nous passerons la nuit ; mais, si monsieur me croit, nous couperons des branches d'arbres, et nous bivaquerons ; vous verrez comme je sais faire une baraque avec un peu de terre : on a chaud là-dessous comme dans un bon lit.

— J'aime mieux continuer jusqu'à cette lumière que j'aperçois à l'horizon, dit Cinq-Mars ; car je me sens, je crois, un peu de fièvre, et j'ai soif. Mais va-t'en derrière, je veux marcher seul ; rejoins les autres, et suis-moi.

Grandchamp obéit, et se consola en donnant à Germain, Louis et Étienne des leçons sur la manière de reconnaître le terrain la nuit.

Cependant son jeune maître était accablé de fatigue. Les émotions violentes de la journée avaient remué profondément son âme ; et ce long voyage à cheval, ces deux derniers jours presque sans nourriture, à cause des événements précipités, la chaleur du soleil, le froid glacial de la nuit, tout contribuait à augmenter son malaise, à briser son corps délicat. Pendant trois heures il marcha en silence devant ses gens, sans que la lumière qu'il avait vue à l'horizon parût s'approcher ; il finit par ne plus la suivre des yeux, et sa tête, devenue plus pesante, tomba sur sa poitrine ; il abandonna les rênes à son cheval fatigué, qui suivit de lui-même la grand'route, et, croisant les bras, il se laissa bercer par le mouvement monotone de son compagnon de voyage, qui buttait souvent contre les gros cailloux jetés par les chemins. La pluie avait cessé, ainsi que la voix des domestiques, dont les chevaux suivaient à la file celui du maître. Ce jeune homme s'abandonna librement à l'amertume de ses pensées ; il se demanda si le but éclatant de ses espérances ne le fuirait pas dans l'avenir et de jour en jour, comme cette lumière phosphorique le fuyait dans l'horizon de pas en pas. Était-il probable que cette jeune Princesse, rappelée presque de force à la cour galante d'Anne d'Autriche, refusât toujours les mains, peut-être royales, qui lui seraient offertes ? Quelle apparence qu'elle se résignât à renoncer au trône pour attendre qu'un caprice de la fortune vînt réaliser des espérances romanesques et saisir un adolescent presque dans les derniers rangs de l'armée, pour le porter à une telle élévation avant que l'âge de l'amour fût passé ! Qui l'assurait que les vœux mêmes de Marie de Gonzague eussent été bien sincères ? — Hélas ! se disait-il, peut-être est-elle parvenue à s'étourdir elle-même sur ses propres sentiments ; la solitude de la campagne avait préparé son âme à recevoir des impressions profondes. J'ai paru, elle a cru que j'étais celui qu'elle avait rêvé ; notre âge et mon amour ont fait le reste. Mais lorsqu'à la cour elle aura mieux appris, par l'intimité de la Reine, à contempler de bien haut les grandeurs auxquelles j'aspire, et que je ne vois encore que de bien bas ; quand elle se verra tout à coup en possession de tout son avenir, et qu'elle mesurera d'un coup d'œil sûr le chemin qu'il me faut faire ; quand elle entendra, autour d'elle, prononcer des serments semblables aux miens par des voix qui n'auraient qu'un mot à dire pour me perdre et détruire celui qu'elle attend pour son mari, pour son seigneur, ah ! insensé que j'ai été ! elle verra toute sa folie et s'irritera de la mienne.

C'était ainsi que le plus grand malheur de l'amour, le doute, commençait à déchirer son cœur malade ; il sentait son sang brûlé se porter à la tête et l'appesantir ; souvent il tombait sur le cou de son cheval ralenti, et un demi-sommeil accablait ses yeux ; les sapins noirs qui bordaient la route lui paraissaient de gigantesques cadavres qui passaient à ses côtés ; il vit ou crut voir la même femme vêtue de noir qu'il avait montrée à Grandchamp s'approcher de lui jusqu'à toucher les crins de son cheval, tirer son manteau et s'enfuir en ricanant ; le sable de la route lui parut une rivière qui coulait sur lui en voulant remonter vers sa source ; cette vue bizarre éblouit ses yeux affaiblis ; il les ferma et s'endormit sur son cheval.

Bientôt il se sentit arrêté, mais le froid l'avait saisi. Il entrevit des paysans, des flambeaux, une masure, une grande chambre où on le transportait, un vaste lit dont Grandchamp fermait les lourds rideaux, et se rendormit étourdi par la fièvre qui bourdonnait à ses oreilles.

Des songes plus rapides que les grains de poussière chassés par le vent, tourbillonnaient sous son front ; il ne pouvait les arrêter et s'agitait sur sa couche. Urbain Grandier torturé, sa mère en larmes, son gouverneur armé, Bassompierre chargé de chaînes, passaient en lui faisant un signe d'adieu ; il porta la main sur sa tête en dormant et fixa le rêve, qui sembla se développer sous ses yeux comme un tableau de sable mouvant.

Une place publique couverte d'un peuple étranger, un peuple du Nord qui jetait des cris de joie, mais des cris sauvages ; une haie de gardes, de soldats farouches ; ceux-ci étaient Français.

— Viens avec moi, dit d'une voix douce Marie de Gonzague en lui prenant la main. Vois-tu, j'ai un diadème; voici ton trône, viens avec moi.

Et elle l'entraînait, et le peuple criait toujours.

Il marcha, il marcha longtemps.

— Pourquoi donc êtes-vous triste, si vous êtes reine? disait-il en tremblant. Mais elle était pâle, et sourit sans parler. Elle monta et s'élança sur les degrés, sur un trône, et s'assit : — Monte, disait-elle en tirant sa main avec force.

Mais ses pieds faisaient crouler toujours de lourdes solives, et il ne pouvait monter.

— Rends grâce à l'amour, reprit-elle.

Et la main, plus forte, le souleva jusqu'en haut. Le peuple cria.

Il s'inclinait pour baiser cette main secourable, cette main adorée... c'était celle du bourreau!

— O ciel! cria Cinq-Mars en poussant un profond soupir.

Et il ouvrit les yeux: une lampe vacillante éclairait la chambre délabrée de l'auberge; il referma sa paupière, car il avait vu assise sur son lit une femme, une religieuse, si jeune, si belle! Il crut rêver encore, mais elle serrait fortement sa main. Il rouvrit ses yeux brûlants et les fixa sur cette femme.

— O Jeanne de Belfiel ! est-ce vous ? La pluie a mouillé votre voile et vos cheveux noirs : que faites-vous ici, malheureuse femme ?

— Tais-toi, ne réveille pas mon Urbain ; il est dans la chambre voisine qui dort avec moi. Oui, ma tête est mouillée, et mes pieds, regarde-les, mes pieds étaient si blancs autrefois ! Vois comme la boue les a souillés. Mais j'ai fait un vœu, je ne les laverai que chez le roi, quand il m'aura donné la grâce d'Urbain. Je vais à l'armée pour le trouver ; je lui parlerai, comme Grandier m'a appris à lui parler, et il lui pardonnera ; mais écoute, je lui demanderai aussi ta grâce ; car j'ai lu sur ton visage que tu es condamné à mort. Pauvre enfant ! tu es bien jeune pour mourir, tes cheveux bouclés sont beaux ; mais cependant tu es condamné, car tu as sur le front une ligne qui ne trompe jamais. L'homme que tu as frappé te tuera. Tu t'es trop servi de la croix, c'est là ce qui te porte malheur ; tu as frappé avec elle, et tu la portes au cou avec des cheveux... Ne cache pas ta tête sous tes draps ! t'aurais-je dit quelque chose qui t'afflige ? ou bien est-ce que vous aimez, jeune homme ? Ah ! soyez tranquille, je ne dirai pas tout cela à votre amie ; je suis folle, mais je suis bonne, bien bonne, et il y a trois jours encore que j'étais bien belle. Est-elle belle aussi ? Oh ! comme elle pleurera un jour ! Ah ! si elle peut pleurer, elle sera bien heureuse.

Et Jeanne se mit tout à coup à réciter l'office des morts d'une voix monotone, avec une volubilité incroyable, toujours assise sur le lit, et tournant dans ses doigts les grains d'un long rosaire.

Tout à coup la porte s'ouvre ; elle regarde et s'enfuit par une entrée pratiquée dans une cloison.

— Que diable est-ce que ceci ? est-ce un lutin ou un ange qui dit la messe des morts sur vous, monsieur ? et vous voilà sous vos draps comme dans un linceul.

C'était la grosse voix de Grandchamp, qui fut si étonné, qu'il laissa tomber un verre de limonade qu'il apportait. Voyant que son maître ne lui répondait pas, il s'effraya encore plus et souleva les couvertures. Cinq-Mars était fort rouge et semblait dormir; mais son vieux domestique jugeait que le sang lui portant à la tête l'avait presque suffoqué, et, s'emparant d'un vase plein d'eau froide, il le lui versa tout entier sur le front. Ce remède militaire manque rarement son effet; et Cinq-Mars revint à lui en sautant.

— Ah! c'est toi, Grandchamp! quels rêves affreux je viens de faire!

— Peste! monsieur, vos rêves sont fort jolis au contraire : j'ai vu la queue du dernier, vous choisissez très-bien.

— Qu'est-ce que tu dis, vieux fou?

— Je ne suis pas fou, monsieur; j'ai de bons yeux, et j'ai vu ce que j'ai vu. Mais certainement étant malade comme vous l'êtes, monsieur le maréchal ne...

— Tu radotes, mon cher; donne-moi à boire, car la soif me dévore. O ciel! quelle nuit! je vois encore toutes ces femmes.

— Toutes ces femmes, monsieur? et combien y en a-t-il ici?

— Je te parle d'un rêve, imbécile! Quand tu resteras là immobile au lieu de me donner à boire!

— Cela me suffit, monsieur, je vais demander d'autre limonade.

Et s'avançant à la porte, il cria du haut de l'escalier :

— Eh! Germain! Étienne! Louis!

L'aubergiste répondit d'en bas : — On y va, monsieur, on y va; c'est qu'ils viennent de m'aider à courir après la folle.

— Quelle folle? dit Cinq-Mars s'avançant hors de son lit.

L'aubergiste entra, et, ôtant son bonnet de coton, dit avec respect :

— Ce n'est rien, monsieur le marquis; c'est une folle qui est arrivée à pied ici cette nuit, et qu'on avait fait coucher près de cette chambre; mais elle vient de s'échapper; on n'a pas pu la rattraper.

— Comment, dit Cinq-Mars, comme revenant à lui et passant la main sur ses yeux, je n'ai donc pas rêvé? Et ma mère où est-elle? et le maréchal, et... Ah! c'est un songe affreux. Sortez tous.

En même temps il se retourna du côté du mur, et ramena encore les couvertures sur sa tête.

L'aubergiste, interdit, frappa trois fois de suite sur son front avec le bout du doigt en regardant Grandchamp, comme pour lui demander si son maître était aussi en délire.

Celui-ci fit signe de sortir en silence : et, pour veiller pendant le reste de la nuit près de Cinq-Mars, profondément endormi, il s'assit seul dans un grand fauteuil de tapisserie, en exprimant des citrons dans un verre d'eau, avec un air aussi grave et aussi sévère qu'Archimède calculant les flammes de ses miroirs.

CHAPITRE VII

LE CABINET

> Les hommes ont rarement le courage d'être tout à fait bons ou tout à fait méchants.
>
> MACHIAVEL.

Laissons notre jeune voyageur endormi. Bientôt il va suivre en paix une grande et belle route. Puisque nous avons la liberté de promener nos yeux sur tous les points de la carte, arrêtons-les sur la ville de Narbonne.

Voyez la Méditerranée, qui étend, non loin de là, ses flots bleuâtres sur des rives sablonneuses. Pénétrez dans cette cité semblable à celle d'Athènes; mais, pour trouver celui qui y règne, suivez cette rue inégale et obscure, montez les degrés du vieux archevêché, et entrons dans la première et la plus grande des salles.

Elle était fort longue, mais éclairée par une suite de hautes fenêtres en ogive, dont la partie supérieure seulement avait conservé les vitraux bleus, jaunes et rouges, qui répandaient une lueur mystérieuse dans l'appartement. Une table ronde énorme la remplissait dans toute sa largeur, du côté de la grande cheminée; autour de cette table, couverte d'un tapis bariolé et chargée de papiers et de portefeuilles, étaient assis et courbés sous leurs plumes huit secrétaires occupés à copier des lettres qu'on leur passait d'une table plus petite. D'autres hommes debout rangeaient les papiers dans les rayons d'une bibliothèque, que les livres reliés en noir ne remplissaient pas tout entière, et ils marchaient avec précaution sur le tapis dont la salle était garnie.

Malgré cette quantité de personnes réunies, on eût entendu les ailes d'une mouche. Le seul bruit qui s'élevât était celui des plumes qui couraient rapidement sur le papier, et une voix grêle qui dictait, en s'interrompant pour tousser. Elle sortait d'un immense fauteuil à grands bras, placé au coin du feu, allumé en dépit des chaleurs de la saison et du pays. C'était un de ces fauteuils qu'on voit encore dans quelques vieux châteaux, et qui semblent faits pour s'endormir en lisant, sur eux, quelque livre que ce soit, tant chaque compartiment est soigné : un croissant de plumes y soutient les reins; si la tête se penche, elle trouve ses joues reçues par des oreillers couverts de soie, et le coussin du siége déborde tellement les coudes, qu'il est permis de croire que les prévoyants tapissiers de nos pères avaient pour but d'éviter que le livre ne fît du bruit et ne les réveillât en tombant.

Mais quittons cette digression pour parler de l'homme qui s'y trouvait et qui n'y dormait pas. Il avait le front large et quelques cheveux fort blancs, des yeux grands et doux, une figure pâle et effilée à laquelle une petite barbe blanche et pointue donnait cet air de finesse que l'on remarque dans tous les portraits du siècle de Louis XIII. Une bouche presque sans lèvres, et nous sommes forcés d'avouer que Lavater regarde ce signe comme indiquant la méchanceté à n'en pouvoir douter; une bouche pincée, disons-nous, était encadrée par deux petites moustaches grises et par une *royale*, ornement alors à la mode, et qui ressemble assez à une virgule par sa forme. Ce vieillard avait sur la tête une calotte rouge et était enveloppé dans une vaste robe de chambre et portait des bas de soie pourprée, et n'était rien moins qu'Armand Duplessis, Cardinal de Richelieu.

Il avait très-près de lui, autour de la plus petite table dont il a été question, quatre jeunes gens de quinze à vingt ans : ils étaient pages ou domestiques, selon l'expression du temps, qui signifiait alors : familier, ami de la maison. Cet usage était un reste de patronage féodal demeuré dans nos mœurs. Les cadets gentilshommes des plus hautes familles recevaient des *gages* des grands seigneurs, et leur étaient dévoués en toute circonstance, allant appeler en duel le premier venu au moindre désir de leur patron. Les pages dont nous parlons rédigeaient des lettres dont le Cardinal leur avait donné la substance; et, après un coup d'œil du maître, ils les passaient aux secrétaires, qui les mettaient au net. Le vieux Duc, de son côté, écrivait sur son genou des notes secrètes sur de petits papiers, qu'il glissait dans presque tous les paquets avant de les fermer de sa propre main.

Il y avait quelques instants qu'il écrivait, lorsqu'il aperçut, dans une glace placée en face de lui, le plus jeune de ses pages traçant quelques lignes interrompues, sur une feuille d'une taille inférieure à celle du papier ministériel ; il se hâtait d'y mettre quelques mots, puis la glissait rapidement sous la grande feuille qu'il était chargé de remplir à son grand regret; mais, placé derrière le Cardinal, ils espérait que sa difficulté à se retourner l'empêcherait de s'apercevoir du petit manége qu'il semblait exercer avec assez d'habitude. Tout à coup Richelieu, lui adressant la parole sèchement, lui dit : — Venez ici, monsieur Olivier.

Ces deux mots furent comme un coup de foudre pour ce pauvre enfant, qui paraissait n'avoir que seize ans. Il se leva pourtant très-vite, et vint se placer debout devant le ministre, les bras pendants et la tête baissée.

Les autres pages et les secrétaires ne remuèrent pas plus que des soldats lorsque l'un d'eux tombe frappé d'une balle, tant ils étaient accoutumés à ces sortes d'appels. Celui-ci pourtant s'annonçait d'une manière plus vive que les autres.

— Qu'écrivez-vous là ?

— Monseigneur... ce que Votre Éminence me dicte.

— Quoi ?

— Monseigneur... la lettre à don Juan de Bragance.

— Point de détours, monsieur, vous faites autre chose.

— Monseigneur, dit alors le page les larmes aux yeux, c'était un billet à une de mes cousines.

— Voyons-le.

Alors un tremblement universel l'agita, et il fut obligé de s'appuyer sur la cheminée en disant à demi-voix :

— C'est impossible.

— Monsieur le vicomte Olivier d'Entraigues, dit le ministre sans marquer la moindre émotion, vous n'êtes plus à mon service. Et le page sortit ; il savait qu'il n'y avait pas à répliquer ; il glissa son billet dans sa poche, et, ouvrant la porte à deux battants, justement assez pour qu'il y eût place pour lui, il s'y glissa comme un oiseau qui s'échappe de sa cage.

Le ministre continua les notes qu'il traçait sur son genou.

Les secrétaires redoublaient de silence et d'ardeur, lorsque, la porte s'ouvrant rapidement de chaque côté, on vit paraître debout, entre les deux battants, un capucin qui, s'inclinant les bras croisés sur la poitrine, semblait attendre l'aumône ou l'ordre de se retirer. Il avait un teint rembruni, profondément sillonné par la petite vérole ; des yeux assez doux, mais un peu louches et toujours couverts par des sourcils qui se joignaient au milieu du front ; une bouche dont le sourire était rusé, malfaisant et sinistre ; une barbe plate et rousse à l'extrémité, et le costume de l'ordre de Saint-François dans toute son horreur, avec des sandales et des pieds nus qui paraissaient fort indignes de s'essuyer sur un tapis.

Tel qu'il était, ce personnage parut faire une grande sensation dans toute la salle ; car, sans achever la phrase, la ligne ou le mot commencé, chaque écrivain se leva et sortit par la porte, où il se tenait toujours debout, les uns le saluant en passant, les autres détournant la tête ; les jeunes pages se bouchant le nez, mais par derrière lui, car ils paraissaient en avoir peur en secret. Lorsque tout le monde eut défilé, il entra enfin, faisant une profonde révérence, parce que la porte était encore ouverte; mais sitôt qu'elle fut fermée, marchant sans cérémonie, il vint s'asseoir auprès du Cardinal, qui, l'ayant reconnu au mouvement qui se faisait, lui fit une inclination de tête sèche et silencieuse, le regardant fixement comme pour attendre une nouvelle, et ne pouvant s'empêcher de froncer le sourcil, comme à l'espect d'une araignée ou de quelque autre animal désagréable.

Le Cardinal n'avait pu résister à ce mouvement de déplaisir, parce qu'il se sentait obligé, par la présence de son agent, à rentrer dans ces conversations profondes et pénibles dont il s'était reposé pendant quelques jours dans un pays dont l'air pur lui était favorable, et dont le calme avait un peu ralenti les douleurs de sa maladie; elle s'était changée en une fièvre lente; mais ses intervalles étaient assez longs pour qu'il pût oublier, pendant son absence, qu'elle devait revenir. Donnant donc un peu de repos à son imagination jusqu'alors infatigable, il attendait sans impatience, pour la première fois de ses jours peut-être, le retour des courriers qu'il avait fait partir dans toutes les directions, comme les rayons d'un soleil qui donnait seul la vie et le mouvement à la France. Il ne s'attendait pas à la visite qu'il recevait alors, et la vue d'un de ces hommes qu'il *trempait dans le crime*, selon sa propre expression, lui rendit toute les inquiétudes habituelles de sa vie plus présentes, sans dissiper entièrement le nuage de mélancolie qui venait d'obscurcir ses pensées.

Le commencement de sa conversation fut empreint de la couleur sombre de ses dernières rêveries; mais bientôt il en sortit plus vif et plus fort que jamais, quand la vigueur de son esprit rentra forcément dans le monde réel.

Son confident, voyant qu'il devait rompre le silence le premier, le fit ainsi assez brusquement :

— Eh bien, monseigneur, à quoi pensez-vous?

— Hélas! Joseph, à quoi devons-nous penser tous tant que nous sommes, sinon à notre bonheur futur dans une vie meilleure que celle-ci? Je songe, depuis plusieurs jours, que les intérêts humains m'ont trop détourné de cette unique pensée; et je me repens d'avoir employé quelques instants de loisir à des ouvrages profanes, tels que mes tragédies d'*Europe* et de *Mirame*, malgré la gloire que j'en ai tirée déjà parmi nos plus beaux esprits, gloire qui se répandra dans l'avenir.

Le P. Joseph, plein des choses qu'il avait à dire, fut d'abord surpris de ce début; mais il connaissait trop son maître pour en rien témoigner, et, sachant bien par où il le ramènerait à d'autres idées, il entra dans les siennes sans hésiter.

— Le mérite en est pourtant bien grand, dit-il avec un air de regret, et la France gémira de ce que ces œuvres immortelles ne sont pas suivies de productions semblables.

— Oui, mon cher Joseph, c'est en vain que des hommes tels que Boisrobert, Claveret, Colletet, Corneille, et surtout le célèbre Mairet, ont proclamé ces tragédies les plus belles de toutes celles que les temps présents et passés ont vu représenter; je me les reproche, je vous jure, comme un vrai péché mortel, et je ne m'occupe, dans mes heures de repos, que de ma *Méthode des controverses,* et du livre sur la *Perfection du chrétien.* Je songe que j'ai cinquante-six ans et une maladie qui ne pardonne guère.

— Ce sont des calculs que vos ennemis font aussi exactement que Votre Éminence, dit le Père, à qui cette conversation commençait à donner de l'humeur, et qui voulait en sortir au plus vite.

Le rouge monta au visage du Cardinal.

— Je le sais, je le sais bien, dit-il; je connais toute leur noirceur, et je m'attends à tout. Mais qu'y a-t-il donc de nouveau?

— Nous étions convenus déjà, monseigneur, de remplacer mademoiselle d'Hautefort; nous l'avons éloignée comme mademoiselle la Fayette, c'est fort bien; mais sa place n'est pas remplie, et le Roi...

— Eh bien?

— Le roi a des idées qu'il n'avait pas eues encore.

— Vraiment ? et qui ne viennent pas de moi ? Voilà qui va bien, dit le ministre avec ironie.

— Aussi, monseigneur, pourquoi laisser six jours entiers la place de favori vacante ? Ce n'est pas prudent, permettez que je le dise.

— Il a des idées, des idées ! répétait Richelieu avec une sorte d'effroi ; et lesquelles ?

— Il a parlé de rappeler la Reine mère, dit le capucin à voix basse, de la rappeler de Cologne.

— Marie de Médicis ! s'écria le Cardinal en frappant sur les bras de son fauteuil avec ses deux mains. Non, par le Dieu vivant ! elle ne rentrera pas sur le sol de France, d'où je l'ai chassée pied par pied ! L'Angleterre n'a pas osé la garder exilée par moi ; la Hollande a craint de crouler sous elle, et mon royaume la recevrait ! Non, non, cette idée n'a pu lui venir par lui-même. Rappeler mon ennemie, rappeler sa mère, quelle perfidie ! non, il n'aurait jamais osé y penser...

Puis, après avoir rêvé un instant, il ajouta en fixant un regard pénétrant et encore plein du feu de sa colère sur le P. Joseph :

— Mais... dans quels termes a-t-il exprimé ce désir ? Dites-moi les mots précis.

— Il a dit assez publiquement, et en présence de Monsieur : « Je sens bien que l'un des premiers devoirs d'un chrétien est d'être bon fils, et je ne résisterai pas longtemps aux murmures de ma conscience. »

— Chrétien ! conscience ! ce ne sont pas ses expressions ; c'est le P. Caussin, c'est son confesseur qui me trahit ! s'écria le Cardinal. Perfide jésuite ! je t'ai pardonné ton intrigue de la Fayette ; mais je ne te passerai pas tes conseils secrets. Je ferai chasser ce confesseur, Joseph, il est l'ennemi de l'État, je le vois bien. Mais aussi j'ai agi avec négligence depuis quelques jours ; je n'ai pas assez hâté l'arrivée de ce petit d'Effiat, qui réussira sans doute : il est bien fait et spirituel, dit-on. Ah ! quelle faute ! je méritais une bonne disgrâce moi-même. Laisser près du Roi ce renard de jésuite, sans lui avoir donné mes instructions secrètes, sans avoir un otage, un gage de sa fidélité à mes ordres ! quel oubli ! Joseph, prenez une plume, et écrivez vite ceci pour l'autre confesseur que nous choisirons mieux. Je pense au P. Sirmond...

Le P. Joseph se mit devant la grande table, prêt à écrire, et le Cardinal lui dicta ces devoirs de nouvelle nature, que, peu de temps après, il osa faire remettre au Roi, qui les reçut, les respecta, et les apprit par cœur comme les commandements de l'Église. Ils nous sont demeurés comme un monument effrayant de l'empire qu'un homme peut arracher à force de temps, d'intrigues et d'audace.

I. Un prince doit avoir un premier ministre, et ce premier ministre trois qualités : 1° qu'il n'ait pas d'autre passion que son prince ; 2° qu'il soit habile et fidèle ; 3° qu'il soit ecclésiastique.

II. Un prince doit parfaitement aimer son premier ministre.

III. Ne doit jamais changer son premier ministre.

IV. Doit lui dire toutes choses.

V. Lui donner libre accès auprès de sa personne.

VI. Lui donner une souveraine autorité sur le peuple.

VII. De grands honneurs et de grands biens.

VIII. Un prince n'a pas de plus riche trésor que son premier ministre.

IX. Un prince ne doit pas ajouter foi à ce qu'on dit contre son premier ministre, ni se plaire à en entendre médire.

X. Un prince doit révéler à son premier ministre tout ce qu'on a dit contre lui, *quand même on aurait exigé du prince qu'il garderait le secret.*

XI. Un prince doit non-seulement préférer le bien de son État, mais son premier ministre à tous ses parents.

Tels étaient les commandements du dieu de la France, moins étonnants encore que la terrible naïveté qui lui fait léguer lui-même ses ordres à la postérité, comme si elle aussi devait croire en lui.

Tandis qu'il dictait son instruction, en la lisant sur un petit papier écrit de sa main, une tristesse profonde paraissait s'emparer de lui à chaque mot; et, lorsqu'il fut au bout, il tomba au fond de son fauteuil, les bras croisés et la tête penchée sur son estomac.

Le P. Joseph, interrompant son écriture, se leva, et allait lui demander s'il se trouvait mal, lorsqu'il entendit sortir du fond de sa poitrine ces paroles lugubres et mémorables :

— Quel ennui profond! quelles interminables inquiétudes! Si l'ambitieux me voyait, il fuirait dans un désert. Qu'est-ce que ma puissance? un misérable reflet du pouvoir royal; et que de travaux pour fixer sur mon étoile ce rayon qui flotte sans cesse! Depuis vingt ans je tente inutilement. Je ne comprends rien à cet homme! il n'ose pas me fuir; mais on me l'enlève : il me glisse entre les doigts... Que de choses j'aurais pu faire avec ses droits héréditaires, si je les avais eus! Mais employer tant de calculs à se tenir en équilibre! que reste-t-il de génie pour les entreprises? J'ai l'Europe dans ma main, et je suis suspendu à un cheveu qui tremble. Qu'ai-je affaire de porter mes regards sur les cartes du monde, si tous mes intérêts sont renfermés dans son étroit cabinet? Ses six pieds d'espace me donnent plus de peine à gouverner que toute la terre. Voilà donc ce qu'est un premier ministre! Enviez-moi mes gardes à présent!

Ses traits étaient décomposés de manière à faire craindre quelque accident, et il lui prit une toux violente et longue, qui finit par un léger crachement de sang. Il vit que le P. Joseph, effrayé, allait saisir une clochette d'or posée sur la table, et se levant tout à coup avec la vivacité d'un jeune homme, il l'arrêta et lui dit :

— Ce n'est rien, Joseph, je me laisse quelquefois aller au découragement; mais ces moments sont courts, et j'en sors plus fort qu'avant. Pour ma santé, je sais parfaitement où j'en suis; mais il ne s'agit pas de cela. Qu'avez-vous fait à Paris? Je suis content de voir le Roi arrivé dans le Béarn comme je le voulais: nous le veillerons mieux. Que lui avez-vous montré pour le faire partir?

— Une bataille à Perpignan.

— Allons, ce n'est pas mal. Eh bien, nous pouvons la lui arranger ; autant vaut cette occupation qu'une autre à présent. Mais la jeune Reine, la jeune Reine, que dit-elle ?

— Elle est encore furieuse contre vous. Sa correspondance découverte, l'interrogatoire que vous lui fîtes subir !

— Bah ! un madrigal et un moment de soumission lui feront oublier que je l'ai séparée de sa maison d'Autriche et du pays de son Buckingham. Mais que fait-elle ?

— D'autres intrigues avec Monsieur. Mais, comme toutes ses confidences sont à nous, en voici les rapports jour par jour.

— Je ne me donnerai pas la peine de les lire : tant que le duc de Bouillon sera en Italie, je ne crains rien de là ; elle peut rêver de petites conjurations avec Gaston au coin du feu ; il s'en tient toujours aux aimables intentions qu'il a quelquefois, et n'exécute bien que ses sorties du royaume ; il en est à la troisième. Je lui procurerai la quatrième quand il voudra ; il ne vaut pas le coup de pistolet que tu fis donner au comte de Soissons. Ce pauvre comte n'avait cependant guère plus d'énergie.

Ici le Cardinal, se rasseyant dans son fauteuil, se mit à rire assez gaiement pour un homme d'État.

— Je rirai toute ma vie de leur expédition d'Amiens. Ils me tenaient là tous les deux. Chacun avait bien cinq cents gentilshommes autour de lui, armés jusqu'aux dents, et tout prêts à m'expédier comme Concini ; mais le grand Vitry n'était plus là ; ils m'ont laissé parler une heure fort tranquillement avec eux de la chasse et de la Fête-Dieu, et ni l'un ni l'autre n'a osé faire un signe à tous ces coupe-jarrets. Nous avons su depuis par Chavigny qu'ils attendaient depuis deux mois cet heureux moment. Pour moi, en vérité, je ne remarquai rien du tout, si ce n'est ce petit brigand d'abbé de Gondi qui rôdait autour de moi, et avait l'air de cacher quelque chose dans sa manche ; ce fut ce qui me fit monter en carrosse.

— A propos, monseigneur, la Reine veut le faire coadjuteur absolument.

— Elle est folle ! il la perdra si elle s'y attache : c'est un mousquetaire manqué, un diable en soutane ; lisez son *Histoire de*

Fiesque, vous l'y verrez lui-même. Il ne sera rien tant que je vivrai.

— Eh quoi! vous jugez si bien, et vous faites venir un autre ambitieux de son âge!

— Quelle différence! Ce sera une poupée, mon ami, une vraie poupée, que ce jeune Cinq-Mars; il ne pensera qu'à sa fraise et à ses aiguillettes; sa jolie tournure m'en répond, et je sais qu'il est doux et faible. Je l'ai préféré pour cela à son frère aîné; il fera ce que nous voudrons.

— Ah! monseigneur, dit le Père d'un air de doute, je ne me suis jamais fié aux gens dont les formes sont si calmes, la flamme intérieure en est plus dangereuse. Souvenez-vous du maréchal d'Effiat, son père.

— Mais, encore une fois, c'est un enfant, et je l'élèverai; au lieu que le Gondi est déjà un factieux accompli, un audacieux que rien n'arrête; il a osé me disputer madame de la Meilleraie, concevez-vous cela? est-ce croyable, à moi? un petit prestolet, qui n'a d'autre mérite qu'un mince babil assez vif et un air cavalier. Heureusement que le mari a pris soin lui-même de l'éloigner.

Le P. Joseph, qui n'aimait pas mieux son maître lorsqu'il parlait de ses bonnes fortunes que de ses vers, fit une grimace qu'il voulait rendre fine et qui ne fut que laide et gauche; il s'imagina que l'expression de sa bouche tordue, comme celle d'un singe, voulait dire : *Ah! qui peut résister à monseigneur?* mais monseigneur y lut : *Je suis un cuistre qui ne sais rien du grand monde,* et, sans transition, il dit tout à coup, en prenant sur la table une lettre de dépêches :

— Le duc de Rohan est mort, c'est une bonne nouvelle; voilà les huguenots perdus. Il a eu bien du bonheur : je l'avais fait condamner par le parlement de Toulouse à être tiré à quatre chevaux, et il meurt tranquillement sur le champ de bataille de Rhinfeld. Mais qu'importe? le résultat est le même. Voilà encore une grande tête par terre! Comme elles sont tombées depuis celle de Montmorency! Je n'en vois plus guère qui ne s'inclinent devant moi. Nous avons déjà à peu près puni toutes nos dupes de

Versailles ; certes, on n'a rien à me reprocher : j'exerce contre eux la loi du talion, et je les traite comme ils ont voulu me faire traiter au conseil de la reine mère. Le vieux radoteur de Bassompierre en sera quitte pour la prison perpétuelle, ainsi que l'assassin maréchal de Vitry, car ils n'avaient voté que cette peine pour moi. Quant au Marillac, qui conseilla la mort, je la lui réserve au premier faux pas, et te recommande, Joseph, de me le rappeler ; il faut être juste avec tout le monde. Reste donc encore debout ce duc de Bouillon, à qui son Sedan donne de l'orgueil ; mais je le lui ferai bien rendre. C'est une chose merveilleuse que leur aveuglement ! ils se croient tous libres de conspirer, et ne voient pas qu'ils ne font que voltiger au bout des fils que je tiens d'une main, et que j'allonge quelquefois pour leur donner de l'air et de l'espace. Et pour la mort de leur cher duc, les Huguenots ont-ils bien crié comme un seul homme ?

— Moins que pour l'affaire de Loudun, qui s'est pourtant terminée heureusement.

— Quoi ! *heureusement ?* J'espère que Grandier est mort ?

— Oui ; c'est ce que je voulais dire. Votre Éminence doit être satisfaite ; tout a été fini dans les vingt-quatre heures ; on n'y pense plus. Seulement Laubardemont a fait une petite étourderie, qui était de rendre la séance publique ; c'est ce qui a causé un peu de tumulte ; mais nous avons les signalements des perturbateurs, que l'on suit.

— C'est bien ; c'est très-bien. Urbain était un homme trop supérieur pour le laisser là ; il tournait au protestantisme ; je parierais qu'il aurait fini par abjurer ; son ouvrage contre le célibat des prêtres me l'a fait conjecturer ; et, dans le doute, retiens ceci, Joseph : il vaut toujours mieux couper l'arbre avant que le fruit soit poussé. Ces Huguenots, vois-tu, sont une vraie république dans l'État : si une fois ils avaient la majorité en France, la monarchie serait perdue ; ils établiraient quelque gouvernement populaire qui pourrait être durable.

— Et quelles peines profondes ils causent tous les jours à notre saint-père le pape ! dit Joseph.

— Ah ! interrompit le Cardinal, je te vois venir : tu veux me rappeler son entêtement à ne pas te donner le chapeau. Sois tranquille, j'en parlerai aujourd'hui au nouvel ambassadeur que nous envoyons. Le maréchal d'Estrées obtiendra en arrivant ce qui traîne depuis deux ans, que nous t'avons nommé au cardinalat ; je commence aussi à trouver que la pourpre t'irait bien, car les taches de sang ne s'y voient pas.

Et tous deux se mirent à rire, l'un comme un maître qui accable de tout son mépris le sicaire qu'il paye ; l'autre comme un esclave résigné à toutes les humiliations par lesquelles on s'élève.

Le rire qu'avait excité la sanglante plaisanterie du vieux ministre durait encore lorsque la porte du cabinet s'ouvrit, et un page annonça plusieurs courriers qui arrivaient à la fois de divers points ; le P. Joseph se leva, et, se plaçant debout, le dos appuyé contre le mur, comme une momie égyptienne, ne laissa plus paraître sur son visage qu'une stupide contemplation. Douze messagers entrèrent successivement, revêtus de déguisements divers : l'un semblait un soldat suisse ; un autre un vivandier, un troisième, un maître maçon ; on les faisait entrer dans le palais par un escalier et un corridor secrets, et ils sortaient du cabinet par une porte opposée à celle qui les introduisait, sans pouvoir se rencontrer ni se communiquer rien de leurs dépêches. Chacun d'eux déposait un paquet de papiers roulés ou pliés sur la grande table, parlait un instant au Cardinal dans l'embrasure d'une croisée, et partait. Richelieu s'était levé brusquement dès l'entrée du premier messager, et, attentif à tout faire par lui-même, il les reçut tous, les écouta et referma de sa main sur eux la porte de sortie. Il fit signe au P. Joseph quand le dernier fut parti, et, sans parler, tous deux ouvrirent ou plutôt arrachèrent les paquets des dépêches, et se dirent, en deux mots, le sujet des lettres.

— Le duc de Weimar poursuit ses avantages ; le duc Charles est battu ; l'esprit de notre général est assez bon ; voici de bons propos qu'il a tenus à dîner. Je suis content.

— Monseigneur, le vicomte de Turenne a repris les places de Lorraine; voici ses conversations particulières...

— Ah! passez, passez cela; elles ne peuvent pas être dangereuses. Ce sera toujours un bon et honnête homme, ne se mêlant point de politique; pourvu qu'on lui donne une petite armée à disposer comme une partie d'échecs, n'importe contre qui, il est content; nous serons toujours bons amis.

— Voici le long Parlement qui dure encore en Angleterre. Les Communes poursuivent leur projet; voici des massacres en Irlande... Le comte de Strafford est condamné à mort.

— A mort! quelle horreur!

— Je lis : « Sa Majesté Charles Ier n'a pas eu le courage de signer l'arrêt, mais il a désigné quatre commissaires... »

— Roi faible, je t'abandonne. Tu n'auras plus notre argent. Tombe, puisque tu es ingrat!... O malheureux Wentworth!

Et une larme parut aux yeux de Richelieu; ce même homme qui venait de jouer avec la vie de tant d'autres pleura un ministre abandonné de son prince. Le rapport de cette situation à la sienne l'avait frappé, et c'était lui-même qu'il pleurait dans cet étranger. Il cessa de lire à haute voix les dépêches qu'il ouvrait, et son confident l'imita. Il parcourut avec une scrupuleuse attention tous les rapports détaillés des actions les plus minutieuses et les plus secrètes de tout personnage un peu important; rapports qu'il faisait toujours joindre à ses nouvelles par ses habiles espions. On attachait ces rapports secrets aux dépêches du Roi, qui devaient toutes passer par les mains du Cardinal, et être soigneusement repliées, pour arriver au prince épurées et telles qu'on voulait les lui faire lire. Les notes particulières furent toutes brûlées avec soin par le Père, quand le Cardinal en eut pris connaissance; et celui-ci cependant ne paraissait point satisfait : il se promenait fort vite en long et en large dans l'appartement avec des gestes d'inquiétude, lorsque la porte s'ouvrit, et un treizième courrier entra. Ce nouveau messager avait l'air d'un enfant de quatorze ans à peine; il tenait sous le bras un paquet cacheté de noir pour le Roi, et ne donna au Cardinal qu'un petit billet sur lequel un regard dérobé de Joseph ne put entrevoir que quatre mots. Le Duc tressaillit, le déchira en mille pièces, et, se courbant à l'oreille de l'enfant, lui parla assez longtemps sans réponse ; tout ce que Joseph entendit fut, lorsque le Cardinal le fit sortir de la salle : *Fais-y bien attention, pas avant douze heures d'ici.*

Pendant cet *aparté* du Cardinal, Joseph s'était occupé à soustraire de sa vue un nombre infini de libelles qui venaient de Flandre et d'Allemagne, et que le ministre voulait voir, quelque amers qu'ils fussent pour lui. Il affectait à cet égard une philosophie qu'il était loin d'avoir, et, pour faire illusion à ceux qui l'entouraient, il feignait quelquefois de trouver que ses ennemis n'avaient pas tout à fait tort, et de rire de leurs plaisanteries ; cependant ceux qui avaient une connaissance plus approfondie de son caractère démêlaient une rage profonde sous cette apparente modération et savaient qu'il n'était satisfait que lorsqu'il avait fait condamner par le Parlement le livre ennemi à être brûlé en place de Grève, comme *injurieux au Roi en la personne de son ministre l'illustrissime Cardinal*, comme on le voit dans les arrêts du temps, et que son seul regret était que l'auteur ne fût pas à la place de l'ouvrage : satisfaction qu'il se donnait quand il le pouvait, comme il le fit pour Urbain Grandier.

C'était son orgueil colossal qu'il vengeait ainsi sans se l'avouer à lui-même, et travaillant longtemps, un an quelquefois, à se persuader que l'intérêt de l'État y était engagé. Ingénieux à rattacher ses affaires particulières à celles de la France, il s'était convaincu lui-même qu'elle saignait des blessures qu'il recevait. Joseph, très-attentif à ne pas provoquer sa mauvaise humeur dans ce moment, mit à part et déroba un livre intitulé : *Mystères politiques du Cardinal de la Rochelle ;* un autre, attribué à un moine de Munich, dont le titre était : *Questions quolibétiques, ajustées au temps présent, et Impiété sanglante du dieu Mars.* L'honnête avocat Aubery, qui nous a transmis une des plus fidèles histoires de l'*éminentissime* Cardinal, est transporté de fureur au seul titre du premier de ces livres, et s'écrie que le *grand minis-*

tre eut bien sujet de se glorifier que ces ennemis, *inspirés contre leur gré du même enthousiasme qui a fait rendre des oracles à l'ânesse de Balaam, à Caïphe et autres qui semblaient plus indignes du don de la prophétie, l'appelaient à bon titre Cardinal de la Rochelle, puisqu'il avait, trois ans après leurs écrits, réduit cette ville ; de même que Scipion a été nommé l'Africain pour avoir subjugué cette* PROVINCE. Peu s'en fallut que le P. Joseph, qui était nécessairement dans les mêmes idées, n'exprimât dans les mêmes termes son indignation ; car il se rappelait avec douleur la part de ridicule qu'il avait prise dans le siège de la Rochelle, qui, tout en n'étant pas une *province* comme l'Afrique, s'était permis de résister à l'*éminentissime* Cardinal, quoique le P. Joseph eût voulu faire passer les troupes par un égout, se piquant d'être assez habile dans l'art des siéges. Cependant il se contint, et eut encore le temps de cacher le libelle moqueur dans la poche de sa robe brune avant que le ministre eût congédié son jeune courrier et fût revenu de la porte à la table.

— Le départ, Joseph, le départ ! dit-il. Ouvre les portes à toute cette cour qui m'assiége, et allons trouver le Roi, qui m'attend à Perpignan ; je le tiens cette fois pour toujours.

Le capucin se retira, et bientôt les pages, ouvrant les doubles portes dorées, annoncèrent successivement les plus grands seigneurs de cette époque, qui avaient obtenu du Roi la permission de le quitter pour venir saluer le ministre ; quelques-uns même, sous prétexte de maladie ou d'affaires de service, étaient partis à la dérobée pour ne pas être les derniers dans son antichambre, et le triste monarque s'était trouvé presque tout seul, comme les autres rois ne se voient d'ordinaire qu'à leur lit de mort; mais il semblait que le trône fût sa couche funèbre aux yeux de la cour, son règne une continuelle agonie, et son ministre un successeur menaçant.

Deux pages des meilleures maisons de France se tenaient près de la porte où des huissiers annonçaient chaque personnage qui, dans le salon précédent, avait trouvé le P. Joseph. Le Cardinal, toujours assis dans son grand fauteuil, restait immobile pour le

commun des courtisans, faisait une inclination de tête aux plus
distingués, et pour les princes seulement s'aidait de ses deux
bras pour se soulever légèrement ; chaque courtisan allait le saluer profondément, et, se tenant debout devant lui près de la
cheminée, attendait qu'il lui adressât la parole : ensuite, selon le
signe du Cardinal, il continuait à faire le tour du salon pour sortir
par la même porte par où l'on entrait, restait un moment à saluer
le P. Joseph, qui singeait son maître, et que l'on avait pour cela
nommé l'Éminence grise, et sortait enfin du palais, ou bien se
rangeait debout derrière son fauteuil, si le ministre l'y engageait,
ce qui était une marque de la plus grande faveur.

Il laissa passer d'abord quelques personnages insignifiants et
beaucoup de mérites inutiles, et n'arrêta cette procession qu'au
maréchal d'Estrées, qui, partant pour l'ambassade de Rome,
venait lui faire ses adieux : tout ce qui suivait cessa d'avancer.
Ce mouvement avertit dans le salon précédent qu'une conversation plus longue s'engageait, et le P. Joseph, paraissant, échangea
avec le Cardinal un regard qui voulait dire d'une part : Souvenez-
vous de la promesse que vous venez de me faire ; de l'autre :
Soyez tranquille. En même temps l'adroit capucin fit voir à son
maître qu'il tenait sous le bras une de ses victimes qu'il préparait
à être un docile instrument : c'était un jeune gentilhomme qui
portait un manteau vert très-court, et une veste de même couleur, un pantalon rouge fort serré, avec de brillantes jarretières
d'or dessous, habit des pages de Monsieur. Le P. Joseph lui parlait bien en secret, mais point dans le sens de son maître, il ne pensait qu'à être cardinal, et se préparait d'autres intelligences en
cas de défection de la part du premier ministre.

— Dites à Monsieur qu'il ne se fie pas aux apparences, et qu'il
n'a pas de plus fidèle serviteur que moi. Le Cardinal commence
à baisser ; et je crois de ma conscience d'avertir de ses fautes
celui qui pourrait hériter du pouvoir royal pendant la minorité.
Pour donner à votre grand prince une preuve de ma bonne foi,
dites-lui qu'on veut faire arrêter Puy-Laurens, qui est à lui, qu'il
le fasse cacher, ou bien le Cardinal le mettra aussi à la Bastille.

Tandis que le serviteur trahissait ainsi son maître, le maître ne restait pas en arrière et trahissait le serviteur. Son amour-propre et un reste de respect pour les choses de l'Église le faisaient souffrir à l'idée de voir le méprisable agent couvert du même chapeau qui était une couronne pour lui, et assis aussi haut que lui-même, à cela près de l'emploi passager de ministre. Parlant donc à demi-voix au maréchal d'Estrées :

— Il n'est pas nécessaire, lui dit-il, de persécuter plus longtemps Urbain VIII en faveur de ce capucin que vous voyez là-bas; c'est bien assez que Sa Majesté ait daigné le nommer au cardinalat, nous concevons les répugnances de Sa Sainteté à couvrir ce mendiant de la pourpre romaine.

Puis, passant de cette idée aux choses générales :

— Je ne sais vraiment pas ce qui peut refroidir le Saint-Père à notre égard; qu'avons-nous fait qui ne fût pour la gloire de notre sainte mère l'Église catholique? J'ai dit moi-même la première messe à la Rochelle, et vous le voyez par vos yeux, monsieur le maréchal, notre habit est partout, et même dans vos armées; le cardinal de La Valette vient de commander glorieusement dans le Palatinat.

— Et vient de faire une très-belle retraite, dit le maréchal, appuyant légèrement sur le mot *retraite*.

Le ministre continua, sans faire attention à ce petit mot de jalousie de métier et en élevant la voix :

— Dieu a montré qu'il ne dédaignait pas d'envoyer l'esprit de victoire à ses Lévites, car le duc de Weimar n'aida pas plus puissamment à la conquête de la Lorraine que ce pieux cardinal, et jamais une armée navale ne fut mieux commandée que par notre archevêque de Bordeaux à la Rochelle.

On savait que dans ce moment le ministre était assez aigri contre ce prélat, dont la hauteur était telle et les impertinences si fréquentes, qu'il avait eu deux affaires assez désagréables dans Bordeaux. Il y avait quatre ans, le duc d'Épernon, alors gouverneur de la Guyenne, suivi de tous ses gentilshommes et de ses troupes, le rencontrant au milieu de son clergé dans une procession, l'appela insolent, et lui donna deux coups de canne très-vigoureux; sur quoi l'archevêque l'excommunia ; et tout récemment encore, malgré cette leçon, il avait eu une querelle avec le maréchal de Vitry, dont il avait reçu *vingt coups de canne ou de bâton, comme il vous plaira,* écrivait le Cardinal-Duc au cardinal de La Valette, *et je crois qu'il veut remplir la France d'excommuniés.* En effet, il excommunia encore le bâton du maréchal, se souvenant qu'autrefois le pape avait forcé le duc d'Épernon à lui demander pardon; mais Vitry, qui avait fait assassiner le maréchal d'Ancre, était trop bien en cour pour cela, et l'archevêque fut battu, et de plus grondé par le ministre.

M. d'Estrées pensa donc avec assez de tact qu'il pouvait y avoir un peu d'ironie dans la manière dont le Cardinal vantait les talents guerriers et maritimes de l'archevêque, et lui répondit avec un sang-froid inaltérable :

— En effet, monseigneur, personne ne peut dire que ce soit sur mer qu'il ait été battu.

Son Éminence ne put s'empêcher de sourire, mais, voyant que l'impression électrique de ce sourire en avait fait naître d'autres dans la salle, et des chuchotements et des conjectures, il reprit toute sa gravité sur-le-champ, et prenant le bras familièrement au maréchal :

— Allons, allons, monsieur l'ambassadeur, dit-il, vous avez la repartie bonne. Avec vous, je ne craindrais pas le cardinal Albornos, ni tous les Borgia du monde, ni tous les efforts de leur Espagne près du Saint-Père.

Puis, élevant la voix et regardant tout autour de lui comme pour s'adresser au salon silencieux et captivé :

— J'espère, continua-t-il, qu'on ne nous persécutera plus comme l'on fit autrefois pour avoir fait une juste alliance avec l'un des plus grands hommes de nos temps; mais Gustave-Adolphe est mort, le roi catholique n'aura plus de prétexte pour solliciter l'excommunication du roi très-chrétien. N'êtes-vous pas de mon avis, mon cher seigneur? dit-il en s'adressant au cardinal de La Valette qui s'approchait, et n'avait heureusement rien entendu sur son compte. Monsieur d'Estrées, restez près de notre fauteuil : nous avons encore bien des choses à vous dire, et vous n'êtes pas de trop dans toutes nos conversations, car nous n'avons point de secrets : notre politique est franche et au grand jour : l'intérêt de Sa Majesté et de l'État, voilà tout.

Le maréchal fit un profond salut, se rangea derrière le siége du ministre, et laissa sa place au cardinal de La Vallette, qui, ne cessant de se prosterner, et de flatter et de jurer dévouement et totale obéissance au Cardinal, comme pour expier la roideur de son père, le duc d'Épernon, n'eut aussi de lui que quelques mots vagues et une conversation distraite et sans intérêt, pendant laquelle il ne cessa de regarder à la porte quelle personne lui succédait. Il eut même le chagrin de se voir interrompu brusquement par le Cardinal-Duc, qui s'écria, au moment le plus flatteur de son discours mielleux :

— Ah ! c'est donc vous enfin, mon cher Fabert ! qu'il me tardait de vous voir pour vous parler du siége !

Le général salua d'un air brusque et assez gauchement le Cardinal-généralissime, et lui présenta les officiers venus du camp avec lui ; il parla quelque temps des opérations du siége, et le Cardinal semblait lui faire, en quelque sorte, la cour pour le préparer à recevoir plus tard ses ordres sur le champ de bataille même ; il parla aux officiers qui le suivaient, les appelant par leurs noms, et leur faisant des questions sur le camp.

Ils se rangèrent tous pour laisser approcher le duc d'Angoulême ; ce Valois, après avoir lutté contre Henry IV, se prosternait devant Richelieu. Il sollicitait un commandement qu'il n'avait eu qu'en troisième au siége de la Rochelle. A sa suite parut le jeune Mazarin, toujours souple et insinuant, mais déjà confiant dans sa fortune.

Le duc d'Halluin vint après eux : le Cardinal interrompit les compliments qu'il leur adressait pour lui dire à haute voix : — Monsieur le duc, je vous annonce avec plaisir que le roi a créé en votre faveur un office de maréchal de France ; vous signerez Schomberg, n'est-il pas vrai ? A Leucate, délivrée par vous, on le pense ainsi. Mais pardon, voici M. de Montauron qui a sans doute quelque chose d'important à me dire.

— Oh! mon Dieu non, monseigneur, je voulais seulement vous dire que ce pauvre jeune homme, que vous avez daigné regarder comme à votre service, meurt de faim.

— Ah! comment, dans ce moment-ci, me parlez-vous de choses semblables! Votre petit Corneille ne veut rien faire de bon; nous n'avons vu que *le Cid* et *les Horaces* encore; qu'il travaille, qu'il travaille, on sait qu'il est à moi, c'est désagréable pour moi-même. Cependant, puisque vous vous y intéressez, je lui ferai une pension de cinq cents écus sur ma cassette.

Et le trésorier de l'épargne se retira, charmé de la libéralité du ministre, et fut chez lui recevoir, avec assez de bonté, la dédicace de *Cinna*, où le grand Corneille compare son âme à celle d'Auguste, et le remercie d'avoir fait l'aumône à *quelques Muses*.

Le Cardinal, troublé par cette importunité, se leva en disant que la matinée s'avançait, et qu'il était temps de partir pour aller trouver le Roi.

En cet instant même, et comme les plus grands seigneurs s'approchaient pour l'aider à marcher, un homme en robe de maître des requêtes s'avança vers lui en saluant avec un sourire avantageux et confiant qui étonna tous les gens habitués au grand monde; il semblait dire: *Nous avons des affaires secrètes ensemble; vous allez voir comme il sera bien pour moi; je suis chez moi dans son cabinet.* Sa manière lourde et gauche trahissait pourtant un être très-inférieur; c'était Laubardemont.

Richelieu fronça le sourcil en le voyant en face de lui, et lança un regard de feu à Joseph; puis, se tournant vers ceux qui l'entouraient, il dit avec un rire amer:

— Est-ce qu'il y a quelque criminel autour de nous?

Puis, lui tournant le dos, le Cardinal le laissa plus rouge que sa robe; et, précédé de la foule des personnages qui devaient l'escorter en voiture ou à cheval, il descendit le grand escalier de l'archevêché.

Tout le peuple de Narbonne et ses autorités regardèrent avec stupéfaction ce départ royal.

Le Cardinal seul entra dans une ample et spacieuse litière de forme carrée, dans laquelle il devait voyager jusqu'à Perpignan, ses infirmités ne lui permettant ni d'aller en voiture, ni de faire toute cette route à cheval. Cette sorte de chambre nomade renfermait un lit, une table, et une petite chaise pour un page qui devait écrire ou lui faire la lecture. Cette machine, couverte de damas couleur de pourpre, fut portée par dix-huit hommes qui, de lieue en lieue, se relevaient; ils étaient choisis dans ses gardes, et ne faisaient ce service d'honneur que la tête nue, quelle que fût la chaleur ou la pluie. Le duc d'Angoulême, les maréchaux de Schomberg et d'Estrées, Fabert et d'autres dignitaires étaient à cheval aux portières; on distinguait le cardinal de La Valette et Mazarin parmi les plus empressés, ainsi que Chavigny et le maréchal de Vitry, qui cherchait à éviter la Bastille, dont il était menacé, disait-on.

Deux carrosses suivaient pour les secrétaires du Cardinal, ses médecins et son confesseur; huit voitures à quatre chevaux pour ses gentilshommes, et vingt-quatre mulets pour ses bagages; deux cents mousquetaires à pied l'escortaient de très-près; sa compagnie de gens d'armes de la garde et ses chevau-légers, tous gentilshommes, marchaient devant et derrière ce cortége, sur de magnifiques chevaux.

Ce fut dans cet équipage que le premier ministre se rendit en peu de jours à Perpignan; la dimension de la litière obligea plusieurs fois de faire élargir des chemins et abattre les murailles de quelques *villes et villages* où elle ne pouvait entrer; en sorte, disent les auteurs des manuscrits du temps, tout pleins d'une sincère admiration pour ce luxe, *en sorte qu'il semblait un conquérant qui entre par la brèche.* Nous avons cherché en vain avec beaucoup de soin quelque manuscrit des propriétaires ou habitants des maisons qui s'ouvraient à son passage où la même admiration fût témoignée, et nous avouons ne l'avoir pu trouver.

CHAPITRE VIII

L'ENTREVUE

Mon génie étonné tremble devant le sien.

Le pompeux cortége du Cardinal s'était arrêté à l'entrée du camp; toutes les troupes sous les armes étaient rangées dans le plus bel ordre, et ce fut au bruit du canon et de la musique successive de chaque régiment que la litière traversa une longue haie de cavalerie et d'infanterie, formée depuis la première tente jusqu'à celle du ministre, disposée à quelque distance du quartier royal, et que la pourpre dont elle était couverte faisait reconnaître de loin. Chaque chef de corps obtint un signe ou un mot du Cardinal, qui, enfin rendu sous sa tente, congédia sa suite, s'y enferma, attendant l'heure de se présenter chez le Roi. Mais, avant lui, chaque personnage de son escorte s'y était porté individuellement, et, sans entrer dans la demeure royale, tous attendaient sous de longues galeries couvertes de coutil rayé et disposées comme des avenues qui conduisaient chez le prince. Les courtisans s'y rencontraient et se promenaient par groupes, se saluaient et se présentaient la main, ou se regardaient avec hauteur, selon leurs intérêts ou les seigneurs auxquels ils appartenaient. D'autres chuchotaient longtemps et donnaient des signes d'étonnement, de plaisir ou de mauvaise humeur, qui montraient que quelque chose d'extraordinaire venait de se passer. Un singulier dialogue, entre mille autres, s'éleva dans un coin de la galerie principale.

— Puis-je savoir, monsieur l'abbé, pourquoi vous me regardez d'une manière si assurée ?

— Parbleu ! monsieur de Launay, c'est que je suis curieux de voir ce que vous allez faire. Tout le monde abandonne votre Cardinal-Duc depuis votre voyage en Touraine ; vous n'y pensez pas, allez donc causer un moment avec les gens de Monsieur ou de la Reine ; vous êtes en retard de dix minutes sur la montre du cardinal de La Valette, qui vient de toucher la main à Rochepot et à tous les gentilshommes du feu comte de Soissons, que je pleurerai toute ma vie.

— Voilà qui est bien, monsieur de Gondi, je vous entends assez, c'est un appel que vous me faites l'honneur de m'adresser.

— Oui, monsieur le comte, reprit le jeune abbé en saluant avec toute la gravité du temps ; je cherchais l'occasion de vous appeler au nom de M. d'Attichi, mon ami, avec qui vous eûtes quelque chose à Paris.

— Monsieur l'abbé, je suis à vos ordres, je vais chercher mes seconds, cherchez les vôtres.

— Ce sera à cheval, avec l'épée et le pistolet, n'est-il pas vrai ? ajouta Gondi, avec le même air dont on arrangerait une partie de campagne, en époussetant la manche de sa soutane avec le doigt.

— Si tel est votre bon plaisir, reprit l'autre.

Et ils se séparèrent pour un instant en se saluant avec une grande politesse et de profondes révérences.

Une foule brillante de jeunes gentilshommes passait et repassait autour d'eux dans la galerie. Ils s'y mêlèrent pour chercher leurs amis. Toute l'élégance des costumes du temps était déployée par la cour dans cette matinée : les petits manteaux de toutes les couleurs, en velours ou en satin, brodés d'or ou d'argent, des croix de Saint-Michel et du Saint-Esprit, les fraises, les plumes nombreuses des chapeaux, les aiguillettes d'or, les chaînes qui suspendaient de longues épées, tout brillait, tout étincelait, moins encore que le feu des regards de cette jeunesse guerrière, que ses propos vifs, ses rires spirituels et éclatants. Au milieu de cette assemblée passaient lentement des personnages graves et de grands seigneurs suivis de leurs nombreux gentilshommes.

Le petit abbé de Gondi, qui avait la vue très-basse, se promenait parmi la foule, fronçant les sourcils, fermant à demi les yeux pour mieux voir, et relevant sa moustache, car les ecclésiastiques en portaient alors. Il regardait chacun sous le nez pour reconnaître ses amis, et s'arrêta enfin à un jeune homme d'une fort grande taille, vêtu de noir de la tête aux pieds, et dont l'épée même était d'acier bronzé fort noir. Il causait avec un capitaine des gardes, lorsque l'abbé de Gondi le tira à part.

— Monsieur de Thou, lui dit-il, j'aurai besoin de vous pour second dans une heure, à cheval, avec l'épée et le pistolet, si vous voulez me faire cet honneur...

— Monsieur, vous savez que je suis des vôtres tout à fait et à tout venant. Où nous trouverons-nous ?

— Devant le bastion espagnol, s'il vous plaît.

— Pardon si je retourne à une conversation qui m'intéressait beaucoup; je serai exact au rendez-vous.

Et de Thou le quitta pour retourner à son capitaine. Il avait dit tout ceci avec une voix fort douce, le plus inaltérable sang-froid, et même quelque chose de distrait.

Le petit abbé lui serra la main avec une vive satisfaction, et continua sa recherche.

Il ne lui fut pas si facile de conclure le marché avec les jeunes seigneurs auxquels il s'adressa, car ils le connaissaient mieux que M. de Thou, et, du plus loin qu'ils le voyaient venir, ils cherchaient à l'éviter, ou riaient de lui-même avec lui, et ne s'engageaient point à le servir.

— Eh! l'abbé, vous voilà encore à chercher; je gage que c'est un second qu'il vous faut? dit le duc de Beaufort.

— Et moi je parie, ajouta M. de La Rochefoucauld, que c'est contre quelqu'un du Cardinal-Duc.

— Vous avez raison tous deux, messieurs; mais depuis quand riez-vous des affaires d'honneur?

— Dieu m'en garde! reprit M. de Beaufort; des hommes d'épée comme nous sommes vénèrent toujours tierce, quarte et octave; mais, quant aux plis de la soutane, je n'y connais rien.

— Parbleu, monsieur, vous savez bien qu'elle ne m'embarrasse pas le poignet, et je le prouverai à qui voudra. Je ne cherche du reste qu'à jeter ce froc aux orties.

— C'est donc pour le déchirer que vous vous battez si souvent? dit La Rochefoucauld. Mais rappelez-vous, mon cher abbé, que vous êtes dessous.

Gondi tourna le dos en regardant à une pendule et ne voulant pas perdre plus de temps à de mauvaises plaisanteries; mais il n'eut pas plus de succès ailleurs, car, ayant abordé deux gentilshommes de la jeune Reine, qu'il supposait mécontents du Cardinal, et heureux par conséquent de se mesurer avec ses créatures, l'un d'eux lui dit fort gravement :

— Monsieur de Gondi, vous savez ce qui vient de se passer? le Roi a dit tout haut : « Que notre impérieux Cardinal le veuille ou non, la veuve de Henry le Grand ne restera pas plus longtemps exilée. » *Impérieux*, monsieur l'abbé, sentez-vous cela? Le Roi n'avait encore rien dit d'aussi fort contre lui. *Impérieux!* c'est une disgrâce complète. Vraiment, personne n'osera plus lui parler; il va quitter la cour aujourd'hui certainement.

— On m'a dit cela, monsieur; mais j'ai une affaire...

— C'est heureux pour vous, qu'il arrêtait tout court dans votre carrière.

— Une affaire d'honneur...

— Au lieu que Mazarin est pour vous...

— Mais voulez-vous, ou non, m'écouter ?

— Ah ! s'il est pour vous ! vos aventures ne peuvent lui sortir de la tête, votre beau duel avec M. de Coutenan et la jolie petite épinglière ; il en a même parlé au Roi. Allons, adieu, cher abbé, nous sommes fort pressés ; adieu, adieu...

Et reprenant le bras de son ami, le jeune persifleur, sans écouter un mot de plus, marcha vite dans la galerie et se perdit dans la multitude des passants.

Le pauvre abbé restait donc fort mortifié de ne pouvoir trouver qu'un second, et regardait tristement s'écouler l'heure et la foule, lorsqu'il aperçut un jeune gentilhomme qui lui était inconnu, assis près d'une table et appuyé sur son coude d'un air mélancolique ; il portait des habits de deuil qui n'indiquaient aucun attachement particulier à une grande maison ou à un corps ; et, paraissant attendre sans impatience le moment d'entrer chez le Roi, il regardait d'un air insouciant ceux qui l'entouraient et semblait ne les pas voir et n'en connaître aucun.

Gondi, jetant les yeux sur lui, l'aborda sans hésiter.

— Ma foi, monsieur, lui dit-il, je n'ai pas l'honneur de vous connaître ; mais une partie d'escrime ne peut jamais déplaire à un homme comme il faut ; et, si vous voulez être mon second, dans un quart d'heure nous serons sur le pré. Je suis Paul de Gondi, et j'ai appelé M. de Launay, qui est au Cardinal, fort galant homme d'ailleurs.

L'inconnu, sans être étonné de cette apostrophe, lui répondit sans changer d'attitude : — Et quels sont ses seconds ?

— Ma foi, je n'en sais rien ; mais que vous importe qui le servira ? on n'en est pas plus mal avec ses amis pour leur avoir donné un petit coup de pointe.

L'étranger sourit nonchalamment, resta un instant à passer sa main dans ses longs cheveux châtain, et lui dit enfin avec indolence et regardant à une grosse montre ronde suspendue à sa ceinture :

— Au fait, monsieur, comme je n'ai rien de mieux à faire et

que je n'ai pas d'amis ici, je vous suis ; j'aime autant faire cela qu'autre chose.

Et, prenant sur la table son large chapeau à plumes noires, il partit lentement, suivant le martial abbé, qui allait vite devant lui et revenait le hâter, comme un enfant qui court devant son père, ou un jeune carlin qui va et revient vingt fois avant d'arriver au bout d'une allée.

Cependant deux huissiers, vêtus des livrées royales, ouvrirent les grands rideaux qui séparaient la galerie de la tente du Roi, et le silence s'établit partout. On commença à entrer successivement et avec lenteur dans la demeure passagère du prince. Il reçut avec grâce toute sa cour, et c'était lui-même qui le premier s'offrait à la vue de chaque personne introduite.

Devant une très-petite table entourée de fauteuils dorés, était debout le Roi Louis XIII, environné des grands officiers de la couronne ; son costume était fort élégant : une sorte de veste de couleur chamois, avec les manches ouvertes et ornées d'aiguillettes et de rubans bleus, le couvrait jusqu'à la ceinture. Un haut-de-chausses large et flottant ne lui tombait qu'aux genoux, et son étoffe jaune et rayée de rouge était ornée en bas de rubans bleus. Ses bottes à l'écuyère, ne s'élevant guère à plus de trois pouces au-dessus de la cheville du pied, étaient doublées d'une telle profusion de dentelles, et si larges, qu'elles semblaient les porter comme un vase porte des fleurs. Un petit manteau de velours bleu, où la croix du Saint-Esprit était brodée, couvrait le bras gauche du Roi, appuyé sur le pommeau de son épée.

Il avait la tête découverte, et l'on voyait parfaitement sa figure pâle et noble éclairée par le soleil que le haut de la tente laissait pénétrer. La petite barbe pointue que l'on portait alors augmentait encore la maigreur de son visage, mais en accroissait aussi l'expression mélancolique ; à son front élevé, à son profil antique, à son nez aquilin, on reconnaissait un prince de la grande race des Bourbons ; il avait tout de ses ancêtres, hormis la force du regard : ses yeux semblaient rougis par des larmes et voilés par un sommeil perpétuel, et l'incertitude de sa vue lui donnait l'air un peu égaré.

Il affecta en ce moment d'appeler autour de lui et d'écouter avec attention les plus grands ennemis du Cardinal, qu'il attendait à chaque minute, et se balançant un peu d'un pied sur l'autre, habitude héréditaire de sa famille ; il parlait avec assez de vitesse, mais s'interrompant pour faire un signe de tête gracieux ou un geste de la main à ceux qui passaient devant lui en le saluant profondément.

Il y avait deux heures que l'on passait ainsi devant le Roi sans que le Cardinal eût paru ; toute la cour était accumulée et serrée derrière le prince et dans les galeries tendues qui se prolongeaient derrière sa tente ; déjà un intervalle de temps plus long commençait à séparer les noms des courtisans que l'on annonçait.

— Ne verrons-nous pas notre cousin le Cardinal ? dit le Roi en se retournant et regardant Montrésor, gentilhomme de Monsieur, comme pour l'encourager à répondre.

— Sire, on le croit fort malade en cet instant, repartit celui-ci.

— Et je ne vois pourtant que Votre Majesté qui le puisse guérir, dit le duc de Beaufort.

— Nous ne guérissons que les écrouelles, dit le Roi ; et les maux du Cardinal sont toujours si mystérieux, que nous avouons n'y rien connaître.

Le prince s'essayait ainsi de loin à braver son ministre, prenant des forces dans la plaisanterie pour rompre mieux son joug insupportable, mais si difficile à soulever. Il croyait presque y avoir réussi, et, soutenu par l'air de joie de tout ce qui l'environnait, il s'applaudissait déjà intérieurement d'avoir su prendre l'empire suprême, et jouissait en ce moment de toute la force qu'il se croyait. Un trouble involontaire au fond du cœur lui disait bien que, cette heure passée, tout le fardeau de l'État allait retomber sur lui seul ; mais il parlait pour s'étourdir sur cette pensée importune, et, se dissimulant le sentiment intime qu'il avait de son impuissance à régner, il ne laissait plus flotter son imagination sur le résultat des entreprises, se contraignant ainsi lui-même à oublier les pénibles chemins qui peuvent y conduire. Des phrases rapides se succédaient sur ses lèvres.

— Nous allons bientôt prendre Perpignan, disait-il de loin à Fabert. — Eh bien, Cardinal, la Lorraine est à nous, ajoutait-il pour La Valette.

Puis, touchant le bras de Mazarin :

— Il n'est pas si difficile que l'on croit de mener tout un royaume, n'est-ce pas ?

L'Italien, qui n'avait pas autant de confiance que le commun des courtisans dans la disgrâce du Cardinal, répondit sans se compromettre :

— Ah ! Sire, les derniers succès de Votre Majesté, au dedans et au dehors, prouvent assez combien elle est habile à choisir ses instruments et à les diriger, et....

Mais le duc de Beaufort, l'interrompant avec cette confiance, cette voix élevée et cet air qui lui méritèrent par la suite le surnom d'*Important*, s'écria tout du haut de sa tête :

— Pardieu, Sire, il ne faut que le vouloir ; une nation se mène comme un cheval avec l'éperon et la bride ; et comme nous sommes tous de bons cavaliers, on n'a qu'à prendre parmi nous tous.

Cette belle sortie du fat n'eut pas le temps de faire son effet, car deux huissiers à la fois crièrent : — Son Éminence !

Le Roi rougit involontairement, comme surpris en flagrant délit. Mais bientôt, se raffermissant, il prit un air de hauteur résolue qui n'échappa point au ministre.

Celui-ci, revêtu de toute la pompe du costume de cardinal, appuyé sur deux jeunes pages et suivi de son capitaine des gardes et de plus de cinq cents gentilshommes attachés à sa maison, s'avança vers le Roi lentement, et s'arrêtant à chaque pas, comme éprouvant des souffrances qui l'y forçaient, mais en effet pour observer les physionomies qu'il avait en face. Un coup d'œil lui suffit.

Sa suite resta à l'entrée de la tente royale, et de tous ceux qui la remplissaient pas un n'eut l'assurance de le saluer ou de jeter un regard sur lui ; La Valette même feignait d'être fort occupé d'une conversation avec Montrésor ; et le Roi, qui voulait le mal recevoir, affecta de le saluer légèrement et de continuer un *aparté* à voix basse avec le duc de Beaufort.

Le Cardinal fut donc forcé, après le premier salut, de s'arrêter et de passer du côté de la foule des courtisans, comme s'il eût voulu s'y confondre ; mais son dessein était de les éprouver de plus près : ils reculèrent tous comme à l'aspect d'un lépreux ; le seul Fabert s'avança vers lui avec l'air franc et brusque qui lui était habituel, et employant dans son langage les expressions de son métier :

— Eh bien, monseigneur, vous faites une brèche au milieu d'eux comme un boulet de canon ; je vous en demande pardon pour eux.

— Et vous tenez ferme devant moi comme devant l'ennemi, dit le Cardinal-Duc ; vous n'en serez pas fâché par la suite, mon cher Fabert.

Mazarin s'approcha aussi, mais avec précaution, du Cardinal, et, donnant à ses traits mobiles l'expression d'une tristesse profonde, lui fit cinq ou six révérences fort basses et tournant le dos au groupe du Roi, de sorte que l'on pouvait les prendre de là pour ces saluts froids et précipités que l'on fait à quelqu'un dont on veut se défaire, et du côté du Duc pour des marques de respect, mais d'une discrète et silencieuse douleur.

Le ministre, toujours calme, sourit avec dédain ; et, prenant ce regard fixe et cet air de grandeur qui paraissait en lui dans les dangers imminents, il s'appuya de nouveau sur ses pages, et, sans attendre un mot ou un regard de son souverain, prit tout à coup son parti et marcha directement vers lui en traversant la tente dans toute sa longueur. Personne ne l'avait perdu de vue, tout en faisant paraître le contraire, et tout se tut, ceux mêmes qui parlaient au Roi ; tous les courtisans se penchèrent en avant pour voir et écouter.

Louis XIII étonné se retourna, et, la présence d'esprit lui manquant totalement, il demeura immobile et attendit avec un regard glacé, qui était sa seule force, force d'inertie très-grande dans un prince.

Le Cardinal, arrivé près du monarque, ne s'inclina pas ; mais, sans changer d'attitude, les yeux baissés et les deux mains posées sur l'épaule des deux enfants à demi courbés, il dit :

— Sire, je viens supplier Votre Majesté de m'accorder enfin une retraite après laquelle je soupire depuis longtemps. Ma santé chancelle ; je sens que ma vie est bientôt achevée ; l'éternité s'approche pour moi, et, avant de rendre compte au Roi éternel, je vais le faire au roi passager. Il y a dix-huit ans, Sire, que vous m'avez remis entre les mains un royaume faible et divisé ; je vous le rends uni et puissant. Vos ennemis sont abattus et humiliés. Mon œuvre est accomplie. Je demande à Votre Majesté la permission de me retirer à Cîteaux, où je suis abbé-général, pour y finir mes jours dans la prière et la méditation.

Le Roi, choqué de quelques expressions hautaines de ces paroles, ne donna aucun des signes de faiblesse qu'attendait le Cardinal, et qu'il lui avait vus toutes les fois qu'il l'avait menacé de quitter les affaires. Au contraire, se sentant observé par toute sa cour, il le regarda en roi et dit froidement :

— Nous vous remercions donc de vos services, monsieur le Cardinal, et nous vous souhaitons le repos que vous demandez.

Richelieu fut ému au fond, mais d'un sentiment de colère qui ne laissa nulle trace sur ses traits. « Voilà bien cette froideur, se dit-il en lui-même, avec laquelle tu laissas mourir Montmorency ; mais tu ne m'échapperas pas ainsi. » Il reprit la parole en s'inclinant :

— La seule récompense que je demande de mes services, est que Votre Majesté daigne accepter de moi, en pur don, le Palais-Cardinal, élevé de mes deniers dans Paris.

Le Roi étonné fit un signe de tête consentant. Un murmure de surprise agita un moment la cour attentive.

— Je me jette aussi aux pieds de Votre Majesté pour qu'elle veuille m'accorder la révocation d'une rigueur que j'ai provoquée (je l'avoue publiquement), et que je regardai peut-être trop à la hâte comme utile au repos de l'État. Oui, quand j'étais de ce monde, j'oubliais trop mes plus anciens sentiments de respect et d'attachement pour le bien général ; à présent que je jouis déjà des lumières de la solitude, je vois que j'ai eu tort ; et je me repens.

L'attention redoubla, et l'inquiétude du Roi devint visible.

— Oui, il est une personne, Sire, que j'ai toujours aimée, malgré ses torts envers vous et l'éloignement que les affaires du royaume me forcèrent à lui montrer ; une personne à qui j'ai dû beaucoup, et qui vous doit être chère, malgré ses entreprises à main armée contre vous-même ; une personne enfin que je vous supplie de rappeler de l'exil : je veux dire la Reine Marie de Médicis, votre mère.

Le Roi laissa échapper un cri involontaire, tant il était loin de s'attendre à ce nom. Une agitation tout à coup réprimée parut sur toutes les physionomies. On attendait en silence les paroles royales. Louis XIII regarda longtemps son vieux ministre sans parler, et ce regard décida du destin de la France. Il se rappela en un moment tous les services infatigables de Richelieu, son dévouement sans bornes, sa surprenante capacité, et s'étonna d'avoir voulu s'en séparer ; il se sentit profondément attendri à cette demande, qui allait chercher sa colère au fond de son cœur pour l'en arracher, et lui faisait tomber des mains la seule arme qu'il eût contre son ancien serviteur ; l'amour filial amena le pardon sur ses lèvres et les larmes dans ses yeux ; heureux d'accorder ce qu'il désirait le plus au monde, il tendit la main au Duc avec toute la noblesse et la bonté d'un Bourbon. Le Cardinal s'inclina, la baisa avec respect ; et son cœur, qui aurait dû se briser de repentir, ne se remplit que de la joie d'un orgueilleux triomphe.

Le prince touché, lui abandonnant sa main, se retourna avec grâce vers sa cour, et dit d'une voix très-émue :

— Nous nous trompons souvent, messieurs, et surtout pour connaître un aussi grand politique que celui-ci ; il ne nous quittera jamais, j'espère, puisqu'il a un cœur aussi bon que sa tête.

Aussitôt le cardinal de La Valette s'empara du bas du manteau du Roi pour le baiser avec l'ardeur d'un amant, et le jeune Mazarin en fit presque autant au Duc de Richelieu lui-même, prenant un visage rayonnant de joie et d'attendrissement avec l'admirable souplesse italienne. Deux flots d'adulateurs fondirent, l'un sur le Roi, l'autre sur le ministre : le premier groupe, non moins adroit que le second, quoique moins direct, n'adressait au prince que les remercîments que pouvait entendre le ministre, et brûlait aux pieds de l'un l'encens qu'il destinait à l'autre. Pour Richelieu, tout en faisant un signe de tête à droite et donnant un sourire à gauche, il fit deux pas, et se plaça debout à la droite du Roi, comme à sa place naturelle. Un étranger en entrant eût plutôt pensé que le Roi était à sa gauche. — Le maréchal d'Estrées et tous les ambassadeurs, le duc d'Angoulême, le duc d'Halluin (Schomberg), le maréchal de Châtillon et tous les grands officiers de l'armée et de la couronne l'entouraient, et chacun d'eux attendait impatiemment que le compliment des autres fût achevé pour apporter le sien, craignant qu'on ne s'emparât du madrigal flatteur qu'il venait d'improviser, ou de la formule d'adulation qu'il inventait. Pour Fabert, il s'était retiré dans un coin de la tente, et ne semblait pas avoir fait grande attention à toute cette scène. Il causait avec Montrésor et les gentilshommes de Monsieur, tous ennemis jurés du Cardinal, parce que, hors de la foule qu'il fuyait, il n'avait trouvé qu'eux à qui parler. Cette conduite eût été d'une extrême maladresse dans tout autre moins connu ; mais on sait que, tout en vivant au milieu de la cour, il ignorait toujours ses intrigues ; et on disait qu'il revenait d'une bataille gagnée comme le cheval du Roi de la chasse, laissant les chiens caresser leur maître et se partager la curée, sans chercher à rappeler la part qu'il avait eue au triomphe.

L'orage semblait donc entièrement apaisé, et aux agitations violentes de la matinée succédait un calme fort doux ; un murmure respectueux interrompu par des rires agréables, et l'éclat des protestations d'attachement, étaient tout ce qu'on entendait dans la tente. La voix du Cardinal s'élevait de temps à autre pour s'écrier : — Cette pauvre Reine ! nous allons donc la revoir !

je n'aurais jamais osé espérer ce bonheur avant de mourir ! Le Roi l'écoutait avec confiance et ne cherchait pas à cacher sa satisfaction : — C'est vraiment une idée qui lui est venue d'en haut, disait-il; ce bon Cardinal, contre lequel on m'avait tant fâché, ne songeait qu'à l'union de ma famille; depuis la naissance du Dauphin, je n'ai pas goûté de plus vive satisfaction qu'en ce moment. La protection de la sainte Vierge est visible pour le royaume.

En ce moment un capitaine des gardes vint parler à l'oreille du prince.

— Un courrier de Cologne? dit le Roi; qu'il m'attende dans mon cabinet.

Puis, n'y tenant pas; — j'y vais, j'y vais, dit-il. Et il entra seul dans une petite tente carrée attenante à la grande. On y vit un jeune courrier tenant un portefeuille noir, et les rideaux s'abaissèrent sur le Roi.

Le Cardinal, resté seul maître de la cour, en concentrait toutes les adorations ; mais on s'aperçut qu'il ne les recevait plus avec la même présence d'esprit; il demanda plusieurs fois quelle heure il était, et témoigna un trouble qui n'était pas joué; ses regards durs et inquiets se tournaient vers le cabinet : il s'ouvrit tout à coup; le Roi reparut seul, et s'arrêta à l'entrée. Il était plus pâle qu'à l'ordinaire et tremblait de tout son corps; il tenait à la main une large lettre couverte de cinq cachets noirs.

— Messieurs, dit-il avec une voix haute, mais entrecoupée, la Reine mère vient de mourir à Cologne, et je n'ai peut-être pas été le premier à l'apprendre, ajouta-t-il en jetant un regard sévère sur le Cardinal impassible; mais Dieu sait tout. Dans une heure, à cheval, et l'attaque des lignes. Messieurs les Maréchaux, suivez-moi.

Et il tourna le dos brusquement, et rentra dans son cabinet avec eux.

La cour se retira après le ministre, qui, sans donner un signe de tristesse ou de dépit, sortit aussi gravement qu'il était entré, mais en vainqueur.

CHAPITRE IX

LE SIÉGE

> Il papa alzato le mani e fattomi un patente crocione sopra la mia figura, mi disse, che mi benediva e che mi perdonava tutti gli omicidii che io avevo mai fatti, e tutti quelli che mai io farei in servizio della Chiesa apostolica.
>
> BENVENUTO CELLINI.

Il est des moments dans la vie où l'on souhaite avec ardeur les fortes commotions pour se tirer des petites douleurs ; des époques où l'âme, semblable au lion de la fable, et fatiguée des atteintes continuelles de l'insecte, souhaite un plus fort ennemi, et appelle les dangers de toute la puissance de son désir. Cinq-Mars se trouvait dans cette disposition d'esprit, qui naît toujours d'une sensibilité maladive des organes et d'une perpétuelle agitation du cœur. Las de retourner sans cesse en lui-même les combinaisons d'événements qu'il souhaitait et celles qu'il avait à redouter ; las d'appliquer à des probabilités tout ce que sa tête avait de force pour les calculs, d'appeler à son secours tout ce que son éducation lui avait fait apprendre de la vie des hommes illustres pour le rapprocher de sa situation présente ; accablé de ses regrets, de ses songes, des prédictions, des chimères, des craintes et de tout ce monde imaginaire dans lequel il avait vécu pendant son voyage solitaire, il respira en se trouvant jeté dans un monde réel presque aussi bruyant, et le sentiment de deux dangers véritables rendit à son sang la circulation, et la jeunesse à tout son être.

Depuis la scène nocturne de son auberge près de Loudun, il n'avait pu reprendre assez d'empire sur son esprit pour s'occuper d'autre chose que de ses chères et douloureuses pensées ; et une sorte de consomption s'emparait déjà de lui, lorsque heureusement il arriva au camp de Perpignan, et heureusement encore eut occasion d'accepter la proposition de l'abbé de Gondy ; car on a sans doute reconnu Cinq-Mars dans la personne de ce jeune étranger en deuil, si insouciant et si mélancolique, que le duelliste en soutane avait pris pour témoin.

Il avait fait établir sa tente comme volontaire dans la rue du camp assignée aux jeunes seigneurs qui devaient être présentés au Roi et servir comme aides de camp des généraux ; il s'y rendit promptement, fut bientôt armé, à cheval et cuirassé selon la coutume qui subsistait encore alors, et partit seul pour le bastion espagnol, lieu du rendez-vous. Il s'y trouva le premier, et reconnut qu'un petit champ de gazon caché par les ouvrages de la place assiégée avait été fort bien choisi par le petit abbé pour ses projets homicides ; car, outre que personne n'eût soupçonné des officiers d'aller se battre sous la ville même qu'ils attaquaient, le corps du bastion les séparait du camp français, et devait les voiler comme un immense paravent. Il était bon de prendre ces précautions, car il n'en coûtait pas moins que la tête alors pour s'être donné la satisfaction de risquer son corps.

En attendant ses amis et ses adversaires, Cinq-Mars eut le temps d'examiner le côté du sud de Perpignan, devant lequel il se trouvait. Il avait entendu dire que ce n'était pas ces ouvrages que l'on attaquerait, et cherchait en vain à se rendre compte de ces projets. Entre cette face méridionale de la ville, les montagnes de l'Albère et le col du Perthus, on aurait pu tracer des lignes d'attaque et des redoutes contre le point accessible ; mais pas un soldat de l'armée n'y était placé ; toutes les forces semblaient dirigées sur le nord de Perpignan, du côté le plus difficile, contre un fort de brique nommé le Castillet, qui surmonte la porte de Notre-Dame. Il vit qu'un terrain en apparence marécageux, mais très-solide, conduisait jusqu'au pied du bastion espagnol ; que ce poste était gardé avec toute la négligence castillane, et ne pouvait avoir cependant de force que par ses défenseurs, car ses créneaux et ses meurtrières étaient ruinés et garnis de quatre pièces de canon d'un énorme calibre, encaissées dans du gazon, et par là rendues immobiles et impossibles à diriger contre une troupe qui se précipiterait rapidement au pied du mur.

Il était aisé de voir que ces énormes pièces avaient ôté aux assiégeants l'idée d'attaquer ce point, et aux assiégés celle d'y multiplier les moyens de défense. Aussi, d'un côté, les postes avancés et les vedettes étaient fort éloignés ; de l'autre, les sentinelles étaient rares et mal soutenues. Un jeune Espagnol, tenant une longue escopette avec sa fourche suspendue à son côté, et la mèche fumante dans la main droite, se promenait nonchalamment sur le rempart, et s'arrêta à considérer Cinq-Mars, qui faisait à cheval le tour des fossés et du marais.

— *Señor Caballero*, lui dit-il, est-ce que vous voulez prendre le bastion à vous seul et à cheval, comme don Quixote-Quixada de la Mancha ?

Et en même temps il détacha la fourche ferrée qu'il avait au côté, la planta en terre, et y appuyait le bout de son escopette pour ajuster, lorsqu'un grave Espagnol plus âgé, enveloppé dans un sale manteau brun, lui dit dans sa langue :

— *Ambrosio de demonio*, ne sais-tu pas bien qu'il est défendu de perdre la poudre inutilement jusqu'aux sorties ou aux attaques, pour avoir le plaisir de tuer un enfant qui ne vaut pas ta mèche ! C'est ici même que Charles-Quint a jeté et noyé dans le fossé la sentinelle endormie. Fais ton devoir, ou je l'imiterai.

Ambrosio remit son fusil sur son épaule, son bâton fourchu à son côté, et reprit sa promenade sur le rempart.

Cinq-Mars avait été fort peu ému de ce geste menaçant, et s'était contenté d'élever les rênes de son cheval et de lui approcher les éperons, sachant que d'un saut de ce léger animal il serait transporté derrière un petit mur d'une cabane qui s'élevait dans le champ où il se trouvait, et serait à l'abri du fusil espagnol avant que l'opération de la fourche et de la mèche fût terminée. Il savait d'ailleurs qu'une convention tacite des deux armées empêchait que les tirailleurs ne fissent feu sur les sentinelles, ce qui eût été regardé comme un assassinat de chaque côté. Il fallait même que le soldat qui s'était disposé ainsi à l'attaque fût dans l'ignorance des consignes pour l'avoir fait. Le jeune d'Effiat ne fit donc aucun mouvement apparent ; et lorsque le factionnaire reprit sa promenade sur le rempart, il reprit la sienne sur le gazon, et aperçut bientôt cinq cavaliers qui se dirigeaient vers lui. Les deux premiers qui arrivèrent au plus grand galop ne le saluèrent pas ; mais, s'arrêtant presque sur lui, se jetèrent à terre, et il se trouva dans les bras du conseiller de Thou, qui le serrait tendrement, tandis que le petit abbé de Gondi, riant de tout son cœur, s'écriait :

— Voici encore un Oreste qui retrouve son Pylade, et au moment d'immoler un coquin qui n'est pas de la famille du Roi des rois, je vous assure !

— Eh quoi ! c'est vous, cher Cinq-Mars ! s'écriait de Thou ; quoi ! sans que j'aie su votre arrivée au camp ! Oui, c'est bien vous ; je vous reconnais, quoique vous soyez plus pâle. Avez-vous été malade, cher ami ? Je vous ai écrit bien souvent ; car notre amitié d'enfance m'est demeurée bien avant dans le cœur.

— Et moi, répondit Henry d'Effiat, j'ai été bien coupable envers vous ; mais je vous conterai tout ce qui m'étourdissait ; je pourrai vous en parler, et j'avais honte de vous l'écrire. Mais que vous êtes bon ! votre amitié ne s'est point lassée.

— Je vous connais trop bien, reprenait de Thou ; je savais qu'il ne pouvait y avoir d'orgueil entre nous, et que mon âme avait un écho dans la vôtre.

Avec ces paroles, ils s'embrassaient les yeux humides de ces larmes douces que l'on verse si rarement dans la vie, et dont il semble cependant que le cœur soit toujours chargé, tant elles font de bien en coulant.

Cet instant fut court ; et, pendant ce peu de mots, Gondi n'avait cessé de les tirer par leur manteau en disant :

— A cheval ! à cheval ! messieurs. Eh ! pardieu, vous aurez le temps de vous embrasser, si vous êtes si tendres ; mais ne vous faites pas arrêter, et songeons à en finir bien vite avec nos bons amis qui arrivent. Nous sommes dans une vilaine position, avec ces trois gaillards-là en face ; les archers pas loin d'ici, et les Espagnols là haut ; il faut tenir tête à trois feux.

Il parlait encore lorsque de Launay, se trouvant à soixante pas de là avec ses seconds, choisis dans ses amis plutôt que parmi les partisans du Cardinal, *embarqua* son cheval au petit galop, selon les termes du manége, et, avec toute la précision des leçons qu'on y reçoit, s'avança de très-bonne grâce vers ses jeunes adversaires et les salua gravement.

— Messieurs, dit-il, je crois que nous ferions bien de nous choisir et de prendre du champ ; car il est question d'attaquer les lignes, il faut que je sois à mon poste.

— Nous sommes prêts, monsieur, dit Cinq-Mars ; et, quant à nous choisir, je serai bien aise de me trouver en face de vous ; car je n'ai point oublié le maréchal de Bassompierre et le bois de Chaumont ; vous savez mon avis sur votre insolente visite chez ma mère.

— Vous êtes jeune, monsieur ; j'ai rempli chez madame votre mère les devoirs d'homme du monde ; chez le maréchal, ceux de capitaine des gardes ; ici, ceux de gentilhomme avec monsieur l'abbé qui m'a appelé ; et ensuite j'aurai cet honneur avec vous.

— Si je vous le permets, dit l'abbé déjà à cheval.

Ils prirent soixante pas de champ, et c'était tout ce qu'offrait d'étendue le pré qui les renfermait ; l'abbé de Gondi fut placé entre de Thou et son ami, qui se trouvait le plus rapproché des remparts, où deux officiers espagnols et une vingtaine de soldats se placèrent, comme au balcon, pour voir ce duel de six personnes, spectacle qui leur était assez habituel. Ils donnaient les mêmes signes de joie qu'à leurs combats de taureaux, et riaient de ce rire sauvage et amer que leur physionomie tient du sang arabe.

A un signe de Gondi, les six chevaux partirent au galop, et se rencontrèrent sans se heurter au milieu de l'arène; à l'instant six coups de pistolets s'entendirent presque ensemble, et la fumée couvrit les combattants.

Quand elle se dissipa, on ne vit, des six cavaliers et des six chevaux, que trois hommes et trois animaux en bon état. Cinq-Mars était à cheval, donnant la main à son adversaire aussi calme que lui; à l'autre extrémité, de Thou s'approchait du sien, dont il avait tué le cheval, et l'aidait à se relever; pour Gondi et de Launay, on ne les voyait plus ni l'un ni l'autre. Cinq-Mars, les cherchant avec inquiétude, aperçut en avant le cheval de l'abbé qui sautait et caracolait, traînant à sa suite le futur cardinal, qui avait le pied pris dans l'étrier et jurait comme s'il n'eût jamais étudié autre chose que le langage des camps : il avait le nez et les mains tout en sang de sa chute et de ses efforts pour s'accrocher au gazon, et voyait avec assez d'humeur son cheval, que son pied chatouillait bien malgré lui, se diriger vers le fossé rempli d'eau qui entourait le bastion, lorsque heureusement Cinq-Mars, passant entre le bord du marécage et le cheval, le saisit par la bride et l'arrêta.

— Eh bien, mon cher abbé, je vois que vous n'êtes pas bien malade, car vous parlez énergiquement.

— Par la corbleu! criait Gondi en se débarbouillant de la terre qu'il avait dans les yeux, pour tirer un coup de pistolet à la figure de ce géant, il a bien fallu me pencher en avant et m'élever sur l'étrier; aussi ai-je un peu perdu l'équilibre; mais je crois qu'il est par terre aussi.

— Vous ne vous trompez guère, monsieur, dit de Thou, qui arriva; voilà son cheval qui nage dans le fossé avec son maître, dont la cervelle est emportée; il faut songer à nous évader.

— Nous évader? c'est assez difficile, messieurs, dit l'adversaire de Cinq-Mars survenant, voici le coup de canon, signal de l'attaque ; je ne croyais pas qu'il partît si tôt : si nous retournons, nous rencontrerons les Suisses et les lansquenets qui sont en bataille sur ce point.

— M. de Fontrailles a raison, dit de Thou; mais, si nous ne retournons pas, voici des Espagnols qui courent aux armes, et nous feront siffler des balles sur la tête.

— Eh bien, tenons conseil, dit Gondi; appelez donc M. de Montrésor, qui s'occupe inutilement de chercher le corps de ce pauvre de Launay. Vous ne l'avez pas blessé, monsieur de Thou?

— Non, monsieur l'abbé, tout le monde n'a pas la main si heureuse que la vôtre, dit amèrement Montrésor, qui venait boitant un peu à cause de sa chute ; nous n'aurons pas le temps de continuer avec l'épée.

— Quant à continuer, je n'en suis pas, messieurs, dit Fontrailles; M. de Cinq-Mars en a agi trop noblement avec moi : mon pistolet avait fait long feu, et, ma foi, le sien s'est appuyé sur ma joue, j'en sens encore le froid ; il a eu la bonté de l'ôter et de tirer en l'air; je ne l'oublierai jamais, et je suis à lui à la vie et à la mort.

— Il ne s'agit pas de cela, messieurs, interrompit Cinq-Mars; voici une balle qui m'a sifflé à l'oreille; l'attaque est commencée de toutes parts, et nous sommes enveloppés par les amis et les ennemis.

En effet, la canonnade était générale; la citadelle, la ville et l'armée étaient couvertes de fumée; le bastion seul qui leur faisait face n'était pas attaqué ; et ses gardes semblaient moins se préparer à le défendre qu'à examiner le sort des autres fortifications.

— Je crois que l'ennemi a fait une sortie, dit Montrésor, car la fumée a cessé dans la plaine, et je vois des masses de cavalerie qui chargent pendant que le canon de la place les protége.

— Messieurs, dit Cinq-Mars, qui n'avait cessé d'observer les murailles, nous pourrions prendre un parti : ce serait d'entrer dans ce bastion mal gardé.

— C'est très-bien dit, monsieur, dit Fontrailles; mais nous ne sommes que cinq contre trente au moins, et nous voilà bien découverts et faciles à compter.

— Ma foi, l'idée n'est pas mauvaise, dit Gondi : il vaut mieux être fusillé là-haut que pendu là-bas si l'on vient à nous trouver ; car ils doivent déjà s'être aperçus que Launay manque à sa compagnie, et toute la cour sait notre affaire.

— Parbleu, messieurs, dit Montrésor, voilà du secours qui nous vient.

Une troupe nombreuse à cheval, mais fort en désordre, arrivait sur eux au plus grand galop; des habits rouges les faisaient voir de loin; ils semblaient avoir pour but de s'arrêter dans le champ même où se trouvaient nos duellistes embarrassés, car à peine les premiers chevaux y furent-ils, que les cris de *halte* se répétèrent et se prolongèrent par la voix des chefs mêlés à leurs cavaliers.

— Allons au-devant d'eux, ce sont les Gens d'armes de la garde du Roi, dit Fontrailles ; je les reconnais à leurs cocardes noires. Je vois aussi beaucoup de chevau-légers avec eux; mêlons-nous à leur désordre, car je crois qu'ils sont *ramenés*.

Ce mot est un terme honnête qui voulait dire et signifie encore *en déroute*, dans le langage militaire. Tous les cinq s'avancèrent vers cette troupe vive et bruyante, et virent que cette conjecture était très-juste. Mais, au lieu de la consternation qu'on pourrait attendre en pareil cas, ils ne trouvèrent qu'une gaieté jeune et bruyante, et n'entendirent que des éclats de rire de ces deux compagnies.

— Ah! pardieu, Cahuzac, disait l'un, ton cheval courait mieux que le mien; je crois que tu l'as exercé aux chasses du Roi.

— C'est pour que nous soyons plus tôt ralliés que tu es arrivé le premier ici, répondait l'autre.

— Je crois que le marquis de Coislin est fou de nous faire charger quatre cents contre huit régiments espagnols.

— Ah! ah! ah! Locmaria, votre panache est bien arrangé! il a l'air d'un saule pleureur. Si nous suivons celui-là ce sera à l'enterrement.

— Eh! messieurs, je vous l'ai dit d'avance, répondait d'assez mauvaise humeur ce jeune officier; j'étais sûr que ce capucin de Joseph, qui se mêle de tout, se trompait en nous disant de charger de la part du Cardinal. Mais auriez-vous été contents si ceux qui ont l'honneur de vous commander avaient refusé la charge?

— Non! non! non! répondirent tous ces jeunes gens en reprenant rapidement leurs rangs?

— J'ai dit, reprit le vieux marquis de Coislin, qui, avec ses cheveux blancs, avait encore le feu de la jeunesse dans les yeux, que si l'on vous ordonnait de monter à l'assaut à cheval, vous le feriez.

— Bravo! bravo! crièrent tous les Gens d'armes en battant des mains.

— Eh bien, monsieur le marquis, dit Cinq-Mars en s'approchant, voici l'occasion d'exécuter ce que vous avez promis, je ne suis qu'un simple volontaire; mais il y a déjà un instant que ces messieurs et moi examinons ce bastion, et je crois qu'on en pourrait venir à bout.

— Monsieur, au préalable, il faudrait sonder le gué pour...

En ce moment, une balle partie du rempart même dont on parlait vint casser la tête au cheval du vieux capitaine.

— Locmaria, de Mouy, prenez le commandement, et l'assaut, l'assaut! crièrent les deux compagnies nobles, le croyant mort.

— Un moment, un moment, messieurs, dit le vieux Coislin en se relevant, je vous y conduirai, s'il vous plaît; guidez-nous, monsieur le volontaire, car les Espagnols nous invitent à ce bal, et il faut répondre poliment.

A peine le vieillard fut-il sur un autre cheval, que lui amenait un de ses gens, et eut-il tiré son épée, que, sans attendre son commandement, toute cette ardente jeunesse, précédée par Cinq-Mars et ses amis, dont les chevaux étaient poussés en avant par les escadrons, se jeta dans les marais, où, à son grand étonnement et à celui des Espagnols, qui comptaient trop sur sa profondeur, les chevaux ne s'enfoncèrent que jusqu'aux jarrets, et malgré une décharge à mitraille des deux plus grosses pièces, tous arrivèrent pêle-mêle sur un petit terrain de gazon, au pied des remparts à demi ruinés. Dans l'ardeur du passage, Cinq-Mars et Fontrailles, avec le jeune Locmaria, lancèrent leurs chevaux sur le rempart même; mais une vive fusillade tua et renversa ces trois animaux, qui roulèrent avec leurs maîtres.

— Pied à terre, messieurs! cria le vieux Coislin, le pistolet et l'épée, et en avant! abandonnez vos chevaux.

Tous obéirent rapidement, et vinrent se jeter en foule à la brèche.

Cependant de Thou, que son sang-froid ne quittait jamais non plus que son amitié, n'avait pas perdu de vue son jeune Henry, et l'avait reçu dans ses bras lorsque son cheval était tombé. Il le remit debout, lui rendit son épée échappée, et lui dit avec le plus grand calme, malgré les balles qui pleuvaient de tout côté :

— Mon ami, ne suis-je pas bien ridicule au milieu de toute cette bagare, avec mon habit de conseiller au Parlement?

— Parbleu, dit Montrésor qui s'avançait, voici l'abbé qui vous justifie bien.

En effet, le petit Gondi, repoussant des coudes les Chevau-légers, criait de toutes ses forces : — Trois duels et un assaut! J'espère que j'y perdrai ma soutane, enfin!

Et, en disant ces mots, il frappait d'estoc et de taille sur un grand Espagnol.

La défense ne fut pas longue. Les soldats castillans ne tinrent pas longtemps contre les officiers français, et pas un d'eux n'eut le temps ni la hardiesse de recharger son arme.

— Messieurs, nous raconterons cela à nos maîtresses, à Paris! s'écria Locmaria en jetant son chapeau en l'air.

Et Cinq-Mars, de Thou, Coislin, de Mouy, Londigny, officiers des Compagnies rouges, et tous ces jeunes gentilshommes, l'épée dans la main droite, le pistolet dans la gauche, se heurtant, se poussant et se faisant autant de mal à eux-mêmes qu'à l'ennemi par leur empressement, débordèrent enfin sur la plate-forme du bastion, comme l'eau versée d'un vase dont l'entrée est trop étroite jaillit par torrent au dehors.

Dédaignant de s'occuper des soldats vaincus qui se jetaient à leurs genoux, ils les laissèrent errer dans le fort sans même les désarmer, et se mirent à courir dans leur conquête comme des écoliers en vacances, riant de tout leur cœur comme après une partie de plaisir.

Un officier espagnol, enveloppé dans son manteau brun, les regardait d'un air sombre.

— Quels démons est-ce là, Ambrosio ? disait-il à un soldat. Je ne les ai pas connus autrefois en France. Si Louis XIII a toute une armée ainsi composée, il est bien bon de ne pas conquérir l'Europe.

— Oh ! je ne les crois pas bien nombreux ; il faut que ce soit un corps de pauvres aventuriers qui n'ont rien à perdre, et tout à gagner par le pillage.

— Tu as raison dit l'officier ; je vais tâcher d'en séduire un pour m'échapper.

Et, s'approchant avec lenteur, il aborda un jeune Chevau-léger, d'environ dix-huit ans, qui était à l'écart, assis sur le parapet ; il avait le teint blanc et rose d'une jeune fille, sa main délicate tenait un mouchoir brodé dont il essuyait son front et ses cheveux d'un blond d'argent ; il regardait l'heure à une grosse montre ronde couverte de rubis enchâssés et suspendue à sa ceinture par un nœud de rubans.

L'Espagnol étonné s'arrêta. S'il ne l'eût vu renverser ses soldats, il ne l'aurait cru capable que de chanter une romance couché sur un lit de repos. Mais, prévenu par les idées d'Ambrosio, il songea qu'il se pouvait qu'il eût volé ces objets de luxe au pillage des appartements d'une femme ; et, l'abordant brusquement, lui dit :

— *Hombre !* je suis officier ; veux-tu me rendre la liberté et me faire revoir mon pays ?

Le jeune Français le regarda avec l'air doux de son âge, et, songeant à sa propre famille, lui dit :

— Monsieur, je vais vous présenter au marquis de Coislin, qui vous accordera sans doute ce que vous demandez ; votre famille est-elle de Castille ou d'Aragon ?

— Ton Coislin demandera une autre permission encore, et me fera attendre une année. Je te donnerai quatre mille ducats si tu me fais évader.

Cette figure douce, ces traits enfantins, se couvrirent de la pourpre de la fureur; ces yeux bleus lancèrent des éclairs, et, en disant :—De l'argent, à moi ! va-t'en, imbécile ! le jeune homme donna sur la joue de l'Espagnol un bruyant soufffet. Celui-ci, sans hésiter, tira un long poignard de sa poitrine, et, saisissant le bras du Français, crut le lui plonger facilement dans le cœur ; mais, leste et vigoureux, l'adolescent lui prit lui-même le bras droit, et, l'élevant avec force au-dessus de sa tête, le ramena avec le fer sur celle de l'Espagnol frémissant de rage.

— Eh ! eh ! eh ! doucement, Olivier ! Olivier ! crièrent de toutes parts ses camarades accourant : il y a assez d'Espagnols par terre.

Et ils désarmèrent l'officier ennemi.

— Que ferons-nous de cet enragé ? disait l'un.

— Je n'en voudrais pas pour mon valet de chambre, répondait l'autre.

— Il mérite d'être pendu, disait un troisième ; mais, ma foi, messieurs, nous ne savons pas pendre ; envoyons-le à ce bataillon de Suisses qui passe dans la plaine.

Et cet homme sombre et calme, s'enveloppant de nouveau dans son manteau, se mit en marche de lui-même, suivi d'Ambrosio, pour aller joindre le bataillon, poussé par les épaules et hâté par cinq ou six de ces jeunes fous.

Cependant la première troupe d'assiégeants, étonnée de son succès, l'avait suivi jusqu'au bout. Cinq-Mars, conseillé par le vieux Coislin, avait fait le tour du bastion, et ils virent tous deux avec chagrin qu'il était entièrement séparé de la ville, et que leur avantage ne pouvait se poursuivre. Ils revinrent donc sur la plateforme, lentement et en causant, rejoindre de Thou et l'abbé de Gondi, qu'ils trouvèrent riant avec les jeunes Chevau-légers.

— Nous avions avec nous la Religion et la Justice, messieurs, nous ne pouvions pas manquer de triompher.

— Comment donc ? mais c'est qu'elles ont frappé aussi fort que nous !

Ils se turent à l'approche de Cinq-Mars, et restèrent un instant à chuchoter et à demander son nom ; puis tous l'entourèrent et lui prirent la main avec transport.

— Messieurs, vous avez raison, dit le vieux capitaine ; c'est, comme disaient nos pères, *le mieux faisant de la journée*. C'est un volontaire qui doit être présenté aujourd'hui au Roi par le Cardinal.

— Par le Cardinal ! nous le présenterons nous-mêmes ; ah ! qu'il ne soit pas *Cardinaliste*[1], il est trop brave garçon pour cela, disaient avec vivacité tous ces jeunes gens.

— Monsieur, je vous en dégoûterai bien, moi, dit Olivier d'Entraigues en s'approchant, car j'ai été son page, et je le connais parfaitement. Servez plutôt dans les Compagnies rouges ; allez, vous aurez de bons camarades.

Le vieux marquis évita l'embarras de la réponse à Cinq-Mars en faisant sonner les trompettes pour rallier ses brillantes compagnies. Le canon avait cessé de se faire entendre, et un garde était venu l'avertir que le Roi et le Cardinal parcouraient la ligne pour voir les résultats de la journée ; il fit passer tous les chevaux par la brèche ; ce qui fut assez long, et ranger les deux compagnies à cheval en bataille dans un lieu où il semblait impossible qu'une autre troupe que l'infanterie eût jamais pu pénétrer.

---

[1] La France et l'armée étaient divisées en Royalistes et Cardinalistes.

CHAPITRE X

LES RÉCOMPENSES

> LA MORT.
> Ah ! comme du butin ces guerriers trop jaloux
> Courent bride abattue au-devant de mes coups.
> Agitez tous leurs sens d'une rage insensée.
> Tambour, fifre, trompette, ôtez-leur la pensée.
> N. LEMERCIER, *Panhypocrisiade*.

« Pour assouvir le premier emportement du chagrin royal, avait dit Richelieu ; pour ouvrir une source d'émotions qui détourne de la douleur cette âme incertaine, que cette ville soit assiégée, j'y consens ; que Louis parte, je lui permets de frapper quelques pauvres soldats des coups qu'il voudrait et n'ose me donner ; que sa colère s'éteigne dans ce sang obscur, je le veux ; mais ce caprice de gloire ne dérangera pas mes immuables desseins, cette ville ne tombera pas encore, elle ne sera française pour toujours que dans deux ans ; elle viendra dans mes filets seulement au jour marqué dans ma pensée. Tonnez, bombes et canons ; méditez vos opérations, savants capitaines ; précipitez-vous, jeunes guerriers ; je ferai taire votre bruit, évanouir vos projets, avorter vos efforts ; tout finira par une vaine fumée, et je vais vous conduire pour vous égarer. »

Voilà à peu près ce que roulait sous sa tête chauve le Cardinal-Duc avant l'attaque dont on vient de voir une partie. Il s'était placé à cheval au nord de la ville sur une des montagnes de Salces ; de ce point il pouvait voir la plaine du Roussillon devant lui, s'inclinant jusqu'à la Méditerranée ; Perpignan, avec ses remparts de brique, ses bastions, sa citadelle et son clocher, y formait une masse ovale et sombre sur des prés larges et verdoyants, et les vastes montagnes l'enveloppaient avec la vallée comme un arc énorme courbé du nord au sud, tandis que, prolongeant sa ligne blanchâtre à l'orient, la mer semblait en être la corde argentée. A sa droite s'élevait ce mont immense que l'on appelle le Canigou, dont les flancs épanchent deux rivières dans la plaine. La ligne française s'étendait jusqu'au pied de cette barrière de l'occident. Une foule de généraux et de grands seigneurs se tenaient à cheval derrière le ministre, mais à vingt pas de distance et dans un silence profond. Il avait commencé par suivre au plus petit pas la ligne d'opérations, et ensuite était revenu se placer immobile sur cette hauteur, d'où son œil et sa pensée planaient sur les destinées des assiégeants et des assiégés. L'armée avait les yeux sur lui, et de tout point on pouvait le voir. Chaque homme portant les armes le regardait comme son chef immédiat, et attendait son geste pour agir. Dès longtemps la France était ployée à son joug, et l'admiration avait exclu de toutes ses actions le ridicule auquel un autre eût été quelquefois soumis. Ici, par exemple, il ne vint à l'esprit d'aucun homme de sourire ou même de s'étonner que la cuirasse revêtit un prêtre, et la sévérité de son caractère et de son aspect réprima toute idée de rapprochements ironiques ou de conjectures injurieuses. Ce jour-là le Cardinal parut revêtu d'un costume entièrement guerrier : c'était un habit couleur de feuille morte, bordé en or ; une cuirasse couleur d'eau ; l'épée au côté, des pistolets à l'arçon de sa selle, et un chapeau à plumes qu'il mettait rarement sur sa tête, où il conservait toujours la calotte rouge. Deux pages étaient derrière lui : l'un portait ses gantelets, l'autre son casque, et le capitaine de ses gardes était à son côté.

Comme le Roi l'avait nouvellement nommé généralissime de

ses troupes, c'était à lui que les généraux envoyaient demander des ordres; mais lui, connaissant trop bien les secrets motifs de la colère actuelle de son maître, affecta de renvoyer à ce prince tous ceux qui voulaient avoir une décision de sa bouche. Il arriva ce qu'il avait prévu, car il réglait et calculait les mouvements de ce cœur comme ceux d'une horloge, et aurait pu dire avec exactitude par quelles sensations il avait passé. Louis XIII vint se placer à ses côtés, mais il vint comme vient l'élève adolescent forcé de reconnaître que son maître a raison. Son air était hautain et mécontent, ses paroles étaient brusques et sèches. Le Cardinal demeura impassible. Il fut remarquable que le Roi employait, en consultant, les paroles du commandement, conciliant ainsi sa faiblesse et son pouvoir, son irrésolution et sa fierté, son impéritie et ses prétentions, tandis que son ministre lui dictait ses lois avec le ton de la plus profonde obéissance.

— Je veux que l'on attaque bientôt, Cardinal, dit le prince en arrivant; c'est-à-dire, ajouta-t-il avec un air d'insouciance, lorsque tous vos préparatifs seront faits et à l'heure dont vous serez convenu avec nos maréchaux.

— Sire, si j'osais dire ma pensée, je voudrais que Votre Majesté eût pour agréable d'attaquer dans un quart d'heure, car, la montre en main, il suffit de ce temps pour faire avancer la troisième ligne.

— Oui, oui, c'est bon, monsieur le Cardinal; je le pensais aussi; je vais donner mes ordres moi-même; je veux faire tout moi-même. Schomberg, Schomberg! dans un quart d'heure je veux entendre le canon du signal, je le veux!

En partant pour commander la droite de l'armée, Schomberg ordonna, et le signal fut donné.

Les batteries disposées depuis longtemps par le maréchal de La Meilleraie commencèrent à battre en brèche, mais mollement, parce que les artilleurs sentaient qu'on les avait dirigées sur deux points inexpugnables, et qu'avec leur expérience, et surtout le sens droit et la vue prompte du soldat français, chacun d'eux aurait pu indiquer la place qu'il eût fallu choisir.

Le Roi fut frappé de la lenteur des feux.

— La Meilleraie, dit-il avec impatience, voici des batteries qui ne vont pas ; vos canonniers dorment.

Le maréchal, les mestres de camp d'artillerie étaient présents, mais aucun ne répondit une syllabe. Ils avaient jeté les yeux sur le Cardinal, qui demeurait immobile comme une statue équestre, et ils l'imitèrent. Il eût fallu répondre que la faute n'était pas aux soldats, mais à celui qui avait ordonné cette fausse disposition de batteries, et c'était Richelieu lui-même qui, feignant de les croire plus utiles où elles se trouvaient, avait fait taire les observations des chefs.

Le Roi fut étonné de ce silence, et, craignant d'avoir commis, par cette question, quelque erreur grossière dans l'art militaire, rougit légèrement, et, se rapprochant du groupe des princes qui l'accompagnaient, leur dit pour prendre contenance :

— D'Angoulême, Beaufort, c'est bien ennuyeux, n'est-il pas vrai ? nous restons là comme des momies.

Charles de Valois s'approcha et dit :

— Il me semble, Sire, que l'on n'a pas employé ici les machines de l'ingénieur Pompée-Targon.

— Parbleu, dit le duc de Beaufort en regardant fixement Richelieu, c'est que nous aimions beaucoup mieux prendre la Rochelle que Perpignan, dans le temps où vint cet Italien. Ici pas une machine préparée, pas une mine, un pétard sous ces murailles, et le maréchal de La Meilleraie m'a dit ce matin qu'il avait proposé d'en faire approcher pour ouvrir la tranchée. Ce n'était ni le Castillet, ni ces six grands bastions de l'enveloppe, ni la demi-lune qu'il fallait attaquer. Si nous allons ce train, le grand bras de pierre de la citadelle nous montrera le poing longtemps encore.

Le Cardinal, toujours immobile, ne dit pas une seule parole, il fit seulement signe à Fabert de s'approcher ; celui-ci sortit du groupe qui le suivait, et rangea son cheval derrière celui de Richelieu, près du capitaine de ses gardes.

Le duc de La Rochefoucauld, s'approchant du Roi, prit la parole :

— Je crois, Sire, que notre peu d'action à ouvrir la brèche donne de l'insolence à ces gens-là, car voici une sortie nombreuse qui se dirige justement vers Votre Majesté ; les régiments de Biron et de Ponts se replient en faisant leurs feux.

— Eh bien, dit le Roi tirant son épée, chargeons-les, et faisons rentrer ces coquins chez eux ; lancez la cavalerie avec moi, d'Angoulême. Où est-elle, Cardinal ?

— Derrière cette colline, Sire, sont en colonne six régiments de dragons et les carabins de La Roque ; vous voyez en bas mes Gens d'armes et mes Chevau-légers, dont je supplie Votre Majesté de se servir, car ceux de sa garde sont égarés en avant par le marquis de Coislin, toujours trop zélé. Joseph, va lui dire de revenir.

Il parla bas au capucin, qui l'avait accompagné affublé d'un habit militaire qu'il portait gauchement, et qui s'avança aussitôt dans la plaine.

Cependant les colonnes serrées de la vieille infanterie espagnole sortaient de la porte Notre-Dame comme une forêt mouvante et sombre, tandis que par une autre porte une cavalerie pesante sortait aussi et se rangeait dans la plaine. L'armée française en bataille au pied de la colline du Roi, sur des forts de gazon et derrière des redoutes et des fascines, vit avec effroi les Gens d'armes et les Chevau-légers pressés entre ces deux corps dix fois supérieurs en nombre.

—Sonnez donc la charge ! cria Louis XIII, ou mon vieux Coislin est perdu.

Et il descendit la colline avec toute sa suite, aussi ardente que lui ; mais, avant qu'il fût au bas et à la tête de ses mousquetaires, les deux compagnies avaient pris leur parti ; lancées avec la rapidité de la foudre et au cri de *vive le Roi !* elles fondirent sur la longue colonne de la cavalerie ennemie comme deux vautours sur les flancs d'un serpent, et, faisant une large et sanglante trouée, passèrent au travers pour aller se rallier derrière le bastion espagnol, comme nous l'avons vu, et laissèrent les cavaliers si étonnés, qu'ils ne songèrent qu'à se reformer, et non à les poursuivre.

LES RÉCOMPENSES

L'armée battit des mains ; le Roi étonné s'arrêta ; il regarda autour de lui, et vit dans tous les yeux le brûlant désir de l'attaque ; toute la valeur de sa race étincela dans les siens ; il resta encore une seconde comme en suspens, écoutant avec ivresse le bruit du canon, respirant et savourant l'odeur de la poudre ; il semblait reprendre une autre vie et redevenir Bourbon ; tous ceux qui le virent alors se crurent commandés par un autre homme, lorsque élevant son épée et ses yeux vers le soleil éclatant, il s'écria :

—Suivez-moi, braves amis ! c'est ici que je suis roi de France !

Sa cavalerie, se déployant, partit avec une ardeur qui dévorait l'espace, et, soulevant des flots de poussière du sol qu'elle faisait trembler, fut dans un instant mêlée à la cavalerie espagnole, engloutie comme elle dans un nuage immense et mobile.

— A présent, c'est à présent ! s'écria de sa hauteur le Cardinal avec une voix tonnante : qu'on arrache ces batteries à leur position inutile. Fabert, donnez vos ordres : qu'elles soient toutes dirigées sur cette infanterie qui va lentement envelopper le Roi. Courez, volez, sauvez le Roi !

Aussitôt cette suite, auparavant inébranlable, s'agite en tous sens ; les généraux donnent leurs ordres, les aides de camp disparaissent et fondent dans la plaine, où, franchissant les fossés, les barrières et les palissades, ils arrivent à leur but presque aussi promptement que la pensée qui les dirige et que le regard qui les suit. Tout à coup les éclairs lents et interrompus qui brillaient sur les batteries découragées deviennent une flamme immense et continuelle, ne laissant pas de place à la fumée qui s'élève jusqu'au ciel en formant un nombre infini de couronnes légères et flottantes ; les volées du canon, qui semblaient de lointains et faibles échos, se changent en un tonnerre formidable dont les coups sont aussi rapides que ceux du tambour battant la charge ; tandis que, de trois points opposés, les rayons larges et rouges des bouches à feu descendent sur les sombres colonnes qui sortaient de la ville assiégée.

Cependant Richelieu, sans changer de place, mais l'œil ardent et le geste impératif, ne cessait de multiplier les ordres en jetant sur ceux qui les recevaient un regard qui leur faisait entrevoir un arrêt de mort s'ils n'obéissaient pas assez vite.

— Le Roi a culbuté cette cavalerie ; mais les fantassins résistent encore; nos batteries n'ont fait que tuer et n'ont pas vaincu. Trois régiments d'infanterie en avant, sur-le-champ. Gassion, La Meilleraie et Lesdiguières ! qu'on prenne les colonnes par le flanc. Portez l'ordre au reste de l'armée de ne plus attaquer et de rester sans mouvement sur toute la ligne. Un papier ! que j'écrive moi-même à Schomberg.

Un page mit pied à terre et s'avança tenant un crayon et du papier. Le ministre, soutenu par quatre hommes de sa suite, descendit de cheval péniblement et en jetant quelques cris involontaires que lui arrachaient ses douleurs ; mais il les dompta et s'assit sur l'affût d'un canon ; le page présenta son épaule comme pupitre en s'inclinant, et le Cardinal écrivit à la hâte cet ordre, que les manuscrits contemporains nous ont transmis, et que pourront imiter les diplomates de nos jours, qui sont plus jaloux, à ce qu'il semble, de se tenir parfaitement en équilibre sur la limite de deux pensées que de chercher ces combinaisons qui tranchent les destinées du monde, trouvant le génie trop grossier et trop clair pour prendre sa marche.

« Monsieur le maréchal, ne hasardez rien, et méditez bien avant d'attaquer. Quand on vous mande que le Roi désire que vous ne hasardiez rien, ce n'est pas que Sa Majesté vous défende absolument de combattre, mais son intention n'est pas que vous donniez un combat général, si ce n'était avec une notable espérance de gain pour l'avantage qu'une favorable situation vous pourrait donner, la responsabilité du combat devant naturellement retomber sur vous. »

Tous ces ordres donnés, le vieux ministre, toujours assis sur l'affût, appuyant ses deux bras sur la lumière du canon, et son menton sur ses bras, dans l'attitude de l'homme qui ajuste et pointe une pièce, continua en silence et en repos à regarder le combat du Roi, comme un vieux loup qui, rassasié de victimes et engourdi par l'âge, contemple dans la plaine le ravage du lion sur un troupeau de bœufs qu'il n'oserait attaquer ; de temps en temps son œil se ranime, l'odeur du sang lui donne de la joie, et pour n'en pas perdre le goût, il passe une langue ardente sur sa mâchoire démantelée.

Ce jour-là, il fut remarqué par ses serviteurs (c'étaient à peu près tous ceux qui l'approchaient) que, depuis son lever jusqu'à la nuit, il ne prit aucune nourriture, et tendit tellement toute l'application de son âme sur les événements nécessaires à conduire, qu'il triompha des douleurs de son corps, et sembla les avoir détruites à force de les oublier. C'était cette puissance d'attention et cette présence continuelle de l'esprit qui le haussaient presque jusqu'au génie. Il l'aurait atteint s'il ne lui eût manqué l'élévation native de l'âme et la sensibilité généreuse du cœur.

Tout s'accomplit sur le champ de bataille comme il l'avait voulu, et sa fortune du cabinet le suivit près du canon. Louis XIII prit d'une main avide la victoire que lui faisait son ministre, et y ajouta seulement cette part de grandeur et de bravoure qu'un homme apporte dans un triomphe.

Le canon avait cessé de frapper lorsque les colonnes de l'infanterie furent rejetées brisées dans Perpignan ; le reste avait eu le même sort, et l'on ne vit plus dans la plaine que les escadrons étincelants du Roi qui le suivaient en se reformant.

Il revenait au pas et contemplait avec satisfaction le champ de bataille entièrement nettoyé d'ennemis ; il passa fièrement sous le feu même des pièces espagnoles, qui, soit par maladresse, soit par une secrète convention avec le premier ministre, soit pudeur de tuer un roi de France, ne lui envoyèrent que quelques boulets qui, passant à dix pieds sur sa tête, vinrent expirer devant les lignes du camp et ajouter à sa réputation de bravoure.

Cependant à chaque pas qu'il faisait vers la butte où l'attendait Richelieu, sa physionomie changeait d'aspect et se décomposait visiblement ; il perdait cette rougeur du combat, et la noble sueur du triomphe tarissait sur son front. A mesure qu'il s'approchait, sa pâleur accoutumée s'emparait de ses traits comme ayant droit de siéger seule sur une tête royale ; son regard perdait ses flammes passagères, et enfin, lorsqu'il l'eut joint, une mélancolie profonde avait entièrement glacé son visage. Il retrouva le Cardinal comme il l'avait laissé. Remonté à cheval, celui-ci, toujours froidement respectueux, s'inclina, et, après quelques mots de compliment, se plaça près de Louis pour suivre les lignes et voir les résultats de la journée, tandis que les princes et les grands seigneurs, marchant devant et derrière à quelque distance, formaient comme un nuage autour d'eux.

L'habile ministre eut soin de ne rien dire et de ne faire aucun geste qui pût donner le soupçon qu'il eût la moindre part aux événements de la journée, et il fut remarquable que de tous ceux qui vinrent rendre compte, il n'y en eut pas un qui ne semblât deviner sa pensée et ne sût éviter de compromettre sa puissance occulte par une obéissance démonstrative. Tout fut rapporté au Roi, le Cardinal traversa donc, à côté de ce prince, la droite du camp qu'il n'avait pas eue sous les yeux de la hauteur où il s'était placé, et vit avec satisfaction que Schomberg, qui le connaissait bien, avait agi précisément comme le maître avait écrit, ne compromettant que quelques troupes légères, et combattant assez pour ne pas encourir de reproches d'inaction, et pas asez pour obtenir un résultat quelconque. Cette conduite charma le ministre et ne déplut point au Roi, dont l'amour-propre caressait l'idée d'avoir vaincu seul dans la journée. Il voulut même se persuader et faire croire que tous les efforts de Schomberg avaient été infructueux, et lui dit qu'il ne lui en voulait pas, qu'il venait d'éprouver par lui-même qu'il avait en face des ennemis moins méprisables qu'on ne l'avait cru d'abord.

— Pour vous prouver que vous n'avez fait que gagner à nos yeux, ajouta-t-il, nous vous nommons chevalier de nos ordres, et nous vous donnons les grandes et petites entrées près de notre personne.

Le Cardinal lui serra affectueusement la main en passant, et le maréchal, étonné de ce déluge de faveur, suivit le prince la tête baissée, comme un coupable, ayant besoin pour s'en consoler de se rappeler toutes les actions d'éclat qu'il avait faites durant sa carrière, et qui étaient demeurées dans l'oubli, leur attribuant mentalement ces récompenses non méritées, pour se réconcilier avec sa conscience.

Le Roi était prêt à revenir sur ses pas, quand le duc de Beaufort, le nez au vent et l'air étonné, s'écria :

— Mais, Sire, ai-je encore du feu dans les yeux, où suis-je devenu fou d'un coup de soleil ? il me semble que je vois sur ce bastion des cavaliers en habits rouges qui ressemblent furieusement à vos Chevau-légers que nous avons crus morts.

Le Cardinal fronça le sourcil.

— C'est impossible, monsieur, dit-il ; l'imprudence de M. de Coislin a perdu les Gens d'armes de Sa Majesté et ces cavaliers ; c'est pourquoi j'osais dire au roi tout à l'heure que si l'on supprimait ces corps inutiles il pourrait en résulter de grands avantages, militairement parlant.

— Pardieu, Votre Éminence me pardonnera, reprit le duc de Beaufort, mais je ne me trompe point, et en voici sept ou huit à pied qui poussent devant eux des prisonniers.

— Eh bien, allons donc visiter ce point, dit le Roi avec nonchalance ; si j'y retrouve mon vieux Coislin, j'en serai bien aise.

Il fallut suivre.

Ce fut avec de grandes précautions que les chevaux du Roi et de sa suite passèrent à travers le marais et les débris, mais ce fut avec un grand étonnement qu'on aperçut en haut les deux Compagnies rouges en bataille comme un jour de parade.

— Vive Dieu ! cria Louis XIII, je crois qu'il n'en manque pas un. Eh bien, marquis, vous tenez parole, vous prenez des murailles à cheval.

— Je crois que ce point a été mal choisi, dit Richelieu d'un air de dédain ; il n'avance en rien la prise de Perpignan, et a dû coûter du monde.

— Ma foi, vous avez raison, dit le Roi (adressant pour la première fois la parole au Cardinal avec un air moins sec, depuis l'entrevue qui suivit la nouvelle de la mort de la Reine), je regrette le sang qu'il a fallu verser ici.

— Il n'y a eu, Sire, que deux de nos jeunes gens blessés à cette attaque, dit le vieux Coislin, et nous y avons gagné de nouveaux compagnons d'armes dans les volontaires qui nous ont guidés.

— Qui sont-ils? dit le prince?

— Trois d'entre eux se sont retirés modestement, Sire; mais le plus jeune, que vous voyez, était le premier à l'assaut, et m'en a donné l'idée. Les deux compagnies réclament l'honneur de le présenter à Votre Majesté.

Cinq-Mars, à cheval derrière le vieux capitaine, ôta son chapeau, et découvrit sa jeune et pâle figure, ses grands yeux noirs, et ses longs cheveux bruns.

— Voilà des traits qui me rappellent quelqu'un, dit le Roi; qu'en dites-vous Cardinal?

Celui-ci avait déjà lancé un coup d'œil pénétrant sur le nouveau venu, et dit :

— Je me trompe, où ce jeune homme est...

— Henry d'Effiat, dit à haute voix le volontaire en s'inclinant.

— Comment donc, Sire, c'est lui-même que j'avais annoncé à Votre Majesté, et qui devait lui être présenté de ma main; le second fils du maréchal.

— Ah! dit Louis XIII avec vivacité, j'aime à le voir présenté par ce bastion. Il y a bonne grâce, mon enfant, à l'être ainsi quand on porte le nom de notre vieil ami. Vous allez nous suivre au camp, où nous avons beaucoup à vous dire. Mais que vois-je! vous ici, monsieur de Thou? qui êtes-vous venu juger?

— Je crois, Sire, répondit Coislin, qu'il a plutôt condamné à mort quelques Espagnols, car il est entré le second dans la place.

— Je n'ai frappé personne, monsieur, interrompit de Thou en rougissant; ce n'est point mon métier; ici je n'ai aucun mérite, j'accompagnais M. de Cinq-Mars, mon ami.

— Nous aimons votre modestie autant que cette bravoure, et nous n'oublierons pas ce trait. Cardinal, n'y a-t-il pas quelque présidence vacante?

Richelieu n'aimait pas M. de Thou; et, comme ces haines avaient toujours une cause mystérieuse, on en cherchait la cause vainement; elle se dévoila par un mot cruel qui lui échappa. Ce motif d'inimitié était une phrase des *Histoires* du président de Thou, père de celui-ci, où il flétrit aux yeux de la postérité un grand-oncle du Cardinal, moine d'abord, puis apostat, souillé de tous les vices humains.

Richelieu, se penchant à l'oreille de Joseph, lui dit :

— Tu vois bien cet homme, c'est lui dont le père a mis mon nom dans son histoire; eh bien, je mettrai le sien dans la mienne.

En effet, il l'inscrivit plus tard avec du sang. En ce moment, pour éviter de répondre au Roi, il feignit de ne pas avoir entendu sa question et d'appuyer sur le mérite de Cinq-Mars et le désir de le voir placé à la cour.

— Je vous ai promis d'avance de le faire capitaine dans mes gardes, dit le prince; faites-le nommer dès demain. Je veux le connaître davantage, et je lui réserve mieux que cela par la suite, s'il me plaît. Retirons-nous; le soleil est couché, et nous sommes loin de notre armée. Dites à mes deux bonnes compagnies de nous suivre.

Le ministre, après avoir fait donner cet ordre, dont il eut soin de supprimer l'éloge, se mit à la droite du Roi, et toute l'escorte quitta le bastion, confié à la garde des Suisses, pour retourner au camp.

Les deux Compagnies rouges défilèrent lentement par la trouée qu'elles avaient faite avec tant de promptitude; leur contenance était grave et silencieuse.

Cinq-Mars s'approcha de son ami.

— Voici des héros bien mal récompensés, lui dit-il; pas une faveur, pas une question flatteuse !

— En revanche, répondit le simple de Thou, moi qui vins un peu malgré moi, je reçois des compliments. Voilà les cours et la vie; mais le vrai juge est en haut, que l'on n'aveugle pas.

— Cela ne nous empêchera pas de nous faire tuer demain s'il le faut, dit le jeune Olivier en riant.

CHAPITRE XI

LES MÉPRISES

> Quand vint le tour de saint Guilin,
> Il jeta trois dés sur la table.
> Ensuite il regarda le diable,
> Et lui dit d'un air très-malin :
> Jouons donc cette vieille femme !
> Qui de nous deux aura son âme !
> ANCIENNE LÉGENDE.

Pour paraître devant le Roi, Cinq-Mars avait été forcé de monter le cheval de l'un des Chevau-légers blessés dans l'affaire, ayant perdu le sien au pied du rempart. Pendant l'espace de temps assez long qu'exigea la sortie des deux compagnies, il se sentit frapper sur l'épaule et vit en se retournant le vieux Grandchamp tenant en main un cheval gris fort beau.

— Monsieur le marquis veut-il bien monter un cheval qui lui appartienne ? dit-il. Je lui ai mis la selle et la housse de velours brodée en or qui étaient restées dans le fossé. Hélas ! mon Dieu ! quand je pense qu'un Espagnol aurait fort bien pu la prendre, ou même un Français ; car, dans ce temps-ci, il y a tant de gens qui prennent tout ce qu'ils trouvent comme leur appartenant ; et puis, comme dit le proverbe : Ce qui tombe dans le fossé est pour le soldat. Ils auraient pu prendre aussi, quand j'y pense, ces quatre cents écus en or que monsieur le marquis, soit dit sans reproche, avait oubliés dans les fontes de ses pistolets. Et les pistolets, quels pistolets! Je les avais achetés en Allemagne, et les voici encore aussi bons et avec une détente aussi parfaite que dans ce temps-là. C'était bien assez d'avoir fait tuer le pauvre petit cheval noir qui était né en Angleterre, aussi vrai que je le suis à Tours en Touraine ; fallait-il encore exposer des objets précieux à passer à l'ennemi ?

Tout en faisant ces doléances, ce brave homme achevait de seller le cheval gris ; la colonne était longue à défiler, et, ralentissant ses mouvements, il fit une attention scrupuleuse à la longueur des sangles et aux ardillons de chaque boucle de la selle, se donnant par là le temps de continuer ses discours.

— Je vous demande bien pardon, monsieur, si je suis un peu long, c'est que je me suis foulé tant soit peu le bras en relevant M. de Thou, qui lui-même relevait monsieur le marquis pendant la grande culbute.

— Comment! tu es venu là, vieux fou! dit Cinq-Mars : ce n'est pas ton métier ; je t'ai dit de rester au camp,

— Oh! quant à ce qui est de rester au camp, c'est différent, je ne sais pas rester là ; et, quand il se tire un coup de mousquet, je serais malade si je n'en voyais pas la lumière. Pour mon métier, c'est bien le mien d'avoir soin de vos chevaux, et vous êtes dessus, monsieur. Croyez-vous que, si je l'avais pu, je n'aurais pas sauvé les jours de cette pauvre petite bête noire qui est là-bas dans le fossé ? Ah! comme je l'aimais, monsieur! un cheval qui a gagné trois prix de course dans sa vie! Quand j'y pense, cette vie-là a été trop courte pour tous ceux qui savaient l'aimer comme moi. Il ne se laissait donner l'avoine que par son Grandchamp, et il me carressait avec sa tête dans ce moment-là ; et la preuve, c'est le bout de l'oreille gauche qu'il m'a emporté un jour, ce pauvre ami ; mais ce n'était pas qu'il voulût me faire du mal, au contraire. Il fallait voir comme il hennissait de colère quand un autre l'approchait ; il a cassé la jambe à Jean à cause de cela, ce bon animal ; je l'aimais tant! Aussi, quand il est tombé, je le soutenais d'une main, M. de Locmaria de l'autre. J'ai bien cru d'abord que lui et ce monsieur allaient se relever ; mais malheureusement il n'y en a qu'un qui soit revenu en vie, et c'était celui que je connaissais le moins. Vous avez l'air d'en rire, de ce que je dis sur votre cheval, monsieur ; mais vous oubliez qu'en temps de guerre le cheval est l'âme du cavalier, oui, monsieur, son ame ; car, qui est-ce qui épouvante l'infanterie ? c'est le cheval. Ce n'est certainement pas l'homme qui, une fois lancé, n'y fait guère plus qu'une botte de foin. Qui est-ce qui fait bien des actions qu'on admire ? c'est encore le cheval ! Et quelquefois son maître voudrait être bien loin, qu'il se trouve malgré lui victorieux et récompensé, tandis que le pauvre animal n'y gagne que des coups. Qui est-ce qui gagne des prix à la course ? c'est le cheval, qui ne soupe guère mieux qu'à l'ordinaire, tandis que son maître met l'or dans sa poche, et il est envié de ses amis et considéré de tous les seigneurs comme s'il avait couru lui-même. Qui est-ce qui chasse le chevreuil et qui n'en met pas un pauvre petit morceau sous sa dent ? c'est encore le cheval ! tandis qu'il arrive quelquefois qu'on le mange lui-même, ce pauvre animal ; et, dans une campagne avec M. le maréchal, il m'est arrivé... Mais qu'avez-vous donc, monsieur le marquis ? vous pâlissez...

— Serre-moi la jambe avec quelque chose, un mouchoir, une courroie, ou ce que tu voudras, car j'y sens une douleur brûlante ; je ne sais ce que c'est.

— Votre botte est coupée, monsieur, et ce pourrait bien être quelque balle ; mais *le plomb est ami de l'homme.*

— Il me fait cependant bien mal !

— Ah ! *qui aime bien châtie bien,* monsieur : ah ! le plomb ! il ne faut pas dire du mal du plomb ; qui est-ce qui...

Tout en s'occupant de lier la jambe de Cinq-Mars au-dessous du genou, le bonhomme allait commencer l'apologie du plomb aussi sottement qu'il avait fait celle du cheval, quand il fut forcé, ainsi que son maître, de prêter l'oreille à une dispute vive et bruyante entre plusieurs soldats suisses restés très-près d'eux après le départ de toutes les troupes ; ils se parlaient en gesticulant beaucoup, et semblaient s'occuper de deux hommes que l'on voyait au milieu de trente soldats environ.

D'Effiat, tendant toujours son pied à son domestique et appuyé sur la selle de son cheval, chercha, en écoutant attentivement, à comprendre leurs paroles ; mais il ignorait absolument l'allemand, et ne put rien deviner de leur querelle. Grandchamp tenait toujours sa botte et écoutait aussi très-sérieusement, et tout à coup se mit à rire de tout son cœur, se tenant les côtés, ce qu'on ne lui avait jamais vu faire.

— Ah! ah! monsieur, voilà deux sergents qui se disputent pour savoir lequel on doit pendre des deux Espagnols qui son là ; car vos camarades rouges ne se sont pas donnés la peine de le dire ; l'un de ces Suisses prétend que c'est l'officier ; l'autre assure que c'est le soldat, et voilà un troisième qui vient de les mettre d'accord.

— Et qu'a-t-il dit?

— Il a dit de les pendre tous les deux.

— Doucement! doucement! s'écria Cinq-Mars en faisant des efforts pour marcher.

Mais il ne put s'appuyer sur sa jambe.

— Mets-moi à cheval, Grandchamp.

— Monsieur, vous n'y pensez pas, votre blessure...

— Fais ce que je te dis, et montes-y toi-même ensuite.

Le vieux domestique, tout en grondant, obéit et courut, d'après un autre ordre très-absolu, arrêter les Suisses, déjà dans la plaine, prêts à suspendre leurs prisonniers à un arbre, ou plutôt à les laisser s'y attacher ; car l'officier, avec le sang-froid de son énergique nation, avait passé lui-même autour de son cou le nœud coulant d'une corde, et montait, sans en être prié, à une petite échelle appliquée à l'arbre pour y nouer l'autre bout. Le soldat, avec le même calme insouciant, regardait les Suisses se disputer autour de lui, et tenait l'échelle.

Cinq-Mars arriva à temps pour les sauver, se nomma au bas-officier suisse, et, prenant Grandchamp pour interprète, dit que ces deux prisonniers étaient à lui, et qu'il allait les faire conduire à sa tente ; qu'il était capitaine aux gardes, et s'en rendait responsable. L'Allemand, toujours discipliné, n'osa répliquer ; il n'y eut de résistance que de la part du prisonnier. L'officier, encore au haut de l'échelle, se retourna, et parlant de là comme d'une chaire, dit avec un rire sardonique :

— Je voudrais bien savoir ce que tu viens faire ici ? Qui t'a dit que j'aime à vivre ?

— Je ne m'en informe pas, dit Cinq-Mars, peu m'importe ce que vous deviendrez après ; je veux dans ce moment empêcher un acte qui me paraît injuste et cruel. Tuez-vous ensuite si vous voulez.

— C'est bien dit, reprit l'Espagnol farouche ; tu me plais, toi. J'ai cru d'abord que tu venais faire le généreux pour me forcer d'être reconnaissant, ce que je déteste. Eh bien, je consens à descendre ; mais je te haïrai autant qu'auparavant, parce que tu es Français, je t'en préviens, et je ne te remercierai pas, car tu ne fais que t'acquitter envers moi : c'est moi-même qui t'ai empêché ce matin d'être tué par ce jeune soldat, quand il te mit en joue, et il n'a jamais manqué un isard dans les montagnes de Léon.

— Soit, dit Cinq-Mars, descendez.

Il entrait dans son caractère d'être toujours avec les autres tel qu'ils se montraient dans leurs relations avec lui, et cette rudesse le rendit de fer.

— Voilà un fier gaillard, monsieur, dit Grandchamp ; à votre place certainement M. le maréchal l'aurait laissé sur son échelle. Allons, Louis, Étienne, Germain, venez garder les prisonniers de monsieur et les conduire ; voilà une jolie acquisition que nous faisons là ; si cela nous porte bonheur, j'en serai bien étonné.

Cinq-Mars, souffrant un peu du mouvement de son cheval, se mit en marche assez lentement pour ne pas dépasser ces hommes à pied ; il suivit de loin la colonne des compagnies qui s'éloignaient à la suite du Roi, et songeait à ce que ce prince pouvait lui vouloir dire. Un rayon d'espoir lui fit voir l'image de Marie de Mantoue dans l'éloignement, et il eut un instant de calme dans les pensées. Mais tout son avenir était dans ce seul mot : *plaire au Roi;* il se mit à réfléchir à tout ce qu'il a d'amer.

En ce moment il vit arriver son ami M. de Thou, qui, inquiet de ce qu'il était resté en arrière, le cherchait dans la plaine, et accourait pour le secourir s'il l'eût fallu.

— Il est tard, mon ami, la nuit s'approche; vous vous êtes arrêté bien longtemps ; j'ai craint pour vous. Qui amenez-vous donc? Pourquoi vous êtes-vous arrêté ? Le Roi va vous demander bientôt.

Telles étaient les questions rapides du jeune conseiller, que l'inquiétude avait fait sortir de son calme accoutumé, ce que n'avait pu faire le combat.

— J'étais un peu blessé ; j'amène un prisonnier, et je songeais au Roi. Que peut-il me vouloir, mon ami? Que faut-il faire s'il veut m'approcher du trône? il faudra plaire. A cette idée, vous l'avouerai-je? je suis tenté de fuir, et j'espère que je n'aurai pas l'honneur fatal de vivre près de lui. Plaire! que ce mot est humiliant! obéir ne l'est pas autant. Un soldat s'expose à mourir ; et tout est dit. Mais que de souplesse, de sacrifices de son caractère, que de compositions avec sa conscience, que de dégradations de sa pensée dans la destinée d'un courtisan ! Ah! de Thou, mon cher de Thou! je ne suis pas fait pour la cour, je le sens, quoique je ne l'aie vu qu'un instant ; j'ai quelque chose de sauvage au fond du cœur, que l'éducation n'a poli qu'à la surface. De loin, je me suis cru propre à vivre dans ce monde tout-puissant, je l'ai même souhaité, guidé par un projet bien chéri de mon cœur; mais je recule au premier pas; la vue du Cardinal m'a fait frémir; le souvenir du dernier de ses crimes auquel j'assistai m'a empêché de lui parler; il me fait horreur, je ne le pourrai jamais. La faveur du Roi a aussi je ne sais quoi qui m'épouvante, comme si elle devait m'être funeste.

— Je suis heureux de vous voir cet effroi : il vous sera salutaire peut-être, reprit de Thou en cheminant. Vous allez entrer en contact et en commerce avec la puissance; vous ne la sentirez pas, vous allez la toucher; vous verrez ce qu'elle est, et par quelle main la foudre est portée. Hélas! fasse le ciel qu'elle ne vous brûle pas! Vous assisterez peut-être à ces conseils où se règle la destinée des nations; vous verrez, vous ferez naître ces caprices d'où sortent les guerres sanglantes, les conquêtes et les traités ; vous tiendrez dans votre main la goutte d'eau qui enfante les torrents. C'est d'en haut qu'on apprécie bien les choses humaines, mon ami ; il faut avoir passé sur les points élevés pour connaître la petitesse de celles que nous y voyons grandes.

— Eh ! si j'en étais là, j'y gagnerais du moins cette leçon dont vous parlez, mon ami ; mais ce Cardinal, cet homme auquel il me faut avoir une obligation, cet homme que je connais trop par son œuvre, que sera-t-il pour moi ?

— Un ami, un protecteur sans doute, répondit de Thou.

— Plutôt la mort mille fois que son amitié ! j'ai tout son être, et jusqu'à son nom même en haine ; il verse le sang des hommes avec la croix du Rédempteur.

— Quelles horreurs dites-vous, mon cher ! Vous vous perdrez si vous montrez au roi ces sentiments pour le Cardinal.

— N'importe, au milieu de ces sentiers tortueux, j'en veux prendre un nouveau, la ligne droite. Ma pensée entière, la pensée de l'homme juste, se dévoilera aux regards du Roi même s'il l'interroge, dût-elle me coûter la tête. Je l'ai vu enfin ce Roi, que l'on m'avait peint si faible ; je l'ai vu, et son aspect m'a touché le cœur malgré moi ; certes il est bien malheureux, mais il ne peut être cruel, il entendrait la vérité...

— Oui, mais il n'oserait la faire triompher, répondit le sage de Thou. Garantissez-vous de cette chaleur de cœur qui vous entraîne souvent par des mouvements subits et bien dangereux. N'attaquez pas un colosse tel que Richelieu sans l'avoir mesuré.

— Vous voilà comme mon gouverneur, l'abbé Quillet ; mon cher et prudent ami, vous ne me connaissez ni l'un ni l'autre ; vous ne savez pas combien je suis las de moi-même, et jusqu'où j'ai jeté mes regards. Il me faut monter ou mourir.

— Quoi ! déjà ambitieux ! s'écria de Thou avec une extrême surprise.

Son ami inclina la tête sur ses mains en abandonnant les rênes de son cheval, et ne répondit pas.

— Quoi! cette égoïste passion de l'âge mûr s'est emparée de vous, à vingt ans, Henry! L'ambition est la plus triste des espérances.

— Et cependant elle me possède à présent tout entier, car je ne vis que par elle, tout mon cœur en est pénétré.

— Ah! Cinq-Mars, je ne vous reconnais plus! que vous étiez différent autrefois? Je ne vous le cache pas, vous me semblez bien déchu: dans ces promenades de notre enfance, où la vie et surtout la mort de Socrate faisaient couler de nos yeux des larmes d'admiration et d'envie; lorsque, nous élevant jusqu'à l'idéal de la plus haute vertu, nous désirions pour nous dans l'avenir ces malheurs illustres, ces infortunes sublimes qui font les grands hommes; quand nous composions pour nous des occasions imaginaires de sacrifices et de dévouement; si la voix d'un homme eût prononcé entre nous deux, tout à coup, le mot seul d'ambition, nous aurions cru toucher un serpent...

De Thou parlait avec la chaleur de l'enthousiasme et du reproche. Cinq-Mars continuait à marcher sans rien répondre, et la tête dans ses mains; après un instant de silence, il les ôta et laissa voir des yeux pleins de généreuses larmes; il serra fortement la main de son ami et lui dit avec un accent pénétrant:

— Monsieur de Thou, vous m'avez rappelé les plus belles pensées de ma première jeunesse; croyez que je ne suis pas déchu, mais un secret espoir me dévore que je ne puis confier même à vous: je méprise autant que vous l'ambition qui paraîtra me posséder; la terre entière le croira, mais que m'importe la terre? Pour vous, noble ami, promettez-moi que vous ne cesserez pas de m'estimer, quelque chose que vous me voyiez faire. Je jure par le ciel que mes pensées sont pures comme lui.

— Eh bien, dit de Thou, je jure par lui que je vous en crois aveuglément; vous me rendez la vie!

Ils se serraient encore la main avec effusion de cœur, lorsqu'ils s'aperçurent qu'ils étaient arrivés presque devant la tente du Roi.

Le jour était entièrement tombé, mais on aurait pu croire qu'un jour plus doux se levait, car la lune sortait de la mer dans toute sa splendeur ; le ciel transparent du Midi ne se chargeait d'aucun nuage, et semblait un voile d'un bleu pâle semé de paillettes argentées : l'air encore enflammé n'était agité que par le rare passage de quelques brises de la Méditerranée, et tous les bruits avaient cessé sur la terre. L'armée fatiguée reposait sous les tentes dont les feux marquaient la ligne, et la ville assiégée semblait accablée du même sommeil ; on ne voyait, sur ses remparts, que le bout des armes des sentinelles qui brillaient aux clartés de la lune, ou le feu errant des rondes de nuit ; on n'entendait que quelques cris sombres et prolongés de ces gardes qui s'avertissaient de ne pas dormir.

C'était seulement autour du Roi que tout veillait, mais à une assez grande distance de lui. Ce prince avait fait éloigner toute sa suite ; il se promenait seul devant sa tente, et, s'arrêtant quelquefois à contempler la beauté du ciel, il paraissait plongé dans une mélancolique méditation. Personne n'osait l'interrompre, et ce qui restait de seigneurs dans le quartier royal s'était approché du Cardinal, qui, à vingt pas du Roi, était assis sur un petit tertre de gazon façonné en banc par les soldats ; là, il essuyait son front pâle ; fatigué des soucis du jour et du poids inaccoutumé d'une armure, il congédiait par quelques mots précipités, mais toujours attentifs et polis, ceux qui venaient le saluer en se retirant ; il n'avait déjà plus près de lui que Joseph, qui causait avec Laubardemont. Le Cardinal regardait du côté du Roi si, avant de rentrer, ce prince ne lui parlerait pas, lorsque le bruit des chevaux de Cinq-Mars se fit entendre ; les gardes du Cardinal le questionnèrent et le laissèrent s'avancer sans suite, et seulement avec de Thou.

— Vous êtes arrivé trop tard, jeune homme, pour parler au Roi, dit d'une voix aigre le Cardinal-Duc ; on ne fait pas attendre Sa Majesté.

Les deux amis allaient se retirer, lorsque la voix même de Louis XIII se fit entendre. Ce prince était en ce moment dans une de ces fausses positions qui firent le malheur de sa vie entière. Irrité profondément contre son ministre, mais ne se dissimulant pas qu'il lui devait le succès de la journée, ayant d'ailleurs besoin de lui annoncer son intention de quitter l'armée et de suspendre le siége de Perpignan, il était combattu entre le désir de lui parler et la crainte de faiblir dans son mécontentement ; de son côté, le ministre n'osait lui adresser la parole le premier, incertain sur les pensées qui roulaient dans la tête de son maître, et craignant de mal prendre son temps, mais ne pouvant non plus se décider à se retirer ; tous deux se trouvaient précisément dans la situation de deux amants brouillés qui voudraient avoir une explication, lorsque le Roi saisit avec joie la première occasion d'en sortir. Le hasard fut fatal au ministre ; voilà à quoi tiennent ces destinées qu'on appelle grandes.

— N'est-ce pas M. de Cinq-Mars ? dit le Roi d'une voix haute ; qu'il vienne, je l'attends.

Le jeune d'Effiat s'approcha à cheval, et à quelques pas du Roi voulut mettre pied à terre ; mais à peine sa jambe eut-elle touché le gazon qu'il tomba à genoux.

— Pardon, Sire, dit-il, je crois que je suis blessé.

Et le sang sortit violemment de sa botte.

De Thou l'avait vu tomber, et s'était approché pour le soutenir ; Richelieu saisit cette occasion de s'avancer aussi avec un empressement simulé.

— Otez ce spectacle des yeux du roi, s'écria-t-il ; vous voyez bien que ce jeune homme se meurt.

— Point du tout, dit Louis, le soutenant lui-même, un roi de France sait voir mourir, et n'a point peur du sang qui coule pour lui. Ce jeune homme m'intéresse ; qu'on le fasse porter près de ma tente, et qu'il ait auprès de lui mes médecins ; si sa blessure n'est pas grave, il viendra avec moi à Paris, car le siége est suspendu, monsieur le Cardinal, j'en ai vu assez. D'autres affaires m'appellent au centre du royaume ; je vous laisserai ici commander en mon absence ; c'est ce que je voulais vous dire.

A ces mots, le Roi rentra brusquement dans sa tente, précédé par ses pages et ses officiers tenant des flambeaux.

Le pavillon royal était fermé, Cinq-Mars emporté par de Thou et ses gens, que le duc de Richelieu, immobile et stupéfait, regardait encore la place où cette scène s'était passée; il semblait frappé de la foudre et incapable de voir ou d'entendre ceux qui l'observaient.

Laubardemont, encore effrayé de sa mauvaise réception de la veille, n'osait lui dire un mot, et Joseph avait peine à reconnaître en lui son ancien maître; il sentit un moment le regret de s'être donné à lui, et crut que son étoile pâlissait; mais, songeant qu'il était haï de tous les hommes et n'avait de ressource qu'en Richelieu, il le saisit pas le bras, et, le secouant fortement, lui dit à demi-voix, mais avec rudesse :

— Allons donc, monseigneur, vous êtes une poule mouillée; venez avec nous.

Et, comme s'il l'eût soutenu par le coude, mais en effet l'entraînant malgré lui, aidé de Laubardemont, il le fit rentrer dans sa tente comme un maître d'école fait coucher un écolier pour lequel il redoute le brouillard du soir. Ce vieillard prématuré suivit lentement les volontés de ses deux acolytes, et la pourpre du pavillon retomba sur lui.

CHAPITRE XII

LA VEILLLÉE

O coward conscience, how dost thou afflict me!
— The lights burn blue. — It is now dead midnight
Cold fearful drops stand on my trembling flesh.
— What do I fear? myself?...
— I love myself!...
SHAKSPEARE.

À peine le Cardinal fut-il dans sa tente qu'il tomba, encore armé et cuirassé, dans un grand fauteuil; et là, portant son mouchoir sur sa bouche et le regard fixe, il demeura dans cette attitude, laissant ses deux noirs confidents chercher si la méditation ou l'anéantissement l'y retenait. Il était mortellement pâle, et une sueur froide ruisselait sur son front. En l'essuyant avec un mouvement brusque, il jeta en arrière sa calotte rouge, seul signe ecclésiastique qui lui restât, et retomba la bouche sur ses mains. Le capucin d'un côté, le sombre magistrat de l'autre, le considéraient en silence, et semblaient, avec leurs habits noirs et bruns, le prêtre et le notaire d'un mourant.

Le religieux, tirant du fond de sa poitrine une voix qui semblait plus propre à dire l'office des morts qu'à donner des consolations, parla cependant le premier :

— Si monseigneur veut se souvenir de mes conseils donnés à

Narbonne, il conviendra que j'avais un juste pressentiment des chagrins que lui causerait un jour ce jeune homme.

Le maître des requêtes reprit :

— J'ai su, par le vieil abbé sourd qui était à dîner chez la maréchale d'Effiat, et qui a tout entendu, que ce jeune Cinq-Mars montrait plus d'énergie qu'on ne l'imaginait, et qu'il tenta de délivrer le maréchal de Bassompierre. J'ai encore le rapport détaillé du sourd, qui a très-bien joué son rôle ; l'éminentissime Cardinal doit en être satisfait.

— J'ai dit à monseigneur, recommença Joseph, car ces deux séides farouches alternaient leurs discours comme les pasteurs de Virgile ; j'ai dit qu'il serait bon de se défaire de ce petit d'Effiat, et que je m'en chargerais, si tel était son bon plaisir ; il serait facile de le perdre dans l'esprit du Roi.

— Il serait plus sûr de le faire mourir de sa blessure, reprit Laubardemont ; si Son Éminence avait la bonté de m'en donner l'ordre, je connais intimement le médecin en second, qui m'a guéri d'un coup au front, et qui le soigne. C'est un homme prudent, tout dévoué à monseigneur le Cardinal-Duc, et dont le brelan a un peu dérangé les affaires.

— Je crois, repartit Joseph avec un air de modestie mêlé d'un peu d'aigreur, que si Son Éminence avait quelqu'un à employer à ce projet utile, ce serait plutôt son négociateur habituel, qui a eu quelque succès autrefois.

— Je crois pouvoir en énumérer quelques-uns assez marquants, reprit Laubardemont, et très-nouveaux, dont la difficulté était grande.

— Ah ! sans doute, dit le père avec un demi-salut et un air de considération et de politesse, votre mission la plus hardie et la plus habile fut le jugement d'Urbain Grandier, le magicien. Mais, avec l'aide de Dieu, on peut faire d'aussi bonnes et fortes choses. Il n'est pas sans quelque mérite, par exemple, ajouta-t-il en baissant les yeux comme une jeune fille, d'extirper vigoureusement une branche royale de Bourbon.

— Il n'était pas bien difficile, reprit avec amertume le maître des requêtes, de choisir un soldat aux gardes pour tuer le comte de Soissons; mais présider, juger...

— Et exécuter soi-même, interrompit le capucin échauffé, est moins difficile certainement que d'élever un homme, dès l'enfance, dans la pensée d'accomplir de grandes choses avec discrétion, et de supporter, s'il le fallait, toutes les tortures pour l'amour du ciel, plutôt que de révéler le nom de ceux qui l'ont armé de leur justice, ou de mourir courageusement sur le corps de celui qu'on a frappé, comme l'a fait celui que j'envoyai; il ne jeta pas un cri au coup d'épée de Riquemont, l'écuyer du prince; il finit comme un saint : c'était mon élève.

— Autre chose est d'ordonner ou de courir les dangers.

— Et n'en ai-je pas couru au siége de la Rochelle?

— D'être noyé dans un égout, sans doute? dit Laubardemont.

— Et vous, dit Joseph, vos périls ont-ils été de vous prendre les doigts dans les instruments de torture? et tout cela parce que l'abbesse des Ursulines est votre nièce.

— C'était bon pour vos frères de Saint-François, qui tenaient les marteaux; mais moi, je fus frappé au front par ce même Cinq-Mars, qui guidait une populace effrénée.

— En êtes-vous bien sûr? s'écria Joseph charmé; osa-t-il bien aller ainsi contre les ordres du Roi?

La joie qu'il avait de cette découverte lui faisait oublier sa colère.

— Impertinents! s'écria le Cardinal, rompant tout à coup le silence et ôtant de ses lèvres son mouchoir taché de sang, je punirais votre sanglante dispute si elle ne m'avait appris bien des secrets d'infamie de votre part. On a dépassé mes ordres : je ne voulais point de torture, Laubardemont; c'est votre seconde faute; vous me ferez haïr pour rien, c'était inutile. Mais vous, Joseph, ne négligez pas les détails de cette émeute où fut Cinq-Mars; cela peut servir par la suite.

— J'ai tous les noms et signalements, dit avec empressement le juge secret, inclinant jusqu'au fauteuil sa grande taille et son visage olivâtre et maigre, que sillonnait un rire servile.

— C'est bon, c'est bon, dit le ministre, le repoussant; il ne s'agit pas encore de cela. Vous, Joseph, soyez à Paris avant ce jeune présomptueux qui va être favori, j'en suis certain ; devenez son ami, tirez-en parti pour moi, ou perdez-le ; qu'il me serve ou qu'il tombe. Mais, surtout, envoyez-moi des gens sûrs, et tous les jours, pour me rendre compte verbalement; jamais d'écrits à l'avenir. Je suis très-mécontent de vous, Joseph; quel misérable courrier avez-vous choisi pour venir de Cologne ! Il ne m'a pas su comprendre ; il a vu le Roi trop tôt, et nous voilà encore avec une disgrâce à combattre. Vous avez manqué me perdre entièrement. Vous allez voir ce qu'on va faire à Paris; on ne tardera pas à y tramer une conspiration contre moi ; mais ce sera la dernière. Je reste ici pour les laisser tous plus libres d'agir. Sortez tous deux et envoyez-moi mon valet de chambre dans deux heures seulement : je veux être seul.

On entendait encore les pas de ces deux hommes, et Richelieu, les yeux attachés sur l'entrée de sa tente, semblait les poursuivre de ses regards irrités.

— Misérables! s'écria-t-il lorsqu'il fût seul, allez encore accomplir quelques œuvres secrètes, et ensuite je vous briserai vous-mêmes, ressorts impurs de mon pouvoir ! Bientôt le Roi succombera sous la lente maladie qui le consume ; je serai régent alors, je serai Roi de France moi-même ; je n'aurai plus à redouter les caprices de sa faiblesse ; je détruirai sans retour les races orgueilleuses de ce pays ; j'y passerai un niveau terrible et la baguette de Tarquin ; je serai seul sur eux tous, l'Europe tremblera, je...

Ici le goût du sang qui remplissait de nouveau sa bouche le força d'y porter son mouchoir.

— Ah! que dis-je? malheureux que je suis! Me voilà frappé à mort; je me dissous, mon sang s'écoule, et mon esprit veut travailler encore! Pour quoi? pour qui? Est-ce pour la gloire, c'est un mot vide ; est-ce pour les hommes? je les méprise. Pour qui donc, puisque je vais mourir avant deux, avant trois ans peut-être? Est-ce pour Dieu? quel nom!... je n'ai pas marché avec lui, il a tout vu...

Ici, il laissa tomber sa tête sur sa poitrine, et ses yeux rencontrèrent la grande croix d'or qu'il portait au cou ; il ne put s'empêcher de se jeter en arrière jusqu'au fond du fauteuil ; mais elle le suivait ; il la prit, et, la considérant avec des regards fixes et dévorants : — Signe terrible ! dit-il tout bas, tu me poursuis ! Vous retrouverais-je encore ailleurs... divinité et supplice ! que suis-je ? qu'ai-je fait ?...

Pour la première fois, une terreur singulière et inconnue le pénétra ; il trembla, glacé et brûlé par un frisson invincible ; il n'osait lever les yeux, de crainte de rencontrer quelque vision effroyable ; il n'osait appeler, de peur d'entendre le son de sa propre voix ; il demeura profondément enfoncé dans la méditation de l'éternité, si terrible pour lui, et il murmura cette sorte de prière :

— Grand Dieu, si tu m'entends, juge-moi donc, mais ne m'isole pas pour me juger. Regarde-moi entouré des hommes de mon siècle ; regarde l'ouvrage immense que j'avais entrepris ; fallait-il moins qu'un énorme levier pour remuer ces masses ? et si ce levier écrase en tombant quelques misérables inutiles, suis-je bien coupable ? Je semblerai méchant aux hommes ; mais toi, juge suprême, me verras-tu ainsi ? Non ; tu sais que c'est le pouvoir sans bornes qui rend la créature coupable envers la créature ; ce n'est pas Armand de Richelieu qui fait périr, c'est le premier ministre. Ce n'est pas pour ses injures personnelles, c'est pour suivre un système. Mais un système... qu'est-ce que ce mot ? M'était-il permis de jouer ainsi avec les hommes, et de les regarder comme des nombres pour accomplir une pensée, fausse peut-être ? Je renverse l'entourage du trône. Si, sans le savoir, je sapais ses fondements et hâtais sa chute ! Oui, mon pouvoir d'emprunt m'a séduit. O dédale ! ô faiblesse de la pensée humaine !... Simple foi ! pourquoi ai-je quitté ta voie ?... pourquoi ne suis-je pas seulement un simple prêtre ? Si j'osais rompre avec l'homme et me donner à Dieu, l'échelle de Jacob descendrait encore dans mes songes !

En ce moment son oreille fut frappée d'un grand bruit qui se faisait au dehors; des rires de soldats, des huées féroces et des jurements se mêlaient aux paroles, assez longtemps soutenues, d'une voix faible et claire; on eût dit le chant d'un ange entrecoupé par des rires de démons. Il se leva et ouvrit une sorte de fenêtre en toile pratiquée sur un des côtés de sa tente carrée. Un singulier spectacle se présentait à sa vue; il resta quelques instants à le contempler, attentif aux discours qui se tenaient.

— Écoute, écoute, La Valeur, disait un soldat à un autre, la voilà qui recommence à parler et à chanter; fais-la placer au milieu du cercle, entre nous et le feu.

— Tu ne sais pas, tu ne sais pas, disait un autre, voici Grand-Ferré qui dit qu'il la connaît.

— Oui, je te dis que je la connais, et par Saint-Pierre de Loudun, je jurerais que je l'ai vue dans mon village quand j'étais en congé, et c'était à une affaire où il faisait chaud, mais dont on ne parle pas, surtout à un Cardinaliste comme toi.

— Et pourquoi n'en parle-t-on pas, grand nigaud? reprit un vieux soldat en relevant sa moustache.

— On n'en parle pas parce que cela brûle la langue, entends-tu cela?

— Non, je ne l'entends pas.

— Eh bien! ni moi non plus; mais ce sont les bourgeois qui me l'ont dit.

Ici un éclat de rire général l'interrompit.

— Ah! ah! est-il bête! disait l'un; il écoute ce que disent les bourgeois.

— Ah bien, si tu les écoutes bavarder, tu as du temps à perdre, reprenait un autre.

— Tu ne sais donc pas ce que disait ma mère, blanc-bec? reprenait gravement le plus vieux en baissant les yeux d'un air farouche et solennel pour se faire écouter.

— Eh! comment veux-tu que je le sache, La Pipe? ta mère doit être morte de vieillesse avant que mon grand-père fût au monde.

— Eh bien, blanc-bec, je vais te le dire. Tu sauras d'abord

que ma mère était une respectable Bohémienne, aussi attachée au régiment des carabins de la Roque que mon chien *Canon* que voilà ; elle portait l'eau-de-vie à son cou, dans un baril, et la buvait mieux que le premier de chez nous ; elle avait eu quatorze époux, tous militaires, et morts sur le champ de bataille.

— Voilà ce qui s'appelle une femme ! interrompirent les soldats pleins de respect.

— Et jamais de sa vie elle ne parla à un bourgeois, si ce n'est pour lui dire en arrivant au logement : « Allume-moi une chandelle, et fais chauffer ma soupe. »

— Eh bien, qu'est-ce qu'elle te disait ta mère ? dit Grand-Ferré.

— Si tu es si pressé, tu ne le sauras pas, blanc-bec ; elle disait habituellement dans sa conversation : *Un soldat vaut mieux qu'un chien ; mais un chien vaut mieux qu'un bourgeois.*

— Bravo ! bravo ! c'est bien dit ! crièrent les soldats pleins d'enthousiasme à ces belles paroles.

— Et ça n'empêche pas, dit Grand-Ferré, que les bourgeois qui m'ont dit que ça brûlait la langue avaient raison ; d'ailleurs, ce n'était pas tout à fait des bourgeois, car ils avaient des épées, et ils étaient fâchés de ce qu'on brûlait un curé, et moi aussi.

— Et qu'est-ce que cela te faisait qu'on brûlât ton curé, grand innocent ? reprit un sergent de bataille appuyé sur la fourche de son arquebuse, après lui un autre ; tu aurais pu prendre à sa place un de nos généraux, qui sont tous curés à présent ; moi qui suis Royaliste, je le dis franchement.

— Taisez-vous donc ! cria La Pipe ; laissez parler cette fille. Ce sont tous ces chiens de Royalistes qui viennent nous déranger quand nous nous amusons.

— Qu'est-ce que tu dis ? reprit Grand-Ferré ; sais-tu seulement ce que c'est que d'être Royaliste, toi ?

— Oui, dit La Pipe, je vous connais bien tous, allez : vous êtes pour les anciens soi-disant princes de la paix, avec les croquants, contre le Cardinal et la gabelle ; là ! ai-je raison ou non ?

— Eh bien, non, vieux bas-rouge ! un royaliste est celui qui est pour un roi : voilà ce que c'est. Et comme mon père était valet des émérillons du Roi, je suis pour le Roi; voilà. Et je n'aime pas les bas-rouges, c'est tout simple.

— Ah! tu m'appelles bas-rouge! reprit le vieux soldat : tu m'en feras raison demain matin. Si tu avais fait la guerre dans la Valteline, tu ne parlerais pas comme ça ; et si tu avais vu l'Éminence se promener sur sa digue de la Rochelle, avec le vieux marquis de Spinola, pendant qu'on lui envoyait des volées de canon, tu ne dirais rien des bas-rouges, entends-tu ?

— Allons, amusons-nous au lieu de nous quereller, dirent les autres soldats.

Les braves qui discouraient ainsi étaient debout autour d'un grand feu qui les éclairait plus que la lune, toute belle qu'elle était ; et au milieu d'eux se trouvait le sujet de leur attroupement et de leurs cris. Le Cardinal distingua une jeune femme vêtue de noir et couverte d'un long voile blanc; ses pieds étaient nus : une corde grossière serrait sa taille élégante, un long rosaire tombait de son cou presque jusqu'aux pieds, ses mains délicates et blanches comme l'ivoire en agitaient les grains et les faisaient tourner rapidement sous ses doigts. Les soldats, avec une joie barbare, s'amusaient à préparer de petits charbons sur son chemin pour brûler ses pieds nus ; le plus vieux prit la mèche fumante de son arquebuse, et, l'approchant du bas de sa robe, lui dit d'une voix rauque :

— Allons, folle, recommence-nous ton histoire, ou bien je te remplirai de poudre, et je te ferai sauter comme une mine; prends-y garde, parce que j'ai déjà joué ce tour-là à d'autres que toi dans les vieilles guerres des Huguenots. Allons, chante !

La jeune femme, les regardant avec gravité, ne répondit rien et baissa son voile.

— Tu t'y prends mal, dit Grand-Ferré avec un rire bachique ; tu vas la faire pleurer, tu ne sais pas le beau langage de la cour; je vais lui parler, moi.

Et lui prenant le menton :

— Mon petit cœur, lui dit-il, si tu voulais, ma mignonne,

recommencer la jolie petite historiette que tu racontais tout à l'heure à ces messieurs, je te prierais de voyager avec moi sur le fleuve de Tendre, comme disent les grandes dames de Paris, et de prendre un verre d'eau-de-vie avec ton chevalier fidèle, qui t'a rencontrée autrefois à Loudun quand tu jouais la comédie pour faire brûler un pauvre diable...

La jeune femme croisa ses bras, et regardant autour d'elle d'un air impérieux, s'écria :

— Retirez-vous, au nom du Dieu des armées : retirez-vous, hommes impurs! il n'y a rien de commun entre nous. Je n'entends pas votre langue, et vous n'entendriez pas la mienne. Allez vendre votre sang aux princes de la terre à tant d'oboles par jour, et laissez-moi accomplir ma mission. Conduisez-moi vers le Cardinal...

Un rire grossier l'interrompit.

— Crois-tu, dit un carabin de Maurevert, que Son Éminence le généralissime te reçoive chez lui avec tes pieds nus ? Va les laver !

— Le Seigneur a dit : Jérusalem, lève ta robe et passe les fleuves, répondit-elle les bras toujours en croix. Que l'on me conduise chez le Cardinal ?

Richelieu cria d'une voix forte :

— Qu'on m'amène cette femme, et qu'on la laisse en repos !

Tout se tut ; on la conduisit au ministre. — Pourquoi, dit-elle en le voyant, m'amener devant un homme armé ?

On la laissa seule devant lui sans répondre.

Le Cardinal avait l'air soupçonneux en la regardant.

— Madame, dit-il, que faites-vous au camp à cette heure ; et, si votre esprit n'est pas égaré, pourquoi ces pieds nus ?

— C'est un vœu, c'est un vœu, répondit la jeune religieuse avec un air d'impatience en s'asseyant près de lui brusquement ; j'ai fait aussi celui de ne pas manger que je n'aie rencontré l'homme que je cherche.

— Ma sœur, dit le Cardinal étonné et radouci en s'approchant pour l'observer, Dieu n'exige pas de telles rigueurs dans un corps faible, et surtout à votre âge, car vous me semblez fort jeune.

— Jeune ? oh ! oui, j'étais bien jeune il y a peu de jours encore ; mais depuis j'ai passé deux existences au moins, j'ai tant pensé et tant souffert : regardez mon visage.

Et elle découvrit une figure parfaitement belle ; des yeux noirs très-réguliers y donnaient la vie ; mais sans eux on aurait cru que ces traits étaient ceux d'un fantôme, tant elle était pâle ; ses lèvres étaient violettes et tremblaient, un grand frisson faisait entendre le choc de ses dents.

— Vous êtes malade, ma sœur, dit le ministre ému en lui prenant la main, qu'il sentit brûlante. Une sorte d'habitude d'interroger sa santé et celle des autres lui fit toucher le pouls sur son bras amaigri : il sentit les artères soulevées par les battements d'une fièvre effrayante.

— Mais, continua-t-il avec plus d'intérêt, vous vous êtes tuée avec des rigueurs plus grandes que les forces humaines ; je les ai toujours blâmées, et surtout dans un âge tendre. Qui a donc pu vous y porter ? est-ce pour me le confier que vous êtes venue ? Parlez avec calme et soyez sûre d'être secourue.

— Se confier aux hommes ! reprit la jeune femme, oh ! non, jamais ! Ils m'ont tous trompée ; je ne me confierais à personne, pas même à M. de Cinq-Mars, qui cependant doit bientôt mourir.

— Comment ! dit Richelieu en fronçant le sourcil, mais avec un rire amer ; comment, vous connaissez ce jeune homme ? est-ce lui qui a fait vos malheurs ?

— Oh ! non, il est bien bon, et il déteste les méchants, c'est ce qui le perdra. D'ailleurs, dit-elle en prenant tout à coup un air dur et sauvage, les hommes sont faibles, et il y a des choses que les femmes doivent accomplir. Quant il ne s'est plus trouvé de vaillants dans Israël, Débora s'est levée.

— Eh ! comment savez-vous toutes ces belles choses ! continua le Cardinal en lui tenant toujours la main.

— Oh ! cela, je ne puis vous l'expliquer, reprit avec un air de naïveté touchante et une voix très-douce, la jeune religieuse, vous ne me comprendriez pas ; c'est le démon qui m'a tout appris et qui m'a perdue.

— Eh ! mon enfant, c'est toujours lui qui nous perd ; mais il nous instruit mal, dit Richelieu avec l'air d'une protection paternelle et d'une pitié croissantes. Quelles ont été vos fautes ; dites-les-moi ; je peux beaucoup.

— Ah ! dit-elle d'un air de doute, vous pouvez beaucoup sur des guerriers, sur des hommes braves et généreux ; sous votre cuirasse doit battre un noble cœur ; vous êtes un vieux général, qui ne savez rien des ruses du crime.

Richelieu sourit, cette méprise le flattait.

— Je vous ai entendu demander le Cardinal ; que lui voulez-vous enfin ? Qu'êtes-vous venue chercher ?

La religieuse se recueillit, et mit un doigt sur son front.

— Je ne m'en souviens plus, dit-elle, vous m'avez trop parlé... J'ai perdu cette idée, c'était pourtant une grande idée... C'est pour elle que je suis condamnée à la faim qui me tue ; il faut que je l'accomplisse : ou je vais mourir avant. Ah ! dit-elle en portant la main sous sa robe dans son sein, où elle parut prendre quelque chose, la voilà, cette idée...

Elle rougit tout à coup, et ses yeux s'ouvrirent extraordinairement ; elle continua en se penchant à l'oreille du Cardinal :

— Je vais vous le dire, écoutez : Urbain Grandier, mon amant Urbain, m'a dit cette nuit que c'était Richelieu qui l'avait fait périr ; j'ai pris un couteau dans une auberge, et je viens ici pour le tuer : dites-moi où il est.

Le Cardinal, effrayé et surpris, recula d'horreur. Il n'osait appeler ses gardes, craignant les cris de cette femme et ses accusations ; et cependant un emportement de cette folie pouvait lui devenir fatal.

— Cette histoire affreuse me poursuivra donc partout ! s'écria-t-il en la regardant fixement, cherchant dans son esprit le parti qu'il devait prendre.

Ils demeurèrent en silence l'un en face de l'autre dans la même attitude, comme deux lutteurs qui se contemplent avant de s'attaquer, ou comme le chien d'arrêt et sa victime pétrifiés par la puissance du regard.

Cependant Laubardemont et Joseph étaient sortis ensemble, et, avant de se séparer, ils se parlèrent un moment devant la tente du Cardinal, parce qu'ils avaient besoin de se tromper mutuellement ; leur haine venait de prendre des forces dans leur querelle ; et chacun avait résolu de perdre son rival près du maître. Le juge commença le dialogue, que chacun d'eux avait préparé en se prenant le bras, comme d'un seul et même mouvement :

— Ah ! révérend père, que vous m'avez affligé en ayant l'air de prendre en mauvaise part quelques légères plaisanteries que je vous ai faites tout à l'heure !

— Eh ! mon Dieu, non, cher seigneur, je suis bien loin de là. La charité, où serait la charité ? J'ai quelquefois une sainte chaleur dans le propos, pour ce qui est du bien de l'État et de monseigneur, à qui je suis tout dévoué.

— Ah ! qui le sait mieux que moi, révérend père ? mais vous me rendez justice, vous savez aussi combien je le suis à l'éminentissime Cardinal-Duc, auquel je dois tout. Hélas ! je n'ai mis que trop de zèle à le servir, puisqu'il me le reproche.

— Rassurez-vous, dit Joseph, il ne vous en veut pas ; je le connais bien, il conçoit qu'on fasse quelque chose pour sa famille ; il est fort bon parent aussi.

— Oui, c'est cela, reprit Laubardemont, voilà mon affaire à moi ; ma nièce était perdue tout à fait avec son couvent si Urbain eût triomphé ; vous sentez cela comme moi, d'autant plus qu'elle ne nous avait pas bien compris, et qu'elle a fait l'enfant quand il a fallu paraître.

— Est-il possible ? en pleine audience ! Ce que vous me dites là me fâche véritablement pour vous ! Que cela dut être pénible !

— Plus que vous ne l'imaginez ! elle oubliait tout ce qu'on lui disait dans la possession, faisait mille fautes de latin que nous avons raccommodées comme nous avons pu ; et même elle a été cause d'une scène désagréable le jour du procès ; fort désagréable pour moi et pour les juges : un évanouissement, des cris. Ah ! je vous jure que je l'aurais bien chapitrée, si je n'eusse été forcé de quitter précipitamment cette petite ville de Loudun. Mais, voyez-vous, il est tout simple que j'y tienne, c'est ma plus proche parente ; car mon fils a mal tourné, on ne sait ce qu'il est devenu depuis quatre ans. La pauvre petite Jeanne de Belfiel ! je ne l'avais faite religieuse, et puis abbesse, que pour conserver tout à ce mauvais sujet-là. Si j'avais prévu sa conduite, je l'aurais réservée pour le monde.

— On la dit d'une fort grande beauté, reprit Joseph ; c'est un don très-précieux pour une famille ; on aurait pu la présenter à la cour, et le Roi... Ah ! ah !... Mlle de La Fayette... Eh !... eh !... Mlle d'Hautefort... vous entendez... il serait même possible encore d'y penser.

— Ah ! que je vous reconnais bien là... monseigneur, car nous savons qu'on vous a nommé au cardinalat ; que vous êtes bon de vous souvenir du plus dévoué de vos amis !

Laubardemont parlait encore à Joseph, lorsqu'ils se trouvèrent au bout de la rue du camp qui conduisait au quartier des volontaires.

— Que Dieu vous protége et sa sainte Mère pendant mon absence, dit Joseph s'arrêtant ; je vais partir demain pour Paris ; et, comme j'aurai affaire plus d'une fois à ce petit Cinq-Mars, je vais le voir d'avance et savoir des nouvelles de sa blessure.

— Si l'on m'avait écouté, dit Laubardemont, à l'heure qu'il est vous n'auriez pas cette peine.

— Hélas ! vous avez bien raison ! répondit Joseph avec un soupir profond et levant les yeux au ciel ; mais le Cardinal n'est plus le même homme ; il n'accueille pas les bonnes idées, il nous perdra s'il se conduit ainsi.

Et, faisant une profonde révérence au juge, le capucin entra dans le chemin qu'il lui avait montré.

Laubardemont le suivit quelque temps des yeux, et, quand

il fut bien sûr de la route qu'il avait prise, il revint ou plutôt accourut jusqu'à la tente du ministre. — Le Cardinal l'éloigne, s'était-il dit; donc il s'en dégoûte; je sais des secrets qui peuvent le perdre. J'ajouterai qu'il est allé faire sa cour au futur favori; je remplacerai ce moine dans la faveur du ministre. L'instant est propice, il est minuit; il doit encore rester seul pendant une heure et demie. Courons.

Il arrive à la tente des gardes qui précède le pavillon.

— Monseigneur reçoit quelqu'un, dit le capitaine hésitant ; on ne peut pas entrer.

— N'importe, vous m'avez vu sortir il y a une heure; il se passe des choses dont je dois rendre compte.

— Entrez, Laubardemont, cria le ministre, entrez vite et seul!

Il entra. Le Cardinal, toujours assis, tenait les deux mains d'une religieuse dans une des siennes, et de l'autre fit signe de garder le silence à son agent stupéfait, qui resta sans mouvement, ne voyant pas encore le visage de cette femme ; elle parlait avec volubilité, et les choses étranges qu'elle disait contrastaient horriblement avec la douceur de sa voix. Richelieu semblait ému.

— Oui, je le frapperai avec un couteau; c'est un couteau que le démon Béhérith m'a donné à l'auberge ; mais c'est le clou de Sirara. Il a un manche d'ivoire, voyez-vous, et j'ai beaucoup pleuré dessus. N'est-ce pas singulier, mon bon général?... Je le retournerai dans la gorge de celui qui a tué mon ami, comme il a dit lui-même de le faire, et ensuite je brûlerai le corps, c'est la peine du talion, la peine que Dieu a permise à Adam... Vous avez l'air étonné, mon brave général... mais vous le seriez bien plus si je vous disais sa chanson... la chanson qu'il m'a chantée encore hier au soir, quand il est venu me voir à l'heure du bûcher, vous savez bien?... l'heure où il pleut, l'heure où mes mains commencent à brûler comme à présent; il m'a dit : « Ils sont bien trompés, les magistrats, les magistrats rouges... j'ai onze démons à mes ordres, et je reviens te voir quand la cloche sonne... sous un dais de velours pourpré, avec des torches, des torches de résine qui nous éclairent ; ah ! c'est de toute beauté ! » Voilà, voilà ce qu'il chante. Et, sur l'air du *De Profundis*, elle chanta elle-même :

> Je vais être prince d'Enfer,
> Mon sceptre est un marteau de fer,
> Ce sapin brûlant est mon trône,
> Et ma robe est de soufre jaune ;
> Mais je veux t'épouser demain :
> Viens, Jeanne, donne-moi la main.

N'est-ce pas singulier, mon bon général ? Et moi je lui réponds tous les soirs ; écoutez bien ceci, oh ! écoutez bien...

> Le juge a parlé dans la nuit,
> Et dans la tombe on me conduit.
> Pourtant j'étais ta fiancée !
> Viens... la pluie est longue et glacée ;
> Mais tu ne dormiras pas seul,
> Je te prêterai mon linceul.

Ensuite il parle, et parle comme les esprits et comme les prophètes. Il dit : « Malheur ! malheur à celui qui a versé le sang ! Les juges de la terre sont-ils des dieux ? Non, ce sont des hommes qui vieillissent et souffrent, et cependant ils osent dire à haute voix : Faites mourir cet homme ! La peine de mort ! la peine de mort ! Qui a donné à l'homme le droit de l'exercer sur l'homme ? Est-ce le nombre deux ?... Un seul serait assassin, vois-tu ! Mais compte bien, un, deux, trois... Voilà qu'ils sont sages et justes, ces scélérats graves et stipendiés ! O crime ! l'horreur du ciel ! Si tu les voyais d'en haut, comme moi, Jeanne, combien tu serais plus pâle encore ! La chair détruire la chair ! elle qui vit de sang faire couler le sang ! froidement et sans colère ! comme Dieu qui a créé ! »

Les cris que jetait la malheureuse fille en disant rapidement ces paroles épouvantèrent Richelieu et Laubardemont au point de les tenir immobiles longtemps encore. Cependant le délire et la fièvre l'emportaient toujours.

— Les juges ont-ils frémi ? m'a dit Urbain Grandier, frémissent-ils de se tromper ? On agite la mort du juste. — La question ! — On serre ses membres avec des cordes pour le faire parler ; sa peau se coupe, s'arrache et se déroule comme un parchemin ; ses nerfs sont à nu, rouges et luisants ; ses os crient ; la moelle en jaillit... Mais les juges dorment. Ils rêvent de fleurs et de printemps. Que la grand'salle est chaude! dit l'un en s'éveillant; cet homme n'a point voulu parler! Est-ce que la torture est finie? Et, miséricordieux enfin, il accorde la mort. La mort! seule crainte des vivants! la mort! le monde inconnu! il y jette avant lui une âme furieuse qui l'attendra. Oh! ne l'a-t-il jamais vu, le tableau vengeur? ne l'a-t-il jamais vu avant son sommeil, le prévaricateur écorché?

Déjà affaibli par la fièvre, la fatigue et le chagrin, le Cardinal, saisi d'horreur et de pitié, s'écria :

— Ah! pour l'amour de Dieu! finissons cette affreuse scène; emmenez cette femme, elle est folle!

L'insensée se retourna, et jetant tout à coup de grands cris :

— Ah! le juge, le juge, le juge!... dit-elle en reconnaissant Laubardemont.

Celui-ci, joignant les mains et s'humiliant devant le ministre, disait avec effroi :

— Hélas! monseigneur, pardonnez-moi, c'est ma nièce qui a perdu la raison; j'ignorais ce malheur-là, sans quoi elle serait enfermée depuis longtemps. Jeanne, Jeanne... allons, madame, à genoux; demandez pardon à monseigneur le Cardinal-Duc...

— C'est Richelieu, cria-t-elle. Et l'étonnement sembla entièrement paralyser cette jeune et malheureuse beauté; la rougeur qui l'avait animée d'abord fit place à une mortelle pâleur, ses cris à un silence immobile, ses regards égarés à une fixité effroyable de ses grands yeux, qui suivaient constamment le ministre attristé.

— Emmenez vite cette malheureuse enfant, dit celui-ci hors de lui-même; elle est mourante et moi aussi; tant d'horreurs me poursuivent depuis cette condamnation, que je crois que tout l'enfer se déchaîne contre moi!

Il se leva en parlant. Jeanne de Belfiel, toujours silencieuse et stupéfaite, les yeux hagards, la bouche ouverte, la tête penchée en avant, était restée sous le coup de sa double surprise, qui semblait avoir éteint le reste de sa raison et de ses forces. Au mouvement du Cardinal, elle frémit de se voir entre lui et Laubardemont, regarda tour à tour l'un et l'autre, laissa échapper de sa main le couteau qu'elle tenait, et se retira lentement vers la sortie de la tente, se couvrant tout entière de son voile, et tournant avec terreur ses yeux égarés derrière elle, sur son oncle qui la suivait, comme une brebis épouvantée qui sent déjà sur son dos l'haleine brûlante du loup prêt à la saisir.

Ils sortirent tous deux ainsi, et, à peine en plein air, le juge furieux s'empara des mains de sa victime, les lia par un mouchoir, et l'entraîna facilement, car elle ne poussa pas un cri, pas un soupir, mais le suivit, la tête toujours baissée sur son sein, et comme plongée dans un profond somnambulisme.

CHAPITRE XIII

L'ESPAGNOL

> Qu'un ami véritable est une douce chose !
> Il cherche vos besoins au fond de votre cœur,
> Il vous épargne la pudeur
> De les lui découvrir vous-même.
> La Fontaine.

Cependant une scène d'une autre nature se passait sous la tente de Cinq-Mars; les paroles du Roi, premier baume de ses blessures, avaient été suivies des soins empressés des chirurgiens de la cour; une balle morte, facilement extraite, avait causé seule son accident : le voyage lui était permis, tout était prêt pour l'accomplir. Le malade avait reçu jusqu'à minuit des visites amicales et intéressées; dans les premières furent celles du petit Gondi et de Fontrailles, qui se disposaient aussi à quitter Perpignan pour Paris; l'ancien page Olivier d'Entraigues s'était joint à eux pour complimenter l'heureux volontaire que le Roi semblait avoir distingué; la froideur habituelle du prince envers tout ce qui l'entourait ayant fait regarder, à tous ceux qui en furent instruits, le peu de mots qu'il avait dits comme des signes assurés d'une haute faveur, tous étaient venus le féliciter.

Enfin il était seul, sur son lit de camp; M. de Thou, près de lui, tenait sa main, et Grandchamp, à ses pieds, grondait encore de toutes les visites qui avaient fatigué son maître blessé et prêt à partir pour un long voyage. Pour Cinq-Mars, il goûtait enfin un de ces instants de calme et d'espoir qui viennent en quelque sorte rafraîchir l'âme en même temps que le sang ; la main qu'il ne donnait pas à son ami pressait en secret la croix d'or attachée sur son cœur, en attendant la main adorée qui l'avait donnée, et qu'il allait bientôt presser elle-même. Il n'écoutait qu'avec le regard et le sourire les conseils du jeune magistrat, et rêvait au but de son voyage, qui était aussi le but de sa vie. Le grave de Thou lui disait d'une voix calme et douce :

— Je vous suivrai bientôt à Paris. Je suis heureux plus que vous-même de voir le Roi vous y mener avec lui ; c'est un commencement d'amitié qu'il faut ménager, vous avez raison. J'ai réfléchi bien profondément aux causes secrètes de votre ambition, et je crois avoir deviné votre cœur. Oui, ce sentiment d'amour pour la France, qui le faisait battre dans votre première jeunesse, a dû y prendre des forces plus grandes ; vous voulez approcher le Roi pour servir votre pays, pour mettre en action ces songes dorés de nos premiers ans. Certes, la pensée est vaste et digne de vous ! Je vous admire ; je m'incline ! Abordez le monarque avec le dévouement chevaleresque de nos pères, avec un cœur plein de candeur, et prêt à tous les sacrifices. Recevoir les confidences de son âme, verser dans la sienne celle de ses sujets, adoucir les chagrins du Roi en lui apprenant la confiance de son peuple en lui, fermer les plaies du peuple en les découvrant à son maître, et, par l'entremise de votre faveur, rétablir ainsi ce commerce d'amour du père aux enfants, qui fut interrompu pendant dix-huit ans par un homme au cœur de marbre ; s'exposer pour cette noble entreprise à toutes les horreurs de sa vengeance, et bien plus encore braver les calomnies perfides qui poursuivent le favori jusque sur les marches du trône : ce songe était digne de vous. Poursuivez, mon ami, ne soyez jamais découragé ; parlez hautement au Roi du mérite et des malheurs de ses plus illustres amis que l'on écrase ; dites-lui sans crainte que sa vieille Noblesse n'a jamais conspiré contre lui ; et que depuis le jeune Montmorency jusqu'à cet aimable comte de Soissons, tous avaient combattu le ministre, et jamais le monarque ; dites-lui que les vieilles races de France sont nées avec sa race, qu'en les frappant il remue toute la nation, et que, s'il les éteint, la sienne en souffrira, qu'elle demeurera seule exposée au souffle du temps et des événements, comme un vieux chêne frissonne et s'ébranle au vent de la plaine, lorsque l'on a renversé la forêt qui l'entoure et le soutient. — Oui, s'écria de Thou en s'animant, ce but est noble et beau ; marchez dans votre route d'un pas inébranlable, chassez même cette honte secrète, cette pudeur qu'une âme noble éprouve avant de se décider à flatter, à faire ce que le monde appelle sa *cour*. Hélas! les rois sont accoutumés à ces paroles continuelles de fausse admiration pour eux ; considérez-les comme une langue nouvelle qu'il faut apprendre, langue bien étrangère à vos lèvres jusqu'ici, mais que l'on peut parler noblement, croyez-moi, et qui saurait exprimer de belles et généreuses pensées.

Pendant le discours enflammé de son ami, Cinq-Mars ne put se défendre d'une rougeur subite, et il tourna son visage sur l'oreiller, du côté de la tente, et de manière à ne pas être vu. De Thou s'arrêta :

— Qu'avez-vous, Henry ? vous ne me répondez pas ; me serais-je trompé !

Cinq-Mars soupira profondément et se tut encore.

— Votre cœur n'est-il pas ému de ces idées que je croyais devoir le transporter !

Le blessé regarda son ami avec moins de trouble, et lui dit :

— Je croyais, cher de Thou, que vous ne deviez plus m'interroger, et que vous vouliez avoir une aveugle confiance en moi. Quel mauvais génie vous pousse donc à vouloir sonder ainsi mon âme ? Je ne suis pas étranger à ces idées qui vous possèdent. Qui vous dit que je ne les aie pas conçues ? Qui vous dit que je n'aie pas formé la ferme résolution de les pousser plus loin dans l'action que vous n'osez le faire même dans les paroles ? L'amour de la France, la haine vertueuse de l'ambitieux qui l'opprime et brise ses antiques mœurs avec la hache du bourreau, la ferme croyance que la vertu peut être aussi habile que le crime, voilà mes dieux, les mêmes que les vôtres. Mais, quand vous voyez un homme à genoux dans une église, lui demandez-vous quel saint ou quel ange protége et reçoit sa prière? Que vous importe, pourvu qu'il prie au pied des autels que vous adorez, pourvu qu'il y tombe martyr, s'il le faut? Eh! lorsque nos pères s'acheminaient pieds nus vers le saint sépulcre, un bourdon à la main, s'informait-on du vœu secret qui les conduisait à la terre sainte? Ils frappaient, ils mouraient, et les hommes et Dieu même peut-être, n'en demandaient pas plus; le pieux capitaine qui les guidait ne faisait point dépouiller leur corps pour voir si la croix rouge et le cilice ne cachaient pas quelque autre signe mystérieux; et, dans le ciel, sans doute, ils n'étaient pas jugés avec plus de rigueur pour avoir aidé la force de leurs résolutions sur la terre par quelque espoir permis au chrétien, quelque seconde et secrète pensée, plus humaine et plus proche du cœur mortel.

De Thou sourit et rougit légèrement en baissant les yeux.

— Mon ami, reprit-il avec gravité, cette agitation peut vous faire mal; ne continuons pas sur ce sujet; ne mêlons pas Dieu et le ciel dans nos discours, parce que cela n'est pas bien; et mettez vos draps sur votre épaule, parce qu'il fait froid cette nuit. Je vous promets, ajouta-t-il en recouvrant son jeune malade avec un soin maternel, je vous promets de ne plus vous mettre en colère par mes conseils.

— Ah! sécria Cinq-Mars malgré la défense de parler, moi je vous jure, par cette croix d'or que vous voyez, et par sainte Marie, de mourir plutôt que de renoncer à ce plan même que vous avez tracé le premier; vous serez peut-être un jour forcé de me prier de m'arrêter; mais il ne sera plus temps.

— C'est bon, c'est bon, dormez, répéta le conseiller; si vous ne vous arrêtez pas, alors je continuerai avec vous, quelque part que cela me conduise.

Et, prenant dans sa poche un livre d'heures, il se mit à le lire attentivement; un instant après, il regarda Cinq-Mars, qui ne dormait pas encore ; il fit signe à Grandchamp de changer la lampe de place pour la vue du malade ; mais ce soin nouveau ne réussit pas mieux ; celui-ci, les yeux toujours ouverts, s'agitait sur sa couche étroite.

— Allons, vous n'êtes pas calme, dit de Thou en souriant ; je vais faire quelque lecture pieuse qui vous remette l'esprit en repos. Ah ! mon ami, c'est là qu'il est le repos véritable, c'est dans ce livre consolateur ! car, ouvrez-le où vous voudrez, et toujours vous y verrez d'un côté l'homme dans le seul état qui convienne à sa faiblesse : la prière et l'incertitude de sa destinée ; et, de l'autre, Dieu lui parlant, lui-même, de ses infirmités. Quel magnifique et céleste spectacle ! quel lien sublime entre le ciel et la terre ! la vie, la mort et l'éternité sont là : ouvrez-le au hasard.

— Ah ! oui, dit Cinq-Mars, se levant encore avec une vivacité qui avait quelque chose d'enfantin, je le veux bien, laissez-moi l'ouvrir ; vous savez la vieille superstition de notre pays ? quand on ouvre un livre de messe avec une épée, la première page que l'on trouve à gauche est la destinée de celui qui la lit ; et le premier qui entre quand il a fini doit influer puissamment sur l'avenir du lecteur.

— Quel enfantillage ! Mais je le veux bien. Voici votre épée ; prenez la pointe... voyons...

— Laissez-moi lire moi-même, dit Cinq-Mars, prenant du bord de son lit un côté du livre. Le vieux Grandchamp avança gravement sa figure basanée et ses cheveux gris sur le pied du lit pour écouter. Son maître lut, s'interrompit à la première phrase, mais, avec un sourire un peu forcé peut-être, poursuivit jusqu'au bout :

I. Or c'était dans la cité de Mediolanum qu'ils comparurent.

II. Le grand prêtre leur dit : Inclinez-vous et adorez les dieux.

III. Et le peuple était silencieux, regardant leurs visages, qui parurent comme les visages des anges.

IV. Mais Gervais, prenant la main de Protais, s'écria, levant les yeux au ciel, et tout rempli du Saint-Esprit :

V. O mon frère ! je vois le Fils de l'homme qui nous sourit ; laisse-moi mourir le premier.

VI. Car, si je voyais ton sang, je craindrais de verser des larmes indignes du Seigneur notre Dieu.

VII. Or Protais lui répondit ces paroles :

VII. Mon frère, il est juste que je périsse après toi, car j'ai plus d'années et des forces plus grandes pour te voir souffrir.

IX. Mais les sénateurs et le peuple grinçaient des dents contre eux.

X. Et, les soldats les ayant frappés, leurs têtes tombèrent ensemble sur la même pierre.

XI. Or c'est en ce lieu même que le bienheureux saint Ambroise trouva la cendre des deux martyrs, qui rendit la vue à un aveugle.

— Eh bien, dit Cinq-Mars en regardant son ami lorsqu'il eut fini, que répondez-vous à cela ?

— La volonté de Dieu soit faite; mais nous ne devons pas la sonder.

— Ni reculer dans nos desseins pour un jeu d'enfant, reprit d'Effiat avec impatience et s'enveloppant d'un manteau jeté sur lui. Souvenez-vous des vers que nous récitions autrefois : *Justum et tenacem propositi virum...* ces mots de fer se sont imprimés dans ma tête. Oui, que l'univers s'écroule autour de moi, ses débris m'emporteront inébranlable.

— Ne comparons pas les pensées de l'homme à celles du ciel, et soumettons-nous, dit de Thou gravement.

— *Amen*, dit le vieux Grandchamp, dont les yeux s'étaient remplis de larmes qu'il essuyait brusquement.

— De quoi te mêles-tu, vieux soldat? tu pleures! lui dit son maître.

— *Amen*, dit à la porte de la tente une voix nasillarde.

— Parbleu, monsieur, faites plutôt cette question à l'Éminence grise qui vient chez vous, répondit le fidèle serviteur en montrant Joseph, qui s'avançait les bras croisés en saluant d'un air caressant.

— Ah! ce sera donc lui! murmura Cinq-Mars.

— Je viens peut-être mal à propos? dit Joseph doucement.

— Fort à propos, peut-être, dit Henry d'Effiat en souriant avec un regard à de Thou. Qui peut vous amener, mon père, à une heure du matin? Ce doit être quelque bonne œuvre?

Joseph se vit mal accueilli; et, comme il ne marchait jamais sans avoir au fond de l'âme cinq ou six reproches à se faire vis-à-vis des gens qu'il abordait, et autant de ressources dans l'esprit pour se tirer d'affaire, il crut ici que l'on avait découvert le but de sa visite, et sentit que ce n'était pas le moment de la mauvaise humeur qu'il fallait prendre pour préparer l'amitié. S'asseyant donc assez froidement près du lit :

— Je viens, dit-il, monsieur, vous parler de la part du Cardinal-généralissime des deux prisonniers espagnols que vous avez faits; il désire avoir des renseignements sur eux le plus promptement possible; je dois les voir et les interroger. Mais je ne comptais pas vous trouver veillant encore; je voulais seulement les recevoir de vos gens.

Après un échange de politesses contraintes, on fit entrer dans la tente les deux prisonniers, que Cinq-Mars avait presque oubliés. Ils parurent, l'un jeune et montrant à découvert une phynomie vive et un peu sauvage : c'était le soldat; l'autre, cachant sa taille sous un manteau brun, et ses traits sombres, mais ambigus dans leur expression, sous l'ombre de son chapeau à larges bords, qu'il n'ôta pas : c'était l'officier; il parla seul et le premier :

— Pourquoi me faites-vous quitter ma paille et mon sommeil? est-ce pour me délivrer ou me pendre?

— Ni l'un ni l'autre, dit Joseph.

— Qu'ai-je à faire avec toi, homme à longue barbe? je ne t'ai pas vu à la brèche.

Il fallut quelque temps, d'après cet exorde aimable, pour faire comprendre à l'étranger les droits qu'avait un capucin à l'interroger.

— Eh bien, dit-il enfin, que veux-tu?

— Je veux savoir votre nom et votre pays.

— Je ne dis pas mon nom; et quant à mon pays, j'ai l'air d'un Espagnol; mais je ne le suis peut-être pas, car un Espagnol ne l'est jamais.

Le père Joseph, se retournant vers les deux amis, dit : — Je suis bien trompé, ou j'ai entendu ce son de voix quelque part : cet homme parle français sans accent ; mais il me semble qu'il veut nous donner des énigmes comme dans l'Orient.

— L'Orient ? c'est cela, dit le prisonnier, un Espagnol est un homme de l'Orient, c'est un Turc catholique ; son sang languit ou bouillonne, il est paresseux ou infatigable; l'indolence le rend esclave ; l'ardeur, cruel ; immobile dans son ignorance, ingénieux dans sa superstition, il ne veut qu'un livre religieux, qu'un maître tyrannique; il obéit à la loi du bûcher, il commande par celle du poignard, il s'endort le soir dans sa misère sanglante, cuvant le fanatisme et rêvant le crime. Qui est-ce là, messieurs ? est-ce l'Espagnol ou le Turc ? devinez. Ah ! ah ! vous avez l'air de trouver que j'ai de l'esprit, parce que je rencontre un rapport. Vraiment, messieurs, vous me faites bien de l'honneur, et cependant l'idée pourrait se pousser plus loin, si l'on voulait ; si je passais à l'ordre physique, par exemple, ne pourrais-je pas vous dire : Cet homme a les traits graves ou allongés, l'œil noir et coupé en amande, les sourcils durs, la bouche triste et mobile, les joues basanées, maigres et ridées; sa tête est rasée, et il la couvre d'un mouchoir noué en turban ; il passe un jour entier couché ou debout sous un soleil brûlant, sans mouvement, sans parole, fumant un tabac qui l'enivre. Est-ce un Turc ou un Espagnol? Êtes-vous contents, messieurs ? Vraiment, vous en avez l'air, vous riez, et de quoi riez-vous ? Moi qui vous ai présenté cette seule idée, je n'ai pas ri ; voyez, mon visage est triste. Ah ! c'est peut-être parce que le sombre prisonnier est devenu tout à coup bavard, et parle vite? Ah ! ce n'est rien ; je pourrais vous en dire d'autres, et vous rendre quelques services, mes braves amis. Si je me mettais dans les anecdotes, par exemple, si je vous disais que je connais un prêtre qui avait ordonné la mort de quelques hérétiques avant de dire la messe, et qui, furieux d'être interrompu à l'autel durant le saint sacrifice, cria à ceux qui lui demandaient ses ordres : *Tuez tout! tuez tout!* ririez-vous bien tous, messieurs ? Non, pas tous. Monsieur que voilà, par exemple, mordrait sa lèvre et sa barbe.

Oh! il est vrai qu'il pourrait répondre qu'il a fait sagement, et qu'on avait tort d'interrompre sa pure prière. Mais si j'ajoutais qu'il s'est caché pendant une heure derrière la toile de votre tente, monsieur de Cinq-Mars, pour vous écouter parler, et qu'il est venu pour vous faire quelque perfidie, et non pour moi, que dirait-il? Maintenant, messieurs, êtes-vous contents? Puis-je me retirer après cette parade?

Le prisonnier avait débité tout ceci avec la rapidité d'un vendeur d'orviétan, et avec une voix si haute, que Joseph en fut tout étourdi. Il se leva indigné à la fin, et s'adressant à Cinq-Mars :

— Comment souffrez-vous, monsieur, lui dit-il, qu'un prisonnier qui devait être pendu vous parle ainsi?

L'Espagnol, sans daigner s'occuper de lui davantage, se pencha vers d'Effiat, et lui dit à l'oreille :

— Je ne vous importe guère, donnez-moi ma liberté; j'ai déjà pu la prendre, mais je ne l'ai pas voulu sans votre consentement; donnez-la-moi, ou faites-moi tuer.

— Partez si vous le pouvez, lui répondit Cinq-Mars, je vous jure que j'en serai fort aise.

Et il fit dire à ses gens de se retirer avec le soldat, qu'il voulut garder à son service.

Ce fut l'affaire d'un moment; il ne restait plus dans la tente que les deux amis, le père Joseph décontenancé et l'Espagnol, lorsque celui-ci, ôtant son chapeau, montra une figure française, mais féroce : il riait, et semblait respirer plus d'air dans sa large poitrine.

— Oui, je suis Français, dit-il à Joseph; mais je hais la France, parce qu'elle a donné le jour à mon père, qui est un monstre, et à moi, qui le suis devenu, et qui l'ai frappé une fois; je hais ses habitants parce qu'ils m'ont volé toute ma fortune au jeu, et que je les ai volés et tués depuis; j'ai été deux ans Espagnol pour faire mourir plus de Français; mais à présent, je hais encore plus l'Espagne; on ne saura jamais pourquoi. Adieu, je vais vivre sans nation désormais; tous les hommes sont mes ennemis. Continue, Joseph, et tu me vaudras bientôt. Oui, tu m'as vu autrefois, continua-t-il en le poussant violemment par la poitrine et le renversant... je suis Jacques de Laubardemont, fils de ton digne ami.

A ces mots, sortant brusquement de la tente, il disparut comme une apparition s'évanouirait. De Thou et les laquais, accourus à l'entrée, le virent s'élancer en deux bonds par-dessus un soldat surpris et désarmé, et courir vers les montagnes avec la vitesse d'un cerf, malgré plusieurs coups de mousquet inutiles. Joseph profita du désordre pour s'évader en balbutiant quelques mots de politesse, et laissa les deux amis riant de son aventure et de son désappointement, comme deux écoliers riraient d'avoir vu tomber les lunettes de leur pédagogue, et s'apprêtant enfin à chercher un sommeil dont ils avaient besoin l'un et l'autre, et qu'ils trouvèrent bientôt, le blessé dans son lit, et le jeune conseiller dans son fauteuil.

Pour le capucin, il s'acheminait vers sa tente, méditant comment il tirerait parti de tout ceci pour la meilleure vengeance possible, lorsqu'il rencontra Laubardemont traînant par ses mains liées la jeune insensée. Ils se racontèrent leurs mutuelles et horribles aventures.

Joseph n'eut pas peu de plaisir à retourner le poignard dans la plaie de son cœur en lui apprenant le sort de son fils.

— Vous n'êtes pas précisément heureux dans votre intérieur, ajouta-t-il ; je vous conseille de faire enfermer votre nièce et pendre votre héritier, si par bonheur vous le retrouvez.

Laubardemont rit affreusement : — Quant à cette petite imbécile que voilà, je vais la donner à un ancien juge sucret, à présent contrebandier dans les Pyrénées, à Oloron : il la fera ce qu'il voudra, servante dans sa *posada*, par exemple ; je m'en soucie peu, pourvu que monseigneur ne puisse jamais en entendre parler.

Jeanne de Belfiel, la tête baissée, ne donna aucun signe d'intelligence ; toute lueur de raison était éteinte en elle ; un seul mot lui était resté sur les lèvres, elle le prononçait continuellement :

— Le juge ! le juge ! le juge ! dit-elle tout bas. Et elle se tut.

Son oncle et Joseph la chargèrent, à peu près comme un sac de blé, sur un des chevaux qu'amenèrent deux domestiques ;

Laubardemont en monta un, et se disposa à sortir du camp, voulant s'enfoncer dans les montagnes avant le jour.

— Bon voyage ! dit-il à Joseph, faites bien vos affaires à Paris ; je vous recommande Oreste et Pylade.

— Bon voyage ! répondit celui-ci. Je vous recommande Cassandre et OEdipe.

— Oh ! il n'a ni tué son père ni épousé sa mère...

— Mais il est en bon chemin pour ces gentillesses.

— Adieu, mon révérend père !

— Adieu, mon vénérable ami !

Dirent-ils tout haut ; — mais tout bas:

— Adieu, assassin à robe grise: je retrouverai l'oreille du Cardinal en ton absence.

— Adieu, scélérat à robe rouge: va détruire toi-même ta famille maudite ; achève de répandre ton sang dans les autres ; ce qui en restera en toi, je m'en charge... Je pars à présent. Voilà une nuit bien remplie !

FIN DE LA PREMIÈRE PARTIE

SECONDE PARTIE

CHAPITRE XIV

L'ÉMEUTE

> Le danger, Sire, est pressant et universel, et au delà de tous les calculs de la prudence humaine.
> MIRABEAU, *Adresse au Roi.*

« Que *d'une vitesse égale à celle de la pensée, la scène vole sur une aile imaginaire,* » s'écrie l'immortel Shakspeare avec le chœur de l'une de ses tragédies, « *figurez-vous le roi sur l'Océan, suivi de sa belle flotte; voyez-le, suivez-le.* » Avec ce poétique mouvement il traverse le temps et l'espace, et transporte à son gré l'assemblée attentive dans les lieux de ses sublimes scènes.

Nous allons user des mêmes droits sans avoir le même génie, nous ne voulons pas nous asseoir plus que lui sur le trépied des unités, et jetant les yeux sur Paris et sur le vieux et noir palais du Louvre, nous passerons tout à coup l'espace de deux cents lieues et le temps de deux années.

Deux années ! que de changements elles peuvent apporter sur le front des hommes, dans leurs familles, et surtout dans cette grande famille si troublée des nations, dont un jour brise les alliances, dont une naissance apaise les guerres, dont une mort détruit la paix! Nos yeux ont vu des rois rentrer dans leur demeure un jour de printemps; ce jour-là même un vaisseau partit pour une traversée de deux ans ; le navigateur revint; ils étaient sur leur trône : rien ne semblait s'être passé dans son absence ; et pourtant Dieu leur avait ôté cent jours de règne.

Mais rien n'était changé pour la France en 1642, époque à laquelle nous passons, si ce n'était ses craintes et ses espérances. L'avenir seul avait changé d'aspect. Avant de revoir nos personnages il importe de contempler en grand l'état du royaume.

La puissante unité de la monarchie était plus imposante encore par le malheur des États voisins ; les révoltes de l'Angleterre et celles de l'Espagne et du Portugal faisaient admirer d'autant plus le calme dont jouissait la France; Strafford et Olivarès renversés ou ébranlés grandissaient l'immuable Richelieu.

Six armées formidables, reposées sur leurs armes triomphantes, servaient de rempart au royaume ; celles du Nord, liguées avec la Suède, avaient fait fuir les Impériaux, poursuivis encore par l'ombre de Gustave-Adolphe ; celles qui regardaient l'Italie recevaient dans le Piémont les clefs des villes qu'avaient défendues le prince Thomas; et celles qui redoublaient la chaîne des Pyrénées soutenaient la Catalogne révoltée, et frémissaient encore devant Perpignan, qu'il ne leur était pas permis de prendre. L'intérieur n'était pas heureux, mais tranquille. Un invisible génie semblait avoir maintenu ce calme ; car le Roi, mortellement malade, languissait à Saint-Germain près d'un jeune favori ; et le Cardinal, disait-on, se mourait à Narbonne. Quelques morts pourtant trahissaient sa vie, et de loin en loin des hommes tombaient comme frappés par un souffle empoisonné, et rappelaient la puissance invisible.

Saint-Preuil, l'un des ennemis de Richelieu, venait de porter sa *tête de fer*[1] sur l'échafaud, *sans honte ni peur*, comme il le dit en y montant.

---

[1] Ce nom lui fut donné pour sa valeur et un caractère trop ferme, qui fut son seul crime.

Cependant la France semblait gouvernée par elle-même ; car le prince et le ministre étaient séparés depuis longtemps : et, de ces deux malades, qui se haïssaient mutuellement, l'un n'avait jamais tenu les rênes de son État, l'autre n'y faisait plus sentir sa main ; on ne l'entendait plus nommer dans les actes publics, il ne paraissait plus dans le gouvernement, s'effaçait partout ; il dormait comme l'araignée au centre de ses filets.

S'il s'était passé quelques événements et quelques révolutions durant ces deux années, ce devait donc être dans les cœurs ; ce devait être quelques-uns de ces changements occultes, d'où naissent, dans les monarchies sans base, des bouleversements effroyables et de longues et sanglantes dissensions.

Pour en être éclaircis, portons nos yeux sur le vieux et noir bâtiment du Louvre inachevé, et prêtons l'oreille aux propos de ceux qui l'habitent et qui l'environnent.

On était au mois de décembre ; un hiver rigoureux avait attristé Paris, où la misère et l'inquiétude du peuple étaient extrêmes ; cependant sa curiosité l'aiguillonnait encore, et il était avide des spectacles que lui donnait la cour. Sa pauvreté lui était moins pesante lorsqu'il contemplait les agitations de la richesse ; ses larmes moins amères à la vue des combats de la puissance ; et le sang des grands, qui arrosait ses rues et semblait alors le seul digne d'être répandu, lui faisait bénir son obscurité. Déjà quelques scènes tumultueuses, quelques assassinats éclatants, avaient fait sentir l'affaiblissement du monarque, l'absence et la fin prochaine du ministre, et, comme une sorte de prologue à la sanglante comédie de la Fronde, venaient aiguiser la malice et même allumer les passions des Parisiens. Ce désordre ne leur déplaisait pas ; indifférents aux causes des querelles, fort abstraites pour eux, ils ne l'étaient point aux individus, et commençaient déjà à prendre les chefs de parti en affection ou en haine, non à cause de l'intérêt qu'ils leur supposaient pour le bien-être de leur classe, mais tout simplement parce qu'ils plaisaient ou déplaisaient comme des acteurs.

Une nuit surtout, des coups de pistolet et de fusil avaient été entendus fréquemment dans la Cité ; les patrouilles nombreuses des Suisses et des gardes du corps venaient même d'être attaquées et de rencontrer quelques barricades dans les rues tortueuses de l'île Notre-Dame; des charrettes enchaînées aux bornes, et couvertes de tonneaux, avaient empêché les cavaliers d'y pénétrer, et quelques coups de mousquet avaient blessé des chevaux et des hommes. Cependant la ville dormait encore, excepté le quartier qui environnait le Louvre, habité dans ce moment par la Reine et Monsieur, duc d'Orléans. Là, tout annonçait une expédition nocturne d'une nature très-grave.

Il était deux heures du matin ; il gelait, et l'ombre était épaisse, lorsqu'un nombreux rassemblement s'arrêta sur le quai, à peine pavé alors, et occupa lentement et par degrés le terrain sablé qui descendait en pente jusqu'à la Seine. Deux cents hommes, à peu près, semblaient composer cet attroupement ; ils étaient enveloppés de grands manteaux, relevés par le fourreau des longues épées à l'espagnole qu'ils portaient. Se promenant sans ordre, en long et en large, ils semblaient attendre les événements plutôt que les chercher. Beaucoup d'entre eux s'assirent, les bras croisés, sur les pierres éparses du parapet commencé; ils observaient le plus grand silence. Après quelques minutes cependant, un homme, qui paraissait sortir d'une porte voûtée du Louvre, s'approcha lentement avec une lanterne sourde, dont il portait les rayons au visage de chaque individu, et qu'il souffla, ayant démêlé celui qu'il cherchait entre tous : il lui parla de cette façon, à demi-voix, en lui serrant la main :

—Eh bien, Olivier, que vous a dit M. le Grand [1] ? Cela va-t-il bien ?

— Oui, oui, je l'ai vu hier à Saint-Germain ; le vieux chat est bien malade à Narbonne, il va s'en aller *ad patres ;* mais il faut mener nos affaires rondement, car ce n'est pas la première fois qu'il fait l'engourdi. Avez-vous vu du monde pour ce soir, mon cher Fontrailles?

---

[1] On nommait ainsi par abréviation le grand écuyer Cinq-Mars. Ce nom reviendra souvent dans le cours du récit.

— Soyez tranquille, Montrésor va venir avec une centaine de gentilshommes de Monsieur ; vous le reconnaîtrez ; il sera déguisé en maître maçon, une règle à la main. Mais n'oubliez pas surtout les mots d'ordre : les savez-vous bien tous, vous et vos amis ?

— Oui, tous, excepté l'abbé de Gondi, qui n'est pas arrivé encore ; mais, Dieu me pardonne, je crois que le voilà lui-même. Qui diable l'aurait reconnu ?

En effet, un petit homme sans soutane, habillé en soldat des gardes françaises, et portant de très-noires et fausses moustaches, se glissa entre eux. Il sautait d'un pied sur l'autre avec un air de joie, et se frottait les mains.

— Vive Dieu ! tout va bien ; mon ami Fiesque ne faisait pas mieux. Et se levant sur la pointe des pieds pour frapper sur l'épaule d'Olivier : — Savez-vous que, pour un homme qui sort presque des pages, vous ne vous conduisez pas mal, sire Olivier d'Entraigues ? vous serez dans nos hommes illustres, si nous trouvons un Plutarque. Tout est bien organisé, vous arrivez à point ; ni plus tôt, ni plus tard, comme un vrai chef de parti. Fontrailles, ce jeune homme ira loin, je vous le prédis. Mais dépêchons-nous ; il nous viendra dans deux heures des paroissiens de mon oncle l'archevêque de Paris ; je les ai bien échauffés, et ils crieront : *Vive Monsieur ! vive la Régence ! et plus de Cardinal !* comme des enragés. Ce sont de bonnes dévotes, tout à moi, qui leur ont monté la tête. Le Roi est fort mal. Oh ! tout va bien, très-bien. Je viens de Saint-Germain ; j'ai vu l'ami Cinq-Mars ; il est bon, très-bon, toujours ferme comme un roc. Ah ! voilà ce que j'appelle un homme ! Comme il les a joués avec son air mélancolique et insouciant ! Il est le maître de la cour à présent. C'est fini, le Roi va, dit-on, le faire duc et pair ; il en est fortement question ; mais il hésite encore ; il faut décider cela par notre mouvement de ce soir : *le vœu du peuple !* il faut faire *le vœu du peuple* absolument ; nous allons le faire entendre. Ce sera la mort de Richelieu, savez-vous ? Surtout c'est la haine pour lui qui doit dominer dans les cris, car c'est là l'essentiel. Cela décidera enfin notre Gaston, qui flotte toujours, n'est-ce pas ?

— Eh! que peut-il faire autre chose? dit Fontrailles; s'il prenait une résolution aujourd'hui en notre faveur, ce serait bien fâcheux.

— Et pourquoi?

— Parce que nous serions bien sûrs que demain, au jour, il serait contre.

— N'importe, reprit l'abbé, la Reine a de la tête.

— Et du cœur aussi, dit Olivier; cela me donne de l'espoir pour Cinq-Mars, qui me semble avoir osé faire le boudeur quelquefois en la regardant.

— Enfant que vous êtes! que vous connaissez encore mal la cour! Rien ne peut le soutenir que la main du Roi, qui l'aime comme son fils; et, pour la Reine, si son cœur bat, c'est de souvenir et non d'avenir. Mais il ne s'agit pas de ces fadaises-là; dites-moi, mon cher, êtes-vous bien sûr de votre jeune avocat que je vois rôder là, pense-t-il bien?

— Parfaitement; c'est un excellent royaliste; il jetterait le Cardinal à la rivière tout à l'heure: d'ailleurs c'est Fournier, de Loudun, c'est tout dire.

— Bien, bien; voilà comme nous les aimons. Mais garde à vous, messieurs: on vient de la rue Saint-Honoré.

— Qui va là? crièrent les premiers de la troupe à des hommes qui venaient. Royalistes ou Cardinalistes?

— *Gaston* et *le Grand*, répondirent tout bas les nouveaux venus.

— C'est Montrésor avec les gens de Monsieur, dit Fontrailles; nous pourrons bientôt commencer.

— Oui, par la corbleu! dit l'arrivant; car les Cardinalistes vont passer à trois heures; on nous en a instruits tout à l'heure.

— Où vont-ils? dit Frontailles.

— Ils sont plus de deux cents pour conduire M. de Chavigny, qui va voir le vieux chat à Narbonne, dit-on; ils ont cru plus sûr de longer le Louvre.

— Eh bien, nous allons leur faire patte de velours, dit l'abbé. Comme il achevait, un bruit de carrosses et de chevaux se fit entendre. Plusieurs hommes à manteaux roulèrent une énorme pierre au milieu du pavé. Les premiers cavaliers passèrent rapidement à travers la foule et le pistolet à la main, se doutant bien de quelque chose; mais le postillon qui guidait les chevaux de la première voiture, s'embarrassa dans la pierre et s'abattit.

— Quel est donc ce carrosse qui écrase les piétons? crièrent à la fois tous les hommes en manteau. C'est bien tyrannique! ce ne peut-être qu'un ami du Cardinal de *la Rochelle*[1].

— C'est quelqu'un qui ne craint pas les amis du petit *le Grand*, s'écria une voix à la portière ouverte, d'où un homme s'élança sur un cheval.

— Rangez ces Cardinalistes jusque dans la rivière! dit une voix aigre et perçante.

Ce fut le signal des coups de pistolet qui s'échangèrent avec fureur de chaque côté, et qui prêtèrent une lumière à cette scène tumultueuse et sombre ; le cliquetis des épées et le piétinement des chevaux n'empêchaient pas de distinguer les cris, d'un côté : A bas le ministre! vive le Roi! vive Monsieur et monsieur le Grand ! à bas les *bas-rouges !* de l'autre : Vive Son Éminence ! vive le grand Cardinal! mort aux factieux! vive le Roi ! car le nom du roi présidait à toutes les haines comme à toutes les affections, à cette étrange époque.

Cependant les hommes à pied avaient réussi à placer les deux carrosses à travers du quai, de manière à s'en faire un rempart contre les chevaux de Chavigny, et de là, entre les roues, par les portières et sous les ressorts, les accablaient de coups de pistolet et en avaient démonté plusieurs. Le tumulte était affreux, lorsque les portes du Louvre s'ouvrirent tout à coup, et deux escadrons des Gardes du corps sortirent au trot; la plupart avaient des torches à la main pour éclairer ceux qu'ils allaient attaquer et eux-mêmes. La scène changea. A mesure que les gardes arrivaient à l'un des hommes à pied, on voyait cet homme s'arrêter,

---

[1] Dans le long siége de cette ville on donna ce nom à M. de Richelieu pour tourner en ridicule son obstination à commander comme général en chef et s'attribuer le mérite de la prise de la Rochelle.

ôter son chapeau, se faire reconnaître et se nommer, et le garde se retirait, quelquefois en saluant, d'autres fois en lui serrant la main. Ce secours aux carrosses de Chavigny fut donc à peu près inutile et ne servit qu'à augmenter la confusion. Les Gardes du corps, comme pour l'acquit de leur conscience, parcouraient la foule des duellistes en disant mollement : — Allons, messieurs, de la modération.

Mais, lorsque deux gentilshommes avaient bien *engagé le fer* et se trouvaient bien acharnés, le garde qui les voyait, s'arrêtait pour juger les coups, et quelquefois même favorisait celui qu'il pensait être de son opinion ; car ce corps, comme toute la France, avait ses Royalistes et ses Cardinalistes.

Les fenêtres du Louvre s'éclairaient peu à peu, et l'on y voyait beaucoup de têtes de femmes derrière les petits carreaux en losanges, attentives à contempler le combat.

De nombreuses patrouilles de Suisses sortirent avec des flambeaux ; on distinguait ces soldats à leur étrange uniforme. Ils portaient le bras droit rayé de bleu et de rouge, et le bas de soie de leur jambe droite était rouge ; le côté gauche rayé de bleu, rouge et blanc, et le bas blanc et rouge. On avait espéré, sans doute, au château royal, que cette troupe étrangère pourrait dissiper l'attroupement ; mais on se trompa. Ces impassibles soldats, suivant froidement, exactement et sans les dépasser, les ordres qu'on leur avait donnés, circulèrent avec symétrie entre les groupes armés qu'ils divisaient un moment, vinrent se réunir devant la grille avec une précision parfaite, et rentrèrent en ordre comme à la manœuvre, sans s'informer si les ennemis à travers lesquels ils étaient passés s'étaient rejoints ou non.

Mais le bruit, un moment apaisé, redevint général à force d'explications particulières. On entendait partout des appels, des injures et des imprécations ; il ne semblait pas que rien pût faire cesser ce combat que la destruction de l'un des deux partis, lorsque des cris, ou plutôt des hurlements affreux, vinrent mettre le comble au tumulte. L'abbé de Gondi, alors occupé à tirer un cavalier par son manteau pour le faire tomber, s'écria : — Voilà mes gens! Fontrailles, vous allez en voir de belles; voyez, voyez déjà comme cela court! c'est charmant, vraiment!

Et il lâcha prise et monta sur une pierre pour considérer les manœuvres de ses troupes, croisant les bras avec l'importance d'un général d'armée. Le jour commençait à poindre, et l'on vit que du bout de l'île Saint-Louis accourait en effet une foule d'hommes, de femmes et d'enfants de la lie du peuple, poussant au ciel et vers le Louvre d'étranges vociférations. Des filles portaient de longues épées, des enfants traînaient d'immenses hallebardes et des piques damasquinées du temps de la Ligue; des vieilles en haillons tiraient après elles, avec des cordes, des charrettes pleines d'anciennes armes rouillées et rompues; des ouvriers de tous les métiers, ivres pour la plupart, les suivaient avec des bâtons, des fourches, des lances, des pelles, des torches, des pieux, des crocs, des leviers, des sabres et des broches aiguës; ils chantaient et hurlaient tour à tour, contrefaisant avec des rires atroces les miaulements du chat, et portant, comme un drapeau, un de ces animaux pendu au bout d'une perche et enveloppé dans un lambeau rouge, figurant ainsi le Cardinal, dont le goût pour les chats était connu généralement. Des crieurs publics couraient, tout rouges et haletants, semer sur les ruisseaux et les pavés, coller sur les parapets, les bornes, les murs des maisons et du palais même, de longues histoires satiriques en petits vers, faites sur les personnages du temps; des garçons bouchers et des mariniers portant de larges coutelas battaient la charge sur des chaudrons, et traînaient dans la boue un porc nouvellement égorgé, coiffé de la calotte rouge d'un enfant de chœur. De jeunes et vigoureux drôles, vêtus en femmes et enluminés d'un grossier vermillon, criaient d'une voix forcenée: *Nous sommes des mères de famille ruinées par Richelieu: mort au Cardinal!* Ils portaient dans leurs bras des nourrissons de paille qu'ils faisaient le geste de jeter à la rivière, et les y jetaient en effet.

Lorsque cette dégoûtante cohue eut inondé les quais de ses milliers d'individus infernaux, elle produisit un effet étrange sur les combattants, et tout à fait contraire à ce qu'en attendait leur patron. Les ennemis de chaque faction abaissèrent leurs armes et se séparèrent. Ceux de Monsieur et de Cinq-Mars furent révoltés de se voir secourus par de tels auxiliaires, et, aidant eux-mêmes les gentilshommes du Cardinal à remonter à cheval et en voiture, leurs valets à y porter les blessés, donnèrent des rendez-vous particuliers à leurs adversaires pour vider leur querelle sur un terrain plus secret et plus digne d'eux. Rougissant de la supériorité du nombre et des ignobles troupes qu'ils semblaient commander, entrevoyant, peut-être pour la première fois, les funestes conséquences de leurs jeux politiques, et voyant quel était le limon qu'ils venaient de remuer, ils se divisèrent pour se retirer, enfonçant leurs chapeaux larges sur leurs yeux, jetant leurs manteaux sur leurs épaules, et redoutant le jour.

— Vous avez tout dérangé, mon cher abbé, avec cette canaille, dit Fontrailles, en frappant du pied, à Gondi, qui se trouvait assez interdit; votre bonhomme d'oncle a là de jolis paroissiens!

— Ce n'est pas ma faute, reprit cependant Gondi d'un ton mutin; c'est que ces idiots sont arrivés une heure trop tard; s'ils fussent venus à la nuit, on ne les aurait pas vus, ce qui les gâte un peu, à dire le vrai (car j'avoue que le grand jour leur fait tort), et on n'aurait entendu que la voix du peuple: *Vox populi, vox Dei*. D'ailleurs, il n'y a pas tant de mal; ils vont nous donner, par leur foule, les moyens de nous évader sans être reconnus, et, au bout du compte, notre tâche est finie; nous ne voulions pas la mort du pécheur: Chavigny et les siens sont de braves gens que j'aime beaucoup; s'il n'est qu'un peu blessé, tant mieux. Adieu, je vais voir M. de Bouillon, qui arrive d'Italie.

— Olivier, dit Fontrailles, partez donc pour Saint-Germain avec Fournier et Ambrosio; je vais rendre compte à Monsieur, avec Montrésor.

Tout se sépara, et le dégoût fit sur ces gens bien élevés ce que la force n'avait pu faire.

Ainsi se termina cette échauffourée, qui semblait pouvoir enfanter de grands malheurs; personne n'y fut tué; les cavaliers, avec quelques égratignures de plus, et quelques-uns avec leurs bourses de moins, à leur grande surprise, reprirent leur route près des carrosses par des rues détournées ; les autres s'évadèrent, un à un, à travers la populace qu'ils avaient soulevée. Les misérables qui la composaient, dénués de chefs de troupes, restèrent encore deux heures à pousser les mêmes cris, jusqu'à ce que leur vin fût cuvé, et que le froid éteignît ensemble le feu de leur sang et de leur enthousiasme. On voyait aux fenêtres des maisons du quai de la Cité et le long des murs le sage et véritable peuple de Paris, regardant d'un air triste et dans un morne silence ces préludes de désordre ; tandis que le corps des marchands, vêtu de noir, précédé de ses échevins et de ses prévôts, s'acheminait lentement et courageusement, à travers la populace, vers le *Palais de Justice* où devait s'assembler le parlement, et allait lui porter plainte de ces effrayantes scènes nocturnes.

Cependant les appartements de Gaston d'Orléans étaient dans une grande rumeur. Ce prince occupait alors l'aile du Louvre parallèle aux Tuileries, et ses fenêtres donnaient d'un côté sur la cour, et de l'autre sur un amas de petites maisons et de rues étroites qui couvraient la place presque en entier. Il s'était levé précipitamment, réveillé en sursaut par le bruit des armes à feu, avait jeté ses pieds dans de larges *mules* carrées, à hauts talons, et, enveloppé dans une vaste robe de chambre de soie couverte de dessins d'or brodés en relief, se promenait en long et en large dans sa chambre à coucher, envoyant, de minute en minute, un laquais nouveau pour demander ce qui se passait, et s'écriant qu'on courût chercher l'abbé de La Rivière, son conseil accoutumé ; mais, par malheur, il était sorti de Paris. A chaque coup de pistolet, ce prince timide courait aux fenêtres, sans rien voir autre chose que quelques flambeaux que l'on portait en courant ; on avait beau lui dire que les cris qu'il entendait étaient en sa faveur, il ne cessait de se promener par les appartements, dans le plus grand désordre, ses longs cheveux noirs et ses yeux bleus ouverts et agrandis par l'inquiétude et l'effroi ; il était moitié nu lorsque Montrésor et Fontrailles arrivèrent enfin, et le trouvèrent se frappant la poitrine et répétant mille fois : *Mea culpa, mea culpa.*

— Eh bien, arrivez donc! leur cria-t-il de loin, courant audevant d'eux; arrivez donc enfin! que se passe-t-il? que fait-on là? quels sont ces assassins? quels sont ces cris?

— On crie : Vive Monsieur!

Gaston, sans faire semblant d'entendre, et tenant un instant la porte de sa chambre ouverte pour que sa voix pénétrât jusque dans les galeries où étaient les gens de sa maison, continua en criant de toute sa force et en gesticulant :

— Je ne sais rien de tout ceci et n'ai rien autorisé; je ne veux rien entendre, je ne veux rien savoir; je n'entrerai jamais dans aucun projet; ce sont des factieux qui font tout ce bruit : ne m'en parlez pas si vous voulez être bien vus ici; je ne suis l'ennemi de personne, je déteste de telles scènes…

Fontrailles, qui savait à quel homme il avait affaire, ne répondit rien, et entra avec son ami, mais sans se presser, afin que Monsieur eût le temps de jeter son premier feu; et, quand tout fut dit et la porte fermée avec soin, il prit la parole :

— Monseigneur, dit-il, nous venons vous demander mille pardons de l'impertinence de ce peuple, qui ne cesse de crier qu'il veut la mort de votre ennemi, et qu'il voudrait même vous voir régent si nous avions le malheur de perdre Sa Majesté; oui, le peuple est toujours libre dans ses propos; mais il était si nombreux, que tous nos efforts n'ont pu le contenir : c'était le cri du cœur dans toute sa vérité; c'était une explosion d'amour que la froide raison n'a pu réprimer, et qui sortait de toutes les règles.

— Mais enfin que s'est-il passé? reprit Gaston un peu calmé : qu'ont-ils fait depuis quatre heures que je les entends?

— Cet amour, continua froidement Montrésor, comme M. de Fontrailles a l'honneur de vous le dire, sortait tellement des règles et des bornes, qu'il nous a entraînés nous-mêmes, et nous nous sommes senti saisir de cet enthousiasme qui nous transporte toujours au nom seul de Monsieur, et qui nous a portés à des choses que nous n'avions pas préméditées.

— Mais enfin, qu'avez-vous fait, reprit le prince....

— Ces choses, reprit Fontrailles, dont M. de Montrésor a l'honneur de parler à Monsieur, sont précisément de celles que je prévoyais ici même hier au soir, quand j'eus l'honneur de l'entretenir.

— Il ne s'agit pas de cela, interrompit Gaston ; vous ne pourrez pas dire que j'aie rien ordonné ni autorisé ; je ne me mêle de rien, je n'entends rien au gouvernement...

— Je conviens, poursuivit Fontrailles, que Votre Altesse n'a rien ordonné ; mais elle m'a permis de lui dire que je prévoyais que cette nuit serait troublée vers les deux heures, et j'espérais que son étonnement serait moins grand.

Le prince, se remettant peu à peu, et voyant qu'il n'effrayait pas les deux champions ; ayant d'ailleurs dans sa conscience et lisant dans leurs yeux le souvenir du consentement qu'il leur avait donné la veille, s'assit sur le bord de son lit, croisa les bras, et, les regardant d'un air de juge, leur dit encore avec une voix imposante :

— Mais enfin, qu'avez-vous donc fait ?

— Eh ! presque rien, monseigneur, dit Fontrailles ; le hasard nous a fait rencontrer dans la foule quelques-uns de nos amis qui avaient eu querelle avec le cocher de M. de Chavigny qui les écrasait, il s'en est suivi quelques propos un peu vifs, quelques petits gestes un peu brusques, quelques égratignures qui ont fait rebrousser chemin au carrosse, et voilà tout.

— Absolument tout, répéta Montrésor.

— Comment, tout ! s'écria Gaston très-ému et sautant dans la chambre ; et n'est-ce donc rien que d'arrêter la voiture d'un ami du Cardinal-Duc ? Je n'aime point les scènes, je vous l'ai déjà dit ; je ne hais point le Cardinal ; c'est un grand politique certainement, un très-grand politique ; vous me compromettez horriblement ; on sait que Montrésor est à moi ; si on l'a reconnu, on dira que je l'ai envoyé...

— Le hasard, répondit Montrésor, m'a fait trouver cet habit du peuple que Monsieur peut voir sous mon manteau, et que j'ai préféré à tout autre par ce motif.

Gaston respira.

—Vous êtes bien sûr qu'on ne vous a pas reconnu, dit-il? c'est que vous sentez, mon cher ami, combien ce serait pénible.... convenez-en vous même...

— Si j'en suis sûr, ô ciel! s'écria le gentilhomme du prince: je gagerais ma tête et ma part du paradis que personne n'a vu mes traits et ne m'a appelé par mon nom.

— Eh bien, continua Gaston, se rasseyant sur son lit et prenant un air plus calme, et même où brillait une légère satisfaction, contez-moi donc un peu ce qui s'est passé.

Fontrailles se chargea du récit, où, comme l'on pense, le peuple jouait un grand rôle, et les gens de Monsieur aucun; et, dans sa péroraison, il ajouta, entrant dans les détails :— On a pu voir, de vos fenêtres mêmes, monseigneur, de respectables mères de familles, poussées par le désespoir, jeter leurs enfants dans la Seine en maudissant Richelieu.

—Ah! c'est épouvantable! s'écria le prince indigné ou feignant de l'être et de croire à ces excès. Il est donc bien vrai qu'il est détesté si généralement? mais il faut convenir qu'il le mérite! Quoi! son ambition et son avarice ont réduit là ces bons habitants de Paris que j'aime tant!

— Oui, monseigneur, reprit l'orateur; et ici ce n'est pas Paris seulement, c'est la France entière qui vous supplie avec nous de vous décider à la délivrer de ce tyran ; tout est prêt; il ne faut qu'un signe de votre tête auguste pour anéantir ce pygmée, qui a tenté l'abaissement de la maison royale elle-même.

— Hélas! Dieu m'est témoin que je lui pardonne cette injure, reprit Gaston en levant les yeux; mais je ne puis entendre plus longtemps les cris du peuple ; oui, j'irai à son secours!...

— Ah! nous tombons à vos genoux! s'écria Montrésor s'inclinant...

— C'est-à-dire, reprit le prince en reculant, autant que ma dignité ne sera pas compromise, et que l'on ne verra nulle part mon nom.

—Et c'est justement lui que nous voudrions! s'écria Fontrailles, un peu plus à son aise... Tenez, monseigneur, il y a déjà quelques noms à mettre à la suite du vôtre, et qui ne craignent pas de s'inscrire ; je vous les dirai sur-le-champ si vous voulez...

— Mais, mais, mais.., dit le duc d'Orléans avec un peu d'effroi, savez-vous que c'est une conjuration que vous me proposez là tout simplement ?...

—Fi donc ! fi donc ! monseigneur, des gens d'honneur comme nous ! une conjuration ! ah ! du tout ! une ligue, tout au plus, un petit accord pour donner la direction au vœu unanime de la nation et de la cour : voilà tout !

— Mais... mais cela n'est pas clair, car enfin cette affaire ne serait ni générale ni publique : donc ce serait une conjuration ; vous n'avoueriez pas que vous en êtes ?

— Moi, monseigneur ? pardonnez-moi, à toute la terre, puisque tout le royaume en est déjà, et je suis du royaume. Eh ! qui ne mettrait son nom après celui de MM. de Bouillon et de Cinq-Mars ?...

— Après, peut-être, mais avant ? dit Gaston en fixant ses regards sur Fontrailles, et plus finement qu'il ne s'y attendait.

Celui-ci sembla hésiter un moment...

— Eh bien, que ferait Monsieur si je lui disais des noms après lesquels il pût mettre le sien ?

— Ah ! ah ! voilà qui est plaisant, reprit le prince en riant ; savez-vous qu'au-dessus du mien il n'y en a pas beaucoup ? Je n'en vois qu'un.

— Enfin, s'il y en a un, monseigneur nous promet-il de signer celui de Gaston au-dessous ?

— Ah ! parbleu, de tout mon cœur, je ne risque rien, car je ne vois que le Roi, qui n'est sûrement pas de la partie.

— Eh bien, à dater de ce moment, permettez, dit Montrésor, que nous vous prenions au mot, et veuillez bien consentir à présent à deux choses seulement ; voir M. de Bouillon chez la Reine, et M. le grand écuyer chez le Roi.

— Tôpe ! dit Monsieur gaiement et frappant l'épaule de Montrésor, j'irai dès aujourd'hui à la toilette de ma belle-sœur, et je prierai mon frère de venir courre un cerf à Chambord avec moi.

Les deux amis n'en demandaient pas plus, et furent surpris eux-mêmes de leur ouvrage ; jamais ils n'avaient vu tant de résolution à leur chef. Aussi, de peur de le mettre sur une voie qui pût le détourner de la route qu'il venait de prendre, ils se hâtèrent de jeter la conversation sur d'autres sujets, et se retirèrent charmés, en laissant pour derniers mots dans son oreille qu'ils comptaient sur ses dernières promesses.

CHAPITRE XV

L'ALCOVE

> Les reines ont été vues pleurant comme de simples femmes. CHATEAUBRIAND.
> Qu'il est doux d'être belle alors qu'on est aimée!
> DELPHINE GAY.

Tandis qu'un prince était ainsi rassuré avec peine par ceux qui l'entouraient, et leur laissait voir un effroi qui pouvait être contagieux pour eux, une princesse, plus exposée aux accidents, plus isolée par l'indifférence de son mari, plus faible par sa nature et par la timidité qui vient de l'absence du bonheur, donnait de son côté l'exemple du courage le plus calme et de la plus pieuse résignation, et raffermissait sa suite effrayée : c'était la Reine. A peine endormie depuis une heure, elle avait entendu des cris aigus derrière les portes et les épaisses tapisseries de sa chambre. Elle ordonna à ses femmes de faire entrer, et la duchesse de Chevreuse, en chemise et enveloppée dans un grand manteau, vint tomber presque évanouie au pied de son lit, suivie de quatre dames d'atours et de trois femmes de chambre. Ses pieds délicats étaient nus, et ils saignaient, parce qu'elle s'était blessée en courant; elle criait, en pleurant comme un enfant, qu'un coup de pistolet avait brisé ses volets et ses carreaux, et l'avait blessée; qu'elle suppliait la Reine de la renvoyer en exil, où elle se trouvait plus tranquille que dans un pays où l'on voulait l'assassiner, parce qu'elle était l'amie de Sa Majesté. Elle avait ses cheveux dans un grand désordre et tombant jusqu'à ses pieds : c'était sa principale beauté, et la jeune Reine pensa qu'il y avait dans cette toilette moins de hasard qu'on ne l'eût pu croire.

— Eh! ma chère, qu'arrive-t-il donc? lui dit-elle avec assez de sang-froid; vous avez l'air de Madeleine, mais dans sa jeunesse, avant le repentir. Il est probable que si l'on en veut à quelqu'un ici, c'est à moi; tranquillisez-vous.

— Non, madame, sauvez-moi, protégez-moi! c'est ce Richelieu qui me poursuit, j'en suis certaine.

Le bruit des pistolets, qui s'entendit alors plus distinctement, convainquit la Reine que les terreurs de madame de Chevreuse n'étaient pas vaines.

— Venez m'habiller, madame de Motteville! cria-t-elle.

Mais celle-ci avait perdu la tête entièrement, et, ouvrant un de ces immenses coffres d'ébène qui servaient d'armoire alors, en tirait une cassette de diamants de la princesse pour la sauver, et ne l'écoutait pas. Les autres femmes avaient vu sur une fenêtre la lueur des torches, et, s'imaginant que le feu était au palais, précipitaient les bijoux, les dentelles, les vases d'or, et jusqu'aux porcelaines, dans des draps qu'elles voulaient jeter ensuite par la fenêtre. En même temps survint madame de Guéménée un peu plus habillée que la duchesse de Chevreuse, mais ayant pris la chose plus au tragique encore; l'effroi qu'elle avait en donna un peu à la Reine, à cause du caractère cérémonieux et paisible qu'on lui connaissait. Elle entra sans saluer, pâle comme un spectre, et dit avec volubilité :

— Madame, il est temps de nous confesser; on attaque le Louvre, et tout le peuple arrive de la Cité, m'a-t-on dit.

La stupeur fit taire et rendit immobile toute la chambre.

— Nous allons mourir! cria la duchesse de Chevreuse, toujours à genoux. Ah! mon Dieu! que ne suis-je restée en Angleterre! Oui, confessons-nous; je me confesse hautement : j'ai aimé..., j'ai été aimée de...

— C'est bon, c'est bon, dit la Reine, je ne me charge pas d'entendre jusqu'à la fin ; ce ne serait peut-être pas le moindre de mes dangers, dont vous ne vous occupez guère.

Le sang-froid d'Anne d'Autriche et cette seconde réponse sévère rendirent pourtant un peu de calme à cette belle personne, qui se releva confuse, et s'aperçut du désordre de sa toilette, qu'elle alla réparer le mieux qu'elle put dans un cabinet voisin.

— Doña Stephania, dit la Reine à une de ses femmes, la seule Espagnole qu'elle eût conservée auprès d'elle, allez chercher le capitaine des gardes : il est temps que je voie des hommes, enfin, et que j'entende quelque chose de raisonnable.

Elle dit ceci en Espagnol, et le mystère de cet ordre, dans une langue que ces dames ne comprenaient pas, fit rentrer le bon sens dans la chambre.

La camériste disait son chapelet ; mais elle se leva du coin de l'alcôve où elle s'était réfugiée, et sortit en courant pour obéir à sa maîtresse.

Cependant les signes de la révolte et les symptômes de la terreur devenaient plus distincts au-dessous et dans l'intérieur. On entendait dans la grande cour du Louvre le piétinement des chevaux de la garde, les commandements des chefs, le roulement des carrosses de la Reine, qu'on attelait pour fuir s'il le fallait, le bruit des chaînes de fer que l'on traînait sur le pavé pour former les barricades en cas d'attaque, les pas précipités, le choc des armes, des troupes d'hommes qui couraient dans les corridors, les cris sourds et confus du peuple qui s'élevaient et s'éteignaient, s'éloignaient et se rapprochaient comme le bruit des vagues et des vents.

La porte s'ouvrit encore, et cette fois ce fut pour introduire un charmant personnage.

— Je vous attendais, chère Marie, dit la Reine, tendant les bras à la duchesse de Mantoue : vous avez eu plus de bravoure que nous toutes, vous venez parée pour être vue de toute la cour.

— Je ne m'étais pas couchée, heureusement, répondit la princesse de Gonzague en baissant les yeux, j'ai vu tout ce peuple par mes fenêtres. Oh! madame, madame, fuyez! je vous supplie de vous sauver par les escaliers secrets, et de nous permettre de rester à votre place ; on pourra prendre l'une de nous pour la Reine, et, ajouta-t-elle en versant une larme, je viens d'entendre des cris de mort. Sauvez-vous, madame! je n'ai pas de trône à perdre! vous êtes fille, femme et mère de rois, sauvez-vous, et laissez-nous ici.

— Vous avez à perdre plus que moi, mon amie, en beauté, en jeunesse, et, j'espère, en bonheur, dit la Reine avec un sourire gracieux et lui donnant sa belle main à baiser. Restez dans mon alcôve, je le veux bien, mais nous y serons deux. Le seul service que j'accepte de vous, belle enfant, c'est de m'apporter ici dans mon lit cette petite cassette d'or que ma pauvre Motteville a laissée par terre, et qui contient ce que j'ai de plus précieux.

Puis, en la recevant, elle ajouta à l'oreille de Marie : — S'il m'arrivait quelque malheur, jure-moi que tu la prendras pour la jeter dans la Seine.

— Je vous obéirai, madame, comme à ma bienfaitrice et à ma seconde mère, dit-elle en pleurant.

Cependant le bruit du combat redoublait sur les quais, et les vitraux de la chambre réfléchissaient souvent la lueur des coups de feu dont on entendait l'explosion. Le capitaine des Gardes et celui des Suisses firent demander des ordres par doña Stephania.

— Je leur permets d'entrer, dit la princesse. Rangez-vous de ce côté, mesdames ; je suis homme dans ce moment, et je dois l'être.

Puis, soulevant les rideaux de son lit, elle continua en s'adressant aux deux officiers : — Messieurs, souvenez-vous d'abord que vous répondez sur votre tête de la vie des princes mes enfants, vous le savez, monsieur de Guitaut?

— Je couche en travers de leur porte, madame ; mais ce mouvement ne menace ni eux ni Votre Majesté.

— C'est bien, ne pensez à moi qu'après eux, interrompit la Reine, et protégez indistinctement tous ceux que l'on menace. Vous m'entendez aussi, vous, monsieur de Bassompierre ; vous êtes gentilhomme ; oubliez que votre oncle est encore à la Bastille, et faites votre devoir près des petits-fils du feu Roi son ami.

C'était un jeune homme d'un visage franc et ouvert.

— Votre Majesté, dit-il avec un léger accent allemand, peut voir que je n'oublie que ma famille, et non la sienne.

Et il montra sa main gauche, où il manquait deux doigts qui venaient d'être coupés.

— J'ai encore une autre main, dit-il en saluant et se retirant avec Guitaut.

La Reine émue se leva aussitôt, et, malgré les prières de la princesse de Guéménée, les pleurs de Marie de Gonzague et les cris de madame de Chevreuse, voulut se mettre à la fenêtre et l'entr'ouvrit, appuyée sur l'épaule de la duchesse de Mantoue.

— Qu'entends-je? dit-elle ; en effet, on crie : Vive le Roi!... Vive la Reine !

Le peuple, croyant la reconnaître, redoubla de cris en ce moment, et l'on entendit : A bas le Cardinal ! Vive M. le Grand !

Marie tressaillit.

— Qu'avez-vous? lui dit la Reine en l'observant.

Mais, comme elle ne répondait pas et tremblait de tout son corps, cette bonne et douce princesse ne parut pas s'en apercevoir, et, prêtant la plus grande attention aux cris du peuple et à ses mouvements, elle exagéra même une inquiétude qu'elle n'avait plus depuis le premier nom arrivé à son oreille. Une heure après, lorsqu'on vint lui dire que la foule n'attendait qu'un geste de sa main pour se retirer, elle le donna gracieusement et avec un air de satisfaction ; mais cette joie était loin d'être complète, car le fond de son cœur était troublé par bien des choses et surtout par le pressentiment de la régence. Plus elle se penchait hors de la fenêtre pour se montrer, plus elle voyait les scènes révoltantes que le jour naissant n'éclairait que trop : l'effroi rentrait dans son cœur à mesure qu'il lui devenait plus nécessaire de paraître calme et confiante, et son âme s'attristait de l'enjouement de ses paroles et de son visage. Exposée à tous ces regards, elle se sentait femme, et frémissait en voyant ce peuple qu'elle aurait peut-être bientôt à gouverner, et qui savait déjà demander la mort de quelqu'un et appeler ses Reines.

Elle salua donc.

Cent cinquante ans après, ce salut a été répété par une autre princesse, comme elle née du sang d'Autriche, et Reine de France. La monarchie, sans base, telle que Richelieu l'avait faite, naquit et mourut entre ces deux comparutions.

Enfin, la princesse fit refermer ses fenêtres et se hâta de congédier sa suite timide. Les épais rideaux retombèrent sur les vitres bariolées, et la chambre ne fut plus éclairée par un jour qui lui était odieux; de gros flambeaux de cire blanche brûlaient dans les candélabres en forme de bras d'or qui sortaient des tapisseries encadrées et fleurdelisées dont le mur était garni. Elle voulut rester seule avec Marie de Mantoue, et, rentrée avec elle dans l'enceinte que formait la balustrade royale, elle tomba assise sur son lit, fatiguée de son courage et de ses sourires, et se mit à fondre en larmes, le front appuyé contre son oreiller. Marie, à genoux sur le marchepied de velours, tenait l'une de ses mains dans les siennes, et, sans oser parler la première, y appuyait sa tête en tremblant; car, jusque-là, jamais on n'avait vu une larme dans les yeux de la Reine.

Elles restèrent ainsi pendant quelques minutes. Après quoi la princesse se soulevant péniblement, lui parla ainsi :

— Ne t'afflige pas, mon enfant, laisse-moi pleurer; cela fait tant de bien quand on règne ! Si tu pries Dieu pour moi, demande-lui qu'il me donne la force de ne pas haïr l'ennemi qui me poursuit partout, et qui perdra la famille royale de France et la monarchie par son ambition démesurée ; je le reconnais encore dans ce qui vient de se passer, je le vois dans ces tumultueuses révoltes.

— Eh quoi ! madame, n'est-il pas à Narbonne? car c'est le Cardinal dont vous parlez, sans doute? et n'avez-vous pas entendu que ces cris étaient pour vous et contre lui?

— Oui, mon amie, il est à trois cents lieues de nous, mais son génie fatal veille à cette porte. Si ces cris ont été jetés, c'est qu'il les a permis; si ces hommes se sont assemblés, c'est qu'ils n'ont pas atteint l'heure qu'il a marquée pour les perdre. Crois-moi, je le connais, et j'ai payé cher la science de cette âme perverse; il m'en a coûté toute la puissance de mon rang, les plaisirs de mon âge, les affections de ma famille, et jusqu'au cœur de mon mari; il m'a isolée du monde entier; il m'enferme à présent dans une barrière d'honneurs et de respects; et naguère il a osé, au scandale de la France entière, me mettre en accusation moi-même; on a visité mes papiers, on m'a interrogée; on m'a fait signer que j'étais coupable et demander pardon au Roi d'une faute que j'ignorais; enfin, j'ai dû au dévouement et à la prison, peut-être éternelle, d'un fidèle domestique[1], la conservation de cette cassette que tu m'as sauvée. Je vois dans tes regards que tu me crois trop effrayée; mais ne t'y trompe pas, comme toute la cour le fait à présent, ma chère fille; sois sûre que cet homme est partout, et qu'il sait jusqu'à nos pensées.

— Quoi! madame, saurait-il tout ce qu'ont crié ces gens sous vos fenêtres et le nom de ceux qui les envoient?

— Oui, sans doute, il le sait d'avance ou le prévoit; il le permet, il l'autorise, pour me compromettre aux yeux du Roi et le tenir éternellement séparé de moi; il veut achever de m'humilier.

— Mais cependant le Roi ne l'aime plus depuis deux ans; c'est un autre qu'il aime.

La Reine sourit; elle contempla quelques instants en silence les traits naïfs et purs de la belle Marie, et son regard plein de candeur qui se levait sur elle languissamment; elle écarta les boucles noires qui voilaient ce beau front, et parut reposer ses yeux et son âme en voyant cette innocence ravissante exprimée sur un visage si beau; elle baisa sa joue et reprit :

— Tu ne soupçonnes pas, pauvre ange, une triste vérité; c'est que le Roi n'aime personne, et que ceux qui paraissent le plus en faveur sont les plus près d'être abandonnés par lui et jetés à celui qui engloutit et dévore tout.

[1] Il se nommait Laporte. Ni la crainte des supplices, ni l'espoir de l'or du Cardinal ne lui arrachèrent un mot des secrets de la Reine.

— Ah! mon Dieu! que me dites-vous?

— Sais-tu combien il en a perdu? poursuivit la Reine d'une voix plus basse et regardant ses yeux comme pour y lire toute sa pensée et y faire entrer la sienne; sais-tu la fin de ses favoris? T'a-t-on conté l'exil de Baradas, celui de Saint-Simon, le couvent de mademoiselle de La Fayette, la honte de madame de Hautefort, la mort de M. de Chalais, un enfant, le plus jeune et le premier de tous ceux qui furent suppliciés, proscrits ou emprisonnés, tous ont disparu sous son souffle, par un seul ordre de Richelieu à son maître, et, sans cette faveur que tu prends pour de l'amitié, leur vie eût été paisible; mais cette faveur est mortelle, c'est un poison. Tiens, vois cette tapisserie qui représente Sémélé; les favoris de Louis XIII ressemblent à cette femme : son attachement dévore comme ce feu qui l'éblouit et la brûle.

Mais la jeune duchesse n'était plus en état d'entendre la Reine; elle continuait à fixer sur elle de grands yeux noirs, qu'un voile de larmes obscurcissait; ses mains tremblaient dans celles d'Anne d'Autriche, et une agitation convulsive faisait frémir ses lèvres.

— Je suis bien cruelle, n'est-ce pas, Marie? poursuivit la Reine avec une voix d'une douceur extrême et en la caressant comme un enfant dont on veut tirer un aveu; oh! oui, sans doute, je suis bien méchante, notre cœur est bien gros; vous n'en pouvez plus, mon enfant. Allons, parlez-moi; où en êtes-vous avec M. de Cinq-Mars?

A ce mot, la douleur se fit un passage, et, toujours à genoux aux pieds de la Reine, Marie versa à son tour sur le sein de cette bonne princesse un déluge de pleurs avec des sanglots enfantins et des mouvements si violents dans sa tête et ses belles épaules, qu'il semblait que son cœur dût se briser. La Reine attendit longtemps la fin de ce premier mouvement en la berçant dans ses bras comme pour apaiser sa douleur, et répétant souvent :

— Ma fille, allons, ma fille, ne t'afflige pas ainsi!

— Ah! madame, s'écria-t-elle, je suis bien coupable envers vous; mais je n'ai pas compté sur ce cœur-là! J'ai eu bien tort, j'en serai peut-être bien punie! Mais, hélas! comment aurais-je osé vous parler, madame? Ce n'était pas d'ouvrir mon âme qui m'était difficile; c'était de vous avouer que j'avais besoin d'y faire lire.

La Reine réfléchit un moment, comme pour rentrer en elle-même, en mettant son doigt sur ses lèvres.

—Vous avez raison, reprit-elle ensuite, vous avez bien raison, Marie, c'est toujours le premier mot qu'il est difficile de nous dire, et cela nous perd souvent; mais il le faut, et, sans cette étiquette, on serait bien près de manquer de dignité. Ah! qu'il est difficile de régner! Aujourd'hui, voilà que je veux descendre dans votre cœur, et j'arrive trop tard pour vous faire du bien.

Marie de Mantoue baissa la tête sans répondre.

— Faut-il vous encourager à parler? reprit la Reine; faut-il vous rappeler que je vous ai presque adoptée comme ma fille aînée; qu'après avoir cherché à vous faire épouser le frère du Roi je vous préparais le trône de Pologne? faut-il plus, Marie? oui, il faut plus; je le ferai pour toi : si ensuite tu ne me fais pas connaître tout ton cœur, je t'ai mal jugée. Ouvre de ta main cette casette d'or : voici la clef; ouvre-la hardiment, ne tremble pas comme moi.

La duchesse de Mantoue obéit en hésitant, et vit dans ce petit coffre ciselé un couteau d'une forme grossière, dont la poignée était de fer et la lame très-rouillée; il était posé sur quelques lettres ployées avec soin sur lesquelles était le nom de Buckingham. Elle voulut les soulever, Anne d'Autriche l'arrêta.

— Ne cherche pas autre chose, lui dit-elle; c'est là tout le trésor de la Reine... C'en est un, car c'est le sang d'un homme qui ne vit plus, mais qui a vécu pour moi : il était le plus beau, le plus brave, le plus illustre des grands de l'Europe; il se couvrit des diamants de la couronne d'Angleterre pour me plaire; il fit naître une guerre sanglante et arma des flottes, qu'il commanda lui-même, pour le bonheur de combattre une fois celui qui était mon mari; il traversa les mers pour cueillir une fleur sur laquelle j'avais marché, et courut le risque de la mort pour baiser et tremper de larmes les pieds de ce lit, en présence de deux femmes de ma cour. Dirai-je plus ? oui, je te le dis à toi, je l'ai aimé, je l'aime encore dans le passé plus qu'on ne peut aimer d'amour. Eh bien, il ne l'a jamais su, jamais deviné : ce visage, ces yeux, ont été de marbre pour lui, tandis que mon cœur brûlait et se brisait de douleur ; mais j'étais Reine de France...

Ici Anne d'Autriche serra fortement le bras de Marie.

— Ose te plaindre à présent, continua-t-elle, si tu n'as pas pu me parler d'amour ; et ose te taire quand je viens de te dire de telles choses !

— Ah ! oui, madame, j'oserai vous confier ma douleur, puisque vous êtes pour moi...

— Une amie, une femme, interrompit la Reine ; j'ai été femme par mon effroi, qui t'a fait savoir un secret inconnu au monde entier ; j'ai été femme, tu le vois, par un amour qui survit à l'homme que j'aimais... Parle, parle-moi, il est temps...

— Il n'est plus temps au contraire, reprit Marie avec un sourire forcé ; M. de Cinq-Mars et moi nous sommes unis pour toujours.

— Pour toujours ! s'écria la Reine ; y pensez-vous ? et votre rang, votre nom, votre avenir, tout est-il perdu ? Réserveriez-vous ce désespoir à votre frère le duc de Rethel et à tous les Gonzague ?

— Depuis plus de quatre ans j'y pense et j'y suis résolue ; et depuis dix jours nous sommes fiancés...

— Fiancés ! s'écria la Reine en frappant ses mains ; on vous a trompée, Marie. Qui l'eût osé sans l'ordre du Roi ? C'est une intrigue que je veux savoir ; je suis sûre qu'on vous a entraînée et trompée.

Marie se recueillit un moment et dit:

— Rien ne fut plus simple, madame, que notre attachement. J'habitais, vous le savez, le vieux château de Chaumont, chez la maréchale d'Effiat, mère de M. de Cinq-Mars. Je m'y étais retirée pour pleurer mon père, et bientôt il arriva qu'il eut lui-même à regretter le sien. Dans cette nombreuse famille affligée, je ne vis que sa douleur qui fût aussi profonde que la mienne : tout ce qu'il disait je l'avais déjà pensé, et lorsque nous vînmes à nous parler de nos peines, nous les trouvâmes toutes semblables. Comme j'avais été la première malheureuse, je me connaissais mieux en tristesse, et j'essayais de le consoler en lui disant ce que j'avais souffert, de sorte qu'en me plaignant il s'oubliait. Ce fut le commencement de notre amour, qui, vous le voyez, naquit presque entre deux tombeaux.

— Dieu veuille, ma chère, qu'il ait une fin heureuse ! dit la Reine.

— Je l'espère, madame, puisque vous priez pour moi, poursuivit Marie ; d'ailleurs, tout me sourit à présent ; mais alors j'étais bien malheureuse ! La nouvelle arriva un jour au château que le Cardinal appelait M. de Cinq-Mars à l'armée ; il me sembla que l'on m'enlevait encore une fois l'un des miens, et pourtant nous étions étrangers. Mais M. de Bassompierre ne cessait de parler de batailles et de mort ; je me retirais chaque soir toute troublée, et je pleurais dans la nuit. Je crus d'abord que mes larmes coulaient encore pour le passé ; mais je m'aperçus que c'était pour l'avenir, et je sentis bien que ce ne pouvait plus être les mêmes pleurs, puisque je désirais les cacher.

Quelque temps se passa dans l'attente de ce départ ; je le voyais tous les jours et je le plaignais de partir, parce qu'il me disait à chaque instant qu'il aurait voulu vivre éternellement, comme dans ce temps-là, dans son pays et avec nous. Il fut ainsi sans ambition jusqu'au jour de son départ, parce qu'il ne savait pas s'il était... je n'ose dire à Votre Majesté...

Marie, rougissant, baissait des yeux humides en souriant...

— Allons ! dit la Reine, s'il était aimé, n'est-ce pas ?

— Et le soir, madame, il partit ambitieux.

— On s'en est aperçu en effet. Mais enfin il partit, dit Anne d'Autriche soulagée d'un peu d'inquiétude ; mais il est revenu depuis deux ans et vous l'avez vu ?...

— Rarement, madame, dit la jeune duchesse avec un peu de fierté, et toujours dans une église et en présence d'un prêtre, devant qui j'ai promis de n'être qu'à M. de Cinq-Mars.

— Est-ce bien là un mariage ? a-t-on bien osé le faire ? je m'en informerai. Mais, bon Dieu ! que de fautes ! que de fautes, mon enfant, dans le peu de mots que j'entends! Laissez-moi y rêver.

Et, se parlant tout haut à elle-même, la Reine poursuivit, les yeux et la tête baissés, dans l'attitude de la réflexion :

— Les reproches sont inutiles et cruels si le mal est fait : le passé n'est plus à nous, pensons au reste du temps. Cinq-Mars est bien par lui-même, brave, spirituel, profond même dans ses idées; je l'ai observé, il a fait en deux ans bien du chemin, et je vois que c'était pour Marie... Il se conduit bien; il est digne, oui, il est digne d'elle à mes yeux; mais, à ceux de l'Europe, non. Il faut qu'il s'élève davantage encore : la princesse de Mantoue ne peut pas avoir épousé moins qu'un prince. Il faudrait qu'il le fût. Pour moi, je n'y peux rien; je ne suis point la Reine, je suis la femme négligée du Roi. Il n'y a que le Cardinal, l'éternel Cardinal... et il est son ennemi, et peut-être cette émeute...

— Hélas! c'est le commencement de la guerre entre eux, je l'ai trop vu tout à l'heure.

— Il est donc perdu! s'écria la Reine en embrassant Marie. Pardon, mon enfant, je te déchire le cœur; mais nous devons tout voir et tout dire aujourd'hui; oui, il est perdu s'il ne renverse lui-même ce méchant homme, car le Roi n'y renoncera pas; la force seule...

— Il le renversera, madame; il le fera si vous l'aidez. Vous êtes comme la divinité de la France; oh! je vous en conjure! protégez l'ange contre le démon ; c'est votre cause, celle de votre royale famille, celle de toute votre nation...

La Reine sourit.

— C'est ta cause surtout, ma fille, n'est-il pas vrai? et c'est comme telle que je l'embrasserai de tout mon pouvoir; il n'est pas grand, je te l'ai dit; mais, tel qu'il est, je te le prête tout entier: pourvu cependant que cet *ange* ne descende pas jusqu'à des péchés mortels, ajouta-t-elle avec un regard plein de finesse; j'ai entendu prononcer son nom cette nuit par des voix bien indignes de lui.

— Oh! madame, je jurerais qu'il n'en savait rien!

— Ah! mon enfant, ne parlons pas d'affaires d'État, tu n'es pas bien savante encore; laisse-moi dormir un peu, si je le puis, avant l'heure de ma toilette; j'ai les yeux bien brûlants, et toi aussi peut-être.

En disant ces mots, l'aimable Reine pencha sa tête sur son oreiller, qui couvrait la cassette, et bientôt Marie la vit s'endormir à force de fatigue. Elle se leva alors, et, s'asseyant sur un grand fauteuil de tapisserie à bras et de forme carrée, joignit les mains sur ses genoux et se mit à rêver à sa situation douloureuse : consolée par l'aspect de sa douce protectrice, elle reportait souvent ses yeux sur elle pour surveiller son sommeil, et lui envoyait, en secret, toutes les bénédictions que l'amour prodigue toujours à ceux qui le protégent; baisant quelquefois les boucles de ses cheveux blonds, comme si, par ce baiser, elle eût dû lui glisser dans l'âme toutes les pensées favorables à sa pensée continuelle.

Le sommeil de la Reine se prolongeait, et Marie pensait et pleurait. Cependant elle se souvint qu'à dix heures elle devait paraître à la toilette royale devant toute la cour; elle voulut cesser de réfléchir pour arrêter ses larmes, et prit un gros volume in-folio placé sur une table marquetée d'émail et de médaillons : c'était l'*Astrée* de M. *d'Urfé*, ouvrage *de belle galanterie*, adoré des belles prudes de la cour. L'esprit naïf, mais juste, de Marie ne put entrer dans ces amours pastorales; elle était trop simple pour comprendre les bergers du Lignon, trop spirituelle pour se plaire à leurs discours, et trop passionnée pour sentir leur tendresse. Cependant la grande vogue de ce roman lui en imposait tellement qu'elle voulut se forcer à y prendre intérêt, et, s'accusant intérieurement chaque fois qu'elle éprouvait l'ennui qu'exhalaient les pages de son livre, elle le parcourut avec impatience pour trouver ce qui devait lui plaire et la transporter : une gravure l'arrêta; elle représentait la bergère Astrée avec des talons hauts, un corset et un immense *vertugadin*, s'élevant sur la pointe du pied pour regarder passer dans le fleuve le tendre Céladon, qui se noyait du désespoir d'avoir été reçu un peu froidement dans la matinée. Sans se rendre compte des motifs de son dégoût et des faussetés accumulées de ce tableau, elle chercha, en faisant rouler les pages sous son pouce, un mot qui fixât son attention ; elle vit celui de *druide*. — Ah ! voilà un grand caractère, se dit-elle ; je vais voir sans doute un de ces mystérieux sacrificateurs dont la Bretagne, m'a-t-on dit, conserve encore les pierres levées ; mais je le verrai sacrifiant des hommes : ce sera un spectacle d'horreur ; cependant lisons.

En se disant cela, Marie lut avec répugnance, en fronçant le sourcil et presque en tremblant ce qui suit :

« [1] Le druide Adamas appela délicatement les bergers Pimandre, Ligdamont et Clidamant arrivés tout nouvellement de Calais : Cette aventure ne peut finir, leur dit-il, que par extrémité d'amour. L'esprit, lorsqu'il aime, se transforme en l'objet aimé ; c'est pour figurer ceci que mes enchantements agréables vous font voir, dans cette fontaine, la nymphe Sylvie, que vous aimez tous trois. Le grand prêtre Amasis va venir de Montbrison, et vous expliquera la délicatesse de cette idée. Allez donc, gentils bergers ; si vos désirs sont bien réglés, ils ne vous causeront point de tourments ; et, s'ils ne le sont pas, vous en serez punis par des évanouissements semblables à ceux de Céladon et de la bergère Galatée, que le volage Hercule abandonna dans les montagnes d'Auvergne, et qui donna son nom au tendre pays des Gaules ; ou bien encore vous serez lapidés par les bergères du Lignon, comme le fut le farouche Amidor. La grande nymphe de cet antre a fait un enchantement.... »

L'enchantement de la *grande nymphe* fut complet sur la princesse, qui eut à peine assez de force pour chercher d'une main défaillante, vers la fin du livre, que le druide Adamas était une *ingénieuse allégorie*, figurant le lieutenant général de *Montbrison, de la famille des Papon ;* ses yeux fatigués se fermèrent, et le gros livre glissa sur sa robe jusqu'au coussin de velours où s'appuyaient ses pieds, et où reposèrent mollement la belle Astrée et le galant Céladon, moins immobiles que Marie de Mantoue, vaincue par eux et profondément endormie.

[1] Lisez l'*Astrée* (s'il est possible).

CHAPITRE XVI

LA CONFUSION

> Il faut, en France, beaucoup de fermeté et une grande étendue d'esprit pour se passer des charges et des emplois, et consentir ainsi à demeurer chez soi à ne rien faire. Personne, presque, n'a assez de mérite pour jouer ce rôle avec dignité, ni assez de fonds pour remplir le vide du temps, sans ce que le vulgaire appelle les *affaires*.
> Il ne manque cependant à l'oisiveté du sage qu'un meilleur nom, et que méditer, parler, lire et être tranquille, s'appelât travailler.
> LA BRUYÈRE.

Pendant cette même matinée dont nous avons vu les effets divers chez Gaston d'Orléans et chez la Reine, le calme et le silence de l'étude régnaient dans un cabinet modeste d'une grande maison voisine du Palais de Justice. Une lampe de cuivre d'une forme gothique y luttait avec le jour naissant, et jetait sa lumière rougeâtre sur un amas de papiers et de livres qui couvraient une grande table ; elle éclairait le buste de L'Hospital, celui de Montaigne, du président de Thou l'historien, et du roi Louis XIII ; une cheminée assez haute pour qu'un homme pût y entrer, et même s'y asseoir, était remplie par un grand feu brûlant sur d'énormes chenets de fer. Sur l'un de ces chenets était appuyé le pied du studieux de Thou, qui, déjà levé, examinait avec attention les œuvres nouvelles de Descartes et de Grotius ; il écrivait, sur son genou, ses notes sur ces livres de philosophie et de politique qui faisaient alors le sujet de toutes les conversations ;

mais en ce moment les *Méditations métaphysiques* absorbaient toute son attention ; le philosophe de la Touraine enchantait le jeune conseiller. Souvent, dans son enthousiasme, il frappait sur le livre en jetant des cris d'admiration ; quelquefois il prenait une sphère placée près de lui, et, la tournant longtemps sous ses doigts, s'enfonçait dans les plus profondes rêveries de la science; puis, conduit par leur profondeur à une élévation plus grande, se jetait à genoux tout à coup devant le crucifix placé sur la cheminée, parce qu'aux bornes de l'esprit humain il avait rencontré Dieu. En d'autres instants, il s'enfonçait dans les bras de son grand fauteuil de manière à être presque assis sur le dos, et, mettant ses deux mains sur ses yeux, suivait dans sa tête la trace des raisonnements de René Descartes, depuis cette idée de la première méditation :

« Supposons que nous sommes endormis, et que toutes ces particularités, savoir : que nous ouvrons les yeux, remuons la tête, étendons le bras, ne sont que de fausses illusions.... »

Jusqu'à cette sublime conclusion de la troisième :

« Il ne reste à dire qu'une chose : c'est que, semblable à l'idée de moi-même, celle de Dieu est née et produite avec moi dès lors que j'ai été créé. Et, certes, on ne doit pas trouver étrange que Dieu, en me créant, ait mis en moi cette idée pour être comme la marque de l'ouvrier empreinte sur son ouvrage. »

Ces pensées occupaient entièrement l'âme du jeune conseiller, lorsqu'un grand bruit se fit entendre sous ses fenêtres; il crut que le feu d'une maison excitait ces cris prolongés, et se hâta de regarder vers l'aile du bâtiment occupé par sa mère et ses sœurs ; mais tout y paraissait dormir, et les cheminées ne laissaient même échapper aucune fumée qui attestât le réveil des habitants : il en bénit le ciel ; et, courant à une autre fenêtre, il vit le peuple dont nous connaissons les exploits se presser vers les rues étroites qui mènent au quai. Après avoir examiné cette cohue de femmes et d'enfants, l'enseigne ridicule qui les guidait, et les grossiers travestissements des hommes : « C'est quelque fête populaire ou quelque comédie de carnaval. » se dit-il: et, s'étant placé de nouveau au coin de son feu, il prit un grand almanach sur la table et se mit à chercher avec beaucoup de soin quel saint on fêtait ce jour-là. Il regarda la colonne du mois de décembre, et, trouvant au quatrième jour de ce mois le nom de *sainte Barbe*, il se rappela qu'il venait de voir passer des espèces de petits canons et caissons, et, parfaitement satisfait de l'explication qu'il se donnait à lui-même, se hâta de chasser l'idée qui venait de le distraire, et se renfonça dans sa douce étude, se levant seulement quelquefois pour aller prendre un livre aux rayons de sa bibliothèque, et, après y avoir lu une phrase, une ligne ou seulement un mot, le jetait près de lui sur sa table ou sur le parquet, encombré ainsi de papiers qu'il se gardait bien de mettre à leur place, de crainte de rompre le fil de ses rêveries.

Tout à coup on annonça, en ouvrant brusquement la porte, un nom qu'il avait distingué parmi tous ceux du barreau, et un homme que ses relations dans la magistrature lui avaient fait connaître particulièrement.

— Eh! par quel hasard, à cinq heures du matin, vois-je entrer M. Fournier? s'écria-t-il; y a-t-il quelques malheureux à défendre, quelques familles à nourrir des fruits de son talent? a-t-il quelque erreur à détruire parmi nous, quelque vertu à réveiller dans nos cœurs? car ce sont là de ses œuvres accoutumées. Vous venez peut-être m'apprendre quelque nouvelle humiliation de notre parlement; hélas! les chambres secrètes de l'Arsenal sont plus puissantes que l'antique magistrature contemporaine de Clovis; le parlement s'est mis à genoux, tout est perdu, à moins qu'il ne se remplisse tout à coup d'hommes semblables à vous.

— Monsieur, je ne mérite pas vos éloges, dit l'avocat en entrant accompagné d'un homme grave et âgé, enveloppé comme lui d'un grand manteau; je mérite au contraire tout votre blâme, et j'en suis presque au repentir, ainsi que M. le comte du Lude, que voici. Nous venons vous demander asile pour la journée.

— Asile! et contre qui? dit de Thou en les faisant asseoir.

— Contre le plus bas peuple de Paris, qui nous veut pour chefs, et que nous fuyons; il est odieux: la vue, l'odeur, l'ouïe et le contact surtout sont par trop blessés, dit M. du Lude avec une gravité comique : c'est trop fort.

— Ah! ah! vous dites donc que c'est trop fort? dit de Thou très-étonné, mais ne voulant pas en faire semblant.

— Oui, reprit l'avocat; vraiment, entre nous, M. le Grand va trop loin.

— Oui, il pousse trop vite les choses; il fera avorter nos projets, ajouta son compagnon.

— Ah! ah! vous dites donc qu'il va trop loin? répondit, en se frottant le menton, de Thou toujours plus surpris.

Il y avait trois mois que son ami Cinq-Mars ne l'était venu voir, et lui, sans s'inquiéter beaucoup, le sachant à Saint-Germain, fort en faveur, et ne quittant pas le Roi, était très-reculé pour les nouvelles de la cour. Livré à ses graves études, il ne savait jamais les événements publics que lorsqu'on l'y obligeait à force de bruit; il n'était au courant de la vie qu'à la dernière extrémité, et donnait souvent un spectacle assez divertissant à ses amis intimes par ses étonnements naïfs, d'autant plus que, par un petit amour-propre mondain, il voulait avoir l'air de s'entendre aux choses publiques, et tentait de cacher la surprise qu'il éprouvait à chaque nouvelle. Cette fois il était encore dans ce cas, et à cet amour-propre se joignait celui de l'amitié; il ne voulait pas laisser croire que Cinq-Mars y eût manqué à son égard, et pour l'honneur même de son ami, voulait paraître instruit de ses projets.

— Vous savez bien où nous en sommes? continua l'avocat.

— Oui, sans doute; poursuivez.

— Lié comme vous l'êtes avec lui, vous n'ignorez pas que tout s'organise depuis un an...

— Certainement... tout s'organise... mais allez toujours...

— Vous conviendrez avec nous, monsieur, que M. le Grand est dans son tort...

— Ah! ah! c'est selon; mais expliquez-vous, je verrai...

— Eh bien, vous savez de quoi on était convenu à la dernière conférence dont il vous a rendu compte?

— Ah! c'est-à-dire... pardonnez-moi, je vois bien à peu près ; mais remettez-moi sur la voie...

— C'est inutile ; vous n'avez pas oublié sans doute ce que lui-même nous recommanda chez Marion de Lorme ?

— De n'ajouter personne à notre liste, dit M. du Lude.

— Ah! oui, oui, j'entends, dit de Thou ; cela me semble raisonnable, fort raisonnable, en vérité.

— Eh bien, poursuivit Fournier, c'est lui-même qui a enfreint cette convention ; car, ce matin, outre les drôles que ce furet de Gondi nous a amenés, on a vu je ne sais quel vagabond *capitan* qui, pendant la nuit, frappait à coups d'épée et de poignard des gentilshommes des deux partis en criant à tue-tête : A moi, d'Aubijoux! tu m'as gagné trois mille ducats, voilà trois coups d'épée. A moi, La Chapelle! j'aurai dix gouttes de ton sang en échange de mes dix pistoles ; et je l'ai vu de mes yeux attaquer ces messieurs et plusieurs autres encore des deux partis, assez loyalement, il est vrai, car il ne les frappait qu'en face et bien en garde, mais avec beaucoup de bonheur et une impartialité révoltante.

— Oui, monsieur, et j'allais lui en dire mon avis, reprit du Lude, quand je l'ai vu s'évader dans la foule comme un écureuil, et riant beaucoup avec quelques inconnus à figures basanées ; je ne doute pas cependant que M. de Cinq-Mars ne l'ait envoyé, car il donnait des ordres à cet Ambrosio, que vous devez connaître, ce prisonnier espagnol, ce vaurien qu'il a pris pour domestique. Ma foi, je suis dégoûté de cela, et je ne suis point fait pour être confondu avec cette canaille.

— Ceci, monsieur, reprit Fournier, est fort différent de l'affaire de Loudun. Le peuple ne fit que se soulever, sans se révolter réellement : dans ce pays, c'était la partie saine et estimable de la population, indignée d'un assassinat, et non animée par le vin et l'argent. C'était un cri jeté contre un bourreau, cri dont on pouvait être l'organe honorablement, et non pas ces hurlements de l'hypocrisie factieuse et d'un amas de gens sans aveu, sortis de la boue de Paris et vomis par ses égouts. J'avoue que je suis très-las de ce que je vois, et je suis venu aussi pour vous prier d'en parler à M. le Grand.

De Thou était fort embarrassé pendant ces deux discours, et cherchait en vain à comprendre ce que Cinq-Mars pouvait avoir à démêler avec le peuple, qui lui avait semblé se réjouir : d'un autre côté, il persistait à ne pas vouloir faire l'aveu de son ignorance ; elle était totale cependant, car, la dernière fois qu'il avait vu son ami, il ne parlait que des chevaux et des écuries du Roi, de la chasse au faucon et de l'importance du grand veneur dans les affaires de l'État, ce qui ne semblait pas annoncer de vastes projets où le peuple pût entrer. Enfin il se hasarda timidement à leur dire :

— Messieurs, je vous promets de faire votre commission ; en attendant, je vous offre ma table et des lits pour le temps que vous voudrez. Mais pour vous dire mon avis dans cette occasion, cela m'est difficile. Ah çà, dites-moi un peu, on n'a donc pas fêté la Sainte-Barbe ?

— La Sainte-Barbe ! dit Fournier.

— La Sainte-Barbe ! dit du Lude.

— Oui, oui, on a brûlé de la poudre ; c'est ce que veut dire M. de Thou, reprit le premier en riant. Ah ! c'est fort drôle ! fort drôle ! Oui, effectivement, je crois que c'est aujourd'hui la Sainte-Barbe.

Cette fois de Thou fut confondu de leur étonnement et réduit au silence ; pour eux, voyant qu'ils ne s'entendaient pas avec lui, ils prirent le parti de se taire de même.

Ils se taisaient encore, lorsque la porte s'ouvrit à l'ancien gouverneur de Cinq-Mars, l'abbé Quillet, qui entra en boitant un peu. Il avait l'air soucieux, et n'avait rien conservé de son ancienne gaieté dans son air et ses propos ; seulement son regard était vif et sa parole très-brusque.

— Pardon, pardon, mon cher de Thou, si je vous trouble si tôt dans vos occupations ; c'est étonnant, n'est-ce pas, de la part d'un goutteux ? Ah ! c'est que le temps s'avance ; il y a deux ans je ne boitais pas ; j'étais au contraire fort ingambe lors de mon voyage en Italie : il est vrai que la peur donne des jambes.

En disant cela, il se jeta au fond d'une croisée, et, faisant signe à de Thou d'y venir lui parler, il continua tout bas :

— Que je vous dise, mon ami, à vous qui êtes dans leurs secrets ; je les ai fiancés il y a quinze jours, comme ils vous l'ont raconté.

— Oui, vraiment! dit le pauvre de Thou, tombant de Charybde en Scylla, dans un autre étonnement.

— Allons, faites donc le surpris? vous savez bien qui, continua l'abbé. Mais, ma foi, je crains d'avoir eu trop de complaisance pour eux, quoique ces deux enfants soient vraiment intéressants par leur amour. J'ai peur de lui plus que d'elle; je crois qu'il fait des sottises, d'après l'émeute de ce matin. Nous devrions nous consulter là-dessus.

— Mais, dit de Thou très-gravement, je ne sais pas, d'honneur, ce que vous voulez dire. Qui donc fait des sottises?

— Allons donc, mon cher ! voulez-vous faire encore le mystérieux avec moi? C'est injurieux, dit le bonhomme, commençant à se fâcher.

— Non, vraiment! Mais qui avez-vous fiancé?

— Encore ! fi donc, monsieur !

— Mais quelle est donc cette émeute de ce matin?

— Vous vous jouez de moi. Je sors, dit l'abbé en se levant.

— Je vous jure que je ne comprends rien à tout ce qu'on me dit aujourd'hui. Est-ce monsieur de Cinq-Mars?

— A la bonne heure, monsieur, vous me traitez en Cardinaliste ; eh bien, quittons-nous, dit l'abbé Quillet furieux.

Et il reprit sa canne à béquille et sortit très-vite, sans écouter de Thou, qui le poursuivit jusqu'à sa voiture en cherchant à l'apaiser, mais sans y réussir, parce qu'il n'osait nommer son ami sur l'escalier devant ses gens et ne pouvait s'expliquer. Il eut le déplaisir de voir s'en aller son vieux abbé encore tout en colère, et lui cria : — A demain ! pendant que le cocher partait, et sans qu'il y répondît.

Il lui fut utile, cependant, d'être descendu jusqu'au bas des degrés de sa maison, car il vit des groupes hideux de gens du peuple qui revenaient du Louvre, et fut à même alors de juger de l'importance de leur mouvement dans la matinée; il entendit des voix grossières crier comme en triomphe :

— Elle a paru tout de même, la petite Reine! — Vive le bon duc de Bouillon, qui nous arrive! Il a cent mille hommes avec lui, qui viennent en radeau sur la Seine. Le vieux Cardinal de la Rochelle est mort. — Vive le Roi! vive M. le Grand!

Les cris redoublèrent à l'arrivée d'une voiture à quatre chevaux, dont les gens portaient la livrée du roi, et qui s'arrêta devant la porte du conseiller. Il reconnut l'équipage de Cinq-Mars, à qui Ambrosio descendit ouvrir les grands rideaux, comme les avaient les carrosses de cette époque. Le peuple s'était jeté entre le marchepied et les premiers degrés de la porte, de sorte qu'il lui fallut de véritables efforts pour descendre et se débarasser des femmes de la Halle, qui voulaient l'embrasser en criant :

— Te voilà donc, mon cœur, mon petit ami! Tu arrives donc, mon mignon! Voyez comme il est joli, c't amour avec sa grande collerette! Ça ne vaut-i pas mieux que c't autre avec sa moustache blanche? Viens, mon fils, apporte-nous du bon vin comme ce matin.

Henry d'Effiat serra, en rougissant, la main de son ami, qui se hâta de faire fermer ses portes. — Cette faveur populaire est un calice qu'il faut boire, dit-il en entrant...

— Il me semble, répondit gravement de Thou, que vous le buvez même jusqu'à la lie.

— Je vous expliquerai ce bruit, répondit Cinq-Mars un peu embarrassé. A présent, si vous m'aimez, habillez-vous pour m'accompagner à la toilette de la Reine.

— Je vous ai promis bien de l'aveuglement, dit le conseiller; cependant il ne peut se prolonger plus longtemps, en bonne foi...

— Encore une fois, je vous parlerai longuement en revenant de chez la Reine. Mais dépêchez-vous, il est dix heures bientôt.

— J'y vais avec vous, dit de Thou en le faisant entrer dans son cabinet, où se trouvaient le comte du Lude et Fournier. Et il passa lui-même dans un autre appartement.

CHAPITRE XVII

LA TOILETTE

> Nous allons chercher, comme dans les abîmes, les anciennes prérogatives de cette Noblesse qui, depuis onze siècles, est couverte de poussière, de sang et de sueur.
> MONTESQUIEU.

La voiture du Grand écuyer roulait rapidement vers le Louvre, lorsque, fermant les rideaux dont elle était garnie, il prit la main de son ami, et lui dit avec émotion :

— Cher de Thou, j'ai gardé de grands secrets sur mon cœur, et croyez qu'ils y ont été bien pesants ; mais deux craintes m'ont forcé au silence : celle de vos dangers, et, le dirai-je, celle de vos conseils.

— Vous savez cependant bien, dit de Thou, que je méprise les premiers, et je pensais que vous ne méprisiez pas les autres.

— Non ; mais je les redoutais, je les crains encore ; je ne veux point être arrêté. Ne parlez pas, mon ami, pas un mot, je vous en conjure, avant d'avoir entendu et vu ce qui va se passer. Je vous ramène chez vous en sortant du Louvre ; là, je vous écoute, et je pars pour continuer mon ouvrage, car rien ne m'ébranlera, je vous en avertis; je l'ai dit à ces messieurs chez vous tout à l'heure.

Cinq-Mars n'avait rien dans son accent de la rudesse que supposeraient ces paroles : sa voix était caressante, son regard doux, amical et affectueux, son air tranquille et déterminé dès longtemps; rien n'annonçait le moindre effort sur soi-même. De Thou le remarqua et en gémit.

— Hélas! dit-il en descendant de sa voiture avec lui.

Et il le suivit, en soupirant, dans le grand escalier du Louvre.

Lorsqu'ils entrèrent chez la Reine, annoncés par des huissiers vêtus de noir et portant une verge d'ébène, elle était assise à sa toilette. C'était une sorte de table d'un bois noir, plaquée d'écaille, de nacre et de cuivre incrustés, et formant une infinité de dessins d'assez mauvais goût, mais qui donnaient à tous les meubles un air de grandeur qu'on y admire encore; un miroir arrondi par le haut, et que les femmes du monde trouveraient aujourd'hui petit et mesquin, était seulement posé au milieu de la table; des bijoux et des colliers épars la couvraient. Anne d'Autriche, assise devant et placée sur un grand fauteuil de velours cramoisi à longues franges d'or, restait immobile et grave comme sur un trône, tandis que doña Stephania et madame de Motteville donnaient de chaque côté quelques coups de peigne fort légers, comme pour achever la coiffure de la Reine, qui était cependant en fort bon état, et déjà entremêlée de perles tressées avec ses cheveux blonds. Sa longue chevelure avait des reflets d'une beauté singulière, qui annonçaient qu'elle devait avoir au toucher la finesse et la douceur de la soie. Le jour tombait sans voile sur son front; il ne devait point redouter cet éclat, et en jetait un presque égal par sa surprenante blancheur, qu'elle se plaisait à faire briller ainsi; ses yeux bleus mêlés de vert étaient grands et réguliers, et sa bouche, très-fraîche, avait cette lèvre inférieure des princesses d'Autriche, un peu avancée et fendue légèrement en forme de cerise, que l'on peut remarquer encore dans tous les portraits de cette époque. Il semble que leurs peintres aient pris à tâche d'imiter la bouche de la Reine, pour plaire peut-être aux femmes de sa suite, dont la prétention devait être de lui ressembler. Les vêtements noirs, adoptés alors par la cour et dont la forme fut même fixée par un édit, relevaient encore l'ivoire de ses bras, découverts jusqu'au coude et ornés d'une profusion de dentelles qui sortaient de ses larges manches. De grosses perles pendaient à ses oreilles et un bouquet d'autres perles plus grandes se balançait sur sa poitrine et se rattachait à sa ceinture. Tel était l'aspect de la Reine en ce moment. A ses pieds, sur deux coussins de velours, un enfant de quatre ans jouait avec un petit canon qu'il brisait : c'était le Dauphin, depuis Louis XIV. La duchesse Marie de Mantoue était assise à sa droite sur un tabouret, la princesse de Guémenée, la duchesse de Chevreuse et mademoiselle de Montbazon, mesdemoiselles de Guise, de Rohan et de Vendôme, toutes belles ou brillantes de jeunesse, étaient placées derrière la Reine, et debout. Dans l'embrasure d'une croisée, Monsieur, le chapeau sous le bras, causait à voix basse avec un homme d'une taille élevée, assez gros, rouge de visage et l'œil fixe et hardi : c'était le duc de Bouillon. Un officier, d'environ vingt-cinq ans, d'une tournure svelte et d'une figure agréable, venait de remettre plusieurs papiers au prince ; le duc de Bouillon paraissait les lui expliquer.

M. de Thou après avoir salué la Reine, qui lui dit quelques mots, aborda la princesse de Guémenée et lui parla à demi-voix avec une intimité affectueuse, mais pendant cet aparté, attentif à surveiller tout ce qui touchait son ami, et tremblant en secret que sa destinée ne fût confiée à un être moins digne qu'il ne l'eût désiré, il examina la princesse Marie avec cette attention scrupuleuse, cet œil scrutateur d'une mère sur la jeune personne qu'elle choisirait pour compagne de son fils ; car il pensait qu'elle n'était pas étrangère aux entreprises de Cinq-Mars. Il vit avec mécontentement que sa parure, extrêmement brillante, semblait lui donner plus de vanité que cela n'eût dû être pour elle et dans un tel moment. Elle ne cessait de replacer sur son front et d'entremêler avec ses boucles de cheveux les rubis qui paraient sa tête, et n'égalaient pas l'éclat et les couleurs animées de son teint : elle regardait souvent Cinq-Mars, mais c'était plutôt le regard de la coquetterie que celui de l'amour, et souvent ses yeux étaient attirés vers les glaces de la toilette, où elle veillait à la symétrie de sa beauté. Ces observations du conseiller commencèrent à lui persuader qu'il s'était trompé en faisant tomber ses soupçons sur elle, et surtout quand il vit qu'elle semblait éprouver quelque plaisir à s'asseoir près de la Reine, tandis que les duchesses étaient debout derrière elle, et qu'elle les regardait souvent avec hauteur.

— Dans ce cœur de dix-neuf ans, se dit-il, l'amour serait seul, et aujourd'hui surtout : donc... ce n'est pas elle.

La Reine fit un signe de tête presque imperceptible à madame de Guéménée après que les deux amis eurent parlé à voix basse un moment avec chacun; et à ce signe toutes les femmes, excepté Marie de Gonzague, sortirent de l'appartement sans parler, avec de profondes révérences, comme si c'eût été convenu d'avance. Alors la Reine, retournant son fauteuil elle-même, dit à Monsieur :

— Mon frère, je vous prie de vouloir bien venir vous asseoir près de moi. Nous allons nous consulter sur ce que je vous ai dit. La princesse Marie ne sera point de trop, je l'ai priée de rester. Nous n'aurons aucune interruption à redouter d'ailleurs.

La Reine semblait plus libre dans ses manières et dans son langage; et, ne gardant plus sa sévère et cérémonieuse immobilité, elle fit aux autres assistants un geste qui les invitait à s'approcher d'elle.

Gaston d'Orléans, un peu inquiet de ce début solennel, vint nonchalamment s'asseoir à sa droite, et dit avec un demi-sourire et un air négligent, jouant avec sa fraise et la chaîne du Saint-Esprit pendante à son cou :

— Je pense bien, madame, que nous ne fatiguerons pas les oreilles d'une si jeune personne par une longue conférence; elle aimerait mieux entendre parler de danse et de mariage, d'un Électeur ou du roi de Pologne, par exemple.

Marie prit un air dédaigneux; Cinq-Mars fronça le sourcil.

— Pardonnez-moi, répondit la Reine en la regardant, je vous assure que la politique du moment l'intéresse beaucoup. Ne cherchez pas à nous échapper, mon frère, ajouta-t-elle en souriant, je vous tiens aujourd'hui! C'est bien la moindre chose que nous écoutions M. de Bouillon.

Celui-ci s'approcha, tenant par la main le jeune officier dont nous avons parlé.

— Je dois d'abord, dit-il, présenter à Votre Majesté le baron de Beauvau, qui arrive d'Espagne.

— D'Espagne? dit la Reine avec émotion; il y a du courage à cela. Vous avez vu ma famille?

—Il vous en parlera, ainsi que du comte-duc d'Olivarès. Quant au courage, ce n'est pas la première fois qu'il en montre : vous savez qu'il commandait les cuirassiers du comte de Soissons.

— Comment! si jeune, monsieur! vous aimez bien les guerres politiques!

— Au contraire, j'en demande pardon à Votre Majesté, répondit-il, car je servais avec les *princes de la Paix*.

Anne d'Autriche se rappela le nom qu'avaient pris les vainqueurs de la Marfée, et sourit. Le duc de Bouillon, saisissant le moment d'entamer la grande question qu'il avait en vue, quitta Cinq-Mars, auquel il venait de donner la main avec une effusion d'amitié, et, s'approchant avec lui de la Reine : — Il est miraculeux, madame, lui dit-il, que cette époque fasse encore jaillir de son sein quelques grands caractères comme ceux-ci; et il montra le grand écuyer, le jeune Beauvau et M. de Thou : ce n'est qu'en eux que nous pouvons espérer désormais : ils sont à présent bien rares, car le grand niveleur a passé sur la France une longue faux.

— Est-ce du Temps que vous voulez parler, dit la Reine, ou d'un personnage réel?

— Trop réel, trop vivant, trop longtemps vivant, madame, répondit le duc plus animé; cette ambition démesurée, cet égoïsme colossal, ne peuvent plus se supporter. Tout ce qui porte un grand cœur s'indigne de ce joug, et dans ce moment, plus que jamais, on entrevoit toutes les infortunes de l'avenir. Il faut le dire, madame ; oui, ce n'est plus le temps des ménagements : la maladie du Roi est très-grave; le moment de penser et de résoudre est arrivé, car le temps d'agir n'est pas loin.

Le ton sévère et brusque de M. de Bouillon ne surprit pas Anne d'Autriche ; mais elle l'avait toujours trouvé plus calme, et fut un peu émue de l'inquiétude qu'il témoignait : aussi, quittant le ton de la plaisanterie qu'elle avait d'abord voulu prendre :

— Eh bien, quoi? que craignez-vous, et que voulez-vous faire?

— Je ne crains rien pour moi, madame, car l'armée d'Italie ou Sedan me mettront toujours à l'abri ; mais je crains pour vous-même, et peut-être pour les princes vos fils.

— Pour mes enfants, monsieur le duc, pour les fils de France? L'entendez-vous, mon frère, l'entendez-vous? et vous ne paraissez pas étonné?

La Reine était fort agitée en parlant.

— Non, madame, dit Gaston d'Orléans fort paisiblement ; vous savez que je suis accoutumé à toutes les persécutions ; je m'attends à tout de la part de cet homme ; il est le maître, il faut se résigner...

— Il est le maître! reprit la Reine ; et de qui tient-il son pouvoir, si ce n'est du Roi? et, après le Roi, quelle main le soutiendra, s'il vous plaît ? qui l'empêchera de retomber dans le néant? sera-ce vous ou moi?

— Ce sera lui-même, interrompit M. de Bouillon, car il veut se faire nommer régent, et je sais qu'à l'heure qu'il est il médite de vous enlever vos enfants, et demande au roi que leur garde lui soit confiée.

— Me les enlever ! s'écria la mère, saisissant involontairement le Dauphin et le prenant dans ses bras.

L'enfant, debout entre les genoux de la Reine, regarda les hommes qui l'entouraient avec une gravité singulière à cet âge, et, voyant sa mère tout en larmes, mit la main sur la petite épée qu'il portait.

— Ah! monseigneur, dit le duc de Bouillon en se baissant à demi pour lui adresser ce qu'il voulait faire entendre à la princesse, ce n'est pas contre nous qu'il faut tirer votre épée, mais contre celui qui déracine votre trône ; il vous prépare une grande puissance, sans doute ; vous aurez un sceptre absolu ; mais il a rompu le faisceau d'armes qui le soutenait. Ce faisceau-là, c'était votre vieille Noblesse, qu'il a décimée. Quand vous serez roi, vous serez un grand roi, j'en ai le pressentiment ; mais vous n'aurez que des sujets et point d'amis, car l'amitié n'est que dans l'indépendance et une sorte d'égalité qui naît de la force. Vos ancêtres avaient leurs *pairs*, et vous n'aurez pas les vôtres. Que Dieu vous soutienne alors, monseigneur, car les hommes ne le pourront pas ainsi sans les institutions. Soyez grand ; mais surtout qu'après vous, grand homme, il en vienne toujours d'aussi forts ; car, en cet état de choses, si l'un d'eux trébuche, toute la monarchie s'écroulera.

Le duc de Bouillon avait une chaleur d'expression et une assurance qui captivaient toujours ceux qui l'entendaient : sa valeur, son coup d'œil dans les combats, la profondeur de ses vues politiques, sa connaissance des affaires d'Europe, son caractère réfléchi et décidé tout à la fois le rendaient l'un des hommes les plus capables et les plus imposants de son temps, le seul même que redoutât réellement le Cardinal-Duc. La Reine l'écoutait toujours avec confiance, et lui laissait prendre une sorte d'empire sur elle. Cette fois elle fut plus fortement émue que jamais.

— Ah ! plût à Dieu, s'écria-t-elle, que mon fils eût l'âme ouverte à vos discours et le bras assez fort pour en profiter ! Jusque-là pourtant j'entendrai, j'agirai pour lui ; c'est moi qui dois être et c'est moi qui serai régente, je n'abandonnerai ce droit qu'avec la vie : s'il faut faire une guerre, nous la ferons, car je veux tout, excepté la honte et l'effroi de livrer le futur Louis XIV à ce sujet couronné ! Oui, dit-elle en rougissant et serrant fortement le bras du jeune Dauphin ; oui, mon frère, et vous, messieurs, conseillez-moi : parlez, où en sommes-nous ? Faut-il que je parte ? dites-le ouvertement. Comme femme, comme épouse, j'étais prête à pleurer, tant ma situation était douloureuse ; mais à présent, voyez, comme mère je ne pleure pas ; je suis prête à vous donner des ordres s'il le faut !

Jamais Anne d'Autriche n'avait paru si belle qu'en ce moment, et cet enthousiasme qui paraissait en elle électrisa tous les assistants, qui ne demandaient qu'un mot de sa bouche pour parler. Le duc de Bouillon jeta un regard rapide sur Monsieur, qui se décida à prendre la parole.

— Ma foi, dit-il d'un air assez délibéré, si vous donnez des ordres, ma sœur, je veux être votre capitaine des gardes, sur mon honneur; car je suis las aussi des tourments que m'a causés ce misérable, qui ose encore me poursuivre pour rompre mon mariage, et tient toujours mes amis à la Bastille, ou les fait assassiner de temps en temps; et d'ailleurs je suis indigné, dit-il en se reprenant et baissant les yeux d'un air solennel, je suis indigné de la misère du peuple.

— Mon frère, reprit vivement la princesse, je vous prends au mot, car il faut faire ainsi avec vous, et j'espère qu'à nous deux nous serons assez forts; faites seulement comme M. le comte de Soissons, et ensuite survivez à votre victoire; rangez-vous avec moi comme vous fîtes avec M. de Montmorency, mais sautez le fossé.

Gaston sentit l'épigramme; il se rappela son trait trop connu, lorsque l'infortuné révolté de Castelnaudary franchit presque seul un large fossé et trouva de l'autre côté dix-sept blessures, la prison et la mort, à la vue de Monsieur, immobile comme son armée. Dans la rapidité de la prononciation de la Reine, il n'eut pas le temps d'examiner si elle avait employé cette expression proverbialement ou avec intention; mais, dans tous les cas, il prit le parti de ne pas la relever, et en fut empêché par elle-même, qui reprit en regardant Cinq-Mars.

— Mais, avant tout, pas de terreur panique : sachons bien où nous en sommes. Monsieur le Grand, vous quittez le Roi, avons-nous de telles craintes?

D'Effiat n'avait pas cessé d'observer Marie de Mantoue, dont la physionomie expressive peignait pour lui toutes ses idées plus rapidement et aussi sûrement que la parole; il y lut le désir de l'entendre parler, l'intention de faire décider Monsieur et la Reine;

un mouvement d'impatience de son pied lui donna l'ordre d'en finir et de régler enfin toute la conjuration. Son front devint pâle et plus pensif ; il se recueillit un moment car il sentait que là étaient toutes ses destinées. De Thou le regarda et frémit, parce qu'il le connaissait ; il eût voulu lui dire un mot, un seul mot ; mais Cinq-Mars avait déjà relevé la tête et parla ainsi :

—Je ne crois point, madame, que le Roi soit aussi malade qu'on vous l'a pu dire ; Dieu nous conservera longtemps encore ce prince, je l'espère, j'en suis certain même. Il souffre, il est vrai, il souffre beaucoup ; mais son âme surtout est malade, et d'un mal que rien ne peut guérir, d'un mal que l'on ne souhaiterait pas à son plus grand ennemi et qui le ferait plaindre de tout l'univers si on le connaissait. Cependant la fin de ses malheurs, je veux dire de sa vie, ne lui sera pas donnée encore de longtemps. Sa langueur est toute morale ; il se fait dans son cœur une grande révolution ; il voudrait l'accomplir et ne le peut pas : il a senti depuis longues années s'amasser en lui les germes d'une juste haine contre un homme auquel il croit devoir de la reconnaissance, et c'est ce combat intérieur entre sa bonté et sa colère qui le dévore. Chaque année qui s'est écoulée a déposé à ses pieds, d'un côté les travaux de cet homme, et de l'autre ses crimes. Voici qu'aujourd'hui ceux-ci l'emportent dans la balance ; le Roi voit et s'indigne : il veut punir ; mais tout à coup il s'arrête et le pleure d'avance. Si vous pouviez le contempler ainsi, madame, il vous ferait pitié. Je l'ai vu saisir la plume qui devait tracer son exil, la noircir d'une main hardie, et s'en servir, pour quoi ? pour le féliciter par une lettre. Alors il s'applaudit de sa bonté comme chrétien ; il se maudit comme juge souverain ; il se méprise comme Roi ; il cherche un refuge dans la prière et se plonge dans les méditations de l'avenir ; mais il se lève épouvanté, parce qu'il a entrevu les flammes que mérite cet homme, et que personne ne sait aussi bien que lui les secrets de sa damnation. Il faut l'entendre en cet instant s'accuser d'une coupable faiblesse et s'écrier qu'il sera puni lui-même de n'avoir pas su le punir ! On dirait quelquefois qu'il y a des ombres qui lui ordonnent de frapper, car son bras se lève en dormant. Enfin, madame, l'orage gronde dans son cœur, mais ne brûle que lui; la foudre n'en peut pas sortir.

— Eh bien, qu'on la fasse donc éclater, s'écria le duc de Bouillon.

— Celui qui la touchera peut en mourir, dit Monsieur.

— Mais quel beau dévouement ! dit la Reine.

— Que je l'admirerais! dit Marie à demi-voix.

— Ce sera moi, dit Cinq-Mars.

— Ce sera nous, dit M. de Thou à son oreille.

Le jeune Beauvau s'était rapproché du duc de Bouillon.

— Monsieur, lui dit-il, oubliez-vous la suite ?

— Non, pardieu, je ne l'oublie pas! répondit tout bas celui-ci. Et s'adressant à la Reine : — Acceptez, madame, l'offre de M. le Grand ; il est à portée de décider le Roi plus que vous et nous; mais tenez-vous prête à tout, car le Cardinal est trop habile pour s'endormir. Je ne crois pas à sa maladie; je ne crois point à son silence et à son immobilité, qu'il veut nous persuader depuis deux ans ; je ne croirais point à sa mort même, que je n'eusse porté sa tête dans la mer, comme celle du géant de l'Arioste. Attendez-vous à tout, hâtons-nous sur toutes choses. J'ai fait montrer mes plans à Monsieur tout à l'heure; je vais vous en faire l'abrégé: je vous offre Sedan, madame, pour vous et messeigneurs vos fils. L'armée d'Italie est à moi; je la fais rentrer s'il le faut. M. le Grand écuyer est maître de la moitié du camp de Perpignan; tous les vieux huguenots de la Rochelle et du Midi sont prêts au premier signe à le venir trouver : tout est organisé depuis un an par mes soins en cas d'événements.

— Je n'hésite point, dit la Reine, à me mettre dans vos mains pour sauver mes enfants s'il arrivait quelque malheur au Roi. Mais dans ce plan général vous oubliez Paris.

— Il est à nous par tous les points : le peuple par l'archevêque, sans qu'il s'en doute, et par M. de Beaufort, qui est son roi; les troupes par vos gardes et ceux de Monsieur, qui commandera tout, s'il le veut bien.

— Moi! moi! oh ! cela ne se peut pas absolument ; je n'ai pas assez de monde, et il me faut une retraite plus forte que Sedan, dit Gaston.

— Mais elle suffit à la Reine, reprit M. de Bouillon.

— Ah ! cela peut bien être, mais ma sœur ne risque pas autant qu'un homme qui tire l'épée. Savez-vous que c'est très-hardi ce que nous faisons là ?

— Quoi ! même ayant le roi pour nous ? dit Anne d'Autriche.

— Oui, madame, oui, on ne sait pas combien cela peut durer : il faut prendre ses sûretés, et je ne fais rien sans le traité avec l'Espagne.

— Ne faites donc rien, dit la Reine en rougissant ; car certes je n'en entendrai jamais parler.

— Ah ! madame, ce serait pourtant plus sage, et Monsieur a raison, dit le duc de Bouillon ; car le comte-duc de San-Lucar nous offre dix-sept mille hommes de vieilles troupes et cinq cent mille écus comptant.

— Quoi ! dit la Reine étonnée, on a osé aller jusque-là sans mon consentement ! déjà des accords avec l'étranger !

— L'étranger, ma sœur ! devions-nous supposer qu'une princesse d'Espagne se servirait de ce mot ? répondit Gaston.

Anne d'Autriche se leva en prenant le dauphin par la main, et s'appuyant sur Marie :

— Oui, Monsieur, dit-elle, je suis Espagnole ; mais je suis petite-fille de Charles-Quint, et je sais que la patrie d'une reine est autour de son trône.

Je vous quitte, messieurs ; poursuivez sans moi ; je ne sais plus rien désormais.

Elle fit quelques pas pour sortir, et, voyant Marie tremblante et inondée de larmes, elle revint.

— Je vous promets cependant solennellement un inviolable secret, mais rien de plus.

Tous furent un peu déconcertés, hormis le duc de Bouillon, qui, ne voulant rien perdre de ses avantages, lui dit en s'inclinant avec respect :

— Nous sommes reconnaissants de cette promesse, madame,

et nous n'en voulons pas plus, persuadés qu'après le succès vous serez tout à fait des nôtres.

Ne voulant plus s'engager dans une guerre de mots, la Reine salua un peu sèchement, et sortit avec Marie, qui laissa tomber sur Cinq-Mars un de ces regards qui renferment à la fois toutes les émotions de l'âme. Il crut lire dans ses beaux yeux le dévouement éternel et malheureux d'une femme donnée pour toujours, et il sentit que, s'il avait jamais eu la pensée de reculer dans son entreprise, il se serait regardé comme le dernier des hommes. Sitôt qu'on quitta les deux princesses :

— Là, là, là, je vous l'avais bien dit, Bouillon, vous fâchez la Reine, dit Monsieur; vous avez été trop loin aussi. On ne m'accusera pas certainement d'avoir faibli ce matin; j'ai montré, au contraire, plus de résolution que je n'aurais dû.

— Je suis plein de joie et de reconnaissance pour Sa Majesté, répondit M. de Bouillon d'un air triomphant; nous voilà sûrs de l'avenir. Qu'allez-vous faire à présent, monsieur de Cinq-Mars?

— Je vous l'ai dit, monsieur, je ne recule jamais; quelles qu'en puissent être les suites pour moi, je verrai le Roi; je m'exposerai à tout pour arracher ses ordres.

— Et le traité d'Espagne!

— Oui, je le...

De Thou saisit le bras de Cinq-Mars, et, s'avançant tout à coup, dit d'un air solennel :

— Nous avons décidé que ce serait après l'entrevue avec le Roi qu'on le signerait; car, si la juste sévérité de Sa Majesté envers le Cardinal vous en dispense, il vaut mieux, avons-nous pensé, ne pas s'exposer à la découverte d'un si dangereux traité.

M. de Bouillon fronça le sourcil.

— Si je ne connaissais M. de Thou, dit-il, je prendrais ceci pour une défaite; mais de sa part...

— Monsieur, reprit le conseiller, je crois pouvoir m'engager sur l'honneur à faire ce que fera M. le Grand; nous sommes inséparables.

Cinq-Mars regarda son ami, et s'étonna de voir sur sa figure douce l'expression d'un sombre désespoir ; il en fut si frappé qu'il n'eut pas la force de le contredire.

— Il a raison, messieurs, dit-il seulement avec un sourire froid, mais gracieux, le Roi nous épargnera peut-être bien des choses ; on est très-fort avec lui. Du reste, monseigneur, et vous, monsieur le duc, ajouta-t-il avec une inébranlable fermeté, ne craignez pas que jamais je recule ; j'ai brûlé tous les ponts derrière moi : il faut que je marche en avant ; la puissance du Cardinal tombera ou ce sera ma tête.

— C'est singulier ! fort singulier ! dit Monsieur ; je remarque que tout le monde ici est plus avancé que je ne le croyais dans la conjuration.

— Point du tout, Monsieur, dit le duc de Bouillon ; on n'a préparé que ce que vous voudrez accepter. Remarquez qu'il n'y a rien d'écrit, et que vous n'avez qu'à parler pour que rien n'existe et n'ait existé ; selon votre ordre, tout ceci sera un rêve ou un volcan.

— Allons, allons, je suis content, puisqu'il en est ainsi, dit Gaston ; occupons-nous de choses plus agréables. Grâce à Dieu, nous avons un peu de temps devant nous : moi j'avoue que je voudrais que tout fût déjà fini ; je ne suis point né pour les émotions violentes, cela prend sur ma santé, ajouta-t-il, s'emparant du bras de M. de Beauvau : dites-nous plutôt si les Espagnoles sont toujours jolies, jeune homme. On vous dit fort galant. Tudieu ! je suis sûr qu'on a parlé de vous là-bas. On dit que les femmes portent des vertugadins énormes ! Eh bien, je n'en suis pas ennemi du tout. En vérité cela fait paraître le pied plus petit et plus joli ; je suis sûr que la femme de don Louis de Haro n'est pas plus belle que madame de Guéménée, n'est-il pas vrai ? Allons, soyez franc, on m'a dit qu'elle avait l'air d'une religieuse. Ah !... vous ne répondez pas, vous êtes embarrassé... elle vous a donné dans l'œil... ou bien vous craignez d'offenser notre ami M. de Thou en la comparant à la belle Guéménée. Eh bien, parlons des usages : le roi a un nain charmant, n'est-ce pas ? on le met dans un pâté. Qu'il est heureux le roi d'Espagne ! je n'en ai jamais pu trouver un comme cela. Et la reine, on la sert à genoux toujours, n'est-il pas vrai? oh! c'est un bon usage; nous l'avons perdu; c'est malheureux, plus malheureux qu'on ne croit.

Gaston d'Orléans eut le courage de parler sur ce ton près d'une demi-heure de suite à ce jeune homme, dont le caractère sérieux ne s'accommodait point de cette conversation, et qui, tout rempli encore de l'importance de la scène dont il venait d'être témoin et des grands intérêts qu'on avait traités, ne répondit rien à ce flux de paroles oiseuses : il regardait le duc de Bouillon d'un air étonné, comme pour lui demander si c'était bien là cet homme que l'on allait mettre à la tête de la plus audacieuse entreprise conçue depuis longtemps, tandis que le prince, sans vouloir s'apercevoir qu'il restait sans réponses, les faisait lui-même souvent, et parlait avec volubilité en se promenant, et l'entraînant avec lui dans la chambre. Il craignait que l'un des assistants ne s'avisât de renouer la conversation terrible du traité; mais aucun n'en était tenté, sinon le duc de Bouillon, qui, cependant, garda le silence de la mauvaise humeur. Pour Cinq-Mars, il fut entraîné par de Thou, qui lui fit faire sa retraite à l'abri de ce bavardage, sans que Monsieur eût l'air de l'avoir vu sortir.

CHAPITRE XVIII

LE SECRET

> Et prononcés ensemble, à l'amitié fidèle
> Nos deux noms fraternels serviront de modèle.
> A. SOUMET, *Clytemnestre.*

De Thou était chez lui avec son ami, les portes de sa chambre refermées avec soin, et l'ordre donné de ne recevoir personne et de l'excuser auprès des deux réfugiés s'il les laissait partir sans les revoir; et les deux amis ne s'étaient encore adressé aucune parole.

Le conseiller était tombé dans son fauteuil et méditait profondément. Cinq-Mars, assis dans la cheminée haute, attendait d'un air sérieux et triste la fin de ce silence, lorsque de Thou, le regardant fixement et croisant les bras, lui dit d'une voix sombre :

— Voilà donc où vous en êtes venu! voilà donc les conséquences de votre ambition? vous allez faire exiler, peut-être tuer un homme, et introduire en France une armée étrangère; je vais donc vous voir assassin et traître à votre patrie! Par quels chemins êtes-vous arrivé jusque-là? par quels degrés êtes-vous descendu si bas?

— Un autre que vous ne me parlerait pas ainsi deux fois, dit froidement Cinq-Mars ; mais je vous connais, et j'aime cette explication ; je la voulais et je l'ai provoquée. Vous verrez aujourd'hui mon âme tout entière, je le veux. J'avais eu d'abord une autre pensée, une pensée meilleure peut-être, plus digne de notre amitié, plus digne de l'amitié, l'amitié, qui est la seconde chose de la terre.

Il élevait les yeux au ciel en parlant, comme s'il y eût cherché cette divinité.

— Oui, cela eût mieux valu. Je ne voulais rien dire ; c'était une tâche pénible, mais jusqu'ici j'y avais réussi. Je voulais tout conduire sans vous, et ne vous montrer cette œuvre qu'achevée ; je voulais toujours vous tenir hors du cercle de mes dangers ; mais, vous avouerai-je ma faiblesse ? j'ai craint de mourir mal jugé par vous, si j'ai à mourir : à présent je supporte bien l'idée de la malédiction du monde, mais non celle de la vôtre : c'est ce qui m'a décidé à vous avouer tout.

— Quoi ! et sans cette pensée vous auriez eu le courage de vous cacher toujours de moi ! Ah ! cher Henry, que vous ai-je fait pour prendre ce soin de mes jours ? Par quelle faute avais-je mérité de vous survivre, si vous mouriez ? Vous avez eu la force de me tromper durant deux années entières ; vous ne m'avez présenté de votre vie que ses fleurs ; vous n'êtes entré dans ma solitude qu'avec un visage riant, et chaque fois paré d'une faveur nouvelle ! ah ! il fallait que ce fût bien coupable ou bien vertueux !

— Ne voyez dans mon âme que ce qu'elle renferme. Oui, je vous ai trompé ; mais c'était la seule joie paisible que j'eusse au monde. Pardonnez-moi d'avoir dérobé ces moments à ma destinée, hélas ! si brillante. J'étais heureux du bonheur que vous me supposiez ; je faisais le vôtre avec ce songe ; et je ne suis coupable qu'aujourd'hui en venant le détruire et me montrer tel que j'étais. Écoutez-moi, je ne serai pas long : c'est toujours une histoire bien simple que celle d'un cœur passionné. Autrefois, je m'en souviens, c'était sous la tente, lorsque je fus blessé : mon secret fut près de m'échapper ; c'eût été un bonheur peut-être.

Cependant que m'auraient servi des conseils ? je ne les aurais pas suivis ; enfin, c'est Marie de Gonzague que j'aime.

—Quoi ! celle qui va être reine de Pologne ?

— Si elle est reine, ce ne peut être qu'après ma mort. Mais écoutez : pour elle je fus courtisan ; pour elle j'ai presque régné en France, et c'est pour elle que je vais succomber, et peut-être mourir.

— Mourir ! succomber ! quand je vous reprochais votre triomphe ! quand je pleurais sur la tristesse de votre victoire !

—Ah ! que vous me connaissez mal si vous croyez que je sois dupe de la Fortune quand elle me sourit ; si vous croyez que je n'aie pas vu jusqu'au fond de mon destin ! Je lutte contre lui, mais il est le plus fort, je le sens ; j'ai entrepris une tâche au-dessus des forces humaines, je succomberai.

— Eh ! ne pouvez-vous vous arrêter ? A quoi sert l'esprit dans les affaires du monde ?

— A rien, si ce n'est pourtant à se perdre avec connaissance de cause, à tomber au jour qu'on avait prévu. Je ne puis reculer enfin. Lorsqu'on a en face un ennemi tel que ce Richelieu, il faut le renverser ou en être écrasé. Je vais frapper demain le dernier coup ; ne m'y suis-je pas engagé devant vous tout à l'heure ?

— Et c'est cet engagement même que je voulais combattre. Quelle confiance avez-vous dans ceux à qui vous livrez ainsi votre vie ? N'avez-vous pas lu leurs pensées secrètes ?

— Je les connais toutes ; j'ai lu leur espérance à travers leur feinte colère ; je sais qu'ils tremblent en menaçant ; je sais qu'ils sont déjà prêts à faire leur paix en me livrant comme gage ; mais c'est à moi de les soutenir et de décider le Roi : il le faut, car Marie est ma fiancée, et ma mort est écrite à Narbonne.

C'est volontairement, c'est avec connaissance de tout mon sort que je me suis placé ainsi entre l'échafaud et le bonheur suprême. Il me faut l'arracher des mains de la Fortune, ou mourir. Je goûte en ce moment le plaisir d'avoir rompu toute incertitude ; eh quoi ! vous ne rougissez pas de m'avoir cru ambitieux par un vil égoïsme comme ce Cardinal ? ambitieux par le puéril désir d'un pouvoir qui n'est jamais satisfait? Je le suis, ambitieux, mais parce que j'aime. Oui, j'aime et tout est dans ce mot. Mais je vous accuse à tort; vous avez embelli mes intentions secrètes, vous m'avez prêté de nobles desseins (je m'en souviens), de hautes conceptions politiques ; elles sont belles, elles sont vastes, peut-être ; mais, vous le dirai-je ? ces vagues projets du perfectionnement des sociétés corrompues me semblent ramper encore bien loin au-dessous du dévouement de l'amour. Quand l'âme vibre tout entière, pleine de cette unique pensée, elle n'a plus de place à donner aux plus beaux calculs des intérêts généraux ; car les hauteurs même de la terre sont au-dessous du ciel.

De Thou baissa la tête.

— Que vous répondre? dit-il. Je ne vous comprends pas ; vous raisonnez le désordre, vous pesez la flamme, vous calculez l'erreur.

— Oui, reprit Cinq-Mars, loin de détruire mes forces, ce feu intérieur les a développées ; vous l'avez dit, j'ai tout calculé ; une marche lente m'a conduit au but que je suis près d'atteindre. Marie me tenait par la main, aurais-je reculé ? Devant un monde je ne l'aurais pas fait. Tout était bien jusqu'ici : mais une barrière invisible m'arrête : il faut la rompre, cette barrière ; c'est Richelieu. Je l'ai entrepris tout à l'heure devant vous ; mais peut-être me suis-je trop hâté : je le crois à présent. Qu'il se réjouisse ; il m'attendait. Sans doute il a prévu que ce serait le plus jeune qui manquerait de patience ; s'il en est ainsi, il a bien joué. Cependant, sans l'amour qui m'a précipité, j'aurais été plus fort que lui, quoique vertueux.

Ici, un changement presque subit se fit sur les traits de Cinq-Mars ; il rougit et pâlit deux fois, et les veines de son front s'élevaient comme des lignes bleues tracées par une main invisible.

— Oui, ajouta-t-il en se levant et tordant ses mains avec une force qui annonçait un violent désespoir concentré dans son cœur, tous les supplices dont l'amour peut torturer ses victimes, je les porte dans mon sein. Cette jeune enfant timide, pour qui je remuerais des empires, pour qui j'ai tout subi, jusqu'à la faveur d'un prince (et qui peut-être n'a pas senti tout ce que j'ai fait pour elle), ne peut encore être à moi. Elle m'appartient devant Dieu, et je lui parais étranger; que dis-je? il faut que j'entende discuter chaque jour, devant moi, lequel des trônes de l'Europe lui conviendra le mieux, dans des conversations où je ne peux même élever la voix pour avoir une opinion, tant on est loin de me mettre sur les rangs, et dans lesquelles on dédaigne pour elle les princes de sang royal qui marchent encore devant moi. Il faut que je me cache comme un coupable pour entendre à travers les grilles la voix de celle qui est ma femme; il faut qu'en public je m'incline devant elle! son amant et son mari dans l'ombre, son serviteur au grand jour! C'en est trop; je ne puis vivre ainsi; il faut faire le dernier pas, qu'il m'élève ou me précipite.

— Et, pour votre bonheur personnel, vous voulez renverser un État!

— Le bonheur de l'État s'accorde avec le mien. Je le fais en passant, si je détruis le tyran du Roi. L'horreur que m'inspire cet homme est passée dans mon sang. Autrefois, en venant le trouver, je rencontrai sur mes pas son plus grand crime, l'assassinat et la torture d'Urbain Grandier; il est le génie du mal pour le malheureux Roi, je le conjurerai : j'aurais pu devenir celui du bien pour Louis XIII; c'était une des pensées de Marie, sa pensée la plus chère. Mais je crois que je ne triompherai pas dans l'âme tourmentée du Roi.

— Sur quoi comptez-vous donc? dit de Thou.

— Sur un coup de dés. Si sa volonté peut cette fois durer quelques heures, j'ai gagné; c'est un dernier calcul auquel est suspendue ma destinée.

— Et celle de votre Marie!

— L'avez-vous cru! dit impétueusement Cinq-Mars. Non, non! s'il m'abandonne, je signe le traité d'Espagne et la guerre.

— Ah! quelle horreur! dit le conseiller; quelle guerre! une guerre civile! et l'alliance avec l'étranger!

— Oui, un crime, reprit froidement Cinq-Mars, eh! vous ai-je prié d'y prendre part?

— Cruel! ingrat! reprit son ami, pouvez-vous me parler ainsi? Ne savez-vous pas, ne vous ai-je pas prouvé que l'amitié tenait dans mon cœur la place de toutes les passions? Puis-je survivre non-seulement à votre mort, mais même au moindre de vos malheurs? Cependant laissez-moi vous fléchir et vous empêcher de frapper la France. O mon ami! mon seul ami! je vous en conjure à genoux, ne soyons pas ainsi parricides, n'assassinons pas notre Patrie! Je dis nous, car jamais je ne me séparerai de vos actions; conservez-moi l'estime de moi-même, pour laquelle j'ai tant travaillé; ne souillez pas ma vie et ma mort que je vous ai vouées.

De Thou était tombé aux genoux de son ami, et celui-ci, n'ayant plus la force de conserver sa froideur affectée, se jeta dans ses bras en le relevant, et, le serrant contre sa poitrine, lui dit d'une voix étouffée:

— Eh! pourquoi m'aimer autant, aussi? Qu'avez-vous fait, ami? Pourquoi m'aimer? vous qui êtes sage, pur et vertueux; vous que n'égarent pas une passion insensée et le désir de la vengeance; vous dont l'âme est nourrie seulement de religion et de science, pourquoi m'aimer! Que vous a donné mon amitié? que des inquiétudes et des peines. Faut-il à présent qu'elle fasse peser des dangers sur vous? Séparez-vous de moi, nous ne sommes plus de la même nature; vous le voyez, les cours m'ont corrompu: je n'ai plus de candeur, je n'ai plus de bonté; je médite le malheur d'un homme, je sais tromper un ami. Oubliez-moi, dédaignez-moi; je ne vaux plus une de vos pensées, comment serai-je digne de vos périls!

— En me jurant de ne pas trahir le Roi et la France, reprit de Thou. Savez-vous qu'il y va de partager votre Patrie? savez-vous que si vous livrez nos places fortes, on ne vous les rendra jamais? savez-vous que votre nom sera l'horreur de la postérité? savez-vous que les mères françaises le maudiront, quand elles seront forcées d'enseigner à leurs enfants une langue étrangère? le savez-vous? Venez.

Et il l'entraîna vers le buste de Louis XIII.

— Jurez devant lui (et il est votre ami aussi!), jurez de ne jamais signer cet infâme traité.

Cinq-Mars baissa les yeux, et, avec une inébranlable ténacité, répondit, quoique en rougissant :

— Je vous l'ai dit : si l'on m'y force, je signerai.

De Thou pâlit et quitta sa main ; il fit deux tours dans sa chambre, les bras croisés, dans une inexprimable angoisse. Enfin il s'avança solennellement vers le buste de son père, et ouvrit un grand livre placé au pied ; il chercha une page déjà marquée, et lut tout haut :

— *Je pense donc que M. de Lignebœuf fut justement condamné à mort par le parlement de Rouen pour n'avoir pas révélé la conjuration de Catteville contre l'État.*

Puis, gardant le livre avec respect ouvert dans sa main et contemplant l'image du président de Thou, dont il tenait les Mémoires :

— Oui, mon père, continua-t-il, vous aviez bien pensé, je vais être criminel, je vais mériter la mort ; mais puis-je faire autrement ? Je ne dénoncerai pas ce traître, parce que ce serait aussi trahir, et qu'il est mon ami, et qu'il est malheureux.

Puis, s'avançant vers Cinq-Mars et lui prenant de nouveau la main :

— Je fais beaucoup pour vous en cela, lui dit-il ; mais n'attendez rien de plus de ma part, monsieur, si vous signez ce traité.

Cinq-Mars était ému jusqu'au fond du cœur de cette scène, parce qu'il sentait tout ce que devait souffrir son ami en le repoussant. Il prit cependant encore sur lui d'arrêter une larme qui s'échappait de ses yeux, et répondit en l'embrassant :

— Ah ! de Thou, je vous trouve toujours aussi parfait ; oui, vous me rendez service en vous éloignant de moi, car, si votre sort eût été lié au mien, je n'aurais pas osé disposer de ma vie, et j'aurais hésité à la sacrifier s'il le faut ; mais je le ferai assurément à présent ; et, je vous le répète, si l'on m'y force, je signerai le traité avec l'Espagne.

CHAPITRE XIX

LA PARTIE DE CHASSE

> On a bien des grâces à rendre à son étoile quand on peut quitter les hommes sans être obligé de leur faire du mal et de se déclarer leur ennemi.
>
> Ch. Nodier, *Jean Sbogar*.

Cependant la maladie du Roi jetait la France dans un trouble que ressentent toujours les États mal affermis aux approches de la mort des princes. Quoique Richelieu fût le centre de la monarchie, il ne régnait pourtant qu'au nom de Louis XIII, et comme enveloppé de l'éclat de ce nom qu'il avait agrandi. Tout absolu qu'il était sur son maître, il le craignait néanmoins ; et cette crainte rassurait la nation contre ses désirs ambitieux, dont le Roi même était l'immuable barrière. Mais, ce prince mort, que ferait l'impérieux ministre ? où s'arrêterait cet homme qui avait tant osé ? Accoutumé à manier le sceptre, qui l'empêcherait de le porter toujours, et d'inscrire son nom seul au bas des lois que seul il avait dictées ? Ces terreurs agitaient tous les esprits. Le peuple cherchait en vain sur toute la surface du royaume ces colosses de la Noblesse aux pieds desquels il avait coutume de se mettre à l'abri dans les orages politiques, il ne voyait plus que leurs tombeaux récents ; les Parlements étaient muets, et l'on sentait que rien ne s'opposerait au monstrueux accroissement de ce pouvoir usurpateur. Personne n'était déçu complétement par les souffrances affectées du ministre : nul n'était touché de cette hypocrite agonie, qui avait trop souvent trompé l'espoir public, et l'éloignement n'empêchait pas de sentir peser partout le doigt de l'effrayant parvenu.

L'amour du peuple se réveillait aussi pour le fils d'Henry IV ; on courait dans les églises, on priait, et même on pleurait beaucoup. Les princes malheureux sont toujours aimés. La mélancolie de Louis et sa douleur mystérieuse intéressaient toute la France, et, vivant encore, on le regrettait déjà, comme si chacun eût désiré de recevoir la confidence de ses peines avant qu'il n'emportât avec lui le grand secret de ce que souffrent ces hommes placés si haut, qu'ils ne voient dans leur avenir que leur tombe.

Le Roi, voulant rassurer la nation entière, fit annoncer le rétablissement momentané de sa santé, et voulut que la cour se préparât à une grande partie de chasse donnée à Chambord, domaine royal où son frère, le duc d'Orléans, le priait de revenir.

Ce beau séjour était la retraite favorite du Roi, sans doute parce que, en harmonie avec sa personne, il unissait comme elle la grandeur à la tristesse. Souvent il y passait des mois entiers sans voir qui que ce fût, lisant et relisant sans cesse des papiers mystérieux, écrivant des choses inconnues, qu'il enfermait dans un coffre de fer dont lui seul avait le secret. Il se plaisait quelquefois à n'être servi que par un seul domestique, à s'oublier ainsi par lui-même par l'absence de sa suite, et à vivre pendant plusieurs jours comme un homme pauvre ou comme un citoyen exilé, aimant à se figurer la misère ou la persécution pour respirer de la royauté. Un autre jour, changeant tout à coup de pensée, il voulait vivre dans une solitude plus absolue ; et, lorsqu'il avait interdit son approche à tout être humain, revêtu de l'habit d'un moine, il courait s'enfermer dans la chapelle voûtée ; là, relisant la vie de Charles-Quint, il se croyait à Saint-Just, et chantait sur lui-même cette messe de la mort qui, dit-on, la fit descendre autrefois sur la tête de l'empereur espagnol. Mais, au milieu de ces chants et de ces méditations mêmes, son faible esprit était poursuivi et distrait pas des images contraires. Jamais le monde et la vie ne lui avaient paru plus beaux que dans la solitude et près de la tombe. Entre ses yeux et les pages qu'il s'efforçait de lire, passaient de brillants cortéges, des armées victorieuses, des peuples transportés d'amour; il se voyait puissant, combattant, triomphateur, adoré; et, si un rayon du soleil, échappé des vitraux, venait à tomber sur lui, se levant tout à coup du pied de l'autel, il se sentait emporté par une soif du jour ou du grand air qui l'arrachait de ces lieux sombres et étouffés; mais, revenu à la vie, il y retrouvait le dégoût et l'ennui, car les premiers hommes qu'il rencontrait lui rappelaient sa puissance par leurs respects. C'était alors qu'il croyait à l'amitié et l'appelait à ses côtés; mais à peine était-il sûr de sa possession véritable, qu'un grand scrupule s'emparait tout à coup de son âme : c'était celui d'un attachement trop fort pour la créature qui le détournait de l'adoration divine, ou, plus souvent encore, le reproche secret de s'éloigner trop des affaires d'État; l'objet de son affection momentanée lui semblait alors un être despotique, dont la puissance l'arrachait à ses devoirs; il se créait une chaîne imaginaire et se plaignait intérieurement d'être opprimé; mais, pour le malheur de ses favoris, il n'avait pas la force de manifester contre eux ses ressentiments par une colère qui les eût avertis; et, continuant à les carresser, il attisait, par cette contrainte, le feu secret de son cœur, et le poussait jusqu'à la haine; il y avait des moments où il était capable de tout contre eux.

Cinq-Mars connaissait parfaitement la faiblesse de cet esprit, qui ne pouvait se tenir ferme dans aucune ligne, et la faiblesse de ce cœur, qui ne pouvait ni aimer ni haïr complétement; aussi la position du favori, enviée de la France entière, et l'objet de la jalousie même du grand ministre, était-elle si chancelante et si douloureuse, que, sans son amour pour Marie, il eût brisé sa chaîne d'or avec plus de joie qu'un forçat n'en ressent dans son cœur lorsqu'il voit tomber le dernier anneau qu'il a limé pendant deux années avec un ressort d'acier caché dans sa bouche. Cette impatience d'en finir avec le sort qu'il voyait de si près hâta l'explosion de cette mine patiemment creusée, comme il l'avait avoué à son ami ; mais sa situation était alors celle d'un homme qui, placé à côté du livre de vie, verrait tout le jour y passer la main qui doit tracer sa damnation ou son salut. Il partit avec Louis XIII pour Chambord, décidé à choisir la première occasion favorable à son dessein. Elle se présenta.

Le matin même du jour fixé pour la chasse, le Roi lui fit dire qu'il l'attendait à l'escalier du Lys ; il ne sera peut-être pas inutile de parler de cette étonnante construction.

A quatre lieues de Blois, à une heure de la Loire, dans une petite valée fort basse, entre des marais fangeux et un bois de grands chênes, loin de toutes les routes, on rencontre tout à coup un château royal, ou plutôt magique. On dirait que, contraint par quelque lampe merveilleuse, un génie de l'Orient l'a enlevé pendant une des mille nuits, et l'a dérobé aux pays du soleil pour le cacher dans ceux du brouillard avec les amours d'un beau prince. Ce palais est enfoui comme un trésor ; mais à ses dômes bleus, à ses élégants minarets, arrondis sur de larges murs ou élancés dans l'air, à ses longues terrasses qui dominent les bois, à ses flèches légères que le vent balance, à ses croissants entrelacés partout sur les colonnades, on se croirait dans les royaumes de Bagdad ou de Cachemire, si les murs noircis, leur tapis de mousse et de lierre, et la couleur pâle et mélancolique du ciel, n'attestaient un pays pluvieux. Ce fut bien un génie qui éleva ces bâtiments ; mais il vint d'Italie et se nomma le Primatice ; ce fut bien un beau prince dont les amours s'y cachèrent ; mais il était Roi, et se nommait François 1er. Sa salamandre y jette ses flammes partout ; elle étincelle mille fois sur les voûtes, et y multiplie ses flammes comme les étoiles d'un ciel ; elle soutient les chapiteaux avec sa couronne ardente ; elle colore les vitraux de ses feux ; elle serpente avec les escaliers secrets, et partout semble dévorer de ses regards flamboyants les triples croissants d'une Diane mystérieuse, cette

Diane de Poitiers, deux fois déesse et deux fois adorée dans ces bois voluptueux.

Mais la base de cet étrange monument est comme lui pleine d'élégance et de mystère : c'est un double escalier qui s'élève en deux spirales entrelacées depuis les fondements les plus lointains de l'édifice jusqu'au-dessus des plus hauts clochers, et se termine par une lanterne ou cabinet à jour, couronnée d'une fleur de lis colossale, aperçue de bien loin ; deux hommes peuvent y monter en même temps sans se voir.

Cet escalier lui seul semble un petit temple isolé ; comme nos églises, il est soutenu et protégé par les arcades de ses ailes minces, transparentes, et, pour ainsi dire, brodées à jour. On croirait que la pierre docile s'est ployée sous le doigt de l'architecte ; elle paraît, si l'on peut le dire, pétrie selon les caprices de son imagination. On conçoit à peine comment les plans en furent tracés, et dans quels termes les ordres furent expliqués aux ouvriers ; cela semble une pensée fugitive, une rêverie brillante qui aurait pris tout à coup un corps durable ; c'est un songe réalisé.

Cinq-Mars montait lentement les larges degrés qui devaient le conduire auprès du Roi, et s'arrêtait plus lentement sur chaque marche à mesure qu'il approchait, soit dégoût d'aborder ce prince, dont il avait à écouter les plaintes nouvelles tous les jours, soit pour rêver à ce qu'il allait faire, lorsque le son d'une guitare vint frapper son oreille. Il reconnut l'instrument chéri de Louis et sa voix triste, faible et tremblante, qui se prolongeait sous les voûtes ; il semblait essayer l'une de ces romances qu'il composait lui-même, et répétait plusieurs fois d'une main hésitante un refrain imparfait. On destinguait mal les paroles, et il n'arrivait à l'oreille que quelques mots d'*abandon*, d'*ennui du monde* et de *belle flamme*.

Le jeune favori haussa les épaules en écoutant :

— Quel nouveau chagrin te domine ? dit-il ; voyons, lisons encore une fois dans ce cœur glacé qui croit désirer quelque chose.

Il entra dans l'étroit cabinet.

Vêtu de noir, à demi couché sur une chaise longue, et les coudes appuyés sur des oreillers, le prince touchait languissamment les cordes de sa guitare; il cessa de fredonner en apercevant le Grand écuyer, et, levant ses grands yeux sur lui d'un air de reproche, balança longtemps sa tête avant de parler; puis, d'un ton larmoyant et un peu emphatique :

— Qu'ai-je appris, Cinq-Mars? lui dit-il; qu'ai-je appris de votre conduite? Que vous me faites de peine en oubliant tous mes conseils! vous avez noué une coupable intrigue; était-ce de vous que je devais attendre de pareilles choses, vous dont la piété, la vertu, m'avaient tant attaché!

Plein de la pensée de ses projets politiques, Cinq-Mars se vit découvert et ne put se défendre d'un moment de trouble; mais, parfaitement maître de lui-même, il répondit sans hésiter :

— Oui, Sire, et j'allais vous le déclarer; je suis accoutumé à vous ouvrir mon âme.

— Me le déclarer! s'écria Louis XIII en rougissant et pâlissant comme sous les frissons de la fièvre, vous auriez osé souiller mes oreilles de ces affreuses confidences, monsieur! et vous êtes si calme en parlant de vos désordres! Allez, vous mériteriez d'être condamné aux galères comme un Rondin; c'est un crime de lèse-majesté que vous avez commis par votre manque de foi vis-à-vis de moi. J'aimerais mieux que vous fussiez faux monnayeur comme le marquis de Coucy, ou à la tête des Croquants, que de faire ce que vous avez fait; vous déshonorez votre famille et la mémoire du maréchal votre père.

Cinq-Mars, se voyant perdu, fit la meilleure contenance qu'il put, et dit avec un air résigné :

— Eh bien, Sire, envoyez-moi donc juger et mettre à mort; mais épargnez-moi vos reproches.

— Vous moquez-vous de moi, petit hobereau de province? reprit Louis; je sais très-bien que vous n'avez pas encouru la peine de mort devant les hommes, mais c'est au tribunal de Dieu, monsieur, que vous serez jugé.

— Ma foi, Sire, reprit l'impétueux jeune homme, que l'injure avait choqué, que ne me laissiez-vous retourner dans ma province que vous méprisez tant, comme j'en ai été tenté cent fois ? je vais y aller, je ne puis supporter la vie que je mène près de vous ; un ange n'y tiendrait pas. Encore une fois, faites-moi juger si je suis coupable, ou laissez-moi me cacher en Touraine. C'est vous qui m'avez perdu en m'attachant à votre personne ; si vous m'avez fait concevoir des espérances trop grandes, que vous renversiez ensuite, est-ce ma faute à moi ? Et pourquoi m'avez-vous fait Grand écuyer, si je ne devais pas aller plus loin ? Enfin, suis-je votre ami ou non ? et si je le suis, ne puis-je pas être duc, pair et même connétable, aussi bien que M. de Luynes, que vous avez tant aimé parce qu'il vous a dressé des faucons ? Pourquoi ne suis-je pas admis au conseil ? j'y parlerais aussi bien que toutes vos vieilles têtes à collerettes ; j'ai des idées neuves et un meilleur bras pour vous servir. C'est votre Cardinal qui vous a empêché de m'y appeler, et c'est parce qu'il vous éloigne de moi que je le déteste, continua Cinq-Mars en montrant le poing comme si Richelieu eût été devant lui ; oui, je le tuerais de ma main s'il le fallait !

D'Effiat avait les yeux enflammés de colère, frappait du pied en parlant, et tourna le dos au Roi comme un enfant qui boude, s'appuyant contre l'une des petites colonnes de la lanterne.

Louis, qui reculait devant toute résolution, et que l'irréparable épouvantait toujours, lui prit la main.

O faiblesse du pouvoir ! caprice du cœur humain ! c'était par ces emportements enfantins, par ces défauts de l'âge, que ce jeune homme gouvernait un roi de France à l'égal du premier politique du temps. Ce prince croyait, et avec quelque apparence de raison, qu'un caractère si emporté devait être sincère, et ses colères mêmes ne le fâchaient pas. Celle-ci d'ailleurs, ne portait pas sur ces reproches véritables, et il lui pardonnait de haïr le Cardinal. L'idée même de la jalousie de son favori contre le ministre lui plaisait, parce qu'elle supposait de l'attachement, et qu'il ne craignait que son indifférence. Cinq-Mars le savait et avait voulu s'échapper par là, préparant ainsi le Roi à considérer tout ce qu'il avait fait comme un jeu d'enfant, comme la conséquence de son amitié pour lui; mais le danger n'était pas si grand; il respira quand le prince lui dit :

— Il ne s'agit point du Cardinal, et je ne l'aime pas plus que vous; mais c'est votre conduite scandaleuse que je vous reproche et que j'aurai bien de la peine à vous pardonner. Quoi! monsieur, j'apprends qu'au lieu de vous livrer aux exercices de piété auxquels je vous ai habitué, quand je vous crois au *Salut* ou à l'*Angelus*, vous partez de Saint-Germain, et vous allez passer une partie de la nuit... chez qui? oserai-je le dire sans péché? chez une femme perdue de réputation, qui ne peut avoir avec vous que des relations pernicieuses au salut de votre âme, et qui reçoit chez elle des esprits forts; Marion de Lorme, enfin! Qu'avez-vous à répondre? Parlez.

Laissant sa main dans celle du Roi, mais toujours appuyé contre la colonne, Cinq-Mars répondit :

— Est-on donc si coupable de quitter des occupations graves pour d'autres plus graves encore? Si je vais chez Marion de Lorme, c'est pour entendre la conversation des savants qui s'y rassemblent. Rien n'est plus innocent que cette assemblée; on y fait des lectures qui se prolongent quelquefois dans la nuit, il est vrai, mais qui ne peuvent qu'élever l'âme, bien loin de la corrompre. D'ailleurs, vous ne m'avez jamais ordonné de vous rendre compte de tout; il y a longtemps que je vous l'aurais dit si vous l'aviez voulu.

— Ah! Cinq-Mars, Cinq-Mars! où est la confiance? N'en sentez-vous pas le besoin? C'est la première condition d'une amitié parfaite, comme doit être la nôtre, comme celle qu'il faut à mon cœur.

La voix de Louis était plus affectueuse, et le favori, le regardant par-dessus l'épaule, prit un air moins irrité, mais seulement ennuyé et résigné à l'écouter.

— Que de fois vous m'avez trompé! poursuivit le Roi; puis-je me fier à vous? ne sont-ce pas des galants et des damerets que vous voyez chez cette femme? N'y a-t-il pas d'autres courtisanes?

— Eh! mon Dieu, non, Sire; j'y vais souvent avec un de mes amis, un gentilhomme de Touraine, nommé René Descartes.

— Descartes! je connais ce nom-là; oui, c'est un officier qui se distingua au siége de la Rochelle, et qui se mêle d'écrire; il a une bonne réputation de piété, mais il est lié avec Desbarreaux, qui est un esprit fort. Je suis sûr que vous trouvez là beaucoup de gens qui ne sont point de bonne compagnie pour vous; beaucoup de jeunes gens sans famille, sans naissance. Voyons, dites-moi, qu'y avez-vous vu la dernière fois?

— Mon Dieu! je me rappelle à peine leurs noms, dit Cinq-Mars en cherchant les yeux en l'air; quelquefois, je ne les demande pas... C'était d'abord un certain monsieur, monsieur Groot, ou Grotius, un Hollandais.

— Je sais cela, un ami de Barneveldt; je lui fais une pension. Je l'aimais assez, mais le Card... mais on m'a dit qu'il était religionnaire exalté...

— Je vis aussi un Anglais, nommé John Milton, c'est un jeune homme qui vient d'Italie et retourne à Londres; il ne parle presque pas.

— Inconnu, parfaitement inconnu; mais je suis sûr que c'est encore quelque religionnaire. Et les Français, qui étaient-ils?

— Ce jeune homme qui a fait le *Cinna,* et qu'on a refusé trois fois à l'*Académie éminente;* il était fâché que du Ryer y fût à sa place. Il s'appelle Corneille...

— Eh bien, dit le Roi en croisant les bras et en le regardant d'un air de triomphe et de reproche, je vous le demande, quels sont ces gens-là? Est-ce dans un pareil cercle que l'on devrait vous voir?

Cinq-Mars fut interdit à cette observation dont souffrait son amour-propre, et dit en s'approchant du Roi:

— Vous avez bien raison, Sire; mais, pour passer une heure ou deux à entendre d'assez bonnes choses, cela ne peut pas faire de tort; d'ailleurs, il y va des hommes de la cour, tels que le duc de Bouillon, M. d'Aubijoux, le comte de Brion, le cardinal de La Valette, MM. de Montrésor, Fontrailles; et des hommes illustres dans les sciences, comme Mairet, Colletet, Desmarets, auteur de l'*Ariane;* Faret, Doujat, Charpentier, qui a écrit la belle *Cyropédie;* Giry, Bessons et Baro, continuateur de l'*Astrée*, tous académiciens.

— Ah! à la bonne heure, voilà des hommes d'un vrai mérite, reprit Louis; à cela il n'y a rien à dire; on ne peut que gagner. Ce sont des réputations faites, des hommes de poids. Çà, raccommodons-nous, touchez là, enfant. Je vous permettrai d'y aller quelquefois, mais ne me trompez plus; vous voyez que je sais tout. Regardez ceci.

En disant ces mots, le Roi tira d'un coffre de fer, placé contre le mur, d'énormes cahiers de papier barbouillé d'une écriture très-fine. Sur l'un était écrit *Baradas*, sur l'autre, *d'Hautefort* sur un troisième *La Fayette*, et enfin *Cinq-Mars*. Il s'arrêta à celui-là, et poursuivit :

— Voyez combien de fois vous m'avez trompé! Ce sont des fautes continuelles dont j'ai tenu registre moi-même depuis deux ans que je vous connais; j'ai écrit jour par jour toutes nos conversations. Asseyez-vous.

Cinq-Mars s'assit en soupirant, et eut la patience d'écouter pendant deux longues heures un abrégé de ce que son maître avait eu la patience d'écrire pendant deux années. Il mit plusieurs fois sa main devant sa bouche durant la lecture; ce que nous ferions tous certainement s'il fallait rapporter ces dialogues, que l'on trouva parfaitement en ordre à la mort du Roi, à côté de son testament. Nous dirons seulement qu'il finit ainsi :

— Enfin, voici ce que vous avez fait le 7 décembre, il y a trois jours : je vous parlais du vol de l'émérillon et des connaissances de vénerie qui vous manquent; je vous disais, d'après la *Chasse royale*, ouvrage du Roi Charles IX, qu'après que le veneur a accoutumé son chien à suivre une bête, il doit penser qu'il a envie de retourner au bois, et qu'il ne faut ni le tancer ni le frapper pour qu'il donne bien dans le trait; et que, pour apprendre à un chien à bien se rabattre, il ne faut laisser passer ni couler de faux-fuyants, ni nulles sentes, sans y mettre le nez.

Voilà ce que vous m'avez répondu (et d'un ton d'humeur, remarquez bien cela) : « Ma foi, Sire, donnez-moi plutôt des régiments à conduire que des oiseaux et des chiens. Je suis sûr qu'on se moquerait de vous et de moi si on savait de quoi nous nous occupons. » Et le 8... attendez, oui, le 8, tandis que nous chantions vêpres ensemble dans ma chambre, vous avez jeté votre livre dans le feu avec colère, ce qui était une impiété ; et ensuite vous m'avez dit que vous l'aviez laissé tomber : péché, péché mortel ; voyez, j'ai écrit dessous : *mensonge*, souligné. On ne me trompe jamais, je vous le disais bien.

— Mais, Sire...

— Un moment, un moment. Le soir vous avez dit du Cardinal qu'il avait fait brûler un homme injustement et par haine personnelle.

— Et je le répète, et je le soutiens, et je le prouverai, Sire ; c'est le plus grand crime de cet homme que vous hésitez à disgracier et qui vous rend malheureux. J'ai tout vu, tout entendu moi-même à Loudun : Urbain Grandier fut assassiné plutôt que jugé. Tenez, Sire, puisque vous avez là ces mémoires de votre main, relisez toutes les preuves que je vous en donnai alors.

Louis, cherchant la page indiquée et remontant au voyage de Perpignan à Paris, lut tout ce récit avec attention en s'écriant :

— Quelles horreurs ! Comment avais-je oublié tout cela ? Cet homme me fascine, c'est certain. Tu es mon véritable ami, Cinq-Mars. Quelles horreurs ! mon règne en sera taché. Il a empêché toutes les lettres de la Noblesse et de tous les notables du pays d'arriver à moi. Brûler, brûler vivant ! sans preuves ! par vengeance ! Un homme, un peuple ont invoqué mon nom inutilement, une famille me maudit à présent ! Ah ! que les rois sont malheureux !

Le prince en finissant jeta ses papiers et pleura.

— Ah ! Sire, elles sont bien belles les larmes que vous versez, s'écria Cinq-Mars avec une sincère admiration : que toute la France n'est-elle ici avec moi ! elle s'étonnerait à ce spectacle, qu'elle aurait peine à croire.

— S'étonnerait ! la France ne me connaît donc pas ?

— Non, Sire, dit d'Effiat avec franchise, personne ne vous connaît ; et moi-même je vous accuse souvent de froideur et d'une indifférence générale contre tout le monde.

— De froideur ! quand je meurs de chagrin ; de froideur ! quand je me suis immolé à leurs intérêts ? Ingrate nation ! je lui ai tout sacrifié, jusqu'à l'orgueil, jusqu'au bonheur de la guider moi-même, parce que j'ai craint pour elle ma vie chancelante ; j'ai donné mon sceptre à porter à un homme que je hais, parce que j'ai cru sa main plus forte que la mienne ; j'ai supporté le mal qu'il me faisait à moi-même, en songeant qu'il faisait du bien à mes peuples : j'ai dévoré mes larmes pour tarir les leurs ; et je vois que mon sacrifice a été plus grand même que je ne le croyais, car ils ne l'ont pas aperçu ; ils m'ont cru incapable parce que j'étais timide, et sans forces parce que je me défiais des miennes ; mais n'importe, Dieu me voit et me connaît.

— Ah ! Sire, montrez-vous à la France tel que vous êtes ; reprenez votre pouvoir usurpé ; elle fera par amour pour vous ce que la crainte n'arrachait pas d'elle ; revenez à la vie et remontez sur le trône.

— Non, non, ma vie s'achève, cher ami ; je ne suis plus capable des travaux du pouvoir suprême.

— Ah ! Sire, cette persuation seule vous ôte vos forces. Il est temps enfin que l'on cesse de confondre le pouvoir avec le crime et d'appeler leur union génie. Que votre voix s'élève pour annoncer à la terre que le règne de la vertu va commencer avec votre règne ; et dès lors ces ennemis que le vice a tant de peine à réduire tomberont devant un mot sorti de votre cœur. On n'a pas encore calculé tout ce que la bonne foi d'un roi de France peut faire de son peuple, ce peuple que l'imagination et la chaleur de l'âme entraînent si vite vers tout ce qui est beau, et que tous les genres de dévouement trouvent prêt. Le Roi votre père nous conduisait par un sourire ; que ne ferait pas une de vos larmes ! il ne s'agit que de nous parler.

Pendant ce discours, le Roi surpris rougit souvent, toussa et donna des signes d'un grand embarras, comme toutes les fois qu'on voulait lui arracher une décision ; il sentait aussi l'approche d'une conversation d'un ordre trop élevé, dans laquelle la timidité de son esprit l'empêchait de se hasarder ; et, mettant souvent la main sur sa poitrine en fronçant le sourcil, comme ressentant une vive douleur, il essaya de se tirer par la maladie de la gêne de répondre ; mais, soit emportement, soit résolution de jouer le dernier coup, Cinq-Mars poursuivit sans se troubler avec une solennité qui en imposait à Louis. Celui-ci, forcé dans ses derniers retranchements, lui dit :

— Mais, Cinq-Mars, comment se défaire d'un ministre qui depuis dix-huit ans m'a entouré de ses créatures ?

— Il n'est pas si puissant, reprit le Grand écuyer ; et ses amis seront ses plus cruels adversaires, si vous faites un signe de tête. Toute l'ancienne ligue des *princes de la Paix* existe encore, Sire, et ce n'est que le respect dû au choix de Votre Majesté qui l'empêche d'éclater.

— Ah ! bon Dieu ! tu peux leur dire qu'ils ne s'arrêtent pas pour moi ; je ne les gêne point, ce n'est pas moi qu'on accusera d'être Cardinaliste. Si mon frère veut me donner le moyen de remplacer Richelieu, ce sera de tout mon cœur.

— Je crois, Sire, qu'il vous parlera aujourd'hui de M. le duc de Bouillon ; tous les Royalistes le demandent.

— Je ne le hais point, dit le Roi en arrangeant l'oreiller de son fauteuil, je ne le hais point du tout quoique un peu factieux. Nous sommes parents, sais-tu cher ami (et il mit à cette expression favorite plus d'abandon qu'à l'ordinaire)? sais-tu qu'il descend de saint Louis de père en fils, par Charlotte de Bourbon, fille du duc de Montpensier ? sais-tu que sept princesses du sang sont entrées dans sa maison, et que huit de la sienne, dont l'une a été reine, ont été mariées à des princes du sang ? Oh ! je ne le hais point du tout ; je n'ai jamais dit cela, jamais.

— Eh bien, Sire, dit Cinq-Mars avec confiance, Monsieur et lui vous expliqueront, pendant la chasse, comment tout est préparé, quels sont les hommes que l'on pourra mettre à la place de ses créatures, quels sont les mestres de camp et les colonels sur lesquels on peut compter contre Fabert et tous les Cardinalistes de Perpignan. Vous verrez que le ministre a bien peu de monde à lui. La Reine, Monsieur, la Noblesse et les Parlements sont de notre parti ; et c'est une affaire faite dès que Votre Majesté ne s'oppose plus. On a proposé de faire disparaître Richelieu comme le maréchal d'Ancre, qui le méritait moins que lui.

— Comme Concini? dit le Roi. Oh ! non, il ne le faut pas... je ne le veux vraiment pas... Il est prêtre et cardinal, nous serions excommuniés. Mais, s'il y a une autre manière, je le veux bien ; tu peux en parler à tes amis, j'y songerai de mon côté.

Une fois ce mot jeté, Louis s'abandonna à son ressentiment, comme s'il venait de le satisfaire, et comme si le coup eût déjà été porté. Cinq-Mars en fut fâché parce qu'il craignait que sa colère, se répandant ainsi, ne fût pas de longue durée. Cependant il crut à ses dernières paroles, surtout lorsque, après des plaintes interminables, Louis ajouta :

— Enfin, croirais-tu que depuis deux ans que je pleure ma mère, depuis ce jour où il me joua si cruellement devant toute ma cour en me demandant son rappel quand il savait sa mort, depuis ce jour, je ne puis obtenir qu'on la fasse inhumer en France avec mes pères? Il a exilé jusqu'à sa cendre!

En ce moment Cinq-Mars crut entendre du bruit sur l'escalier ; le Roi rougit un peu.

— Va-t'en, dit-il, va vite te préparer pour la chasse ; tu seras à cheval près de mon carrosse ; va vite, je le veux, va.

Et il poussa lui-même Cinq-Mars vers l'escalier et vers l'entrée qui l'avait introduit.

Le favori sortit ; mais le trouble de son maître ne lui était point échappé.

Il descendait lentement et en cherchait la cause en lui-même, lorsqu'il crut entendre le bruit de deux pieds qui montaient la double partie de l'escalier à vis, tandis qu'il descendait l'autre ; il s'arrêta, on s'arrêta ; il remonta, il lui sembla qu'on descendait ; il savait qu'on ne pouvait rien voir entre les jours de l'architecture, et se décida à sortir, impatienté de ce jeu, mais très-inquiet. Il eût voulu pouvoir se tenir à la porte d'entrée pour voir qui paraîtrait. Mais à peine eut-il soulevé la tapisserie qui donnait sur la salle des gardes, qu'une foule de courtisans qui l'attendait l'entoura, et l'obligea de s'éloigner pour donner les ordres de sa charge ou de recevoir des respects, des confidences, des sollicitations, des présentations, des recommandations, des embrassades, et ce torrent de relations graduelles qui entourent un favori, et pour lesquelles il faut une attention présente et toujours soutenue, car une distraction peut causer de grands malheurs. Il oublia ainsi à peu près cette petite circonstance qui pouvait n'être qu'imaginaire, et, se livrant aux douceurs d'une sorte d'apothéose continuelle, monta à cheval dans la grande cour, servi par de nobles pages, et entouré des plus brillants gentilshommes.

Bientôt Monsieur arriva suivi des siens; et une heure ne s'était pas écoulée, que le Roi parut, pâle, languissant, et appuyé sur quatre hommes. Cinq-Mars, mettant pied à terre, l'aida à monter dans une sorte de petite voiture fort basse, que l'on appelait *brouette*, et dont Louis XIII conduisait lui-même les chevaux très-dociles et très-paisibles. Les piqueurs à pied, aux portières, tenaient les chiens en laisse; au bruit du cor, des centaines de jeunes gens montèrent à cheval, et tout partit pour le rendez-vous de la chasse.

C'était à une ferme nommée l'Ormage que le Roi l'avait fixé, et toute la cour, accoutumée à ses usages, se répandit dans les allées du parc, tandis que le Roi suivait lentement un sentier isolé ayant à sa portière le Grand écuyer et quatre personnages auxquels il avait fait signe de s'approcher.

L'aspect de cette partie de plaisir était sinistre : l'approche de l'hiver avait fait tomber presque toutes les feuilles des grands chênes du parc, et les branches noires se détachaient sur un ciel gris comme les branches des candélabres funèbres; un léger brouillard semblait annoncer une pluie prochaine; à travers le bois éclairci et les tristes rameaux, on voyait passer lentement les pesants carrosses de la cour, remplis de femmes vêtues de noir uniformément[1], et condamnées à attendre le résultat d'une chasse qu'elles ne voyaient pas ; les meutes donnaient *des voix* éloignées, et le cor se faisait entendre quelquefois comme un soupir ; un vent froid et piquant obligeait chacun à se couvrir ; et quelques femmes, mettant sur leur visage un voile ou un masque de velours noir pour se préserver de l'air que n'arrêtaient pas les rideaux de leurs carrosses (car ils n'avaient point de glaces encore), semblaient porter le costume que nous appelons *domino*.

Tout était languissant et triste. Seulement quelques groupes de jeunes gens, emportés par la chasse, traversaient comme le vent l'extrémité d'une allée en jetant des cris ou donnant du cor ; puis tout retombait dans le silence, comme, après la fusée du feu d'artifice, le ciel paraît plus sombre.

Dans un sentier parallèle à celui que suivait lentement le Roi, s'étaient réunis quelques courtisans enveloppés dans leur manteaux. Paraissant s'occuper fort peu du chevreuil, ils marchaient à cheval à la hauteur de la brouette du Roi, et ne la perdaient pas de vue. Ils parlaient à demi-voix.

— C'est bien, Fontrailles, c'est bien ; victoire ! Le Roi lui prend le bras à tout moment. Voyez-vous comme il lui sourit ? Voilà M. le Grand qui descend de cheval et monte sur le siége à côté de lui. Allons, allons, le vieux matois est perdu cette fois !

— Ah ! ce n'est rien encore que cela ! n'avez-vous pas vu comme le Roi a touché la main à Monsieur ? Il vous a fait signe, Montrésor ; Gondi, regardez donc.

— Eh ! regardez ! c'est bien aisé à dire ; mais je n'y vois pas avec mes yeux, moi ; je n'ai que ceux de la foi et les vôtres. Eh bien, qu'est-ce qu'ils font ? Je voudrais bien ne pas avoir la vue si basse. Racontez-moi cela, qu'est-ce qu'ils font ?

Montrésor reprit :

— Voici le Roi qui se penche à l'oreille du duc de Bouillon et qui lui parle... il parle encore, il gesticule, il ne cesse pas. Oh ! il va être ministre.

---

[1] Un édit de 1639 avait déterminé le costume de la cour. Il était simple et noir.

— Il sera ministre, dit Fontrailles.

— Il sera ministre, dit le comte du Lude.

— Ah! ce n'est pas douteux, reprit Montrésor.

— J'espère que celui-là me donnera un régiment, et j'épouserai ma cousine! s'écria Olivier d'Entraigues d'un ton de page.

L'abbé de Gondi, en ricanant et regardant au ciel, se mit à chanter un air de chasse :

> Les étourneaux ont le vent bon,
> Ton ton, ton ton, ton taine, ton, ton.

.... Je crois, messieurs, que vous y voyez plus trouble que moi, ou qu'il se fait des miracles dans l'an de grâce 1642 ; car M. de Bouillon n'est pas plus près d'être premier ministre que moi, quand le Roi l'embrasserait. Il a de grandes qualités, mais il ne parviendra pas, parce qu'il est tout d'une pièce ; cependant j'en fait grand cas pour sa vaste et sotte ville de Sedan; c'est un foyer, c'est un bon foyer pour nous.

Montrésor et les autres étaient trop attentifs à tous les gestes du prince pour répondre, et ils continuèrent :

— Voilà M. le Grand qui prend les rênes des chevaux et qui conduit.

L'abbé reprit sur le même air :

> Si vous conduisez ma brouette,
> Ne versez pas, beau postillon,
> Ton ton, ton ton, ton taine, ton ton.

— Ah! l'abbé, vos chansons me rendront fou ! dit Fontrailles ; vous avez donc des airs pour tous les événements de la vie?

— Je vous fournirai aussi des événements qui iront sur tous les airs, reprit Gondi.

— Ma foi, l'air de ceux-ci me plaît, répondit Fontrailles plus bas ; je ne serai pas obligé par MONSIEUR de porter à Madrid son diable de traité, et je n'en suis point fâché; c'est une commission assez scabreuse : les Pyrénées ne se passent point si facilement qu'il le croit, et le Cardinal est sur la route.

— Ah! ah! ah! s'écria Montrésor.

— Ah! ah! dit Olivier.

— Eh bien, quoi? ah! ah! dit Gondi; qu'avez-vous donc découvert de si beau?

— Ma foi, pour le coup, le Roi a touché la main de Monsieur; Dieu soit loué, messieurs! Nous voilà défaits du Cardinal : le vieux sanglier est forcé. Qui se chargera de l'expédier? Il faut le jeter dans la mer.

— C'est trop beau pour lui, dit Olivier; il faut le juger.

— Certainement, dit l'abbé; comment donc! nous ne manquerons pas de chefs d'accusation contre un insolent qui a osé congédier un page; n'est-il pas vrai?

Puis, arrêtant son cheval et laissant marcher Olivier et Montrésor, il se pencha du côté de M. du Lude, qui parlait à deux personnages plus sérieux, et dit :

— En vérité, je suis tenté de mettre mon valet de chambre aussi dans le secret; on n'a jamais vu traiter une conjuration aussi légèrement. Les grandes entreprises veulent du mystère; celle-ci serait admirable si l'on s'en donnait la peine. Notre partie est plus belle qu'aucune que j'aie lue dans l'histoire; il y aurait là de quoi renverser trois royaumes si l'on voulait, et les étourderies gâteront tout. C'est vraiment dommage; j'en aurais un regret mortel. Par goût, je suis porté à ces sortes d'affaires, et je suis attaché de cœur à celle-ci, qui a de la grandeur; vraiment, on ne peut pas le nier. N'est-ce pas, d'Aubijoux? n'est-il pas vrai, Montmort?

Pendant ces discours, plusieurs grands et pesants carrosses, à six et quatre chevaux, suivaient la même allée à deux cents pas de ces messieurs; les rideaux étaient ouverts du côté gauche pour voir le Roi. Dans le premier était la Reine; elle était seule dans le fond, vêtue de noir et voilée. Sur le devant était la maréchale d'Effiat, et aux pieds de la Reine était placée la princesse Marie. Assise de côté, sur un tabouret, sa robe et ses pieds sortaient de la voiture et étaient appuyés sur un marchepied doré, car il n'y avait point de portières, comme nous l'avons déjà dit; elle cherchait à voir aussi, à travers les arbres, les gestes du Roi, et se penchait souvent, importunée du passage continuel des chevaux du prince Palatin et de sa suite.

Ce prince du Nord était envoyé par le roi de Pologne pour négocier de grandes affaires en apparence, mais, au fond, pour préparer la duchesse de Mantoue à épouser le vieux roi Uladislas VI, et il déployait à la cour de France tout le luxe de la sienne, appelée alors *barbare* et *scythe* à Paris, et justifiait ces noms par des costumes étranges et orientaux. Le Palatin de Posnanie était fort beau, et portait, ainsi que les gens de sa suite, une barbe longue, épaisse, la tête rasée à la turque, et couverte d'un bonnet fourré, une veste courte et enrichie de diamants et de rubis ; son cheval était peint en rouge et chargé de plumes. Il avait à sa suite une compagnie de gardes polonais habillés de rouge et de jaune, portant de grands manteaux à manches longues qu'ils laissaient pendre négligemment sur l'épaule. Les seigneurs polonais qui l'escortaient étaient vêtus de brocart d'or et d'argent, et l'on voyait flotter derrière leur tête rasée une seule mèche de cheveux qui leur donnait un aspect asiatique et tartare aussi inconnu de la cour de Louis XIII que celui des Moscovites. Les femmes trouvaient tout cela un peu sauvage et assez effrayant.

Marie de Gonzague était importunée des saluts profonds et des grâces orientales de cet étranger et de sa suite. Toutes les fois qu'il passait devant elle, il se croyait obligé de lui adresser un compliment à moitié français, où il mêlait gauchement quelques mots d'espérance et de royauté. Elle ne trouva d'autre moyen de s'en défaire que de porter plusieurs fois son mouchoir à son nez en disant assez haut à la Reine :

— En vérité, madame, ces messieurs ont une odeur sur eux qui fait mal au cœur?

— Il faudra bien raffermir votre cœur, cependant, et vous accoutumer à eux, répondit Anne d'Autriche un peu sèchement.

Puis tout à coup, craignant de l'avoir affligée :

— Vous vous y accoutumerez comme nous, continua-t-elle avec gaieté ; et vous savez qu'en fait d'odeurs je suis fort difficile. M. Mazarin m'a dit l'autre jour que ma punition en purgatoire serait d'en respirer de mauvaises, et de coucher dans des draps de toile de Hollande.

Malgré quelques mots enjoués, la Reine fut cependant fort grave, et retomba dans le silence. S'enfonçant dans son carrosse, enveloppée de sa mante, et ne prenant en apparence aucun intérêt à tout ce qui se passait autour d'elle, elle se laissait aller au balancement de la voiture. Marie, toujours occupée du Roi, parlait à demi-voix à la maréchale d'Effiat; toutes deux cherchaient à se donner des espérances qu'elles n'avaient pas, et se trompaient par amitié.

— Madame, je vous félicite; M. le Grand est assis près du Roi; jamais on n'a été si loin, disait Marie.

Puis elle se taisait longtemps, et la voiture roulait tristement sur des feuilles mortes et desséchées.

— Oui, je le vois avec une grande joie; le Roi est si bon! répondait la maréchale.

Et elle soupirait profondément.

Un long et morne silence succéda encore; toutes deux se regardèrent et se trouvèrent mutuellement les yeux en larmes. Elles n'osèrent plus se parler, et Marie, baissant la tête, ne vit plus que la terre brune et humide qui fuyait sous les roues. Une triste rêverie occupait son âme; et, quoiqu'elle eût sous les yeux le spectacle de la première cour de l'Europe aux pieds de celui qu'elle aimait, tout lui faisait peur, et de noirs pressentiments la troublaient involontairement.

Tout à coup un cheval passa devant elle comme le vent; elle leva les yeux, et eut le temps de voir le visage de Cinq-Mars. Il ne la regardait pas; il était pâle comme un cadavre, et ses yeux se cachaient sous ses sourcils froncés et l'ombre de son chapeau abaissé. Elle le suivit du regard en tremblant; elle le vit s'arrêter au milieu du groupe des cavaliers qui précédaient les voitures, et qui le reçurent le chapeau bas. Un moment après, il s'enfonça dans un taillis avec l'un d'entre eux, la regarda de loin, et la suivit des yeux jusqu'à ce que la voiture fût passée; puis il lui sembla qu'il donnait à cet homme un rouleau de papiers en disparaissant dans le bois. Le brouillard qui tombait l'empêcha de le voir plus loin. C'était une de ces brumes si fréquentes aux bords de la Loire. Le soleil parut d'abord comme une petite lune sanglante, enveloppée dans un linceul déchiré, et se cacha en une demi-heure sous un voile si épais, que Marie distinguait à peine les premiers chevaux du carrosse, et que les hommes qui passaient à quelques pas, lui semblaient des ombres grisâtres. Cette vapeur glacée devint une pluie pénétrante et en même temps un nuage d'une odeur fétide. La Reine fit asseoir la belle princesse près d'elle et voulut rentrer; on retourna vers Chambord en silence et au pas. Bientôt on entendit les cors qui sonnaient le retour et rappelaient les meutes égarées; des chasseurs passaient rapidement près de la voiture, cherchant leur chemin dans le brouillard, et s'appelant à haute voix. Marie ne voyait souvent que la tête d'un cheval ou un corps sombre sortant de la triste vapeur des bois, et cherchait en vain à distinguer quelques paroles. Cependant son cœur battit; on appelait M. de Cinq-Mars : *Le Roi demande M. le Grand*, répétait-on; *où peut être allé M. le Grand écuyer ?* Une voix dit en passant près d'elle : *Il s'est perdu tout à l'heure*. Et ces paroles bien simples la firent frissonner, car son esprit affligé leur donnait un sens terrible. Cette pensée la suivit jusqu'au château et dans ses appartements, où elle courut s'enfermer. Bientôt elle entendit le bruit de la rentrée du Roi et de Monsieur, puis, dans la forêt, quelques coups de fusil dont on ne voyait pas la lumière. Elle regardait en vain aux étroits vitraux; ils semblaient tendus au dehors d'un drap blanc qui ôtait le jour.

Cependant, à l'extrémité de la forêt, vers Montfrault, s'étaient égarés deux cavaliers ; fatigués de chercher la route du château dans la monotone similitude des arbres et des sentiers, ils allaient s'arrêter près d'un étang, lorsque huit ou dix hommes environ, sortant des taillis, se jetèrent sur eux, et, avant qu'ils eussent le temps de s'armer, se pendirent à leurs jambes, à leurs bras et à la bride de leurs chevaux, de manière à les tenir immobiles. En même temps une voix rauque, partant du brouillard, cria :

— Êtes-vous Royalistes ou Cardinalistes ? Criez : Vive le Grand ! ou vous êtes morts.

— Vils coquins ! répondit le premier cavalier en cherchant à ouvrir les fontes de se pistolets, je vous ferai pendre pour abuser de mon nom !

— *Dios el Señor !* cria la même voix.

Aussitôt tous ces hommes lachèrent leur proie et s'enfuirent dans les bois ; un éclat de rire sauvage retentit, et un homme seul s'approcha de Cinq-Mars.

— *Amigo*, ne me reconnaissez-vous pas ? C'est une plaisanterie de Jacques, le capitaine espagnol.

Fontrailles se rapprocha et dit tout bas au Grand écuyer.

— Monsieur, voilà un gaillard entreprenant ; je vous conseille de l'employer ; il ne faut rien négliger.

— Écoutez-moi, reprit Jacques de Laubardemont, et parlons vite. Je ne suis pas un faiseur de phrases comme mon père, moi. Je me souviens que vous m'avez rendu quelques bons offices, et dernièrement encore vous m'avez été utile, comme vous l'êtes toujours, sans le savoir ; car j'ai un peu réparé ma fortune dans vos petites émeutes. Si vous voulez, je puis vous rendre un important service ; je commande quelques braves.

— Quels services ? dit Cinq-Mars ; nous verrons.

— Je commence par un avis. Ce matin, pendant que vous descendiez de chez le Roi par un côté de l'escalier, le père Joseph y montait par l'autre.

— O ciel ! voilà donc le secret de son changement subit et inexplicable ! Se peut-il ? un Roi de France ! et il nous a laissés lui confier tous nos projets !

— Eh bien ! voilà tout ? vous ne me dites rien ? Vous savez que j'ai une vieille affaire à démêler avec le capucin.

— Que m'importe ?

Et il baissa la tête, absorbé dans une rêverie profonde.

— Cela vous importe beaucoup, puisque, si vous dites un mot, je vous déferai de lui avant trente-six heures d'ici, quoiqu'il soit à présent bien près de Paris. Nous pourrions y ajouter le Cardinal, si l'on voulait.

— Laissez-moi : je ne veux point de poignards, dit Cinq-Mars.

— Ah! oui, je vous comprends, reprit Jacques, vous avez raison : vous aimez mieux qu'on le dépêche à coups d'épée. C'est juste, il en vaut la peine, on doit cela au rang. Il convient mieux que ce soient des grands seigneurs qui s'en chargent, et que celui qui l'expédiera soit en passe d'être maréchal. Moi je suis sans prétention ; il ne faut pas avoir trop d'orgueil, quelque mérite qu'on puisse avoir dans sa profession : je ne dois pas toucher au Cardinal, c'est un morceau de Roi.

— Ni à d'autres, dit le Grand écuyer.

— Ah ! laissez-nous le capucin, reprit en insistant le capitaine Jacques.

— Si vous refusez cette offre, vous avez tort, dit Fontrailles ; on n'en fait pas d'autres tous les jours. Vitry a commencé sur Concini, et on l'a fait maréchal. Nous voyons des gens fort bien en cour qui ont tué leurs ennemis de leur propre main dans les rues de Paris, et vous hésitez à vous défaire d'un misérable ! Richelieu a bien ses coquins, il faut que vous ayez les vôtres ; je ne conçois pas vos scrupules.

— Ne le tourmentez pas, lui dit Jacques brusquement ; je connais cela, j'ai pensé comme lui étant enfant, avant de raisonner. Je n'aurais pas tué seulement un moine ; mais je vais lui parler, moi.

Puis, se tournant du côté de Cinq-Mars :

— Écoutez : quand on conspire, c'est qu'on veut la mort ou tout au moins la perte de quelqu'un... Hein ?

Et il fit une pause.

— Or, dans ce cas-là, on est brouillé avec le bon Dieu et d'accord avec le diable... Hein ?

Secundo, comme on dit à la Sorbonne, il n'en coûte pas plus, quand on est damné, de l'être pour beaucoup que pour peu... Hein ?

Ergo, il est indifférent d'en tuer mille ou d'en tuer un. Je vous défie de répondre à cela.

— On ne peut pas mieux dire, docteur en estoc, répondit Fontrailles en riant à demi, et je vois que vous serez un bon compagnon de voyage. Je vous mène avec moi en Espagne, si vous voulez.

— Je sais bien que vous y allez porter le traité, reprit Jacques, et je vous conduirai dans les Pyrénées par des chemins inconnus aux hommes; mais je n'en aurai pas moins un chagrin mortel de n'avoir pas tordu le cou, avant de partir, à ce vieux bouc que nous laissons en arrière, comme un cavalier au milieu d'un jeu d'échecs. Encore une fois, monseigneur, continua-t-il d'un air de componction en s'adressant de nouveau à Cinq-Mars, si vous avez de la religion, ne vous y refusez plus ; et souvenez-vous des paroles de nos pères théologiens, Hurtado de Mendoza et Sanchez, qui ont prouvé qu'on peut tuer en cachette son ennemi, puisque l'on évite par ce moyen deux péchés : celui d'exposer sa vie, et celui de se battre en duel. C'est d'après ce grand principe consolateur que j'ai toujours agi.

— Laissez-moi, laissez-moi, dit encore Cinq-Mars d'une voix étouffée par la fureur; je pense à d'autres choses.

— A quoi de plus important ? dit Fontrailles ; cela peut être d'un grand poids dans la balance de nos destins.

— Je cherche combien y pèse le cœur d'un Roi, reprit Cinq-Mars.

— Vous m'épouvantez moi-même, répondit le gentilhomme ; nous n'en demandons pas tant.

— Je n'en dis pas tant non plus que vous croyez, monsieur, continua d'Effiat d'une voix sévère; ils se plaignent quand un sujet les trahit : c'est à quoi je songe. Eh bien, la guerre ! la guerre ! Guerres civiles, guerres étrangères, que vos fureurs s'allument ! puisque je tiens la flamme, je vais l'attacher aux mines. Périsse l'État, périssent vingt royaumes s'il le faut ! il ne doit pas arriver des malheurs ordinaires lorsque le Roi trahit le sujet. Écoutez-moi.

Et il emmena Fontrailles à quelques pas.

— Je ne vous avais chargé que de préparer notre retraite et nos secours en cas d'abandon de la part du Roi. Tout à l'heure je l'avais pressenti à cause de ses amitiés forcées, et je m'étais décidé à vous faire partir, parce qu'il a fini sa conversation par nous annoncer son départ pour Perpignan. Je craignais Narbonne; je vois à présent qu'il y va se rendre comme prisonnier au Cardinal. Partez, et partez sur-le-champ. J'ajoute aux lettres que je vous ai données le traité que voici; il est sous des noms supposés, mais voici la contre-lettre; elle est signée de MONSIEUR, du duc de Bouillon et de moi. Le comte-duc d'Olivarès ne désire que cela. Voici encore des *blancs* du duc d'Orléans que vous remplirez comme vous le voudrez. Partez, dans un mois je vous attends à Perpignan, et je ferai ouvrir Sedan aux dix-sept mille Espagnols sortis de Flandre.

Puis marchant vers l'aventurier qui l'attendait :

— Pour vous, mon brave, puisque vous voulez faire le *capitan,* je vous charge d'escorter ce gentilhomme jusqu'à Madrid; vous en serez récompensé largement.

Jacques, frisant sa moustache, lui répondit :

— Vous n'êtes pas dégoûté en m'employant ! vous faites preuve de tact et de bon goût. Savez-vous que la grande reine Christine de Suède m'a fait demander, et voulait m'avoir près d'elle en qualité d'homme de confiance? Elle a été élevée au son du canon par le *Lion du Nord*, Gustave-Adolphe, son père. Elle aime l'odeur de la poudre et les hommes courageux : mais je n'ai pas voulu la servir parce qu'elle est huguenote et que j'ai de certains principes, moi, dont je ne m'écarte pas. Ainsi, par exemple, je vous jure ici, par saint Jacques, de faire passer monsieur par les ports des Pyrénées à Oloron aussi sûrement que dans ces bois, et de le défendre contre le diable s'il le faut, ainsi que vos papiers, que nous vous rapporterons sans une tache ni une déchirure. Pour les récompenses, je n'en veux point; je les trouve toujours dans l'action même. D'ailleurs, je ne reçois jamais d'argent, car je suis gentilhomme. Les Laubardemont sont très-anciens et très-bons.

— Adieu donc, noble homme, dit Cinq-Mars, partez.

Après avoir serré la main à Fontrailles, il s'enfonça en gémissant dans les bois pour retourner au château de Chambord.

CHAPITRE XX

LA LECTURE

> Les circonstances dévoilent pour ainsi dire la royauté du génie, dernière ressource des peuples éteints. Les grands écrivains... ces rois qui n'en ont pas le nom, mais qui règnent véritablement par la force du caractère et la grandeur des pensées, sont élus par les événements auxquels ils doivent commander. Sans ancêtres et sans postérité, seuls de leur race, leur mission remplie, ils disparaissent, en laissant à l'avenir des ordres qu'il exécutera fidèlement.
> F. DE LAMENNAIS.

A peu de temps de là, un soir, au coin de la place Royale, près d'une petite maison assez jolie, on vit s'arrêter beaucoup de carrosses et s'ouvrir souvent une petite porte où l'on montait par trois degrés de pierre. Les voisins se mirent plusieurs fois à leurs fenêtres pour se plaindre du bruit qui se faisait encore à cette heure de la nuit, malgré la crainte des voleurs, et les gens du guet s'étonnèrent et s'arrêtèrent souvent, ne se retirant que lorsqu'ils voyaient auprès de chaque voiture dix ou douze valets de pied, armés de bâtons et portant des torches. Un jeune gentilhomme, suivi de trois laquais, entra en demandant mademoiselle de Lorme; il portait une longue rapière ornée de rubans roses; d'énormes nœuds de la même couleur, placés sur ses souliers à talons hauts, cachaient presque entièrement ses pieds, qu'il tournait fort en dehors, selon la mode. Il retroussait souvent une petite moustache frisée, et peignait, avant d'entrer, sa barbe légère et pointue. Ce ne fut qu'un cri lorsqu'on l'annonça.

— Enfin le voilà donc ! s'écria une voix jeune et éclatante ; il s'est bien fait attendre, cet aimable Desbarreaux. Allons, vite un siége, placez-vous près de cette table, et lisez.

Celle qui parlait était une femme de vingt-quatre ans environ, grande, belle, malgré des cheveux noirs très-crépus et un teint olivâtre. Elle avait dans les manières quelque chose de mâle qu'elle semblait tenir de son cercle, composé d'hommes uniquement ; elle leur prenait le bras assez brusquement en parlant avec une liberté qu'elle leur communiquait. Ses propos étaient animés plutôt qu'enjoués ; souvent ils excitaient le rire autour d'elle, mais c'était à force d'esprit qu'elle faisait de la gaieté (si l'on peut s'exprimer ainsi) ; car sa figure, toute passionnée qu'elle était, semblait incapable de se ployer au sourire ; et ses yeux grands et bleus, sous des cheveux de jais, lui donnaient d'abord un aspect étrange.

Desbarreaux lui baisa la main d'un air galant et cavalier ; puis il fit avec elle, en lui parlant toujours, le tour d'un salon assez grand où étaient assemblées trente personnes à peu près ; les uns assis sur de grands fauteuils, les autres debout sous la voûte de l'immense cheminée, d'autres causant dans l'embrasure des croisées, sous de larges tapisseries. Les uns étaient des hommes obscurs, fort illustres à présent ; les autres, des hommes illustres, fort obscurs pour nous, postérité. Ainsi, parmi ces derniers, il salua profondément MM. d'Aubijoux, de Brion, de Montmort, et d'autres gentilshommes très-brillants, qui se trouvaient là pour juger ; serra la main tendrement et avec estime à MM. de Monteruel, de Sirmond, de Malleville, Baro, Gombauld, et d'autres savants, presque tous appelés grands hommes dans les annales de l'Académie, dont ils étaient fondateurs, et nommée elle-même alors tantôt l'*Académie des beaux esprits*, tantôt l'*Académie éminente*. Mais M. Desbarreaux fit à peine un signe de tête protecteur au jeune Corneille, qui parlait dans un coin avec un étranger et un adolescent qu'il présentait à la maîtresse de la maison sous le nom de M. Poquelin, fils du valet de chambre tapissier du Roi. L'un était Molière, et l'autre Milton [1].

Avant la lecture que l'on attendait du jeune Sybarite, une grande contestation s'éleva entre lui et d'autres poëtes ou prosateurs du temps ; ils parlaient entre eux avec beaucoup de facilité, échangeant de vives répliques, un langage inconcevable pour un honnête homme qui fût tombé tout à coup parmi eux sans être initié, se serrant vivement la main avec d'affectueux compliments et des allusions sans nombre à leurs ouvrages.

— Ah ! vous voilà donc, illustre Baro ! s'écria le nouveau venu ; j'ai lu votre dernier sixain. Ah ! quel sixain ! comme il est poussé dans le galant et le tendre !

— Que dites-vous du Tendre ? interrompit Marion de Lorme. Avez-vous jamais connu ce pays ? Vous vous êtes arrêté au village de Grand-Esprit et à celui de Jolis-Vers, mais vous n'avez pas été plus loin. Si monsieur le gouverneur de Notre-Dame de la Garde veut nous montrer sa nouvelle carte, je vous dirai où vous en êtes.

Scudéry se leva d'un air fanfaron et pédantesque, et, déroulant sur la table une sorte de carte géographique ornée de rubans bleus, il démontra lui-même les lignes d'encre rose qu'il y avait tracées.

— Voici le plus beau morceau de la *Clélie*, dit-il ; on trouve généralement cette carte fort galante, mais ce n'est qu'un simple enjouement de l'esprit, pour plaire à notre petite *cabale* littéraire. Cependant, comme il y a d'étranges personnes par le monde, j'appréhende que tous ceux qui la verront n'aient pas l'esprit assez bien tourné pour l'entendre. Ceci est le chemin que l'on doit suivre pour aller de *Nouvelle Amitié* à *Tendre ;* et remarquez, messieurs, que comme on dit Cumes sur la mer d'Ionie, Cumes sur la mer Tyrrhène, on dira *Tendre-sur-Inclination*, *Tendre-sur-Estime* et *Tendre-sur-Reconnaissance*. Il faudra commencer par habiter les villages de *Grand-Cœur*, *Générosité*, *Exactitude*, *Petits-Soins*, *Billet-Galant*, puis *Billet-doux !*...

---

[1] Milton passa en cette année même à Paris, en retournant d'Italie en Angleterre. (Voy. *Teland's life of Milton*.)

— Oh ! c'est du dernier ingénieux ! criaient Vaugelas, Colletet et tous les autres.

— Et remarquez, poursuivait l'auteur, enflé de ce succès, qu'il faut passer par *Complaisance* et *Sensibilité*, et que, si l'on ne prend cette route, on court le risque de s'égarer jusqu'à *Tiédeur*, *Oubli*, et l'on tombe dans le lac d'*Indifférence*.

— Délicieux ! délicieux ! galant *au suprême !* s'écriaient tous les auditeurs. On n'a pas plus de génie !

— Eh bien, madame, reprenait Scudéry, je le déclare chez vous : cet ouvrage, imprimé sous mon nom, est de ma sœur ; c'est elle qui a traduit *Sapho* d'une manière si agréable. Et, sans en être prié, il déclama d'un ton emphatique des vers qui finissaient par ceux-ci :

> L'amour est un mal agréable [1]
> Dont mon cœur ne saurait guérir ;
> Mais quand il serait guérissable,
> Il est bien plus doux d'en mourir.

— Comment ! cette Grecque avait tant d'esprit que cela ? Je ne puis le croire ! s'écria Marion de Lorme ; combien mademoiselle de Scudéry lui est supérieure ! Cette idée lui appartient ; qu'elle les mette dans *Clélie*, je vous en prie, ces vers charmants ; que cela figurera bien dans cette histoire romaine !

— A merveille ! c'est parfait, dirent tous les savants : Horace, Arunce et l'aimable Porsenna sont des amants si galants !

Ils étaient tous penchés sur la carte de Tendre, et leurs doigts se croisaient et se heurtaient en suivant tous les détours des fleuves amoureux. Le jeune Poquelin osa élever une voix timide et son regard mélancolique et fin, et leur dit :

— A quoi cela sert-il ? est-ce à donner du bonheur ou du plaisir ? Monsieur ne me semble pas bien heureux, et je ne me sens pas bien gai.

Il n'obtint pour réponse que des regards de dédain, et se consola en méditant les *Précieuses ridicules*.

Desbarreaux se préparait à lire un sonnet pieux qu'il s'accusait

---

[1] Lisez la *Clélie*, t. I.

d'avoir fait dans sa maladie ; il paraissait honteux d'avoir songé un moment à Dieu en voyant le tonnerre, et rougissait de cette faiblesse ; la maîtresse de la maison l'arrêta :

— Il n'est pas temps encore de dire vos beaux vers, vous seriez interrompu ; nous attendons M. le Grand écuyer et d'autres gentilshommes ; ce serait un meurtre que de laisser parler un grand esprit pendant ce bruit et ces dérangements. Mais voici un jeune Anglais qui vient de voyager en Italie et retourne à Londres. On m'a dit qu'il composait un poëme, je ne sais lequel ; il va nous en dire quelques vers. Beaucoup de ces messieurs de la Compagnie Éminente savent l'anglais ; et, pour les autres, il a fait traduire par un ancien secrétaire du duc de Buckingham les passages qu'il nous lira, et en voici des copies en français sur cette table.

En parlant ainsi, elle les prit et les distribua à tous ses érudits. On s'assit, et l'on fit silence. Il fallut quelque temps pour décider le jeune étranger à parler et à quitter l'embrasure de la croisée, où il semblait s'entendre fort bien avec Corneille. Il s'avança enfin jusqu'au fauteuil placé près de la table ; il semblait d'une santé faible, et tomba sur ce siége plutôt qu'il ne s'y assit. Il appuya son coude sur la table, et de sa main couvrit ses yeux grands et beaux, mais à demi-fermés et rougis par des veilles ou des larmes. Il dit ses fragments de mémoire ; ses auditeurs défiants le regardaient d'un air de hauteur ou du moins de protection ; d'autres parcouraient nonchalamment la traduction de ses vers.

Sa voix, d'abord étouffée, s'épura par le cours même de son harmonieux récit ; le souffle de l'inspiration poétique l'enleva bientôt à lui-même, et son regard, élevé au ciel, devint sublime comme celui du jeune évangéliste qu'inventa Raphaël, car la lumière s'y réfléchissait encore. Il annonça dans ses vers la première désobéissance de l'homme, et invoqua le Saint-Esprit, qui préfère à tous les temples un cœur simple et pur, qui sait tout, et qui assistait à la naissance du temps.

Un profond silence accueillit ce début, et un léger murmure, après la dernière pensée. Il n'entendait pas, il ne voyait qu'à travers un nuage, il était dans le monde de sa création; il poursuivit.

Il dit l'esprit infernal attaché dans un feu vengeur par des chaînes de diamants; le temps partageant neuf fois le jour et la nuit aux mortels pendant sa chute ; l'obscurité visible des prisons éternelles et l'océan flamboyant où flottaient les anges déchus; sa voix tonnante commença le discours du prince des démons ; « Es-tu, disait-il, es-tu celui qu'entourait une lumière éblouissante dans les royaumes fortunés du jour? Oh! combien tu es déchu!... Viens avec moi... Et qu'importe ce champ de nos célestes batailles? tout est-il perdu? Une indomptable volonté, l'esprit immuable de la vengeance, une haine mortelle, un courage qui ne sera jamais ployé, conserver cela, n'est-ce pas une victoire? »

Ici un laquais annonça d'une voix éclatante MM. de Montrésor et d'Entraigues. Ils saluèrent, parlèrent, dérangèrent les fauteuils, et s'établirent enfin. Les auditeurs en profitèrent pour entamer dix conversations particulières; on n'y entendait guère que des paroles de blâme et des reproches de mauvais goût; quelques hommes d'esprit engourdis par la routine s'écriaient qu'ils ne comprenaient pas, que c'était au-dessus de leur intelligence (ne croyant pas dire si vrai), et par cette fausse humilité s'attiraient un compliment, et au poëte une injure : double avantage. Quelques voix prononcèrent même le mot de profanation.

Le poëte, interrompu, mit sa tête dans ses deux mains et ses coudes sur la table pour ne pas entendre tout ce bruit de politesses et de critiques. Trois hommes seuls se rapprochèrent de lui : c'était un officier, Poquelin et Corneille; celui-ci dit à l'oreille de Milton :

— Changez de tableau, je vous le conseille ; vos auditeurs ne sont pas à la hauteur de celui-ci.

L'officier serra la main du poëte anglais, et lui dit :

— Je vous admire de toute la puissance de mon âme.

L'Anglais, étonné, le regarda et vit un visage spirituel, passionné et malade.

Il lui fit un signe de tête, et chercha à se recueillir pour continuer. Sa voix reprit une expression très-douce à l'oreille et un accent paisible; il parlait du bonheur chaste des deux plus belles créatures; ils peignit leur majestueuse nudité, la candeur et l'autorité de leur regard, puis leur marche au milieu des tigres et des lions qui se jouaient encore à leurs pieds; il dit aussi la pureté de leur prière matinale, leurs sourires enchanteurs, les folâtres abandons de leur jeunesse et l'amour de leurs propos si douloureux au prince des démons.

De douces larmes bien involontaires coulaient des yeux de la belle Marion de Lorme : la nature avait saisi son cœur malgré son esprit; la poésie la remplit de pensées graves et religieuses dont l'enivrement des plaisirs l'avait toujours détournée, l'idée de l'amour dans la vertu lui apparut pour la première fois avec toute sa beauté, et elle demeura comme frappée d'une baguette magique et changée en une pâle et belle statue.

Corneille, son jeune ami et l'officier étaient pleins d'une silencieuse admiration qu'ils n'osaient exprimer, car des voix assez élevées couvrirent celle du poëte surpris.

— On n'y tient pas! s'écriait Desbarreaux : c'est d'un fade à faire mal au cœur!

— Et quelle absence de gracieux, de galant et de belle flamme! disait froidement Scudéry.

— Ce n'est pas là notre immortel d'Urfé! disait Baro le continuateur.

— Où est l'*Ariane?* où est l'*Astrée?* s'écriait en gémissant Godeau l'annotateur.

Toute l'assemblée se soulevait ainsi avec d'obligeantes remarques, mais faites de manière à n'être entendues du poëte que comme un murmure dont le sens était incertain pour lui; il comprit pourtant qu'il ne produisait pas d'enthousiasme, et se recueillit avant de toucher une autre corde de sa lyre.

En ce moment on annonça le conseiller de Thou, qui, saluant modestement, se glissa en silence derrière l'auteur, près de Corneille, de Poquelin et du jeune officier. Milton reprit ses chants.

Il raconta l'arrivée d'un hôte céleste dans les jardins d'Éden, comme une seconde aurore au milieu du jour; secouant les plumes de ses ailes divines, il remplissait les airs d'une odeur ineffable, et venait révéler à l'homme l'histoire des cieux ; la révolte de Lucifer revêtu d'une armure de diamant, élevé sur un char brillant comme le soleil, gardé par d'étincelants chérubins, et marchant contre l'Éternel. Mais Emmanuel paraît sur le char vivant du Seigneur, et les deux milles tonnerres de sa main droite roulent jusqu'à l'enfer, avec un bruit épouvantable, l'armée maudite confondue sous les immenses décombres du ciel démantelé.

Cette fois on se leva, et tout fut interrompu, car les scrupules religieux étaient venus se liguer avec le faux goût; on n'entendait que des exclamations qui obligèrent la maîtresse de la maison à se lever aussi pour s'efforcer de les cacher à l'auteur. Ce ne fut pas difficile, car il était tout entier absorbé par la hauteur de ses pensées; son génie n'avait plus rien de commun avec la terre dans ce moment ; et, quand il rouvrit ses yeux sur ceux qui l'entouraient, il trouva près de lui quatre admirateurs dont la voix se fit mieux entendre que celle de l'assemblée.

Corneille lui dit cependant :

— Écoutez-moi. Si vous voulez la gloire présente, ne l'espérez pas d'un aussi bel ouvrage. La poésie pure est sentie par bien peu d'âmes; il faut, pour le vulgaire des hommes, qu'elle s'allie à l'intérêt presque physique du drame. J'avais été tenté de faire un poëme de Polyeucte ; mais je couperai ce sujet : j'en retrancherai les cieux, et ce ne sera qu'une tragédie.

— Que m'importe la gloire du moment, répondit Milton; je ne songe point au succès : je chante parce que je me sens poëte ; je vais où l'inspiration m'entraîne ; ce qu'elle produit est toujours bien. Quand on ne devrait lire ces vers que cent ans après ma mort, je les ferais toujours.

— Ah! moi, je les admire avant qu'ils ne soient écrits, dit le jeune officier ; j'y vois le Dieu dont j'ai trouvé l'image innée dans mon cœur.

— Qui me parle donc d'une manière si affable? dit le poëte.

— Je suis René Descartes, reprit doucement le militaire.

— Quoi! monsieur! s'écria de Thou, seriez-vous assez heureux pour appartenir à l'auteur des *Principes*?

— J'en suis l'auteur, dit-il.

— Vous, monsieur! mais... cependant... pardonnez-moi... mais... n'êtes-vous pas homme d'épée? dit le conseiller rempli d'étonnement.

— Eh! monsieur, qu'a de commun la pensée avec l'habit du corps? Oui, je porte l'épée, et j'étais au siége de la Rochelle; j'aime la profession des armes, parce qu'elle soutient l'âme dans une région d'idées nobles par le sentiment continuel du sacrifice de la vie; cependant elle n'occupe pas tout un homme; on ne peut pas y appliquer ses pensées continuellement : la paix les assoupit. D'ailleurs on a aussi à craindre de les voir interrompues par un coup obscur ou un accident ridicule et intempestif; et si l'homme est tué au milieu de l'exécution de son plan, la postérité conserve de lui l'idée qu'il n'en avait pas, ou en avait conçu un mauvais; et c'est désespérant.

De Thou sourit de plaisir en entendant ce langage simple de l'homme supérieur, celui qu'il aimait le mieux après le langage du cœur; il serra la main du jeune sage de la Touraine, et l'entraîna dans un cabinet voisin avec Corneille, Milton et Molière; et là ils eurent de ces conversations qui font regarder comme perdu le temps qui les précéda et le temps qui doit les suivre.

Il y avait deux heures qu'ils s'enchantaient de leurs discours, lorsque le bruit de la musique, des guitares et des flûtes, qui jouaient des menuets, des sarabandes, des allemandes et des danses espagnoles que la jeune Reine avait mises à la mode; le passage continuel des groupes de jeunes femmes et leurs éclats de rire, tout annonça qu'un bal commençait. Une très-jeune et belle personne, tenant un grand éventail comme un sceptre, et entourée de dix jeunes gens, entra dans leur petit salon retiré, avec sa cour brillante, qu'elle dirigeait comme une Reine, et acheva de mettre en déroute les studieux causeurs.

— Adieu, messieurs, dit de Thou : je cède la place à mademoiselle de Lenclos et à ses mousquetaires.

— Vraiment, messieurs, dit la jeune Ninon, vous faisons-nous peur? vous ai-je troublés? vous avez l'air de conspirateurs!

— Nous le sommes peut-être plus que ces messieurs, tout en dansant! dit Olivier d'Entraigues, qui lui donnait la main.

— Oh! votre conjuration est contre moi, monsieur le page, répondit Ninon, tout en regardant un autre chevau-léger et abandonnant à un troisième le bras qui lui restait, tandis que les autres cherchaient à se placer sur le chemin de ses œillades errantes ; car elle promenait sur eux ses regards brillants comme la flamme légère que l'on voit courir sur l'extrémité des flambeaux qu'elle allume tour à tour.

De Thou s'esquiva sans que personne songeât à l'arrêter, et descendait le grand escalier, lorsqu'il y vit monter le petit abbé de Gondi, tout rouge, en sueur et essoufflé, qui l'arrêta brusquement avec un air animé et joyeux.

— Eh bien! eh bien! où allez-vous donc? laissez aller les étrangers et les savants, vous êtes des nôtres. J'arrive un peu tard, mais notre belle Aspasie me pardonnera. Pourquoi donc vous en allez-vous? est-ce que tout est fini?

— Mais il paraît que oui ; puisque l'on danse, la lecture est faite.

— La lecture, oui ; mais les serments? dit tout bas l'abbé.

— Quels serments ? dit de Thou.

— M. le Grand n'est-il pas venu ?

— Je croyais le voir ; mais je pense qu'il n'est pas venu ou qu'il est parti.

— Non, non, venez avec moi, dit l'étourdi, vous êtes des nôtres, parbleu! Il est impossible que vous n'en soyez pas, venez.

De Thou, n'osant refuser et avoir l'air de renier ses amis, même pour des parties de plaisir qui lui déplaisaient, le suivit, ouvrit deux cabinets et descendit un petit escalier dérobé. A chaque pas qu'il faisait, il entendait plus distinctement des voix d'hommes assemblés. Gondi ouvrit la porte. Un spectacle inattendu s'offrit à ses yeux.

La chambre où il entrait, éclairée par un demi-jour mystérieux semblait l'asile des plus voluptueux rendez-vous ; on voyait d'un côté un lit doré, chargé d'un dais de tapisseries orné de plumes, couvert de dentelles et d'ornements ; tous les meubles, chargés de dorures, étaient d'une soie grisâtre richement brodée, des carreaux de velours s'étendaient au pied de chaque fauteuil sur d'épais tapis. De petits miroirs, unis l'un à l'autre par des ornements d'argent, simulaient une glace entière, perfection alors inconnue, et multipliaient partout leurs facettes étincelantes. Nul bruit extérieur ne pouvait parvenir dans ce lieu de délices; mais les gens qu'il rassemblait paraissaient bien éloignés des pensées qu'il pouvait donner. Une foule d'hommes, qu'il reconnut pour des personnages de la cour ou des armées, se pressaient à l'entrée de cette chambre et se répandaient dans un appartement voisin qui paraissait plus vaste; attentifs, ils dévoraient des yeux le spectacle qu'offrait le premier salon. Là, dix jeunes gens debout et tenant à la main leurs épées nues, dont la pointe était baissée vers la terre, étaient rangés autour d'une table : leurs visages tournés du côté de Cinq-Mars annonçaient qu'ils venaient de lui adresser leur serment ; le Grand écuyer était seul, devant la cheminée, les bras croisés et l'air profondément absorbé dans ses réflexions. Debout près de lui, Marion de Lorme, grave, recueillie, semblait lui avoir présenté ces gentilshommes.

Dès que Cinq-Mars aperçut son ami, il se précipita vers la porte qu'il ouvrait, en jetant un regard terrible à Gondi, et saisit de Thou par les deux bras en l'arrêtant sur le dernier degré :

— Que faites-vous ici ? lui dit-il d'une voix étouffée, qui vous amène ? que me voulez-vous ? vous êtes perdu si vous entrez.

— Que faites-vous vous-même ? que vois-je dans cette maison ?

— Les conséquences de ce que vous savez ; retirez-vous, vous dis-je ; cet air est empoisonné pour tous ceux qui sont ici.

— Il n'est plus temps, on m'a déjà vu ; que dirait-on si je me retirais ? je les découragerais, vous seriez perdu.

Tout ce dialogue s'était dit à demi-voix et précipitamment ; au dernier mot, de Thou, poussant son ami, entra, et d'un pas ferme traversa l'appartement pour aller vers la cheminée.

Cinq-Mars, frémissant de colère, vint reprendre sa place, baissa la tête, se recueillit, et, relevant bientôt un visage plus calme, continua un discours que l'entrée de son ami avait interrompu :

— Soyez donc des nôtres, messieurs; mais il n'est plus besoin de tant de mystères ; souvenez-vous que lorsqu'un esprit ferme embrasse une idée, il doit la suivre dans toutes ses conséquences. Vos courages vont avoir un plus vaste champ que celui d'une intrigue de cour. Remerciez-moi : en échange d'une conjuration, je vous donne une guerre. M. de Bouillon est parti pour se mettre à la tête de son armée d'Italie ; dans deux jours, et avant le Roi, je quitte Paris pour Perpignan ; venez-y tous, les Royalistes de l'armée nous y attendent.

Ici, il jeta autour de lui des regards confiants et calmes; il vit des éclairs de joie et d'enthousiasme dans tous les yeux de ceux qui l'entouraient. Avant de laisser gagner son propre cœur par la contagieuse émotion qui précède les grandes entreprises, il voulut s'assurer d'eux encore, et répéta d'un air grave :

— Oui, la guerre, messieurs, songez-y, une guerre ouverte. La Rochelle et la Navarre se préparent au grand réveil de leurs religionnaires, l'armée d'Italie entrera d'un côté, le frère du Roi viendra nous joindre de l'autre ; l'homme sera entouré, vaincu, écrasé. Les Parlements marcheront à notre arrière-garde, apportant leur supplique au Roi, arme aussi forte que nos épées ; et, après la victoire, nous nous jetterons aux pieds de Louis XIII, notre maître, pour qu'il nous fasse grâce et nous pardonne de l'avoir délivré d'un ambitieux sanguinaire et de hâter sa résolution.

Ici, regardant autour de lui, il vit encore une assurance croissante dans les regards et l'attitude de ses complices.

— Quoi ! reprit-il, croisant ses bras et contenant encore avec effort sa propre émotion, vous ne reculez pas devant cette résolution qui paraîtrait une révolte à d'autres hommes qu'à vous? Ne pensez-vous pas que j'aie abusé des pouvoirs que vous m'aviez remis? J'ai porté loin les choses; mais il est des temps où les rois veulent être servis comme malgré eux. Tout est prévu, vous le savez. Sedan nous ouvrira ses portes, et nous sommes assurés de l'Espagne.

Douze mille hommes de vieilles troupes entreront avec nous jusqu'à Paris. Aucune place pourtant ne sera livrée à l'étranger; elles auront toutes garnison française, et seront prises au nom du Roi.

— Vive le Roi! vive l'Union! la nouvelle Union, la sainte Ligue! s'écrièrent tous les jeunes gens de l'assemblée.

— Le voici venu, s'écria Cinq-Mars avec enthousiasme, le voici, le plus beau jour de ma vie! O jeunesse, jeunesse, toujours nommée imprévoyante et légère de siècle en siècle! de quoi t'accuse-t-on aujourd'hui? Avec un chef de vingt-deux ans s'est conçue, mûrie, et va s'exécuter la plus vaste, la plus juste, la plus salutaire des entreprises. Amis, qu'est-ce qu'une grande vie, sinon une pensée de la jeunesse exécutée par l'âge mûr? La jeunesse regarde fixement l'avenir avec son œil d'aigle, y trace un large plan, y jette une pierre fondamentale; et tout ce que peut faire notre existence entière, c'est d'approcher de ce premier dessein. Ah! quand pourraient naître les grands projets, sinon lorsque le cœur bat fortement dans la poitrine? L'esprit n'y suffirait pas, il n'est rien qu'un instrument.

Une nouvelle explosion de joie suivait ces paroles, lorsqu'un vieillard à barbe blanche sortit de la foule.

— Allons, dit Gondi à demi-voix, voilà le vieux chevalier de Guise qui va radoter et nous refroidir.

En effet, le vieillard, serrant la main de Cinq-Mars, dit lentement et péniblement, après s'être placé près de lui :

— Oui, mon enfant, et vous, mes enfants, je vois avec joie que mon vieil ami Bassompierre sera délivré par vous, et que vous allez venger le comte de Soissons et le jeune Montmorency... Mais il convient à la jeunesse, tout ardente qu'elle est, d'écouter ceux qui ont beaucoup vu. J'ai vu la Ligue, mes enfants, et je vous dis que vous ne pourrez pas prendre cette fois, comme on fit alors, le titre de *sainte Ligue*, *sainte Union*, de *Protecteurs de saint Pierre* et *Piliers de l'Église*, parce que je vois que vous comptez sur l'appui des *huguenots;* vous ne pourrez pas non plus mettre sur votre grand sceau de cire verte un trône vide, puisqu'il est occupé par un Roi...

— Vous pouvez dire par deux, interrompit Gondi en riant.

— Il est pourtant d'une grande importance, poursuivait le vieux Guise au milieu de ces jeunes gens en tumulte, il est pourtant d'une grande importance de prendre un nom auquel s'attache le peuple ; celui de *Guerre du bien public* a été pris autrefois, *Princes de la Paix* dernièrement ; il faudrait en trouver un...

— Eh bien, la *Guerre du Roi*, dit Cinq-Mars...

— Oui, c'est cela ! *Guerre du Roi*, dirent Gondi et tous les jeunes gens.

— Mais, reprit encore le vieux ligueur, il serait essentiel aussi de se faire approuver par la faculté théologique de Sorbonne, qui sanctionna autrefois même les *haut-gourdiers* et les *sorgueurs*[1], et remettre en vigueur sa deuxième proposition : qu'il est permis au peuple de désobéir aux magistrats et de les pendre.

— Eh ! chevalier, s'écria Gondi, il ne s'agit plus de cela ; laissez parler M. le Grand ; nous ne pensons pas plus à la Sorbonne à présent qu'à votre saint Jacques Clément.

On rit, et Cinq-Mars reprit :

— J'ai voulu, messieurs, ne vous rien cacher des projets de MONSIEUR, de ceux du duc de Bouillon et des miens, parce qu'il est juste qu'un homme qui joue sa vie sache à quel jeu ; mais je vous ai mis sous les yeux les chances les plus malheureuses, et je ne vous ai pas détaillé nos forces, parce qu'il n'est pas un de vous qui n'en sache le secret. Est-ce à vous, messieurs de Montrésor et de Saint-Thibal, que j'apprendrai les richesses que MONSIEUR met à notre disposition ? Est-ce à vous, monsieur d'Ai-

[1] Termes des ligueurs.

gnan, monsieur de Mouy, que je dirai combien de jeunes gentilshommes ont voulu s'adjoindre à vos compagnies de Gens d'armes et de Chevau-légers, pour combattre les Cardinalistes ? Combien en Touraine et dans l'Auvergne, où sont les terres de la maison d'Effiat, et d'où vont sortir deux mille seigneurs avec leurs vassaux? Baron de Beauvau, vous ferai-je redire le zèle et la valeur des cuirassiers que vous donnâtes au malheureux comte de Soissons, dont la cause était la nôtre, et que vous vîtes assassiner au milieu de son triomphe par celui qu'il avait vaincu avec vous? Dirai-je à ces messieurs la joie du Comte-Duc [1] à la nouvelle de nos dispositions, et les lettres du Cardinal-Infant au duc de Bouillon? Parlerai-je de Paris, à l'abbé de Gondi, à d'Entraigues, et à vous messieurs, qui voyez tous les jours son malheur, son indignation et son besoin d'éclater? Tandis que tous les royaumes étrangers demandent la paix, que le Cardinal de Richelieu détruit toujours par sa mauvaise foi (comme il l'a fait en rompant le traité de Ratisbonne), tous les ordres de l'État gémissent de ses violences et redoutent cette colossale ambition, qui ne tend pas moins qu'au trône temporel et même spirituel de la France.

Un murmure approbateur interrompit Cinq-Mars. On se tut un moment, et l'on entendit le son des instruments à vent et le trépignement mesuré du pied des danseurs.

Ce bruit causa un instant de distraction et quelques rires dans les plus jeunes gens de l'assemblée.

Cinq-Mars en profita, et levant les yeux :

— Plaisirs de la jeunesse, s'écria-t-il, amours, musique, danses joyeuses, que ne remplissez-vous seuls nos loisirs! que n'êtes-vous nos seules ambitions! Qu'il nous faut de ressentiments pour que nous venions faire entendre nos cris d'indignation à travers les éclats de la joie, nos redoutables confidences dans l'asile des entretiens du cœur, et nos serments de guerre et de mort au milieu de l'énivrement des fêtes de la vie!

---

[1] D'Olivarès, comte-duc de San-Lucar.

Malheur à celui qui attriste la jeunesse d'un peuple! Quand les rides sillonnent le front de l'adolescent, on peut dire hardiment que le doigt d'un tyran les a creusées. Les autres peines du jeune âge lui donnent le désespoir et non la consternation. Voyez passer en silence, chaque matin, ces étudiants tristes et mornes, dont le front est jauni, dont la démarche est lente et la voix basse ; on croirait qu'ils craignent de vivre et de faire un pas vers l'avenir. Qu'y a-t-il donc en France ? Un homme de trop.

Oui, continua-t-il, j'ai suivi pendant deux années la marche insidieuse et profonde de son ambition. Ses étranges procédures, ses commissions secrètes, ses assassinats juridiques, vous sont connus : princes, pairs, maréchaux, tout a été écrasé par lui ; il n'y a pas une famille de France qui ne puisse montrer quelque trace douloureuse de son passage. S'il nous regarde tous comme ennemis de son autorité, c'est qu'il ne veut laisser en France que sa maison, qui ne tenait, il y a vingt ans, qu'un des plus petits fiefs du Poitou.

Les Parlements humiliés n'ont plus de voix ; les présidents de Mesmes, de Novion, de Bellièvre, vous ont-ils révélé leur courageuse mais inutile résistance pour condamner à mort le duc de la Valette ?

Les Présidents et Conseils des cours souveraines ont été emprisonnés, chassés, interdits, chose inouïe ! lorsqu'ils ont parlé pour le Roi ou pour le public.

Les premières charges de justice, qui les remplit ? des hommes infâmes et corrompus qui sucent le sang et l'or du pays. Paris et les villes maritimes taxées ; les campagnes ruinées et désolées par les soldats, sergents et gardes du scel ; les paysans réduits à la nourriture et à la litière des animaux tués par la peste ou la faim, se sauvant en pays étranger : tel est l'ouvrage de cette nouvelle justice. Il est vrai que ces dignes agents ont fait battre monnaie à l'effigie du Cardinal-Duc. Voici de ses pièces royales.

Ici le Grand écuyer jeta sur le tapis une vingtaine de doublons en or où Richelieu était représenté. Un nouveau murmure de haine pour le Cardinal s'éleva dans la salle.

— Et croyez-vous le clergé moins avili et moins mécontent ? Non. Les évêques ont été jugés contre les lois de l'État et le respect dû à leurs personnes sacrées. On a vu des corsaires d'Alger commandés par un archevêque. Des gens de néant ont été élevés au cardinalat. Le ministre même, dévorant les choses les plus saintes, s'est fait élire général des ordres de Cîteaux, Cluny, Prémontré, jetant dans les prisons les religieux qui lui refusaient leurs voix. Jésuites, Carmes, Cordeliers, Augustins, Jacobins ont été forcés d'élire en France des vicaires généraux pour ne plus communiquer à Rome avec leurs propres supérieurs, parce qu'il veut être patriarche en France et chef de l'Église gallicane.

— C'est un schismatique, un monstre ! s'écrièrent plusieurs voix.

— Sa marche est donc visible, messieurs; il est prêt à saisir le pouvoir temporel et spirituel ; il s'est cantonné, peu à peu, contre le Roi même, dans les plus fortes places de la France ; saisi des embouchures des principales rivières, des meilleurs ports de l'Océan, des salines et de toutes les sûretés du royaume ; c'est donc le Roi qu'il faut délivrer de cette oppression. *Le Roi et la Paix* sera notre cri. Le reste à la Providence.

Cinq-Mars étonna beaucoup toute l'assemblée et de Thou lui-même par ce discours. Personne ne l'avait entendu jusque-là parler longtemps de suite, même dans les conversations familières ; et jamais il n'avait laissé entrevoir par un seul mot la moindre aptitude à connaître les affaires publiques ; il avait au contraire affecté une insouciance très-grande aux yeux même de ceux qu'il disposait à servir ses projets, ne leur montrant qu'une indignation vertueuse contre les violences du ministre, mais affectant de ne mettre en avant aucune de ses propres idées, pour ne pas faire voir son ambition personnelle comme but de ses travaux. La confiance qu'on lui témoignait reposait sur sa faveur et sur sa bravoure. La surprise fut donc assez grande pour causer un moment de silence ; ce silence fut bientôt rompu par tous ces transports communs aux Français, jeunes ou vieux, lorsqu'on leur présente un avenir de combats, quel qu'il soit.

Parmi tous ceux qui vinrent serrer la main du jeune chef de parti, l'abbé de Gondi bondissait comme un chevreau.

— J'ai déjà enrôlé mon régiment! cria-t-il, j'ai des hommes superbes !

Puis, s'adressant à Marion de Lorme :

— Parbleu, mademoiselle, je veux porter vos couleurs ; votre ruban gris de lin et votre ordre de l'*Allumette*. La devise en est charmante :

> Nous ne brûlons que pour brûler les autres.

et je voudrais que vous pussiez voir tout ce que nous ferons de beau, si par bonheur on en vient aux mains.

La belle Marion, qui l'aimait peu, se mit à parler par-dessus sa tête à M. de Thou, mortification qui exaspérait toujours le petit abbé ; aussi la quitta-t-il brusquement en se redressant et relevant dédaigneusement sa moustache.

Tout à coup un mouvement de silence subit se fit dans l'assemblée : un papier roulé avait frappé le plafond et était venu tomber aux pieds de Cinq-Mars. Il le ramassa et le déplia, après avoir regardé vivement autour de lui ; on chercha en vain d'où il pouvait être venu ; tous ceux qui s'avancèrent n'avaient sur le visage que l'expression de l'étonnement et d'une grande curiosité.

— Voici mon nom mal écrit, dit-il froidement.

> A CINQ-MARS,
> CENTURIE DE NOSTRADAMUS [1].
> Quand *bonnet rouge* passera par la fenêtre,
> A *quarante onces* on coupera la tête,
> Et *tout* finira.

Il y a un traître parmi nous, messieurs, ajouta-t-il en jetant ce papier. Mais que nous importe ! Nous ne sommes pas gens à nous effrayer de ces sanglants jeux de mots.

— Il faut le chercher et le jeter par la fenêtre ! dirent les jeunes gens.

Cependant l'assemblée avait éprouvé une sensation fâcheuse,

[1] Cette sorte de prédiction en calembours fut publique trois mois avant la conjuration.

on ne se parlait plus qu'à l'oreille, et chacun regardait son voisin avec méfiance. Quelques personnes se retirèrent : la réunion s'éclaircit. Marion de Lorme ne cessait de dire à chacun qu'elle chasserait ses gens, qui seuls devaient être soupçonnés. Malgré ses efforts, il régna dans cet instant quelque froideur dans la salle. Les premières phrases du discours de Cinq-Mars laissaient aussi de l'incertitude sur les intentions du Roi, et cette franchise intempestive avait un peu ébranlé les caractères les moins fermes.

Gondi le fit remarquer à Cinq-Mars.

— Écoutez, lui dit-il tout bas : croyez-moi, j'ai étudié avec soin les conspirations et les assemblées ; il y a des choses purement mécaniques qu'il faut savoir ; suivez mon avis ici : je suis vraiment devenu assez fort dans cette partie. Il leur faut encore un petit mot, et employez l'esprit de contradiction ; cela réussit toujours en France ; vous les réchaufferez ainsi. Ayez l'air de ne pas vouloir les retenir malgré eux, ils resteront.

Le Grand écuyer trouva la recette bonne, et, s'avançant vers ceux qu'il savait les plus engagés, leur dit :

— Du reste, messieurs, je ne veux forcer personne à me suivre ; assez de braves nous attendent à Perpignan, et la France entière est de notre opinion. Si quelqu'un veut s'assurer une retraite, qu'il parle ; nous lui donnerons les moyens de se mettre dès à présent en sûreté.

Nul ne voulut entendre parler de cette proposition, et le mouvement qu'elle occasionna fit renouveler les serments de haine contre le Cardinal-Duc.

Cinq-Mars continua pourtant à interroger quelques personnes qu'il choisissait bien, car il finit par Montrésor, qui cria qu'il se passerait son épée à travers le corps s'il en avait eu la seule pensée, et par Gondi, qui, se dressant fièrement sur les talons, dit :

— Monsieur le Grand écuyer, ma retraite à moi, c'est l'archevêché de Paris et l'île Notre-Dame ; j'en ferai une place assez forte pour qu'on ne m'enlève pas.

— La vôtre? dit-il à de Thou.

— A vos côtés, répondit celui-ci doucement en baissant les yeux, ne voulant pas même donner de l'importance à sa résolution par la fermeté du regard.

— Vous le voulez? eh bien, j'accepte, dit Cinq-Mars; mon sacrifice est plus grand que le vôtre en cela.

Puis, se retournant vers l'assemblée :

— Messieurs, dit-il, je vois en vous les derniers hommes de la France; car, après les Montmorency et les Soissons, vous seuls osez encore lever une tête libre et digne de notre vieille franchise. Si Richelieu triomphe, les antiques monuments de la monarchie crouleront avec nous; la cour régnera seule à la place des Parlements, antiques barrières et en même temps puissants appuis de l'autorité royale; mais soyons vainqueurs, et la France nous devra la conservation de ses anciennes mœurs et de ses sûretés. Du reste, messieurs, il serait fâcheux de gâter un bal pour cela; vous entendez la musique; ces dames vous attendent; allons danser.

— Le Cardinal payera les violons, ajouta Gondi.

Les jeunes gens applaudirent en riant, et tous remontèrent vers la salle de danse comme ils auraient été se battre.

CHAPITRE XXI

LE CONFESSIONNAL

> C'est pour vous, beauté fatale, que je viens dans ce lieu terrible !
> LEWIS, *le Moine.*

C'était le lendemain de l'assemblée qui avait eu lieu chez Marion de Lorme. Une neige épaisse couvrait les toits de Paris, et fondait dans ses rues et dans ses larges ruisseaux, où elle s'élevait en monceaux grisâtres, sillonnés par les roues de quelques chariots.

Il était huit heures du soir, et la nuit était sombre ; la ville du tumulte était silencieuse à cause de l'épais tapis que l'hiver y avait jeté. Il empêchait d'entendre le bruit des roues sur la pierre, et celui des pas du cheval ou de l'homme. Dans une rue étroite qui serpente autour de la vieille église de Saint-Eustache, un homme, enveloppé dans son manteau, se promenait lentement, et cherchait à distinguer si rien ne paraissait au détour de la place ; souvent il s'asseyait sur l'une des bornes de l'église, se mettant à l'abri de la fonte des neiges sous ces statues horizontales de saints qui sortent du toit de ce temple, et s'allongent presque de toute la largeur de la ruelle, comme des oiseaux de proie qui, prêts à s'abattre, ont reployé leurs ailes. Souvent ce vieillard, ouvrant son manteau, frappait ses bras contre sa poitrine en les croisant et les étendant rapidement pour se réchauffer, ou bien soufflait dans ses doigts, que garantissait mal du froid une paire de gants de buffle montant jusqu'au coude. Enfin, il aperçut une petite ombre qui se détachait sur la neige et glissait contre la muraille.

— Ah! santa Maria! quels vilains pays que ceux du Nord! dit une petite voix en tremblant. Ah! le *duzé di* Mantoue! que ze voudrais y être encore, mon vieux Grandchamp!

— Allons! allons! ne parlez pas si haut, répondit brusquement le vieux domestique ; les murs de Paris ont des oreilles de cardinal, et surtout les églises. Votre maîtresse est-elle entrée? mon maître l'attendait à la porte.

— Oui, oui, elle est entrée dans l'église.

— Taisez-vous, dit Grandchamp, le son de l'horloge est fêlé, c'est mauvais signe.

— Cette horloge a sonné l'heure d'un rendez-vous.

— Pour moi elle sonne une agonie. Mais, taisez-vous, Laura, voici trois manteaux qui passent.

Ils laissèrent passer trois hommes. Grandchamp les suivit, s'assura du chemin qu'ils prenaient, et revint s'asseoir ; il soupira profondément.

La neige est froide, Laura, et je suis vieux. M. le Grand aurait bien pu choisir un autre de ses gens pour rester en sentinelle comme je fais pendant qu'il fait l'amour. C'est bon pour vous de porter des poulets et des petits rubans, et des portraits et autres fariboles pareilles ; pour moi, on devrait me traiter avec plus de considération, et M. le maréchal n'aurait pas fait cela. Les vieux domestiques font respecter une maison.

— Votre maître est-il arrivé depuis longtemps, *caro amico?*

— Et *cara! caro!* laissez-moi tranquille. Il y avait une heure que nous gelions quand vous êtes arrivées toutes les deux ; j'aurais eu le temps de fumer trois pipes turques. Faites votre affaire, et allez voir aux autres entrées de l'église s'il rôde quelqu'un de suspect; puisqu'il n'y a que deux vedettes, il faut qu'elles battent le champ.

— Ah ! *Signor Jesu !* n'avoir personne à qui dire une parole amicale quand il fait si froid ! Et ma pauvre maîtresse ! venir à pied depuis l'hôtel de Nevers. Ah ! *Amore qui regna, amore !*

— Allons, Italienne, fais volte-face, te dis-je ; que je ne t'entende plus avec ta langue de musique.

— Ah ! Jésus ! la grosse voix, cher Grandchamp ! vous étiez bien plus aimable à Chaumont, dans la *Turena,* quand vous me parliez de *miei occhi* noirs.

— Tais-toi, bavarde ! encore une fois, ton italien n'est bon qu'aux baladins et aux danseurs de corde, pour amuser les chiens savants.

— Ah ! *Italia mia !* Grandchamp, écoutez-moi, et vous entendrez le langage de la Divinité. Si vous étiez un galant *uomo,* comme celui qui a fait ceci pour une Laura comme moi...

Et elle se mit à chanter à demi-voix :

> Lieti fiori e felici, e ben nate erbe
> Che Madona pensanda premer sole;
> Piaggia ch' ascolti su dolci parole
> E del bel piede alcun vestigio serbe [1].

Le vieux soldat était peu accoutumé à la voix d'une jeune fille ; et, en général, lorsqu'une femme lui parlait, le ton qu'il prenait en répondant était toujours flottant entre une politesse gauche et la mauvaise humeur. Cependant, cette fois, en faveur de la chanson italienne, il sembla s'attendrir, et retroussa sa moustache, ce qui était chez lui un signe d'embarras et de détresse ; il fit entendre même un bruit rauque assez semblable au rire, et dit :

— C'est assez gentil, mordieu ! cela me rappelle le siége de Casal ; mais tais-toi, petite ; je n'ai pas encore entendu venir

---

[1] Rive où Laure égarait ses pas et ses pensées,
Qui de sa voix touchante écoutais les accents ;
Fleurs qui de vos parfums lui présentiez l'encens,
Que ses pieds délicats ont doucement pressées.
PÉTRARQUE, *trad. de* Saint-Geniez.

l'abbé Quillet ; cela m'inquiète ; il faut qu'il soit arrivé avant nos deux jeunes gens, et depuis longtemps...

Laura, qui avait peur d'être envoyée seule sur la place Saint-Eustache, lui dit qu'elle était bien sûre que l'abbé était entré tout à l'heure, et continua :

> Ombrose selve, ove percote il sole
> Che vi fa co' suoi raggi alte e superbe.

— Hon ! dit en grommelant le bonhomme, j'ai les pieds dans la neige et une gouttière dans l'oreille ; j'ai le froid sur la tête et la mort dans le cœur, et tu ne me chantes que des violettes, du soleil, des herbes et de l'amour : tais-toi !

Et, s'enfonçant davantage sous l'ogive du temple, il laissa tomber sa vieille tête et ses cheveux blanchis sur ses deux mains, pensif et immobile. Laura n'osa plus lui parler.

Mais pendant que sa femme de chambre était allée trouver Grandchamp, la jeune et tremblante Marie avait poussé, d'une main timide, la porte battante de l'église : elle avait rencontré là Cinq-Mars, debout, déguisé, et attendant avec inquiétude. A peine l'eut-elle reconnu qu'elle marcha d'un pas précipité dans le temple, tenant son masque de velours sur son visage, et courut se réfugier dans un confessionnal, tandis que Henry refermait avec soin la porte de l'église qu'elle avait franchie. Il s'assura qu'on ne pouvait l'ouvrir du dehors, et vint après elle s'agenouiller, comme d'habitude, dans le lieu de la pénitence. Arrivé une heure avant elle avec son vieux valet, il avait trouvé cette porte ouverte, signe certain et convenu que l'abbé Quillet, son gouverneur, l'attendait à sa place accoutumée. Le soin qu'il avait d'empêcher toute surprise le fit rester lui-même à garder cette entrée jusqu'à l'arrivée de Marie : heureux de voir l'exactitude du bon abbé, il ne voulut pourtant pas quitter son poste pour l'en aller remercier. C'était un second père pour lui, à cela près de l'autorité, et il agissait avec ce bon prêtre sans beaucoup de cérémonie.

La vieille paroisse de Saint-Eustache était obscure ; seulement, avec la lampe perpétuelle, brûlaient quatre flambeaux de cire jaune, qui, attachés au-dessus des bénitiers, contre les principaux piliers, jetaient une lueur rouge sur les marbres bleus et noirs de la basilique déserte. La lumière pénétrait à peine dans les niches enfoncées des ailes du pieux bâtiment. Dans l'une de ces chapelles, et la plus sombre, était ce confessionnal, dont une grille de fer assez élevée, et doublée de planches épaisses, ne laissait apercevoir que le petit dôme et la croix de bois. Là s'agenouillèrent de chaque côté Cinq-Mars et Marie de Mantoue ; ils ne se voyaient qu'à peine, et trouvèrent que, selon son usage, l'abbé Quillet, assis entre eux, les avait attendus depuis longtemps. Ils pouvaient entrevoir, à travers les petits grillages, l'ombre de son camail. Henry d'Effiat s'était approché lentement ; il venait arrêter et régler, pour ainsi dire, le reste de sa destinée. Ce n'était plus devant son Roi qu'il allait paraître, mais devant une souveraine plus puissante, devant celle pour laquelle il avait entrepris son immense ouvrage. Il allait éprouver sa foi et tremblait.

Il frémit surtout lorsque sa jeune fiancée fut agenouillée en face de lui ; il frémit, parce qu'il ne put s'empêcher, à l'aspect de cet ange, de sentir tout le bonheur qu'il pourrait perdre ; il n'osa parler le premier, et demeura encore un instant à contempler sa tête dans l'ombre, cette jeune tête sur laquelle reposaient toutes ses espérances. Malgré son amour, toutes les fois qu'il la voyait, il ne pouvait se garantir de quelque effroi d'avoir tant entrepris pour une enfant dont la passion n'était qu'un faible reflet de la sienne, et qui n'avait peut-être pas apprécié tous les sacrifices qu'il avait faits, son caractère ployé pour elle aux complaisances d'un courtisan, condamné aux intigues et aux souffrances de l'ambition, livré aux combinaisons profondes, aux criminelles méditations, aux sombres et violents travaux d'un conspirateur. Jusque-là, dans leurs secrètes et chastes entrevues, elle avait toujours reçu chaque nouvelle de ses progrès dans sa carrière avec les transports de plaisir d'un enfant, mais sans apprécier la fatigue de chacun de ces pas si pesants que l'on fait vers les honneurs, et lui demandant toujours avec naïveté quand il serait Connétable enfin, et quand ils se marieraient, comme si elle eût demandé quand il viendrait au Carrousel, et si le temps était serein. Jusque-là, il avait souri de ces questions et de cette ignorance, pardonnable à dix-huit ans dans une jeune fille née sur un trône et accoutumée à des grandeurs pour ainsi dire naturelles, et trouvées autour d'elle en venant à la vie ; mais à cette heure, il fit de plus sérieuses réflexions sur ce caractère, et lorsque, sortant presque de l'assemblée imposante des conspirateurs, représentants de tous les ordres du royaume, son oreille, où résonnaient encore les voix mâles qui avaient juré d'entreprendre une vaste guerre, fut frappée des premières paroles de celle pour qui elle était commencée, il craignit, pour la première fois, que cette sorte d'innocence ne fût de la légèreté et ne s'étendît jusqu'au cœur : il résolut de l'approfondir.

— Dieu ! que j'ai peur, Henry ! dit-elle en entrant dans le confessionnal ; vous me faites venir sans gardes, sans carrosse ; je tremble toujours d'être vue de mes gens en sortant de l'hôtel de Nevers. Faudra-t-il donc me cacher encore longtemps comme une coupable ? La Reine n'a pas été contente lorsque je le lui ai avoué ; si elle m'en parle encore, ce sera avec son air sévère que vous connaissez, et qui me fait toujours pleurer : j'ai bien peur.

Elle se tut, et Cinq-Mars ne répondit que par un profond soupir.

— Quoi ! vous ne me parlez pas ? dit-elle.

— Sont-ce bien là toutes vos terreurs ? dit Cinq-Mars avec amertume.

— Dois-je en avoir de plus grandes ? O mon ami ! de quel ton, avec quelle voix me parlez-vous ! êtes-vous fâché parce que je suis venue trop tard ?

— Trop tôt, madame, beaucoup trop tôt, pour les choses que vous devez entendre, car je vous en vois bien éloignée.

Marie, affligée de l'accent sombre et amer de sa voix, se prit à pleurer.

— Hélas ! mon Dieu ! qu'ai-je donc fait, dit-elle, pour que vous m'appeliez madame et me traitiez si durement ?

— Ah ! rassurez-vous, reprit Cinq-Mars, mais toujours avec

ironie. En effet, vous n'êtes pas coupable ; mais je le suis, je suis seul à l'être ; ce n'est pas envers vous, mais pour vous.

— Avez-vous donc fait du mal? Avez-vous ordonné la mort de quelqu'un ? Oh ! non, j'en suis bien sûre, vous êtes si bon !

— Eh quoi ! dit Cinq-Mars, n'êtes-vous pour rien dans mes projets ? ai-je mal compris votre pensée lorsque vous me regardiez chez la Reine ? ne sais-je plus lire dans vos yeux ? le feu qui les animait était-ce un grand amour pour Richelieu ? cette admiration que vous promettiez à celui qui oserait tout dire au Roi, qu'est-elle devenue ? Est-ce un mensonge que tout cela ?

Marie fondait en larmes.

— Vous me parlez toujours d'un air contraint, dit-elle ; je ne l'ai point mérité. Si je ne vous dis rien de cette conjuration effrayante, croyez-vous que je l'oublie ? ne me trouvez-vous pas assez malheureuse ? avez-vous besoin de voir mes pleurs ? les voilà. J'en verse assez en secret, Henry ; croyez que si j'ai évité, dans nos dernières entrevues, ce terrible sujet, c'était de crainte d'en trop apprendre : ai-je une autre pensée que celle de vos dangers ? ne sais-je pas bien que c'est pour moi que vous les courez ? Hélas ! si vous combattez pour moi, n'ai-je pas aussi à soutenir des attaques non moins cruelles ? Plus heureux que moi, vous n'avez à combattre que la haine, tandis que je lutte contre l'amitié : le Cardinal vous opposera des hommes et des armes ; mais la Reine, la douce Anne d'Autriche, n'emploie que de tendres conseils, des caresses, et quelquefois des larmes.

— Touchante et invincible contrainte, dit Cinq-Mars avec amertume, pour vous faire accepter un trône. Je conçois que vous ayez besoin de quelques efforts contre de telles séductions ; mais avant, madame, il importe de vous délier de vos serments.

— Hélas ! grand Dieu ! qu'y a-t-il donc contre nous ?

— Il y a Dieu sur nous et contre nous, reprit Henry d'une voix sévère ; le Roi m'a trompé.

L'abbé s'agita dans le confessionnal. Marie s'écria :

— Voilà ce que je pressentais ; voilà le malheur que j'entrevoyais. Est-ce moi qui l'ai causé ?

— Il m'a trompé en me serrant la main, poursuivit Cinq-Mars ; il m'a trahi par le vil Joseph, qu'on m'offre de poignarder.

L'abbé fit un mouvement d'horreur qui ouvrit à demi la porte du confessionnal.

— Ah! mon père, ne craignez rien, continua Henry d'Effiat ; votre élève ne frappera jamais de tels coups. Ils s'entendront de loin, ceux que je prépare, et le grand jour les éclairera ; mais il me reste un devoir à remplir, un devoir sacré : voyez votre enfant s'immoler devant vous. Hélas ! je n'ai pas vécu longtemps pour le bonheur ; je viens le détruire peut-être, par votre main, la même qui l'avait consacré.

Il ouvrit, en parlant ainsi, le léger grillage qui le séparait de son vieux gouverneur ; celui-ci, gardant toujours un silence surprenant, avança le camail sur son front.

— Rendez, dit Cinq-Mars d'une voix moins ferme, rendez cet anneau nuptial à la duchesse de Mantoue ; je ne puis le garder qu'elle ne me le donne une seconde fois, car je ne suis plus le même qu'elle promit d'épouser.

Le prêtre saisit brusquement la bague et la passa au travers des losanges du grillage opposé ; cette marque d'indifférence étonna Cinq-Mars.

— Eh quoi ! mon père, dit-il, êtes-vous aussi changé !

Cependant Marie ne pleurait plus ; mais élevant sa voix angélique qui éveilla un faible écho le long des ogives du temple, comme le plus doux soupir de l'orgue, elle dit :

— O mon ami ! ne soyez plus en colère, je ne vous comprends pas ; pouvons-nous rompre ce que Dieu vient d'unir, et pourrais-je vous quitter quand je vous sais malheureux ! Si le Roi ne vous aime plus, du moins vous êtes assuré qu'il ne viendra pas vous faire de mal, puisqu'il n'en a pas fait au Cardinal, qu'il n'a jamais aimé. Vous croyez-vous perdu parce qu'il n'aura pas voulu peut-être se séparer de son vieux serviteur ? Eh bien, attendons le retour de son amitié ; oubliez ces conspirateurs qui m'effrayent, S'ils n'ont plus d'espoir, j'en remercie Dieu, je ne tremblerai plus pour vous. Qu'avez-vous donc, mon ami, et pourquoi nous affliger inutilement? La Reine nous aime, et nous sommes tous deux bien jeunes, attendons. L'avenir est beau, puisque nous sommes unis et sûrs de nous-mêmes. Racontez-moi ce que le Roi vous disait à Chambord. Je vous ai suivi longtemps des yeux. Dieu ! que cette partie de chasse fut triste pour moi !

— Il m'a trahi ! vous dis-je, répondit Cinq-Mars ; et qui l'aurait pu croire, lorsque vous l'avez vu nous serrant la main, passant de son frère à moi et au duc de Bouillon, qu'il se faisait instruire des moindres détails de la conjuration, du jour même où l'on arrêterait Richelieu à Lyon, fixait le lieu de son exil (car ils voulaient sa mort ; mais le souvenir de mon père me fit demander sa vie) ? Le Roi disait que lui-même dirigerait tout à Perpignan ; et cependant Joseph, cet impur espion, sortait du cabinet des Lys ! O Marie ! vous l'avouerai-je ? au moment où je l'ai appris, mon âme a été bouleversée ; j'ai douté de tout, et il m'a semblé que le centre du monde chancelait en voyant la vérité quitter le cœur d'un Roi. Je voyais s'écrouler tout notre édifice : une heure encore, et la conjuration s'évanouissait ; je vous perdais pour toujours ; un moyen me restait, je l'ai employé.

— Lequel? dit Marie.

— Le traité d'Espagne était dans ma main, je l'ai signé.

— O ciel! déchirez-le.

— Il est parti.

— Qui le porte ?

— Fontrailles.

— Rappelez-le.

— Il doit avoir déjà dépassé les défilé d'Oloron, dit Cinq-Mars, se levant debout. Tout est prêt à Madrid; tout à Sedan; des armées m'attendent, Marie ; des armées ! et Richelieu est au milieu d'elles ! Il chancelle, il ne faut plus qu'un seul coup pour le renverser, et vous êtes à moi pour toujours, à Cinq-Mars triomphant !

— A Cinq-Mars rebelle, dit-elle en gémissant.

— Eh bien, oui, rebelle, mais non plus favori ! Rebelle, criminel, digne de l'échafaud, je le sais ! s'écria ce jeune homme passionné en retombant à genoux ; mais rebelle par amour, rebelle pour vous, que mon épée va conquérir enfin tout entière.

— Hélas! l'épée que l'on trempe dans le sang des siens n'est-elle pas un poignard?

— Arrêtez, par pitié, Marie! Que des rois m'abandonnent, que des guerriers me délaissent, j'en serai plus ferme encore; mais je serai vaincu par un mot de vous, et encore une fois le temps de réfléchir est passé pour moi; oui, je suis criminel, c'est pourquoi j'hésite à me croire encore digne de vous. Abandonnez-moi, Marie, reprenez cet anneau.

— Je ne le puis, dit-elle, car je suis votre femme, quel que vous soyez.

— Vous l'entendez, mon père, dit Cinq-Mars, transporté de bonheur; bénissez cette seconde union, c'est celle du dévouement, plus belle encore que celle de l'amour. Qu'elle soit à moi tant que vivrai!

Sans répondre, l'abbé ouvrit la porte du confessionnal, sortit brusquement, et fut hors de l'église avant que Cinq-Mars eût le temps de se lever pour le suivre.

— Où allez-vous? qu'avez-vous? s'écria-t-il.

Mais personne ne paraissait et ne se faisait entendre.

— Ne criez pas, au nom du ciel! dit Marie, ou je suis perdue! il a sans doute entendu quelqu'un dans l'église.

Mais, troublé et sans lui répondre, d'Effiat, s'élançant sous les arcades et cherchant en vain son gouverneur, courut à une porte qu'il trouva fermée; tirant son épée, il fit le tour de l'église, et, arrivant à l'entrée que devait garder Grandchamp, il l'appela et écouta.

— Lâchez-le à présent, dit une voix au coin de la rue.

Et des chevaux partirent au galop.

— Grandchamp, répondras-tu? cria Cinq-Mars.

— A mon secours, Henry, mon cher enfant! répondit la voix de l'abbé Quillet.

— Eh! d'où venez-vous donc? Vous m'exposez! dit le Grand écuyer s'approchant de lui.

Mais il s'aperçut que son pauvre gouverneur, sans chapeau,

sous la neige qui tombait, n'était pas en état de lui répondre.

— Ils m'ont arrêté, dépouillé, criait-il, les scélérats! les assassins! ils m'ont empêché d'appeler, ils m'ont serré les lèvres avec un mouchoir.

A ce bruit Grandchamp survint enfin, se frottant les yeux comme un homme qui se réveille. Laura, épouvantée, courut dans l'église près de sa maîtresse; tous rentrèrent précipitamment pour rassurer Marie, et entourèrent le vieil abbé.

— Les scélérats? ils m'ont attaché les mains comme vous voyez, ils étaient plus de vingt; ils m'ont pris la clef de cette porte de l'église.

— Quoi! tout à l'heure? dit Cinq-Mars; et pourquoi nous quittez-vous.

— Vous quitter! Il y a plus de deux heures qu'ils me tiennent!

— Deux heures! s'écria Henry effrayé.

— Ah! malheureux vieillard que je suis! cria Grandchamp, j'ai dormi pendant le danger de mon maître! c'est la première fois!

— Vous n'étiez donc pas avec nous dans le confessionnal? poursuivit Cinq-Mars avec anxiété, tandis que Marie tremblante se pressait contre son bras.

— Eh quoi! dit l'abbé, n'avez-vous pas vu le scélérat à qui ils ont donné ma clef?

— Non! qui? dirent-ils tous à la fois.

— Le père Joseph! répondit le bon prêtre.

— Fuyez! vous êtes perdu! s'écria Marie.

CHAPITRE XXII

L'ORAGE

> Blow, blow, thou winter wind;
> Thou art not so unkind
> As man's ingratitude :
> Thy tooth is not so keen,
> Because thou art not seen
> Altho' thy breath be rude.
> Heig-ho! sing, heig-ho! unto the green holly,
> Most friendship is feigning; most loving mere folly.
>
> SHAKSPEARE.

> Souffle, souffle, vent d'hiver
> Tu n'es pas si cruel
> Que l'ingratitude de l'homme ;
> Ta dent n'est pas si pénétrante,
> Car tu es invisible.
> Quoique ton souffle soit rude,
> Hé, ho, hé! chante; hé, ho, hé! dans le houx vert;
> La plupart des amis sont faux, le amants fous.

Au milieu de cette longue et superbe chaîne des Pyrénées qui forme l'isthme crénelé de la péninsule, au centre de ces pyramides bleues chargées de neige, de forêts et de gazons, s'ouvre un étroit défilé, un sentier taillé dans le lit desséché d'un torrent perpendiculaire; il circule parmi les rocs, se glisse sous les ponts de neige épaissie, serpente au bord des précipices inondés, pour escalader les montagnes voisines d'Urdoz et d'Oloron, et, s'élevant enfin sur leur dos inégal, laboure leur cime nébuleuse; pays nouveau qui a encore ses monts et ses profondeurs, tourne à droite, quitte la France et descend en Espagne. Jamais le fer relevé de la mule n'a laissé sa trace dans ces détours ; l'homme peut à peine s'y tenir debout, il lui faut la chaussure de corde qui ne peut pas glisser, et le trèfle du bâton ferré qui s'enfonce dans les fentes des rochers.

Dans les beaux mois de l'été, le *pastour*, vêtu de sa cape brune, et le bélier noir à la longue barbe, y conduisent des troupeaux dont la laine tombante balaye le gazon. On n'entend plus dans ces lieux escarpés que le bruit des grosses clochettes que portent les moutons, et dont les tintements inégaux produisent des accords imprévus, des gammes fortuites, qui étonnent le voyageur et réjouissent leur berger sauvage et silencieux. Mais, lorsque vient le long mois de septembre, un linceul de neige se déroule de la cime des monts jusqu'à leur base, et ne respecte que ce sentier profondément creusé, quelques gorges ouvertes par les torrents, et quelques rocs de granit qui allongent leur forme bizarre comme les ossements d'un monde enseveli.

C'est alors qu'on voit accourir de légers troupeaux d'isards qui, renversant sur leur dos leurs cornes recourbées, s'élancent de rocher en rocher, comme si le vent les faisait bondir devant lui, et prennent possession de leur désert aérien ; des volées de corbeaux et de corneilles tournent sans cesse dans les gouffres et les puits naturels, qu'elles transforment en ténébreux colombiers, tandis que l'ours brun, suivi de sa famille velue qui se joue et se roule autour de lui sur la neige, descend avec lenteur de sa retraite envahie par les frimas. Mais ce ne sont là ni les plus sauvages ni les plus cruels habitants que ramène l'hiver dans ces montagnes ; le contrebandier rassuré se hasarde jusqu'à se construire une demeure de bois sur la barrière même de la nature et de la politique ; là des traités inconnus, des échanges occultes, se font entre les deux Navarres, au milieu des brouillards et des vents.

Ce fut dans cet étroit sentier, sur le *versant* de la France, qu'environ deux mois après les scènes que nous avons vues se passer à Paris, deux voyageurs venant d'Espagne s'arrêtèrent à minuit, fatigués et pleins d'épouvante. On entendait des coups de fusil dans la montagne.

— Les coquins ! comme ils nous ont poursuivis ! dit l'un d'eux ; je n'en puis plus ! sans vous j'étais pris.

— Et vous le serez encore, ainsi que ce damné papier, si vous perdez votre temps en paroles ; voilà un second coup de feu sur le roc de Saint-Pierre-de-l'Aigle ; ils nous croient partis par la côte du Limaçon ; mais, en bas, ils s'apercevront du contraire. Descendez. C'est une ronde, sans doute, qui chasse les contrebandiers. Descendez !

— Eh ! comment ? je n'y vois pas.

— Descendez toujours, et prenez-moi le bras.

— Soutenez-moi ; je glisse avec mes bottes, dit le premier voyageur, s'accrochant aux pointes du roc pour s'assurer de la solidité du terrain avant d'y poser le pied.

— Allez donc, allez donc ! lui dit l'autre en le poussant ; voilà un de ces drôles qui passe sur notre tête.

En effet, l'ombre d'un homme armé d'un long fusil se dessina sur la neige. Les deux aventuriers se tinrent immobiles. Il passa ; ils continuèrent à descendre.

— Ils nous prendront ! dit celui qui soutenait l'autre, nous sommes tournés. Donnez-moi votre diable de parchemin ; je porte l'habit des contrebandiers, et je me ferai passer pour tel en cherchant asile chez eux ; mais vous n'auriez pas de ressource avec votre habit galonné.

— Vous avez raison, dit son compagnon en s'arrêtant sur une pointe de roc. Et, restant suspendu au milieu de la pente, il lui donna un rouleau de bois creux.

Un coup de fusil partit, et une balle vint s'enterrer en sifflant et en frissonnant dans la neige à leurs pieds. Averti ! dit le premier. Roulez en bas ; si vous n'êtes pas mort, vous suivrez la route. A gauche du Gave est Sainte-Marie ; mais tournez à droite, traversez Oloron, et vous êtes sur le chemin de Pau et sauvé. Allons, roulez !

En parlant, il poussa son camarade, et, sans daigner le regarder, ne voulant ni monter ni descendre, se mit à suivre horizontalement le front du mont, en s'accrochant aux pierres, aux branches, aux plantes mêmes, avec une adresse de chat sauvage, et bientôt se trouva sur un tertre solide, devant une petite case de planches à jour, à travers lesquelles on voyait une lumière. L'aventurier tourna tout autour comme un loup affamé autour d'un parc, et, appliquant son œil à l'une des ouvertures, vit des choses qui le décidèrent apparemment, car, sans hésiter, il poussa la porte chancelante, que ne fermait pas même un faible loquet. La case entière s'ébranla au coup de poing qu'il avait donné; il vit alors qu'elle était divisée en deux cellules par une cloison. Un grand flambeau de cire jaune éclairait la première; là, une jeune fille, pâle et d'une effroyable maigreur, était accroupie dans un coin sur la terre humide où coulait la neige fondue sous les planches de la chaumière. Des cheveux noirs, mêlés et couverts de poussière, mais très-longs, tombaient en désordre sur son vêtement de bure brune; le capuchon rouge des Pyrénées couvrait sa tête et ses épaules; elle baissait les yeux et filait une petite quenouille attachée à sa ceinture. L'entrée d'un homme ne la troubla pas.

— Eh! eh! la moza[1], lève-toi et donne-moi à boire; je suis las et j'ai soif.

La jeune fille ne répondit pas, et, sans lever les yeux, continua de filer avec application.

— Entends-tu? dit l'étranger, la poussant avec le pied, va dire au patron que j'ai vu là qu'un ami vient le voir, et donne-moi à boire avant. Je coucherai ici.

Elle répondit d'une voix enrouée, en filant toujours :

— Je bois la neige qui fond sur le rocher, ou l'écume verte qui nage sur l'eau des marais; mais, quand j'ai bien filé, on me donne l'eau de la source de fer.

Quand je dors, le lézard froid passe sur mon visage; mais lorsque j'ai bien lavé une mule, on jette le foin; le foin est chaud; le foin est bon et chaud; je le mets sur mes pieds de marbre.

— Quelle histoire me fais-tu là? dit Jacques; je ne parle pas de toi.

Elle poursuivit :

— On me fait tenir un homme pendant qu'on le tue. Oh! que

---

[1] La fille.

j'ai eu du sang sur les mains! Que Dieu leur pardonne si cela se peut. Ils m'ont fait tenir sa tête et le baquet rempli d'une eau rouge. O ciel! moi qui étais l'épouse de Dieu! on jette leurs corps dans l'abîme de neige; mais le vautour les trouve; il tapisse son nid avec leurs cheveux. Je te vois à présent plein de vie, je te verrai sanglant, pâle et mort.

L'aventurier, haussant les épaules, se mit à siffler en entrant, et poussa la seconde porte; il trouva l'homme qu'il avait vu par les fentes de la cabane : il portait le *berret*[1] bleu des Basques sur l'oreille, et, couvert d'un ample manteau, assis sur un bât de mulet, courbé sur un large brasier de fonte, fumait un cigare et vidait une outre placée à son côté. La lueur de la braise éclairait son visage gras et jaune, ainsi que la chambre, où étaient rangées des selles de mulet autour du *brasero* comme des siéges. Il souleva la tête sans se déranger.

—Ah! ah! c'est toi, Jacques? dit-il, c'est bien toi? Quoiqu'il y ait quatre ans que je ne t'aie vu, je te reconnais, tu n'es pas changé, brigand; c'est toujours ta grande face de vaurien. Mets-toi là et buvons un coup.

— Oui, me voilà encore ici; mais comment diable y es-tu, toi? Je te croyais juge, Houmain!

— Et moi, donc, je te croyais bien capitaine espagnol, Jacques!

— Ah! je l'ai été quelque temps, c'est vrai, et puis prisonnier; mais je m'en suis tiré assez joliment, et j'ai repris l'ancien état, l'état libre, la bonne vieille contrebande.

— Viva! viva! *jaleo!* s'écria Houmain; nous autres braves, nous sommes bons à tout. Ah çà! mais... tu as donc toujours passé par les autres *ports*[2]? car je ne t'ai pas revu depuis que j'ai repris le métier.

— Oui, oui, j'ai passé par où tu ne passeras pas, va! dit Jacques.

— Et qu'apportes-tu?

[1] Petit bonnet de laine.
[2] Noms des chemins qui mènent d'Espagne en France par les Pyrénées.

— Une marchandise inconnue; mes mules viendront demain.

— Sont-ce les ceintures de soie, les cigares ou la laine?

— Tu le sauras plus tard, amigo, dit le spadassin; donne-moi l'outre, j'ai soif.

— Tiens, bois, c'est du vrai valdepenas! nous sommes si heureux ici, nous autres bandoleros! Aï! *jaleo! jaleo*[1]! bois donc, les amis vont venir.

— Quel amis? dit Jacques, laissant retomber l'outre.

— Ne t'inquiète pas, bois toujours; je vais te conter ça, et puis nous chanterons la Tirana[2] andalouse!

L'aventurier prit l'outre et fit semblant de boire tranquillement.

— Quelle est donc cette grande diablesse que j'ai vue à ta porte? reprit-il; elle a l'air à moitié morte.

— Non, non; elle n'est que folle; bois toujours, je te conterai ça!

Et, prenant à sa ceinture rouge le long poignard dentelé de chaque côté en manière de scie, Houmain s'en servit pour retourner et enflammer la braise, et dit d'un air grave:

— Tu sauras d'abord, si tu ne le sais pas, que là-bas (il montrait le côté de la France) ce vieux loup de Richelieu les mène tambour battant.

— Ah! ah! dit Jacques.

— Oui; on l'appelle le *roi du Roi*. Tu sais? Cependant il y a un petit jeune homme qui est à peu près aussi fort que lui, et qu'on appelle M. le Grand. Ce petit bonhomme commande presque toute l'armée de Perpignan dans ce moment-ci, et il est arrivé il y a un mois; mais le vieux est toujours à Narbonne, et il est bien fin. Pour le Roi, il est tantôt comme ci, tantôt comme ça (en parlant, Houmain retournait sa main sur le dos et du côté de la paume); oui, entre le zist et le zest; mais en attendant qu'il se décide, moi je suis pour le zist, c'est à dire Cardinaliste, et j'ai toujours fait les affaires de monseigneur, depuis la première qu'il me donna il y a bientôt trois ans. Je vais te la conter.

---

[1] Exclamation et jurement habituel et intraduisible.
[2] Sorte de ballade.

Il avait besoin de gens de caractère et d'esprit pour une petite expédition, et me fit chercher pour être lieutenant criminel.

— Ah! ah! c'est un joli poste, on me l'avait dit.

— Oui, c'est un trafic comme le nôtre, où l'on vend la corde au lieu du fil; c'est moins honnête, car on tue plus souvent; mais aussi c'est plus solide : chaque chose a son prix.

— C'est juste, dit Jacques.

— Me voilà donc en robe rouge ; je servis à en donner une jaune en soufre à un grand beau garçon qui était curé à Loudun, et qui était dans un couvent de nonnes comme un loup dans la bergerie: aussi il lui en cuit.

— Ah! ah! ah! c'est fort drôle! s'écria Jacques en riant.

— Bois toujours, continua Houmain. Oui, je t'assure, Jago, que je l'ai vu, après l'affaire, réduit en petits tas noirs comme ce charbon, tiens, ce charbon-là au bout de mon poignard. Ce que c'est que de nous! voilà comme nous serons chez le diable.

— Oh! pas de ces plaisanteries-là! dit l'autre très-gravement; vous savez bien que moi, j'ai de la religion.

— Ah! je ne dis pas non : cela peut être, reprit Houmain du même ton: Richelieu est bien Cardinal! mais, enfin, n'importe. Tu sauras que, comme j'étais rapporteur, cela me rapporta...

— Ah! de l'esprit, coquin!

— Oui, toujours un peu ! Je dis donc que cela me rapporta cinq cents piastres ; car Armand Duplessis paye bien son monde; il n'y a rien à dire, si ce n'est que l'argent n'est pas à lui; mais nous faisons tous comme cela. Alors, ma foi, j'ai voulu placer cet argent dans notre ancien négoce ; je suis revenu ici. Le métier va bien, heureusement: il y a peine de mort contre nous, et la marchandise renchérit.

— Qu'est-ce que je vois là? s'écria Jacques; un éclair dans ce mois-ci !

— Oui, les orages vont commencer : il y en a déjà eu deux. Nous sommes dans le nuage; entends-tu les roulements? Mais ce n'est rien; va, bois toujours: il est une heure du matin à peu près, nous achèverons l'outre et la nuit ensemble. Je te disais donc que je fis connaissance avec notre président, un grand drôle nommé Laubardemont; je ne sais pas si tu le connais.

— Oui, oui, un peu, dit Jacques : c'est un fier avare; mais c'est égal, parle.

— Eh bien, comme nous n'avions rien de caché l'un pour l'autre, je lui dis mes petits projets de commerce, et lui recommandai, quand l'occasion des bonnes affaires se présenterait, de penser à son camarade du tribunal. Il n'y a pas manqué, je n'ai pas à me plaindre.

— Ah! ah! dit Jacques; et qu'a-t-il fait ?

— D'abord, il a deux ans qu'il m'a amené lui-même, en croupe, sa nièce, que tu as vue à la porte.

— Sa nièce! dit Jacques en se levant, et tu la traites comme une esclave! *Demonio!*

— Bois toujours, continua Houmain en attisant doucement la braise avec son poignard ; c'est lui-même qui l'a désiré. Rassieds-toi.

Jacques se rassit.

— Je crois, poursuivit le contrebandier, qu'il n'aurait pas même été fâché de la savoir... tu m'entends? il aurait mieux aimé la savoir sous la neige que dessus ; mais il ne voulait pas l'y mettre lui-même, parce qu'il est bon parent, comme il le dit.

— Et comme je le sais, dit le nouveau venu; mais, va...

— On conçoit qu'un homme comme lui, qui vit à la cour, n'aime pas avoir une nièce folle chez lui. C'est tout simple. Si j'avais continué aussi mon rôle d'homme de robe, j'en aurais fait autant en pareil cas. Mais ici nous ne représentons pas, comme tu vois, et je l'ai prise pour *criada* [1]: elle a montré plus de bon sens que je n'aurais cru, quoiqu'elle n'ait presque jamais dit qu'un seul mot, et qu'elle ait fait la délicate d'abord. A présent, elle brosse un mulet comme un garçon. Elle a un peu de fièvre depuis quelques jours cependant; mais ça finira de manière ou d'autre.

[1] Servante.

Ah çà! ne va pas dire à Laubardemont qu'elle vit encore; il croirait que c'est par économie que je l'ai gardée pour servante.

— Comment! est-ce qu'il est ici? s'écria Jacques.

— Bois toujours, reprit le flegmatique Houmain, qui donnait lui-même un grand exemple de cette leçon, sa phrase favorite, et commençait à fermer à demi les yeux d'un air tendre. C'est, vois-tu, la seconde affaire que j'ai avec ce petit bon Lombard dimon, démon, des monts, comme tu voudras. Je l'aime comme mes yeux, et je veux que nous buvions à sa santé ce petit vin de Jurançon que voici; c'est le vin d'un luron, du feu roi Henry. Que nous sommes heureux ici! L'Espagne dans la main droite, la France dans la gauche, entre l'outre et la bouteille! La bouteille! j'ai quitté tout pour elle!

Et il fit sauter le goulot d'une bouteille de vin blanc. Après en avoir pris de longues gorgées, il continua, tandis que l'étranger le dévorait des yeux :

— Oui, il est ici, et il doit avoir froid aux pieds, car il court la montagne depuis la fin du jour avec des gardes à lui et nos camarades, tu sais, nos *bandoleros*, les vrais *contrabandistas*.

— Et pourquoi courent-ils? dit Jacques.

— Ah! voilà le plaisant de l'affaire! dit l'ivrogne. C'est pour arrêter deux coquins qui veulent apporter ici soixante mille soldats espagnols en papier dans leur poche. Tu ne comprends pas peut-être à demi mot, croquant! hein? eh bien, c'est pourtant comme je te dis, dans leur propre poche!

— Si, si, je comprends! dit Jacques en tâtant son poignard dans sa ceinture et regardant la porte.

— Eh bien, enfant du diable, chantons la Tirana, prends ta bouteille, jette ton cigare, et chante.

A ces mots, l'hôte chancelant, se mit à chanter en espagnol, entrecoupant ses chants de rasades qu'il jetait dans son gosier en se renversant, tandis que Jacques, toujours assis, le regardait d'un œil sombre à la lueur du brasier, et méditait ce qu'il allait faire.

Moi qui suis contrebandier et qui n'ai peur de rien, me voilà. Je les défie tous, je veille sur moi-même, et on me respecte [1].
Aï, aï, aï, *jaleo!* Jeunes filles, jeunes filles, qui veut m'acheter du fil noir?

La lueur d'un éclair entra par une petite lucarne, et remplit la chambre d'une odeur de soufre; une effroyable détonation le suivit de près : la cabane trembla, et une poutre tomba en dehors.

— Oh! eh! la maison! s'écria le buveur; le diable est chez nous! les amis ne viennent donc pas?

— Chantons, dit Jacques en rapprochant le bât sur lequel il était assis de celui de Houmain.

Celui-ci but pour se raffermir, et reprit :

Jaleo! jaleo! mon cheval est fatigué! et moi je marche en courant près de lui.
Aï! aï! aï! la ronde vient et la fusillade s'élève dans la montagne,
Aï! aï! aï! mon petit cheval, tire-moi de ce danger.
Vive! vive mon cheval! mon cheval qui a le chanfrein blanc!
Jeunes filles, *jaleo!* jeunes filles, achetez-moi du fil noir.

En achevant il sentit son siége vaciller, et tomba à la renverse; Jacques, après s'en être débarrassé ainsi, s'élançait vers la porte, lorsqu'elle s'ouvrit, et son visage se heurta contre la figure pâle et glacée de la folle. Il recula.

---

[1] Aucune expression française ne peut représenter la précision énergique de cette romance espagnol. Il faut l'entendre chanter par la voix nasillarde et éclatante, dure et molle, vive et nonchalante tour à tour de quelque Andalou qui caresse de l'extrémité des doigts les cordes d'une petite guitare. Le mouvement est celui d'une danse, et les pensées celles d'un chant de guerre.

Yo que soy contrabandista
Y campo por mi respeto,
A todos los desafio
Pues a nadie tengo miedo.

Ay, jaleo! Muchachas,
Quien me merca un hilo negro?
Mi caballo esta cansado,
Y yo me marcho corriendo.

Ay! ay! que viene la ronda,
Y se mueve el tiroteo ;
Ay! ay! cavallito mio,
Ay! saca me deste aprieto.

Viva, viva mi cavallo,
Cavallo mio carreto :
Ay! jaléo! Muchachas, ay! jaleo...

— Le juge ! dit-elle en entrant.

Et elle tomba étendue sur la terre froide.

Jacques avait déjà passé un pied par-dessus elle ; mais une autre figure apparut, livide et surprise, celle d'un homme de grande taille, couvert d'un manteau ruisselant de neige. Il recula encore, et rit d'horreur et de rage. C'était Laubardemont suivi d'hommes armés ; ils se regardèrent.

— Eh ! eh ! ca...a...ma...ra...de coquin ! dit Houmain, se relevant avec peine, serais-tu royaliste, par hasard ?

Mais lorsqu'il vit ces deux hommes qui semblaient pétrifiés l'un par l'autre, il se tut comme eux, ayant la conscience de son ivresse, et s'approcha en trébuchant pour relever la folle, toujours étendue entre le juge et le capitaine. Le premier prit la parole.

— N'êtes-vous pas celui que nous poursuivions tout à l'heure ?

— C'est lui, dirent les gens de sa suite tout d'une voix, l'autre est échappé.

Jacques recula jusqu'aux planches fendues qui formaient le mur chancelant de la case ; s'enveloppant dans son manteau comme un ours acculé contre un arbre par une meute nombreuse, et voulant faire diversion et s'assurer un moment de réflexion, il répondit avec une voix forte et sombre :

— Le premier qui passera ce brasier et le corps de cette fille est un homme mort !

Et il tira un long poignard de son manteau. En ce moment, Houmain, agenouillé, retourna la tête de la jeune femme ; les yeux en étaient fermés ; il l'approcha du brasier, dont la lueur l'éclaira.

— Ah ! grand Dieu ! s'écria Laubardemont s'oubliant par effroi, Jeanne encore !

— Soyez tranquille, mon... on... seigneur, dit Houmain en essayant de soulever les longues paupières noires qui retombaient, et la tête qui se renversait comme un lin mouillé ; soi...yez tranquille ; ne...e vou... ous fâchez pas, elle est bien morte, très-morte.

Jacques posa le pied sur ce corps comme sur une barrière, et, se courbant avec un rire féroce sous le visage de Laubardemont, lui dit à demi-voix :

— Laisse-moi passer et je ne te compromettrai pas, courtisan ; je ne te dirai pas qu'elle fut ta nièce et que je suis ton fils.

Laubardemont se recueillit, regarda ses gens qui se pressaient autour de lui avec des carabines avancées, et, leur faisant signe de se retirer à quelques pas, il répondit d'une voix très-basse :

— Livre-moi le traité, et tu passeras.

— Le voilà dans ma ceinture ; mais si l'on y touche, je t'appellerai mon père tout haut. Que dira ton maître ?

— Donne-le-moi, et je te pardonnerai ta vie.

— Laisse-moi passer, et je te pardonnerai de me l'avoir donnée.

— Toujours le même, brigand ?

— Oui, assassin !

— Que t'importe un enfant qui conspire ? dit le juge.

— Que t'importe un vieillard qui règne : répondit l'autre.

— Donne-moi ce papier, j'ai fait serment de l'avoir.

— Laisse-le-moi, j'ai juré de le reporter.

— Quel peut-être ton serment et ton Dieu ? dit Laubardemont.

— Et le tien, reprit Jacques, est-ce le crucifix de fer rouge ?

Mais, se levant entre eux, Houmain, riant et chancelant, dit au juge en lui frappant sur l'épaule :

— Vous êtes bien longtemps à vous expliquer, l'...ami ; est-ce que vous le connaîtriez d'ancienne date ! C'est...est un bon garçon.

— Moi ! non ! s'écria Laubardemont à haute voix, je ne l'ai jamais vu.

Pendant cet instant, Jacques, que protégeaient l'ivrogne et la petitesse de la chambre embarrassée, s'élança avec violence contre les faibles planches qui formaient le mur, d'un coup de talon en jeta deux dehors et passa par l'espace qu'elles avaient laissé. Tout ce côté de la cabane fut brisé, elle chancela tout entière ; le vent y entra avec violence.

— Eh ! eh ! Demonio ! santo Demonio ! où vas-tu ? s'écria le contrebandier ; tu casses ma maison, et c'est le côté du Gave.

Tous s'approchèrent avec précaution, arrachèrent les planches qui restaient, et se penchèrent sur l'abîme. Ils contemplèrent un spectacle étrange : l'orage était dans toute sa force, et c'était un orage des Pyrénées ; d'immenses éclairs partaient ensemble des quatre points de l'horizon, et leurs feux se succédaient si vite, qu'on n'en voyait pas l'intervalle, et qu'ils paraissaient immobiles et durables; seulement la voûte flamboyante s'éteignait quelquefois tout à coup, puis reprenait ses lueurs constantes. Ce n'était plus la flamme qui semblait étrangère à cette nuit, c'était l'obscurité. L'on eût dit que dans ce ciel naturellement lumineux, il se faisait des éclipses d'un moment, tant les éclairs étaient longs et tant leur absence était rapide. Les pics allongés et les rochers blanchis se détachaient sur ce fond rouge comme des blocs de marbre sur une coupole d'airain brûlant et simulant au milieu des frimas les prodiges du volcan ; les eaux jaillissaient comme des flammes, les neiges s'écoulaient comme une lave éblouissante.

Dans leur amas mouvant se débattait un homme, et ses efforts le faisaient entrer plus avant dans le gouffre tournoyant et liquide; ses genoux ne se voyaient déjà plus ; en vain il tenait embrassé un énorme glaçon pyramidal et transparent, que les éclairs faisaient briller comme un rocher de cristal; ce glaçon même fondait par sa base et glissait lentement sur la pente du rocher. On entendait, sous la nappe de neige, le bruit des quartiers de granit qui se heurtaient, en tombant, à des profondeurs immenses. Cependant on aurait pu le sauver encore ; l'espace de quatre pieds à peine le séparait de Laubardemont.

— J'enfonce ! s'écria-t-il ; tends-moi quelque chose et tu auras le traité.

— Donne-le-moi, et je te tendrai ce mousquet, dit le juge.

— Le voilà, dit le spadassin, puisque le diable est pour Richelieu.

Et lâchant d'une main son glissant appui, il jeta un rouleau de bois dans la cabane. Laubardemont y rentra, se précipitant sur le traité comme un loup sur sa proie. Jacques avait en vain étendu son bras ; on le vit glisser lentement avec le bloc énorme et dégelé qui croulait sur lui, et s'enfoncer sans bruit dans les neiges.

— Ah ! misérable ! tu m'as trompé ! cria-t-il ; mais on ne m'a pas pris le traité... je te l'ai donné... entends-tu... mon père !

Il disparut sous la couche épaisse et blanche de la neige ; on ne vit plus à sa place que cette nappe éblouissante que sillonnait la foudre en s'y éteignant ; on n'entendit plus que les roulements du tonnerre et le sifflement des eaux qui tourbillonnaient contre les rochers, car les hommes groupés autour d'un cadavre et d'un scélérat, dans la cabane à demi brisée, se taisaient glacés par l'horreur, et craignaient que Dieu ne vînt à diriger la foudre [1].

---

[1] « Il vécut et mourut avec des brigands. Ne voilà-t-il pas une punition divine dans la famille de ce juge, pour expier en quelque façon la mort cruelle et impitoyable de ce pauvre *Grandier*, dont le sang crie vengeance ? »
(PATIN, lettre LXV, du 22 décembre 1631).

CHAPITRE XXIII

L'ABSENCE

> L'absence est le plus grand des maux,
> Non pas pour vous, cruelle!
> LA FONTAINE.

Qui de nous n'a trouvé du charme à suivre des yeux les nuages du ciel? qui ne leur a envié la liberté de leurs voyages au milieu des airs, soit lorsque, roulés en masse par les vents et colorés par le soleil, ils s'avancent paisiblement comme une flotte de sombres navires dont la proue serait dorée; soit lorsque, parsemés en légers groupes, ils glissent avec vitesse, sveltes et allongés comme des oiseaux de passage, transparents comme de vastes opales détachées du trésor des cieux, ou bien éblouissants de blancheur comme les neiges des monts que les vents emporteraient sur leurs ailes? L'homme est un lent voyageur qui envie ces passagers rapides; rapides moins encore que son imagination; ils ont vu pourtant, en un seul jour, tous les lieux qu'il aime par le souvenir ou l'espérance, ceux qui furent témoins de son bonheur ou de ses peines, et ces pays si beaux que l'on ne connaît pas, et où l'on croit tout rencontrer à la fois. Il n'est pas un endroit de la terre, sans doute, un rocher sauvage, une plaine aride où nous passons avec indifférence, qui n'ait été consacré dans la vie d'un homme et ne se peigne dans ses souvenirs ; car, pareils à des vaisseaux délabrés, avant de trouver l'infaillible naufrage, nous laissons un débris de nous-mêmes sur tous les écueils.

Où vont-ils les nuages bleus et sombres de cet orage des Pyrénées ? C'est le vent d'Afrique qui les pousse devant lui avec une haleine enflammée ; ils volent, ils roulent sur eux-mêmes en grondant, jettent des éclairs devant eux, comme leurs flambeaux, et laissent prendre à leur suite une longue traînée de pluie comme une robe vaporeuse. Dégagés avec efforts des défilés de rochers qui avaient un moment arrêté leur course, ils arrosent, dans le Béarn, le pittoresque patrimoine de Henry IV ; en Guienne, les conquêtes de Charles VII ; dans la Saintonge, le Poitou, la Touraine, celles de Charles V et de Philippe-Auguste, et, se ralentissant enfin au-dessus du vieux domaine de Hugues Capet s'arrêtent en murmurant sur les tours de Saint-Germain.

— Oh ! madame, disait Marie de Mantoue à la Reine, voyez-vous quel orage vient du midi ?

— Vous regardez souvent de ce côté, ma chère, répondit Anne d'Autriche, appuyée sur le balcon.

— C'est le côté du soleil, madame.

— Et des tempêtes, dit la Reine, vous le voyez ; croyez-en mon amitié, mon enfant, ces nuages ne peuvent avoir rien vu d'heureux pour vous. J'aimerais mieux vous voir tourner les yeux vers le côté de la Pologne. Regardez à quel beau peuple vous pourriez commander.

En ce moment, pour éviter la pluie qui commençait, le prince Palatin passait rapidement sous les fenêtres de la Reine avec une suite nombreuse de jeunes Polonais à cheval ; leurs vestes turques, couvertes de boutons de diamants, d'émeraudes et de rubis, leurs manteaux verts et gris de lin, les hautes plumes de leurs chevaux et leur air d'aventure les faisaient briller d'un singulier éclat auquel la cour s'était habituée sans peine. Ils s'arrêtèrent un moment, et le prince salua deux fois, pendant que le léger animal qu'il montait marchait de côté, tournant toujours le front vers les princesses; se cabrant et hennissant, il agitait les crins de son cou et semblait saluer en mettant sa tête entre ses jambes; toute sa suite répéta cette même évolution en passant. La princesse Marie s'était d'abord jetée en arrière, de peur que l'on ne distinguât les larmes de ses yeux; mais ce spectacle brillant et flatteur la fit revenir sur le balcon, et elle ne put s'empêcher de s'écrier :

— Que le Palatin monte avec grâce ce joli cheval ! Il semble n'y pas songer.

La Reine sourit :

— Il songe à celle qui serait sa reine demain si elle voulait faire un signe de tête et laisser tomber sur ce trône un regard de ses grands yeux noirs en amande, au lieu d'accueillir toujours ces pauvres étrangers avec ce petit air boudeur, et en faisant la moue comme à présent.

Anne d'Autriche donnait en parlant un petit coup d'éventail sur les lèvres de Marie, qui ne put s'empêcher de sourire aussi; mais à l'instant elle baissa la tête en se le reprochant, et se recueillit pour reprendre sa tristesse qui commençait à lui échapper. Elle eut même besoin de contempler encore les gros nuages qui planaient sur le château.

— Pauvre enfant, continua la Reine, tu fais tout ce que tu peux pour être bien fidèle et te bien maintenir dans la mélancolie de ton roman; tu te fais mal en ne dormant plus pour pleurer, et en cessant de manger à table; tu passes la nuit à rêver ou à écrire ; mais, je t'en avertis, tu ne réussiras à rien, si ce n'est à maigrir, à être moins belle et à n'être pas reine. Ton Cinq-Mars est un petit ambitieux qui s'est perdu.

Voyant Marie cacher sa tête dans son mouchoir pour pleurer encore, Anne d'Autriche rentra un moment dans sa chambre en la laissant au balcon, et feignit de s'occuper à chercher des bijoux dans sa toilette; elle revint bientôt lentement et gravement se remettre à la fenêtre; Marie était plus calme, et regardait tristement la campagne, les collines de l'horizon, et l'orage qui s'étendait peu à peu.

La Reine reprit avec un ton plus grave :

— Dieu a eu plus de bonté pour vous que vos imprudences ne le méritaient peut-être, Marie; il vous a sauvée d'un grand péril; vous aviez voulu faire de grands sacrifices, mais heureusement ils ne sont pas accomplis comme vous l'aviez cru. L'innocence vous a sauvée de l'amour; vous êtes comme une personne qui, croyant se donner un poison mortel, n'aurait pris qu'une eau pure et sans danger.

— Hélas! madame, que voulez-vous me dire? ne suis-je pas assez malheureuse?

— Ne m'interrompez pas, dit la Reine; vous allez voir avec d'autres yeux votre position présente. Je ne veux point vous accuser d'ingratitude envers le Cardinal; j'ai trop de raisons de ne pas l'aimer! j'ai moi-même vu naître la conjuration. Cependant vous pourriez, ma chère, vous rappeler qu'il fut le seul en France à vouloir, contre l'avis de la Reine mère et de la cour, la guerre du duché de Mantoue, qu'il arracha à l'Empire et à l'Espagne et rendit au duc de Nevers votre père ; ici, dans ce château même de Saint-Germain, fut signé le traité qui renversait le duc de Guastalla[1]. Vous étiez bien jeune alors... On a dû vous l'apprendre pourtant. Voici toutefois que, par amour uniquement (je veux le croire comme vous), un jeune homme de vingt-deux ans est prêt à le faire assassiner...

— Oh! madame, il en est incapable. Je vous jure qu'il l'a refusé...

— Je vous ai prié, Marie, de me laisser parler. Je sais qu'il est généreux et loyal; je veux croire que, contre l'usage de notre temps, il ait assez de modération pour ne pas aller jusque-là, et le tuer froidement, comme le chevalier de Guise a tué le vieux baron de Luz, dans la rue. Mais sera-t-il le maître de l'empêcher s'il le fait prendre à force ouverte? c'est ce que nous ne pouvons savoir plus que lui! Dieu seul sait l'avenir. Du moins est-il sûr que pour vous il l'attaque, et, pour le renverser, prépare la

---

[1] Le 19 mai 1632.

guerre civile, qui éclate peut-être à l'heure même où nous parlons, une guerre sans succès ! De quelque manière qu'elle tourne, il ne peut réussir qu'à faire du mal, car Monsieur va abandonner la conjuration.

— Quoi ! madame...

— Écoutez-moi, vous dis-je, j'en suis certaine, je n'ai pas besoin de m'expliquer davantage. Que fera le Grand écuyer ! Le Roi, il l'a bien jugé, est allé consulter le Cardinal. Le consulter, c'est lui céder ; mais le traité d'Espagne a été signé : s'il est découvert, que fera seul M. de Cinq-Mars ? ne tremblez pas ainsi, nous le sauverons, nous sauverons ses jours, je vous le promets ; il en est temps... j'espère...

— Ah ! madame ! vous espérez ! je suis perdue ! s'écria Marie affaiblie et s'évanouissant à moitié.

— Asseyons-nous, dit la Reine. Et, se plaçant près de Marie, à l'entrée de la chambre, elle poursuivit :

— Sans doute Monsieur traitera pour tous les conjurés en traitant pour lui, mais l'exil sera leur moindre peine, l'exil perpétuel. Voilà donc la duchesse de Nevers et de Mantoue, la princesse Marie de Gonzague, femme de M. Henry d'Effiat, marquis de Cinq-Mars, exilé !

— Eh bien, madame ! je le suivrai dans l'exil ; c'est mon devoir, je suis sa femme !... s'écria Marie en sanglotant ; je voudrais déjà l'y savoir en sûreté.

— Rêves de dix-huit ans ! dit la Reine en soutenant Marie. Réveillez-vous, enfant, réveillez-vous, il le faut ; je ne veux nier aucune des qualités de M. de Cinq-Mars ; il a un grand caractère, un esprit vaste, un grand courage ; mais il ne peut plus être rien pour vous, et heureusement vous n'êtes ni sa femme ni même sa fiancée.

— Je suis à lui, madame, à lui seul...

— Mais sans bénédiction, reprit Anne d'Autriche, sans mariage enfin : aucun prêtre ne l'eût osé ; le vôtre même ne l'a pas fait, et me l'a dit. Taisez-vous, ajouta-t-elle en posant ses deux belles mains sur la bouche de Marie, taisez-vous ! Vous allez me dire que Dieu a entendu vos serments, que vous ne pouvez vivre sans lui, que vos destinées sont inséparables, que la mort seule peut briser votre union : propos de votre âge, délicieuses chimères d'un moment dont vous sourirez un jour, heureuse de ne pas avoir à les pleurer toute votre vie. De toutes ces jeunes femmes si brillantes que vous voyez autour de moi, à la cour, il n'en est pas une qui n'ait eu, à votre âge, quelque beau songe d'amour comme le vôtre, qui n'ait formé de ces liens que l'on croit indissolubles, et n'ait fait en secret d'éternels serments. Eh bien, ces songes sont évanouis, ces nœuds rompus, ces serments oubliés ; et pourtant vous les voyez femmes et mères heureuses ; entourées des honneurs de leur rang, elles viennent rire et danser tous les soirs... Je devine encore ce que vous voulez me dire... Elles n'aimaient pas autant que vous, n'est-ce pas ? Eh bien, vous vous trompez, ma chère enfant ; elles aimaient autant et ne pleuraient pas moins. Mais c'est ici que je dois vous apprendre à connaître ce grand mystère qui fait votre désespoir, parce que vous ignorez le mal qui vous dévore. Notre existence est double, mon amie : notre vie intérieure, celle de nos sentiments, nous travaille avec violence, tandis que la vie extérieure nous domine malgré nous. On n'est jamais indépendante des hommes, et surtout dans une condition élevée ; seule, on se croit maîtresse de sa destinée ; mais la vue de trois personnes qui surviennent nous rend toutes nos chaînes en nous rappelant notre rang et notre entourage. Que dis-je ? soyez enfermée et livrée à tout ce que les passions vous feront naître de résolutions courageuses et extraordinaires, vous suggéreront de sacrifices merveilleux, il suffira d'un laquais qui viendra vous demander vos ordres pour rompre le charme et vous rappeler votre existence réelle. C'est ce combat entre vos projets et votre position qui vous tue ; vous vous en voulez intérieurement, vous vous faites d'amers reproches.

Marie détourna la tête.

— Oui, vous vous croyez bien criminelle. Pardonnez-vous, Marie ; tous les hommes sont des êtres tellement relatifs et dépendants les uns des autres, que je ne sais si les grandes retraites du monde, que nous voyons quelquefois, ne sont pas faites pour le monde même : le désespoir a sa recherche, et la solitude sa coquetterie. On prétend que les plus sombres ermites n'ont pu se retenir de s'informer de ce qu'on disait d'eux. Ce besoin de l'opinion générale est un bien, en ce qu'il combat presque toujours victorieusement ce qu'il y a de déréglé dans notre imagination, et vient à l'aide des devoirs que l'on oublie trop aisément. On éprouve vous le sentirez, j'espère, en reprenant son sort tel qu'il doit être, après le sacrifice de ce qui détournait de la raison, la satisfaction d'un exilé qui rentre dans sa famille, d'un malade qui revoit le jour et le soleil après une nuit troublée par le cauchemar. C'est ce sentiment d'un être revenu, pour ainsi dire, à son état naturel, qui donne le calme que vous voyez dans bien des yeux qui ont eu leurs larmes aussi ; car il est peu de femmes qui n'aient connu les vôtres. Vous vous trouveriez parjure en renonçant à Cinq-Mars ? Mais rien ne vous lie ; vous vous êtes plus qu'acquittée envers lui en refusant, durant plus de deux années, les mains royales qui vous étaient présentées. Eh ! qu'a-t-il fait, après tout, cet amant si passionné ? il s'est élevé pour vous atteindre ; mais l'ambition, qui vous semble ici avoir aidé l'amour, ne pourrait-elle pas s'être aidée de lui ? Ce jeune homme me semble être bien profond, bien calme dans ses ruses politiques, bien indépendant dans ses vastes résolutions, dans ses monstrueuses entreprises, pour que je le croie uniquement occupé de sa tendresse. Si vous n'aviez été qu'un moyen au lieu d'un but, que diriez-vous ?

— Je l'aimerais encore, répondit Marie ; tant qu'il vivra, je lui appartiendrai, madame.

— Mais tant que je vivrai, moi, dit la Reine avec fermeté, je m'y opposerai.

A ces derniers mots, la pluie et la grêle tombèrent sur le balcon avec violence ; la Reine en profita pour quitter brusquement la porte et rentrer dans les appartements, où la duchesse de Chevreuse, Mazarin, Mme de Guéménée et le prince Palatin attendaient depuis un moment. La Reine marcha au-devant d'eux ;

Marie se plaça dans l'ombre près d'un rideau, afin qu'on ne vît pas la rougeur de ses yeux. Elle ne voulut point d'abord se mêler à la conversation trop enjouée ; cependant quelques mots attirèrent son attention. La Reine montrait à la princesse de Guémenée des diamants qu'elle venait de recevoir de Paris.

— Quant à cette couronne, elle ne m'appartient pas, le Roi a voulu la faire préparer pour la future reine de Pologne ; on ne sait qui ce sera.

Puis, se tournant vers le prince Palatin :

— Nous vous avons vu passer, prince ; chez qui donc alliez-vous ?

— Chez mademoiselle la duchesse de Rohan, répondit le Polonais.

L'insinuant Mazarin, qui profitait de tout pour chercher à deviner les secrets et à se rendre nécessaire par des confidences arrachées, dit en s'approchant de la Reine :

— Cela vient à propos quand nous parlions de la couronne de Pologne.

Marie, qui écoutait, ne put soutenir ce mot devant elle, et dit à madame de Guémenée, qui était à ses côtés :

— Est-ce que M. de Chabot est roi de Pologne ?

La Reine entendit ce mot, et se réjouit de ce léger mouvement d'orgueil. Pour en développer le germe, elle affecta une attention approbative pour la conversation qui suivit et qu'elle encourageait.

La princesse de Guémenée se récriait :

— Conçoit-on un semblable mariage ? On ne peut le lui ôter de la tête ; enfin, cette même mademoiselle de Rohan, que nous vîmes toutes si fière, après avoir refusé le comte de Soissons, le duc de Weymar et le duc de Nemours, n'épouser qu'un gentilhomme ! cela fait pitié, en vérité ! Où allons-nous ? on ne sait ce que cela deviendra.

Mazarin ajoutait d'un ton équivoque :

— Eh quoi ! est-ce bien vrai ? aimer ! à la cour ! un amour véritable, profond ! cela peut-il se croire ?

Pendant ceci la Reine continuait à fermer et rouvrir, en jouant, la nouvelle couronne.

— Les diamants ne vont bien qu'aux cheveux noirs, dit-elle ; voyons, donnez votre front, Marie...

Mais elle va à ravir, continua-t-elle.

— On la croirait faite pour madame la princesse, dit le Cardinal.

— Je donnerais tout mon sang pour qu'elle demeurât sur ce front, dit le prince Palatin.

Marie laissa voir, à travers les larmes qu'elle avait encore sur les joues, un sourire enfantin et involontaire, comme un rayon de soleil à travers la pluie ; puis, tout à coup, devenant d'une excessive rougeur, elle se sauva en courant dans les appartements.

On riait. La Reine la suivit des yeux, sourit, donna sa main à baiser à l'ambassadeur polonais, et se retira pour écrire une lettre.

CHAPITRE XXIV

LE TRAVAIL

> Peu d'espérance doiuent avoir les pauvres et menues gens au fait de ce monde, puisque si grand Roy y a tant souffert et tant trauaillé.
> PHILIPPE DE COMINES.

Un soir, devant Perpignan, il se passa une chose inaccoutumée. Il était dix heures, et tout dormait. Les opérations lentes et presque suspendues du siége avaient engourdi le camp et la ville. Chez les Espagnols on s'occupait peu des Français, toutes les communications étant libres vers la Catalogne, comme en temps de paix ; et dans l'armée française tous les esprits étaient travaillés par cette secrète inquiétude qui annonce les grands événements. Cependant tout était calme en apparence ; on n'entendait que le bruit des pas mesurés des sentinelles ; on ne voyait, dans la nuit sombre, que la petite lumière rouge de la mèche toujours fumante de leurs fusils ; lorsque tout à coup les trompettes des Mousquetaires, des Chevau-légers et des Gens d'armes sonnèrent presque en même temps le *boute-selle* et *à cheval*. Tous les factionnaires crièrent aux armes, et on vit les sergents de bataille, portant des flambeaux, aller de tente en tente, une longue pique à la main, pour réveiller les soldats, les ranger en ligne et les compter. De longs pelotons marchaient dans un sombre silence, circulaient dans les rues du camp et venaient prendre leur place de bataille ; on entendait le choc des bottes pesantes et le bruit du trot des escadrons, annonçant que la cavalerie faisait les mêmes dispositions. Après une demi-heure de mouvement, les bruits cessèrent, les flambeaux s'éteignirent, et tout rentra dans le calme, seulement l'armée était debout.

Des flambeaux intérieurs faisaient briller comme une étoile l'une des dernières tentes du camp ; on distinguait en approchant cette petite pyramide blanche et transparente ; sur sa toile se dessinaient deux ombres qui allaient et venaient. Dehors plusieurs hommes à cheval attendaient ; dedans étaient de Thou et Cinq-Mars.

A voir ainsi levé et armé à cette heure le pieux et sage de Thou, on l'aurait pris pour un des chefs de la révolte. Mais en examinant de plus près sa contenance sévère et ses regards mornes, on aurait compris bientôt qu'il la blâmait et s'y laissait conduire et compromettre par une résolution extraordinaire qui l'aidait à surmonter l'horreur qu'il avait de l'entreprise en elle-même. Depuis le jour où Henry d'Effiat lui avait ouvert son cœur et confié tout son secret, il avait vu clairement que toute remontrance était inutile auprès d'un jeune homme aussi fortement résolu. Il avait même compris plus que M. de Cinq-Mars ne lui avait dit, et il avait vu dans l'union secrète de son ami avec la princesse Marie, un de ces liens d'amour dont les fautes mystérieuses et fréquentes, les abandons voluptueux et involontaires, ne peuvent être trop tôt épurés par les publiques bénédictions. Il avait compris ce supplice impossible à supporter plus longtemps d'un amant, maître adoré de cette jeune personne, et qui chaque jour était condamné à paraître devant elle en étranger et à recevoir les confidences politiques des mariages que l'on préparait pour elle. Le jour où il avait reçu son entière confession, il avait tout tenté pour empêcher Cinq-Mars d'aller dans ses projets jusqu'à l'alliance étrangère. Il avait évoqué les plus graves souvenirs et les meilleurs sentiments, sans autre résultat que de rendre plus rude vis-à-vis de lui la résolution invincible de son ami. Cinq-Mars, on s'en souvient, lui avait dit durement : *Eh! vous ai-je prié de prendre part à la conjuration?* et lui, il n'avait voulu promettre que de ne pas le dénoncer, et il avait rassemblé toutes ses forces contre l'amitié pour dire : *N'attendez rien de plus de ma part si vous signez ce traité.* Cependant Cinq-Mars avait signé le traité; et de Thou était encore là, près de lui.

L'habitude de discuter familièrement les projets de son ami les lui avait peut-être rendus moins odieux; son mépris pour les vices du Cardinal-Duc, son indignation de l'asservissement des Parlements, auxquels tenait sa famille, et de la corruption de la la justice; les noms puissants et surtout les nobles caractères des personnages qui dirigeaient l'entreprise, tout avait contribué à adoucir sa première et douloureuse impression. Ayant une fois promis le secret à M. de Cinq-Mars, il se considérait comme pouvant accepter en détail toutes les confidences secondaires; et, depuis l'événement fortuit qui l'avait compromis chez Marion de Lorme parmi les conjurés, il se regardait comme lié par l'honneur avec eux, et engagé à un silence inviolable. Depuis ce temps il avait vu MONSIEUR, le duc de Bouillon et Fontrailles; ils s'étaient accoutumés à parler devant lui sans crainte, et lui à les entendre sans colère. A présent les dangers de son ami l'entraînaient dans leur tourbillon comme un aimant invincible. Il souffrait dans sa conscience; mais il suivait Cinq-Mars partout où il allait, sans vouloir, par délicatesse excessive, hasarder désormais une seule réflexion qui eût pu ressembler à une crainte personnelle. Il avait donné sa vie tacitement, et eût jugé indigne de tous deux de faire signe de la vouloir reprendre.

Le Grand écuyer était couvert de sa cuirasse, armé, et chaussé de larges bottes. Un énorme pistolet était posé sur sa table entre deux flambeaux avec sa mèche allumée; une montre pesante dans sa boîte de cuivre devant le pistolet. De Thou, couvert d'un manteau noir, se tenait immobile, les bras croisés; Cinq-Mars se promenait les bras derrière le dos, regardant de temps à autre l'aiguille trop lente à son gré ; il entr'ouvrit sa tente et regarda le ciel, puis revint :

— Je ne vois pas mon étoile en haut, dit-il, mais n'importe ! elle est là, dans mon cœur.

— Le temps est sombre, dit de Thou.

Dites que le temps s'avance. Il marche, mon ami, il marche ; encore vingt minutes, et tout sera fait. L'armée attend le coup de ce pistolet pour commencer.

De Thou tenait à la main un crucifix d'ivoire, et portait ses regards tantôt sur la croix, tantôt au ciel.

— Voici l'heure, disait-il, d'accomplir le sacrifice ; je ne me repens pas, mais que la coupe du péché a d'amertume pour mes lèvres ! J'avais voué mes jours à l'innocence et aux travaux de l'esprit, et me voici prêt à commettre le crime et à saisir l'épée.

Mais prenant avec force la main de Cinq-Mars :

— C'est pour vous, c'est pour vous, ajouta-t-il avec l'élan d'un cœur aveuglément dévoué ; je m'applaudis de mes erreurs si elles tournent à votre gloire, je ne vois que votre bonheur dans ma faute. Pardonnez-moi un moment de retour vers les idées habituelles de toute ma vie.

Cinq-Mars le regardait fixement, et une larme coulait lentement sur sa joue.

— Vertueux ami, dit-il, puisse votre faute ne retomber que sur ma tête ! mais espérons que Dieu, qui pardonne à ceux qui aiment, sera pour nous ; car nous sommes criminels : moi par amour, et vous par amitié.

Mais tout à coup, regardant la montre, il prit le long pistolet dans ses mains, et considéra la mèche fumante d'un air farouche. Ses longs cheveux tombaient sur son visage comme la crinière d'un jeune lion.

— Ne te consume pas, s'écria-t-il, brûle lentement ! Tu vas allumer un incendie que toutes les vagues de l'Océan ne sauraient éteindre ; la flamme va bientôt éclairer la moitié d'un monde, il se peut qu'elle aille jusqu'au bois des trônes. Brûle lentement, flamme précieuse, les vents qui t'agiteront sont violents et redoutables : l'amour et la haine. Conserve-toi, ton explosion va retentir au loin, et trouvera des échos dans la chaumière du pauvre et dans le palais du Roi. Brûle, brûle, flamme chétive, tu es pour moi le sceptre et la foudre.

De Thou, tenant toujours la petite croix d'ivoire, disait à voix basse :

— Seigneur, pardonnez-nous le sang qui sera versé ; nous combattrons le méchant et l'impie !

Puis, élevant la voix :

— Mon ami, la cause de la vertu triomphera, dit-il, elle triomphera seule. C'est Dieu qui a permis que le traité coupable ne nous parvînt pas : ce qui faisait le crime est anéanti sans doute ; nous combattrons sans l'étranger, et peut-être même ne combattrons-nous pas ; Dieu changera le cœur du Roi.

— Voici l'heure, voici l'heure ! dit Cinq-Mars, les yeux attachés sur la montre avec une sorte de rage joyeuse : encore quatre minutes, et les Cardinalistes du camp seront écrasés ; nous marcherons sur Narbonne, il est là... Donnez ce pistolet.

A ces mots, il ouvrit brusquement sa tente, et prit la mèche du pistolet.

— Courrier de Paris ! courrier de la cour ! cria une voix au dehors.

Et un homme couvert de sueur, haletant de fatigue, se jeta en bas de son cheval, entra, et remit une petite lettre à Cinq-Mars.

— De la Reine, monseigneur, dit-il.

Cinq-Mars pâlit, et lut :

« MONSIEUR LE MARQUIS DE CINQ-MARS,

» Je vous fais cette lettre pour vous conjurer et prier de rendre
» à ses devoirs notre bien-aimée fille adoptive et amie, la prin-
» cesse Marie de Gonzague, que votre affection détourne seule
» du trône de Pologne à elle offert. J'ai sondé son âme ; elle est bien
» jeune encore, et *j'ai lieu de croire* qu'elle accepterait la cou-

» ronne avec *moins d'efforts et de douleur que vous ne le pensez*
» *peut-être.*

» C'est pour elle que vous avez entrepris une guerre qui va
» mettre à feu et à sang mon beau et cher pays de France ; je
» vous conjure et supplie d'agir en gentilhomme, et de délier
» noblement la duchesse de Mantoue des promesses qu'elle aura
» pu vous faire. Rendez ainsi le repos à son âme et la paix à notre
» cher pays.

» La reine, qui se jette à vos pieds, s'il le faut.

» Anne. »

Cinq-Mars remit avec calme le pistolet sur la table ; son premier mouvement avait fait tourner le canon contre lui-même ! cependant il le remit, et, saisissant vite un crayon, écrivit sur le revers de la même lettre :

« Madame,

» Marie de Gonzague, étant ma femme, ne peut être reine de
» Pologne qu'après ma mort ; je meurs.

» Cinq-Mars. »

Et comme s'il n'eût pas voulu se donner un instant de réflexion, la mettant de force dans la main du courrier :

— A cheval ! à cheval ! lui dit-il d'un ton furieux : si tu demeures un instant de plus, tu es mort.

Il le vit partir et rentra.

Seul avec son ami, il resta un instant debout, mais pâle, mais l'œil fixe et regardant la terre comme un insensé. Il se sentit chanceler.

— De Thou ! s'écria-t-il.

— Que voulez-vous, ami, cher ami ? je suis près de vous. Vous venez d'être grand, bien grand ! sublime !

— De Thou ! cria-t-il encore d'une voix étouffée.

Et il tomba la face contre terre, comme tombe un arbre déraciné.

Les vastes tempêtes prennent différents aspects, selon les climats où elles passent ; celles qui avaient une étendue terrible dans les pays du nord se rassemblent, dit-on, en un seul nuage sous la zone torride, d'autant plus redoutables qu'elles laissent à l'horizon toute sa pureté, et que les vagues en fureur réfléchissent encore l'azur du ciel en se teignant du sang de l'homme. Il en est de même des grandes passions : elles prennent d'étranges aspects, selon nos caractères ; mais qu'elles sont terribles dans les cœurs vigoureux qui ont conservé leur force sous le voile des formes sociales ! Quand la jeunesse et le désespoir viennent à se réunir, on ne peut dire à quelles fureurs ils se porteront, ou quelle sera leur résignation subite ; on ne sait si le volcan va faire éclater la montagne, ou s'il s'éteindra tout à coup dans ses entrailles.

De Thou épouvanté releva son ami, le sang ruisselait par ses narines et ses oreilles ; il l'aurait cru mort si des torrents de larmes n'eussent coulé de ses yeux ; c'était le seul signe de sa vie ; mais tout à coup il rouvrit ses paupières, regarda autour de lui, et, avec une force de tête extraordinaire, reprit toutes ses pensées et la puissance de sa volonté.

— Je suis en présence des hommes, dit-il, il faut en finir avec eux. Mon ami, il est onze heures et demie ; l'heure du signal est passée ; donnez pour moi l'ordre de rentrer dans les quartiers ; c'était une fausse alerte que j'expliquerai ce soir même.

De Thou avait déjà senti l'importance de cet ordre : il sortit et revint sur-le-champ ; il retrouva Cinq-Mars assis, calme, et cherchant à faire disparaître le sang de son visage.

— De Thou, dit-il en le regardant fixement, retirez-vous, vous me gênez.

— Je ne vous quitte pas, répondit celui-ci.

— Fuyez, vous dis-je, les Pyrénées ne sont pas loin. Je ne sais plus parler longtemps, même pour vous ; mais si vous restez avec moi, vous mourrez, je vous en avertis.

— Je reste, dit encore de Thou.

— Que Dieu vous préserve donc ! reprit Cinq-Mars, car je n'y pourrai rien, ce moment passé. Je vous laisse ici. Appelez Fontrailles et tous les conjurés, distribuez-leur ces passe-ports, qu'ils s'enfuient sur-le-champ ; dites-leur que tout est manqué et que je les remercie. Pour vous, encore une fois, partez avec eux, je vous le demande, mais, quoi que vous fassiez, sur votre vie, ne me suivez pas. Je vous jure de ne point me frapper moi-même.

A ces mots, serrant la main de son ami sans le regarder, il s'élança brusquement hors de sa tente.

Cependant à quelques lieues de là se tenaient d'autres discours. A Narbonne, dans le même cabinet où nous vîmes autrefois Richelieu régler avec Joseph les intérêts de l'État, étaient encore assis ces deux hommes, à peu près les mêmes ; le ministre, cependant, fort vieilli par trois ans de souffrances, et le capucin aussi effrayé du résultat de ses voyages que son maître était tranquille.

Le Cardinal, assis dans sa chaise longue et les jambes liées et entourées d'étoffes chaudes et fourrées, tenait sur ses genoux trois jeunes chats qui se roulaient et se culbutaient sur sa robe rouge ; de temps en temps il en prenait un, et le plaçait sur les autres pour perpétuer leurs jeux ; il riait en les regardant ; sur ses pieds était couchée leur mère, comme un énorme manchon et une fourrure vivante.

Joseph, assis près de lui, renouvelait le récit de tout ce qu'il avait entendu dans le confessionnal ; pâlissant encore du danger qu'il avait couru d'être découvert ou tué par Jacques, il finit par ces paroles :

— Enfin, monseigneur, je ne puis m'empêcher d'être troublé jusqu'au fond du cœur lorsque je me rappelle les périls qui menaçaient et menacent encore Votre Éminence. Des spadassins s'offraient pour vous poignarder ; je vois en France toute la cour soulevée contre vous, la moitié de l'armée, et deux provinces ; à l'étranger, l'Espagne et l'Autriche prêtes à fournir des troupes ; partout des pièges ou des combats, des poignards ou des canons !...

Le Cardinal bâilla trois fois sans cesser son jeu, et dit :

— C'est un bien joli animal qu'un chat ! c'est un tigre de salon :

quelle souplesse! quelle finesse extraordinaire! voyez ce petit jaune qui fait semblant de dormir pour que l'autre rayé ne prenne pas garde à lui, et tombe sur son frère ; et celui-là, comme il le déchire! voyez comme il lui enfonce ses griffes dans le côté! Il le tuerait, je crois, il le mangerait, s'il était plus fort! C'est très-plaisant! quels jolis animaux!

Il toussa, éternua assez longtemps, puis reprit :

— Messire Joseph, je vous ai fait dire de ne me parler d'affaires qu'après mon souper; j'ai faim maintenant, et ce n'est pas mon heure ; mon médecin Chicot m'a recommandé la régularité, et j'ai ma douleur au côté. Voici quelle sera ma soirée, ajouta-t-il en regardant l'horloge : à neuf heures, nous réglerons les affaires de M. le Grand ; à dix, je me ferai porter autour du jardin pour prendre l'air au clair de la lune ; ensuite je dormirai une heure ou deux; à minuit, le Roi viendra, et à quatre heures vous pourrez repasser pour prendre les divers ordres d'arrestations, condamnations ou autres que j'aurai à vous donner pour les provinces, Paris ou les armées de Sa Majesté.

Richelieu dit tout ceci avec le même son de voix et une prononciation uniforme, altérée seulement par l'affaiblissement de sa poitrine et la perte de plusieurs dents.

Il était sept heures du soir; le capucin se retira. Le Cardinal soupa avec la plus grande tranquillité, et, quand l'horloge frappa huit heures et demie, il fit appeler Joseph, et lui dit lorsqu'il fut assis près de la table :

— Voilà donc tout ce qu'ils ont pu faire contre moi pendant plus de deux années! Ce sont de pauvres gens, en vérité ! Le duc de Bouillon même, que je croyais assez capable, se perd tout à fait dans mon esprit par ce trait, je l'ai suivi des yeux, et, je te le demande, a-t-il fait un pas digne d'un véritable homme d'État? Le Roi, Monsieur, et tous les autres, n'ont fait que se monter la tête ensemble contre moi, et ne m'ont seulement pas enlevé un homme. Il n'y a que ce petit Cinq-Mars qui ait de la suite dans les idées ; tout ce qu'il a fait était conduit d'une manière surprenante : il faut lui rendre justice, il avait des dispositions; j'en aurais fait mon élève sans la roideur de son caractère ; mais il m'a rompu en visière, j'en suis bien fâché pour lui. Je les ai tous laissés nager plus de deux ans en pleine eau ; à présent tirons le filet.

— Il en est temps, monseigneur, dit Joseph, qui souvent frémissait involontairement en parlant : savez-vous que de Perpignan à Narbonne le trajet est court ? savez-vous que, si vous avez ici une forte armée, vos troupes du camp sont faibles et incertaines ? que cette jeune noblesse est furieuse, et que le Roi n'est pas sûr ?

Le Cardinal regarda l'horloge.

— Il n'est encore que huit heures et demie, mons Joseph ; je vous ai déjà dit que je ne m'occuperais de cette affaire qu'à neuf heures. En attendant, comme il faut que justice se fasse, vous allez écrire ce que j'ai à vous dicter, car j'ai la mémoire fort bonne. Il reste encore au monde, je le vois sur mes notes, quatre des juges d'Urbain Grandier ; c'était un homme d'un vrai génie que cet Urbain Grandier (ajouta-t-il avec méchanceté ; Joseph mordit ses lèvres) ; tous ses autres juges sont morts misérablement ; il reste Houmain, qui sera pendu comme contrebandier ; nous pouvons le laisser tranquille : mais voici cet horrible Lactance, qui vit en paix avec Barré et Mignon. Prenez une plume et écrivez à M. l'évêque de Poitiers :

« Monseigneur,

» Le bon plaisir de Sa Majesté est que les pères Barré et Mignon
» soient remplacés dans leurs cures, et envoyés dans le plus
» court délai dans la ville de Lyon, ainsi que le père Lactance,
» capucin, pour y être traduits devant un tribunal spécial,
» comme prévenus de quelques criminelles intentions envers
» l'État. »

Joseph écrivait aussi froidement qu'un Turc fait tomber une tête au geste de son maître.

Le Cardinal lui dit en signant la lettre :

— Je vous ferai savoir comment je veux qu'ils disparaissent ; car il est important d'effacer toutes les traces de cet ancien procès. La Providence m'a bien servi en enlevant tous ces hommes ; j'achève son ouvrage. Voici tout ce qu'en saura la postérité.

Et il lut au capucin cette page de ses Mémoires où il raconte la possession et les sortiléges du magicien [1].

Pendant sa lente lecture, Joseph ne pouvait s'empêcher de regarder l'horloge.

— Il te tarde d'en venir à M. le Grand, dit enfin le Cardinal ; eh bien, pour te faire plaisir, passons-y. Tu crois donc que je n'ai pas mes raisons pour être tranquille ? Tu crois que j'ai laissé aller ces pauvres conspirateurs trop loin ? non. Voici de petits papiers qui te rassureraient si tu les connaissais. D'abord, dans ce rouleau de bois creux est le traité avec l'Espagne, saisi à Oloron. Je suis très-satisfait de Laubardemont : c'est un habile homme !

Le feu d'une féroce jalousie brilla sous les épais sourcils de Joseph.

— Ah ! monseigneur, dit-il, ignore à quel homme il l'a arraché ; il est vrai qu'il l'a laissé mourir, et sous ce rapport on n'a pas à se plaindre ; mais enfin il était l'agent de la conjuration : c'était son fils.

— Dites-vous la vérité ? dit le Cardinal d'un air sévère ; oui, car vous n'oseriez pas mentir avec moi. Comment l'avez-vous su ?

— Par les gens de sa suite, monseigneur ; voici leurs rapports, ils comparaîtront.

Le Cardinal examina ces papiers nouveaux et ajouta :

— Donc nous allons l'employer encore à juger nos conjurés, et ensuite vous en ferez ce que vous voudrez, je vous le donne.

Joseph, joyeux, reprit ses précieuses dénonciations et continua :

— Son Éminence parle de juger des hommes encore armés et à cheval ?

— Ils n'y sont pas tous. Lis cette lettre de MONSIEUR à Chavi-

---

[1] Voyez les Mémoires de Richelieu, *Collection des Mémoires*, t. XXVIII ; p. 139.

gny ; il demande grâce, il en a assez. Il n'osait même pas s'adresser à moi le premier jour, et n'élevait pas sa prière plus haut que les genoux d'un de mes serviteurs [1].

Mais le lendemain il a repris courage, et m'a envoyé celle-ci à moi-même [2], et une troisième pour le Roi.

Son projet l'étouffait ; il n'a pas pu le garder. Mais on ne m'apaise pas à si peu de frais, il me faut une confession détaillée, ou bien je le chasserai du royaume. Je le lui ai fait écrire ce matin [3].

Quant au magnifique et puissant duc de Bouillon, seigneur souverain de Sedan et général en chef des armées d'Italie, il vient d'être saisi par ses officiers au milieu de ses soldats, et s'était caché dans une botte de paille. Il reste donc encore seulement mes deux

---

[1] COPIE TEXTUELLE DE LA CORRESPONDANCE DE MONSIEUR ET DU CARDINAL DE RICHELIEU.

A Monsieur de Chavigny.

« MONSIEUR DE CHAVIGNY,

» Encore que je croie que vous n'êtes pas satisfait de moy, et que véritable-
» ment vous en ayez sujet, je ne laisse pas de vous prier de travailler à mon ac-
» commodement avec Son Eminence, et d'attendre cet effet de la véritable affection
» que vous avez pour moy, qui, je crois, sera encore plus grande que votre colère.
» Vous sçavez le besoin que j'ai que vous me tiriez de la peine où je suis. Vous
» l'avez déjà fait deux fois auprès de Son Eminence. Je vous jure que ce sera la
» dernière fois que je vous donnerai de pareils employs.

» GASTON D'ORLÉANS. »

[2] *A Son Excellence le Cardinal-Duc.*

« MON COUSIN,

» Ce mesconnoissant M. le Grand est homme du monde le plus coupable de
» vous avoir dépleu ; les grâces qu'il recevoit de Sa Majesté m'ont toujours fait
» garder de lui et de tous ses artifices ; mais c'est pour vous, mon Cousin, que je
» conserve mon estime et mon amitié tout entière... Je suis touché d'un véritable
» repentir d'avoir encore manqué à la fidélité que je dois au Roy, monseigneur,
» et je prends Dieu à témoin de la sincérité avec laquelle je serai toute ma vie le
» plus fidèle de vos amis, et avec la mesme passion que je suis,

» MON COUSIN,

» Votre affectionné Cousin,

» GASTON. »

[3] *Réponse du Cardinal.*

« MONSIEUR,

« Puisque Dieu veut que les hommes ayent recours à une ingénue et entière
» confession pour être absous de leurs fautes en ce monde, je vous enseigne le
» chemin que vous devez tenir pour vous tirer de peine. Votre Altesse a bien
» commencé, c'est à elle d'achever. C'est tout ce que je puis vous dire. »

jeunes voisins. Ils s'imaginent avoir le camp tout entier à leurs ordres, et il ne leur demeure attaché que les Compagnies rouges, tout le reste, étant à Monsieur, n'agira pas, et mes régiments les arrêteront. Cependant j'ai permis qu'on eût l'air de leur obéir. S'ils donnent le signal à onze heures et demie, ils seront arrêtés aux premiers pas, sinon le Roi me les livrera ce soir... N'ouvre pas tes yeux étonnés ; il va me les livrer, te dis-je, entre minuit et une heure. Vous voyez que tout s'est fait sans vous, Joseph, nous nous en passons fort bien ; et, pendant ce temps-là, je ne vois pas que nous ayons reçu de grands services de vous ; vous vous négligez.

— Ah ! monseigneur, si vous saviez ce qu'il m'a fallu de peines pour découvrir le chemin des messagers du traité ! je ne l'ai su qu'en risquant ma vie entre ces deux jeunes gens...

Ici le Cardinal se mit à rire d'un air moqueur du fond de son fauteuil.

— Tu devais être bien ridicule et avoir bien peur dans cette boîte, Joseph, et je pense que c'est la première fois de ta vie que tu aies entendu parler d'amour. Aimes-tu ce langage-là, père Joseph ? et, dis-moi, le comprends-tu bien clairement ? Je ne crois pas que tu t'en fasses une idée très-belle.

Richelieu, les bras croisés, regardait avec plaisir son capucin interdit, et poursuivit du ton persifleur d'un grand seigneur qu'il prenait quelquefois, se plaisant à faire passer les plus nobles expressions par les lèvres les plus impures :

— Voyons, Joseph, fais-moi une définition de l'amour selon tes idées. Qu'est-ce que cela peut-être ? car, enfin, tu vois que cela existe ailleurs que dans les romans ; ce bon jeune homme n'a fait toutes ces petites conjurations que par amour. Tu l'as entendu toi-même de tes oreilles indignes. Voyons, qu'est-ce que l'amour ? Moi, d'abord, je n'en sais rien.

Cet homme fut anéanti, et regarda le parquet avec l'œil stupide de quelque animal ignoble. Après avoir cherché longtemps, il répondit enfin d'une voix traînante et nasillarde :

— Ce doit être quelque fièvre maligne qui égare le cerveau ;

mais, en vérité, monseigneur, je vous avoue que je n'y avais jamais réfléchi jusqu'ici, et j'ai toujours été embarrassé pour parler à une femme ; je voudrais qu'on pût les retrancher de la société, car je ne vois pas à quoi elles servent, si ce n'est à faire découvrir des secrets, comme la petite duchesse ou comme Marion de Lorme, que je ne puis trop recommander à Votre Éminence : elle a pensé à tout, et a jeté avec beaucoup d'adresse notre petite prophétie au milieu de ces conspirateurs. Nous n'avons pas manqué le *merveilleux*[1], cette fois, comme pour le siége d'Hesdin ; il ne s'agira plus que de trouver une fenêtre par laquelle vous passerez le jour de l'exécution.

— Voilà encore de vos sottises, monsieur ? dit le Cardinal ; vous me rendrez aussi ridicule que vous, si vous continuez ; je suis trop fort pour me servir du ciel ; que cela ne vous arrive plus. Ne vous occupez que des gens que je vous donne ; je vous ai fait votre part tout à l'heure. Quand le Grand écuyer sera pris, vous le ferez juger et exécuter à Lyon. Je ne veux plus m'en mêler. Cette affaire est trop petite pour moi, c'est un caillou sous mes pieds, auquel je n'aurais pas dû penser si longtemps.

Joseph se tut ; il ne pouvait comprendre cet homme qui, entouré d'ennemis armés, parlait de l'avenir comme d'un présent à sa disposition, et du présent comme d'un passé qu'il ne craignait plus. Il ne savait s'il devait le croire fou ou prophète, inférieur ou supérieur à l'humanité.

Sa surprise redoubla lorsque Chavigny entra précipitamment, et, heurtant ses bottes fortes contre le tabouret du Cardinal, de manière à courir les risques de tomber, s'écria d'un air fort troublé :

— Monseigneur, un de vos domestiques arrive de Perpignan, et il y a vu le camp en rumeur et vos ennemis à cheval...

— Ils mettront pied à terre, monsieur, répondit Richelieu en replaçant son tabouret ; vous me paraissez manquer de calme.

---

[1] En 1638, le prince Thomas ayant fait lever le siége d'Hesdin, le Cardinal en fut très-peiné. Une religieuse du couvent du Mont-Calvaire avait dit que la victoire seroit au Roy, et le P. Joseph vouloit ainsi que l'on crût que le Ciel protégeoit le ministre.
(*Mémoires pour l'histoire du cardinal de Richelieu.*)

— Mais... mais... monseigneur, ne faut-il pas avertir M. de Fabert?

— Laissez-le dormir, et allez vous coucher vous-même, ainsi que Joseph.

— Monseigneur, une autre chose extraordinaire : le Roi vient!

— En effet, c'est extraordinaire, dit le ministre en regardant l'horloge; je ne l'attendais que dans deux heures. Sortez tous deux.

Bientôt on entendit un bruit de bottes et d'armes qui annonçait l'arrivée du prince; on ouvrit les deux battants; les gardes du Cardinal frappèrent trois fois leurs piques sur le parquet, et le Roi parut.

Il marchait en s'appuyant sur une canne de jonc d'un côté, et de l'autre sur l'épaule de son confesseur, le père Sirmond, qui se retira et le laissa avec le Cardinal; celui-ci s'était levé avec la plus grande peine et ne put faire un pas au-devant du Roi, parce que ses jambes malades étaient enveloppées; il fit le geste d'aider le prince à s'asseoir près du feu, en face de lui. Louis XIII tomba dans un grand fauteuil garni d'oreillers, demanda et but un verre d'élixir préparé pour le fortifier contre les évanouissements fréquents que lui causait sa maladie de langueur, fit un geste pour éloigner tout le monde, et seul avec Richelieu, lui parla d'une voix languissante :

— Je m'en vais, mon cher Cardinal; je sens que je m'en vais à Dieu; je m'affaiblis de jour en jour; ni l'été ni l'air du Midi ne m'ont rendu mes forces.

— Je précéderai Votre Majesté, répondit le ministre; la mort a déjà conquis mes jambes, vous le voyez; mais, tant qu'il me restera la tête pour penser et la main pour écrire, je serai bon pour votre service.

— Et je suis sûr que votre intention était d'ajouter : le cœur pour m'aimer dit le Roi.

— Votre Majesté en peut-elle douter ? répondit le Cardinal en fronçant le sourcil et se mordant les lèvres, par l'impatience que lui donnait ce début.

— Quelquefois j'en doute, reprit le prince ; tenez, j'ai besoin de vous parler à cœur ouvert, et de me plaindre de vous à vous-même. Il y a deux choses que j'ai sur la conscience depuis trois ans ; jamais je ne vous en ai parlé, mais je vous en voulais en secret ? et même, si quelque chose eût été capable de me faire consentir à des propositions contraires à vos intérêts, c'eût été ce souvenir.

C'était là de cette sorte de franchise propre aux caractères faibles, qui se dédommagent ainsi, en inquiétant leur dominateur, du mal qu'ils n'osent pas lui faire complétement, et se vengent de la sujétion par une controverse puérile. Richelieu reconnut à ces paroles qu'il avait couru un grand danger ; mais il vit en même temps le besoin de confesser, pour ainsi dire, toute sa rancune ; et, pour faciliter l'explosion de ces importants aveux, il accumula les protestations qu'il croyait les plus propres à impatienter le Roi.

— Non, non, s'écria enfin celui-ci, je ne croirai rien tant que vous ne m'aurez pas expliqué ces deux choses qui me reviennent toujours à l'esprit, et dont on me parlait dernièrement encore, et que je ne puis justifier par aucun raisonnement : je veux dire le procès d'Urbain Grandier, dont je ne fus jamais bien instruit, et les motifs de votre haine pour ma malheureuse mère, et même contre sa cendre.

— N'est-ce que cela, Sire ? dit Richelieu ; sont-ce là mes seules fautes ? Elles sont faciles à expliquer. La première affaire devait être soustraite aux regards de Votre Majesté par ses détails horribles et dégoûtants de scandale. Il y eut, certes, un art qui ne peut être regardé comme coupable à nommer *magie* des crimes dont le nom révolte la pudeur, dont le récit eût révélé à l'innocence de dangereux mystères ; ce fut une sainte ruse, pour dérober aux yeux des peuples ces impuretés...

— Assez, c'en est assez, Cardinal, dit Louis XIII, détournant la tête et baissant les yeux en rougissant ; je ne puis en entendre davantage ; je vous conçois, ces tableaux m'offenseraient ; j'approuve vos motifs, c'est bon. On ne m'avait pas dit cela ; on m'avait caché ces vices affreux. Vous êtes-vous assuré des preuves de ces crimes ?

— Je les eus toutes entre les mains, Sire ; et quant à la glorieuse Reine Marie de Médicis, je suis étonné que Votre Majesté oublie combien je lui fus attaché. Oui, je ne crains pas de l'avouer, c'est à elle que je dus toute mon élévation ; elle daigna la première jeter les yeux sur l'évêque de Luçon, qui n'avait alors que vingt-deux ans, pour l'approcher d'elle. Combien j'ai souffert lorsqu'elle me força de la combattre dans l'intérêt de Votre Majesté ! Mais, comme ce sacrifice fut fait pour vous, je n'en eus et n'en aurai jamais aucun scrupule.

— Vous, à la bonne heure ; mais moi, dit le prince avec amertume.

— Eh ! Sire, s'écria le Cardinal, le Fils de Dieu [1] lui-même vous en donna l'exemple ; c'est sur le modèle de toutes les perfections que nous réglâmes nos avis ; et si les monuments dus aux précieux restes de votre mère ne sont pas encore élevés, Dieu m'est témoin que ce fut dans la crainte d'affliger votre cœur et de vous rappeler sa mort, que nous en retardâmes les travaux. Mais béni soit ce jour où il m'est permis de vous en parler ! je dirai moi-même la première messe à Saint-Denis, quand nous l'y verrons déposée, si la Providence m'en laisse la force.

Ici le Roi prit un visage un peu plus affable, mais toujours froid, et le Cardinal, jugeant qu'il n'irait pas plus loin pour ce soir dans la persuasion, se résolut tout à coup à faire la plus puissante des diversions, et à attaquer l'ennemi en face. Continuant donc à regarder fixement le Roi, il dit froidement :

— Est-ce donc pour cela que vous avez permis ma mort ?

— Moi ! dit le Roi : on vous a trompé ; j'ai bien entendu parler

[1] En 1639, le roi consulta son conseil sur la supplique de sa mère exilée pour rentrer en France ; Richelieu répondit :
« Qui peut douter qu'il ne soit permis à un prince de se séparer d'une mère pour des considérations importantes ?... le Fils de Dieu n'a point fait difficulté de se séparer un temps de sa mère, et de la laisser en peine quelques jours. La réponse qu'il fit à sa mère lorsqu'elle s'en plaignoit, apprend aux Roys que ceux à qui Dieu a commis le soin du bien général d'un royaume, doivent toujours le préférer à toutes les obligations particulières. » (*Relation de M. de Fontrailles.*)

de conjuration, et je voulais vous en dire quelque chose ; mais je n'ai rien ordonné contre vous.

— Ce n'est pas ce que disent les conjurés, Sire ; cependant j'en dois croire Votre Majesté, et je suis bien aise pour elle que l'on se soit trompé. Mais quels avis daignez-vous me donner?

— Je.... voulais vous dire franchement et entre nous que vous feriez bien de prendre garde à Monsieur...

— Ah ! Sire, je ne puis le croire à présent, car voici une lettre qu'il vient de m'envoyer pour vous, et il semblerait avoir été coupable envers Votre Majesté même.

Le Roi, étonné, lut :

« Monseigneur,

» Je suis au désespoir d'avoir encore manqué à la fidélité que
» je dois à Votre Majesté ; je la supplie très-humblement d'agréer
» que je lui en demande un million de pardons, avec un compli-
» ment de soumission et de repentance.

» Votre très-humble sujet,

» Gaston. »

— Qu'est-ce que cela veut dire ? s'écria Louis ; osaient-ils s'armer contre moi-même aussi ?

— *Aussi !* dit tout bas le Cardinal, se mordant les lèvres ; puis il reprit : — Oui, Sire, aussi ; c'est ce que me ferait croire jusqu'à un certain point ce petit rouleau de papiers.

Et il tirait, en parlant, un parchemin roulé d'un morceau de bois de sureau creux, et le déployait sous les yeux du Roi.

— C'est tout simplement un traité avec l'Espagne, auquel, par exemple, je ne crois pas que Votre Majesté ait souscrit. Vous pouvez en voir les vingt articles bien en règle [1]. Tout est prévu, la place de sûreté, le nombre des troupes, les secours d'hommes et d'argent.

---

[1] Les articles de ce traité sont rapportés en détail dans la *Relation de Fontrailles*; voir les notes.

— Les traîtres ! s'écria Louis agité, il faut les faire saisir : mon frère renonce et se repent ; mais faites arrêter le duc de Bouillon...

— Oui, Sire.

— Ce sera difficile au milieu de son armée d'Italie.

— Je réponds de son arrestation sur ma tête, Sire ; mais ne reste-t-il pas un autre nom ?

— Lequel?... quoi?... Cinq-Mars? dit le Roi en balbutiant.

— Précisément, Sire, dit le Cardinal.

— Je le vois bien... mais je crois que l'on pourrait...

— Écoutez-moi, dit tout à coup Richelieu d'une voix tonnante, il faut que tout finisse aujourd'hui. Votre favori est à cheval à la tête de son parti ; choisissez entre lui et moi. Livrez l'enfant à l'homme, ou l'homme à l'enfant, il n'y a pas de milieu.

— Eh ! que voulez-vous donc si je vous favorise ? dit le Roi.

— Sa tête et celle de son confident.

— Jamais... c'est impossible ! reprit le Roi avec horreur et tombant dans la même irrésolution où il était avec Cinq-Mars contre Richelieu. Il est mon ami aussi bien que vous ; mon cœur souffre de l'idée de sa mort. Pourquoi aussi n'étiez-vous pas d'accord tous les deux? pourquoi cette division ? C'est ce qui l'a amené jusque-là. Vous avez fait mon désespoir : vous et lui, vous me rendez le plus malheureux des hommes !

Louis cachait sa tête dans ses deux mains en parlant et peut-être versait-il des larmes ; mais l'inflexible ministre le suivait des yeux comme on regarde sa proie, et, sans pitié, sans lui accorder un moment pour respirer, profita au contraire de ce trouble pour parler plus longtemps.

— Est-ce ainsi, disait-il avec une parole dure et froide, que vous vous rappelez les commandements que Dieu même vous a faits par la bouche de votre confesseur ? Vous me dîtes un jour que l'Église vous ordonnait expressément de révéler à votre premier ministre tout ce que vous entendriez contre lui, et je n'ai jamais rien su par vous de ma mort prochaine. Il a fallu que des amis plus fidèles vinssent m'apprendre la conjuration ; que les coupables eux-mêmes, par un coup de la Providence, se livrassent à moi pour me faire l'aveu de leurs fautes. Un seul, le plus endurci, le moindre de tous, résiste encore ; et c'est lui qui a tout conduit, c'est lui qui livre la France à l'étranger, qui renverse en un jour l'ouvrage de mes vingt années, soulève les huguenots du Midi, appelle aux armes tous les ordres de l'État, ressuscite des prétentions écrasées, et rallume enfin la ligue éteinte par votre père ; car c'est elle, ne vous y trompez pas, c'est elle qui relève toutes ses têtes contre vous. Êtes-vous prêt au combat ? où donc est votre massue ?

Le Roi, anéanti, ne répondait pas, et cachait toujours sa tête dans ses mains. Le Cardinal, inexorable, croisa les bras et poursuivit :

— Je crains qu'il ne vous vienne à l'esprit que c'est pour moi que je parle. Croyez-vous vraiment que je ne me juge pas, et qu'un tel adversaire m'importe beaucoup ? En vérité, je ne sais à quoi il tient que je vous laisse faire, et mettre cet immense fardeau de l'État dans la main de ce jouvenceau. Vous pensez bien que depuis vingt ans que je connais votre cour, je ne suis pas sans m'être assuré quelque retraite où, malgré vous-même, je pourrais aller, de ce pas, achever les six mois peut-être qu'il me reste de vie. Ce serait un curieux spectacle pour moi que celui d'un tel règne ! Que répondrez-vous, par exemple, lorsque tous ces petits potentats, se relevant dès que je ne pèserai plus sur eux, viendront à la suite de votre frère vous dire, comme ils l'osèrent à Henry IV sur son trône : « Partagez-nous tous les grands gouvernements à titres héréditaires et souveraineté, nous serons contents [1] ! » Vous le ferez, je n'en doute pas, et c'est la moindre chose que vous puissiez accorder à ceux qui vous auront délivré de Richelieu ; et ce sera plus heureux peut-être, car pour gouverner l'Île-de-France, qu'ils vous laisseront sans doute comme domaine originaire, votre nouveau ministre n'aura pas besoin de tant de papier.

---

[1] *Mémoires de Sully*, 1593.

En parlant, il poussa avec colère la vaste table qui remplissait presque la chambre, et que surchargeaient des papiers et des portefeuilles sans nombre.

Louis fut tiré de son apathique méditation par l'excès d'audace de ce discours ; il leva la tête et sembla un instant avoir pris une résolution par crainte d'en prendre une autre.

— Eh bien, monsieur, dit-il, je répondrai que je veux régner par moi seul.

— A la bonne heure, dit Richelieu ; mais je dois vous prévenir que les affaires du moment sont difficiles. Voici l'heure où l'on m'apporte mon travail ordinaire.

— Je m'en charge, reprit Louis, j'ouvrirai les portefeuilles, je donnerai mes ordres.

— Essayez donc, dit Richelieu, je me retire, et, si quelque chose vous arrête, vous m'appellerez.

Il sonna : à l'instant même et comme s'ils eussent attendu le signal, quatre vigoureux valets de pied entrèrent et emportèrent son fauteuil et sa personne dans un autre appartement ; car, nous l'avons dit, il ne pouvait plus marcher. En passant dans la chambre où travaillaient les secrétaires, il dit à haute voix :

— Qu'on prenne les ordres de Sa Majesté.

Le roi resta seul. Fort de sa nouvelle résolution, et fier d'avoir une fois résisté, il voulut sur-le-champ se mettre à l'ouvrage politique. Il fit le tour de l'immense table, et vit autant de portefeuilles que l'on comptait alors d'Empires, de Royaumes et de Cercles dans l'Europe ; il en ouvrit un et le trouva divisé en cases, dont le nombre égalait celui des subdivisions de tout le pays auquel il était destiné. Tout était en ordre, mais dans un ordre effrayant pour lui, parce que chaque note ne renfermait que la quintessence de chaque affaire, si l'on peut parler ainsi, et ne touchait que le point juste des relations du moment avec la France. Ce laconisme était à peu près aussi énigmatique pour Louis que les lettres en chiffres qui couvraient la table. Là, tout était confusion : sur des édits de bannissement et d'expropriation des Huguenots de la Rochelle, se trouvaient jetés les traités avec

Gustave-Adolphe et les Huguenots du Nord contre l'Empire ; des notes sur le général Bannier, sur Walstein, le duc de Weimar et Jean de Wert, étaient roulées pêle-mêle avec le détail des lettres trouvées dans la cassette de la Reine, la liste de ses colliers et des bijoux qu'ils renfermaient et la double interprétation qu'on eût pu donner à chaque phrase de ses billets. Sur la marge de l'un d'eux étaient ces mots : *Sur quatre lignes de l'écriture d'un homme, on peut lui faire un procès criminel.* Plus loin étaient entassées les dénonciations contre les Huguenots, les plans de république qu'ils avaient arrêtés ; la division de la France en Cercles, sous la dictature annuelle d'un chef ; le sceau de cet État projeté y était joint représentant un ange appuyé sur une croix, et tenant à la main la Bible, qu'il élevait sur son front. A côté était une liste des cardinaux que le Pape avait nommés autrefois le même jour que l'évêque de Luçon (Richelieu). Parmi eux se trouvait le marquis de Bédémar, ambassadeur et conspirateur à Venise.

Louis XIII épuisait en vain ses forces sur des détails d'une autre époque, cherchant inutilement les papiers relatifs à la conjuration, et propres à lui montrer son véritable nœud et ce que l'on avait tenté contre lui-même, lorsqu'un petit homme d'une figure olivâtre, d'une taille courbée, d'une démarche contrainte et dévote, entra dans le cabinet : c'était un secrétaire d'État, nommé Desnoyers ; il s'avança en saluant :

— Puis-je parler à Sa Majesté des affaires du Portugal ? dit-il.

— D'Espagne, par conséquent, dit Louis ; le Portugal est une province d'Espagne.

— De Portugal, insista Desnoyers. Voici le manifeste que nous recevons à l'instant. Et il lut :

« Dom Juan, par la grâce de Dieu, roi de Portugal, des Algarves, royaumes deçà l'Afrique, seigneur de la Guinée, conqueste, navigation et commerce de l'Estiopie, Arabie, Perse et des Indes... »

— Qu'est-ce que tout cela ? dit le Roi ; qui parle donc ainsi ?

— Le duc de Bragance, roi de Portugal, couronné il y a déjà une... il y a quelque temps, Sire, par un homme appelé Pinto. A peine remonté sur le trône; il tend la main à la Catalogne révoltée.

— La Catalogne se révolte aussi! Le roi Philippe IV n'a donc plus pour premier ministre le Comte-duc?

— Au contraire, Sire, c'est parce qu'il l'a encore. Voici la déclaration des États-généraux catalans à Sa Majesté Catholique, contenant que tout le pays prend les armes contre ses troupes *sacriléges* et *excommuniées*. Le roi de Portugal...

— Dites le duc de Bragance, reprit Louis; je ne reconnais pas un révolté.

— Le duc de Bragance donc, Sire, dit froidement le conseiller d'État, envoie à la PRINCIPAUTÉ de Catalogne son neveu, D. Ignace de Mascarenas, pour s'emparer de la protection de ce pays (et de sa souveraineté peut-être, qu'il voudrait ajouter à celle qu'il vient de reconquérir). Or, les troupes de Votre Majesté sont devant Perpignan.

— Eh bien, qu'importe? dit Louis.

— Les Catalans ont le cœur plus français que portugais, Sire, et il est encore temps d'enlever cette tutelle au roi de... au duc de Portugal.

— Moi soutenir des rebelles! vous osez!

— C'était le projet de Son Éminence, poursuivit le secrétaire d'État; l'Espagne et la France sont en pleine guerre d'ailleurs, et M. d'Olivarès n'a pas hésité à tendre la main de Sa Majesté Catholique à nos Huguenots.

— C'est bon; j'y penserai, dit le Roi; laissez-moi.

— Sire, les États-généraux de Catalogne sont pressés, les troupes d'Aragon marchent contre eux...

— Nous verrons... Je me déciderai dans un quart d'heure, répondit Louis XIII.

Le petit secrétaire d'État sortit avec un air mécontent et découragé. A sa place, Chavigny se présenta, tenant un portefeuille aux armes britanniques.

— Sire, dit-il, je demande à Votre Majesté des ordres pour les affaires d'Angleterre. Les parlementaires, sous le commandement du comte d'Essex, viennent de faire lever le siége de Glocester ; le prince Rupert a livré à Newbury une bataille désastreuse et peu profitable à S. M. Britannique. Le Parlement se prolonge, et il a pour lui les grandes villes, les ports et toute la population presbytérienne. Le roi Charles Ier demande des secours, que la Reine ne trouve plus en Hollande.

— Il faut envoyer des troupes à mon frère d'Angleterre, dit Louis. Mais il voulut voir les papiers précédents, et, en parcourant les notes du Cardinal, il trouva que, sur une première demande du Roi d'Angleterre, il avait écrit de sa main :

« Faut réfléchir longtemps et attendre : — les Communes sont fortes ; — le Roi Charles compte sur les Écossais ; ils le vendront.

» Faut prendre garde. Il y a là un homme de guerre qui est venu voir Vincennes, et a dit qu'*on ne devrait jamais frapper les princes qu'à la tête*. REMARQUABLE, » ajoutait le Cardinal. Puis il avait rayé ce mot, y substituant : « REDOUTABLE. »

Et plus bas :

« Cet homme domine Fairfax ; — il fait l'inspiré ; ce sera un grand homme. — Secours refusé ; — argent perdu. »

Le Roi dit alors : Non, non, ne précipitez rien, j'attendrai.

— Mais, Sire, dit Chavigny, les événements sont rapides ; si le courrier retarde d'une heure, la perte du roi d'Angleterre peut s'avancer d'un an.

— En sont-ils là ? demanda Louis.

— Dans le camp des Indépendants, on prêche la République la Bible à la main ; dans celui des Royalistes, on se dispute le pas, et l'on rit.

— Mais un moment de bonheur peut tout sauver !

— Les Stuarts ne sont pas heureux, Sire, reprit Chavigny respectueusement, mais sur un ton qui laissait beaucoup à penser.

— Laissez-moi, dit le Roi d'un ton d'humeur.

Le secrétaire d'État sortit lentement.

Ce fut alors que Louis XIII se vit tout entier, et s'effraya du néant qu'il trouvait en lui-même. Il promena d'abord sa vue sur l'amas de papiers qui l'entourait, passant de l'un à l'autre, trouvant partout des dangers et ne les trouvant jamais plus grands que dans les ressources même qu'il inventait. Il se leva et, changeant de place, se courba ou plutôt se jeta sur une carte géographique de l'Europe; il y trouva toutes ses terreurs ensemble, au nord, au midi, au centre de son royaume; les révolutions lui apparaissaient comme des Euménides; sous chaque contrée, il crut voir fumer un volcan; il lui semblait entendre les cris de détresse des rois qui l'appelaient, et les cris de fureur des peuples; il crut sentir la terre de France craquer et se fendre sous ses pieds; sa vue faible et fatiguée se troubla, sa tête malade fut saisie d'un vertige qui refoula le sang vers son cœur.

— Richelieu! cria-t-il d'une voix étouffée en agitant une sonnette; qu'on appelle le Cardinal!

Et il tomba évanoui dans un fauteuil.

Lorsque le Roi rouvrit les yeux, ranimé par les odeurs fortes et les sels qu'on lui avait mis sur les lèvres et les tempes, il vit un instant des pages, qui se retirèrent sitôt qu'il eut entr'ouvert ses paupières, et se retrouva seul avec le Cardinal. L'impassible ministre avait fait poser sa chaise longue contre le fauteuil du Roi, comme le siége d'un médecin près du lit de son malade, et fixait ses yeux étincelants et scrutateurs sur le visage pâle de Louis. Sitôt qu'il put l'entendre, il reprit d'une voix sombre son terrible dialogue :

— Vous m'avez rappelé, dit-il, que me voulez-vous?

Louis, renversé sur l'oreiller, entr'ouvrit les yeux et le regarda, puis se hâta de les refermer. Cette tête décharnée, armée de deux yeux flamboyants et terminée par une barbe aiguë et blanchâtre; cette calotte et ces vêtements de la couleur du sang et des flammes, tout lui représentait un esprit infernal.

— Régnez, dit-il d'une voix faible.

— Mais me livrez-vous Cinq-Mars et de Thou? poursuivit l'implacable ministre en s'approchant pour lire dans les yeux éteints du prince, comme un avide héritier poursuit jusque dans la tombe les dernières lueurs de la volonté d'un mourant.

— Régnez, répéta le Roi en détournant la tête.

—Signez donc, reprit Richelieu, ce papier porte : « Ceci est ma volonté, de les prendre morts ou vifs. »

Louis, toujours la tête renversée sur le dossier du fauteuil, laissa tomber sa main sur le papier fatal, et signa.

— Laissez-moi, par pitié ! je meurs ! dit-il.

— Ce n'est pas tout encore, continua celui qu'on appelle le grand politique; je ne suis pas sûr de vous; il me faut dorénavant des garanties et des gages. Signez encore ceci et je vous quitte.

« Quand le Roi ira voir le Cardinal, les gardes de celui-ci ne quitteront pas les armes ; et quand le Cardinal ira chez le Roi, ses gardes partageront le poste avec ceux de Sa Majesté [1]. »

De plus :

« Sa Majesté s'engage à remettre les deux Princes ses fils en otage entre les mains du Cardinal, comme garantie de la bonne foi de son attachement [2]. »

— Mes enfants ! s'écria Louis relevant sa tête, vous osez...

— Aimez-vous mieux que je me retire ? dit Richelieu.

Le Roi signa.

— Est-ce donc fini ? dit-il avec un profond gémissement.

Ce n'était pas fini : une autre douleur lui était réservée. La porte s'ouvrit brusquement, et l'on vit entrer Cinq-Mars. Ce fut, cette fois, le Cardinal qui trembla.

— Que voulez-vous, monsieur ? dit-il en saisissant la sonnette pour appeler.

Le Grand écuyer était d'une pâleur égale à celle du Roi ; et sans daigner répondre à Richelieu, il s'avança d'un air calme vers Louis XIII. Celui-ci le regarda comme regarde un homme qui vient de recevoir sa sentence de mort.

— Vous devez trouver, Sire, quelque difficulté à me faire arrêter, car j'ai vingt mille hommes à moi, dit Henry d'Effiat avec la voix la plus douce.

---

[1] *Manuscrits de Pointis*, 1642, n° 185.
[2] *Mémoires d'Anne d'Autriche*, 1642.

— Hélas! Cinq-Mars, dit Louis douloureusement, est-ce toi qui as fait de telles choses?

— Oui, Sire, et c'est moi aussi qui vous apporte mon épée, car vous venez sans doute de me livrer, dit-il en la détachant et la posant aux pieds du Roi, qui baissa les yeux sans répondre.

Cinq-Mars sourit avec tristesse et sans amertume, parce qu'il n'appartenait déjà plus à la terre. Ensuite, regardant Richelieu avec mépris :

— Je me rends parce que je veux mourir, dit-il ; mais je ne suis pas vaincu.

Le Cardinal serra les poings par fureur; mais il se contraignit.

— Et quels sont vos complices? dit-il.

Cinq-Mars regarda Louis XIII fixement, et entr'ouvrit les lèvres pour parler... Le Roi baissa la tête, et souffrit en cet instant un supplice inconnu à tous les hommes.

— Je n'en ai point, dit enfin Cinq-Mars, ayant pitié du prince.

Et il sortit de l'appartement.

Il s'arrêta dès la première galerie, où tous les gentilshommes et Fabert se levèrent en le voyant. Il marcha droit à celui-ci et lui dit :

— Monsieur, donnez ordre à ces gentilshommes de m'arrêter.

Tous se regardèrent sans oser l'approcher.

— Oui, monsieur, je suis votre prisonnier... oui, messieurs, je suis sans épée et, je vous le répète, prisonnier du Roi.

— Je ne sais ce que je vois, dit le général; vous êtes deux qui venez vous rendre, et je n'ai l'ordre d'arrêter personne.

— Deux? dit Cinq-Mars, ce ne peut être que M. de Thou; hélas ! à ce dévouement je le devine.

— Eh ! ne t'avais-je pas aussi deviné? s'écria celui-ci en se montrant et se jetant dans ses bras.

CHAPITRE XXV

LES PRISONNIERS

> J'ai trouvé dans mon cœur le dessein de mon frère.
> PICHALD, *Léonidas*.
>
> Mourir sans vider mon carquois !
> Sans percer, sans fouler, sans pétrir dans leur fange
> Ces bourreaux barbouilleurs de lois !
> ANDRÉ CHÉNIER.

Parmi ces vieux châteaux dont la France se dépouille à regret chaque année, comme des fleurons de sa couronne, il y en avait un d'un aspect sombre et sauvage sur la rive gauche de la Saône. Il semblait une sentinelle formidable placée à l'une des portes de Lyon, et tenait son nom de l'énorme rocher de Pierre-Encise, qui s'élève à pic comme une sorte de pyramide naturelle, et dont la cime, recourbée sur la route et penchée jusque sur le fleuve, se réunissait jadis, dit-on, à d'autres roches que l'on voit sur la rive opposée, formant comme l'arche naturelle d'un pont ; mais le temps, les eaux et la main des hommes n'ont laissé debout que le vieux amas de granit qui servait de piédestal à la forteresse, détruite aujourd'hui. Les archevêques de Lyon l'avaient élevée autrefois, comme seigneurs temporels de la ville, et y faisaient leur résidence ; depuis, elle devint place de guerre, et, sous Louis XIII, une prison d'État. Une seule tour colossale, où le jour ne pouvait pénétrer que par trois longues meurtrières, dominait l'édifice ; et quelques bâtiments irréguliers l'entouraient de leurs épaisses murailles, dont les lignes et les angles suivaient les formes de la roche immense et perpendiculaire.

Ce fut là que le Cardinal de Richelieu, avare de sa proie, voulut bientôt incarcérer et conduire lui-même ses jeunes ennemis. Laissant Louis le précéder à Paris, il les enleva de Narbonne, les traînant à sa suite pour orner son dernier triomphe, et venant prendre le Rhône à Tarascon, presque à son embouchure, comme pour prolonger ce plaisir de la vengeance que les hommes ont osé nommer celui des dieux ; étalant aux yeux des deux rives le luxe de sa haine, il remonta le fleuve avec lenteur sur des barques à rames dorées et pavoisées de ses armoiries et de ses couleurs, couché dans la première, et remorquant ses deux victimes dans la seconde, au bout d'une longue chaîne.

Souvent le soir, lorsque la chaleur était passée, les deux nacelles étaient dépouillées de leur tente, et l'on voyait dans l'une Richelieu, pâle et décharné, assis sur la poupe ; dans celle qui suivait, les deux jeunes prisonniers, debout, le front calme, appuyés l'un sur l'autre, et regardant s'écouler les flots rapides du fleuve. Jadis les soldats de César, qui campèrent sur ces mêmes bords, eussent cru voir l'inflexible batelier des enfers conduisant les ombres amies de Castor et Pollux : des chrétiens n'eurent pas même l'audace de réfléchir et d'y voir un prêtre menant ses deux ennemis au bourreau : c'était le premier ministre qui passait.

En effet, il passa, les laissant en garde à cette ville même où les conjurés avaient proposé de le faire périr. Il aimait à se jouer ainsi, en face, de la destinée, et à planter un trophée où elle avait voulu mettre sa tombe.

« Il se faisait tirer, dit un journal manuscrit de cette année, contre-mont la rivière du Rhône, dans un bateau où l'on avait bâti une chambre de bois, tapissée de velours rouge cramoisi à feuillages, le fond étant d'or. Dans le même bateau, il y avait une antichambre de même façon ; à la proue et à l'arrière du bateau, il y avait quantité de soldats de ses gardes portant la casaque écarlate, en broderie d'or, d'argent et de soie, ainsi que beaucoup de seigneurs de marque. Son Éminence était dans un lit garni de taffetas pourpre. Monseigneur le cardinal Bigny et messeigneurs les évêques de Nantes et de Chartres y étaient avec quantité d'abbés et de gentilshommes en d'autres bateaux. Audevant du sien, une frégate faisait la découverte des passages ; et après montait un autre bateau chargé d'arquebusiers et d'officiers pour les commander. Lorsqu'on abordait en quelque île, on mettait des soldats en icelle, pour voir s'il y avait des gens suspects ; et n'y en rencontrant point, ils en gardaient les bords, jusques à ce que deux bateaux qui suivaient eussent passé ; ils étaient remplis de noblesse et de soldats bien armés.

» En après venait le bateau de Son Éminence, à la queue duquel était attaché un petit bateau dans lequel étaient MM. de Thou et de Cinq-Mars, gardés par un exempt des gardes du roi et douze gardes de Son Éminence. Après les bateaux venaient trois barques où étaient les hardes et la vaisselle d'argent de Son Éminence, avec plusieurs gentilshommes et soldats.

» Sur le bord du Rhône, en Dauphiné, marchaient deux compagnies de Chevau-légers, et autant sur le bord du côté du Languedoc et Vivarais ; il y avait un très-beau régiment de gens de pied qui entrait dans les villes où Son Éminence devait entrer ou coucher. Il y avait plaisir d'ouïr les trompettes qui jouaient en Dauphiné avec les réponses de celle du Vivarais, et les redits des échos de nos rochers ; on eût dit que tout jouait à mieux faire. »

Au milieu d'une nuit du mois de septembre 1642, tandis que tout semblait sommeiller dans l'inexpugnable tour des prisonniers, la porte de leur première chambre tourna sans bruit sur ses gonds, et sur le seuil parut un homme vêtu d'une robe brune ceinte d'une corde, ses pieds chaussés de sandales, et un paquet de grosses clefs à la main : c'était Joseph. Il regarda avec précaution sans avancer, et contempla en silence l'appartement du Grand écuyer. D'épais tapis, de larges et splendides tentures voilaient les murs de la prison ; un lit de damas rouge était préparé, mais le captif n'y était pas ; assis près d'une haute cheminée, dans un grand fauteuil, vêtu d'une longue robe grise de la forme de celle des prêtres, la tête baissée, les yeux fixés sur une petite croix d'or, à la lueur tremblotante d'une lampe, il était absorbé par une méditation si profonde, que le capucin eut le loisir d'approcher jusqu'à lui et de se placer debout face à face du prisonnier avant qu'il s'en aperçût. Enfin il leva la tête et s'écria :

— Que viens-tu faire ici, misérable ?

— Jeune homme, vous êtes emporté, répondit d'une voix très-basse le mystérieux visiteur; deux mois de prison auraient pu vous calmer. Je viens pour vous dire d'importantes choses : écoutez-moi ; j'ai beaucoup pensé à vous, et je ne vous hais pas tant que vous croyez. Les moments sont précieux : je vous dirai tout en peu de mots. Dans deux heures on va venir vous interroger, vous juger et vous mettre à mort avec votre ami : cela ne peut manquer, parce qu'il faut que tout se termine le même jour.

— Je le sais, dit Cinq-Mars, et j'y compte.

— Eh bien, je puis encore vous tirer d'affaire, car j'ai beaucoup réfléchi, comme je vous l'ai dit, et je viens vous proposer des choses qui vous seront agréables. Le Cardinal n'a pas six mois à vivre; ne faisons pas les mystérieux, entre nous il faut être francs : vous voyez où je vous ai amené pour lui, et vous pouvez juger par là du point où je le conduirai pour vous si vous voulez; nous pouvons lui retrancher ces six mois qui lui restent. Le Roi vous aime et vous rappellera près de lui avec transport quand il vous saura vivant; vous êtes jeune, vous serez longtemps heureux et puissant; vous me protégerez, vous me ferez cardinal.

L'étonnement rendit muet le jeune prisonnier, qui ne pouvait comprendre un tel langage et semblait avoir de la peine à y descendre de la hauteur de ses méditations. Tout ce qu'il pu dire fut :

— Votre bienfaiteur ! Richelieu !

Le capucin sourit, et poursuivit tout bas en se rapprochant de lui :

— Il n'y a point de bienfaits en politique, il y a des intérêts, voilà tout. Un homme employé par un ministre ne doit pas être plus reconnaissant qu'un cheval monté par un écuyer ne l'est d'être préféré aux autres. Mon allure lui a convenu, j'en suis bien aise. A présent, il me convient de le jeter à terre.

Oui, cet homme n'aime que lui-même ; il m'a trompé, je le vois bien, en reculant toujours mon élévation ; mais encore une fois, j'ai des moyens sûrs de vous faire évader sans bruit ; je peux tout ici. Je ferai mettre, à la place des hommes sur lesquels il compte, d'autres hommes qu'il destinait à la mort, et qui sont ici près, dans la tour du Nord, la tour des oubliettes, qui s'avance là-bas au-dessus de l'eau. Ses créatures iront remplacer ces gens-là. J'envoie un médecin, un empirique qui m'appartient, au glorieux Cardinal, que les plus savants de Paris ont abandonné ; si vous vous entendez avec moi, il lui portera un remède universel et éternel.

— Retire-toi, dit Cinq-Mars, retire-toi, religieux infernal ! aucun homme n'est semblable à toi; tu n'es pas un homme ! tu marches d'un pas furtif et silencieux dans les ténèbres, tu traverses les murailles pour présider à des crimes secrets; tu te places entre les cœurs des amants pour les séparer éternellement. Qui es-tu? tu ressembles à l'âme tourmentée d'un damné.

— Romanesque enfant ! dit Joseph ; vous auriez eu de grandes qualités sans vos idées fausses. Il n'y a peut-être ni damnation ni âme. Si celles des morts revenaient se plaindre, j'en aurais mille autour de moi, et je n'en ai jamais vu, même en songe.

— Monstre ! dit Cinq-Mars à demi-voix.

— Voilà encore des mots, reprit Joseph; il n'y a point de monstre ni d'homme vertueux. Vous et de M. Thou, qui vous piquez de ce que vous nommez vertu, vous avez manqué de causer la mort de cent mille hommes peut-être, en masse et au grand jour, pour rien, tandis que Richelieu et moi nous en avons fait périr beaucoup moins, en détail, et la nuit, pour fonder un grand pouvoir. Quand on veut rester pur, il ne faut point se mêler d'agir sur les hommes, ou plutôt ce qu'il y a de plus raisonnable est de voir ce qui est, et de se dire comme moi : Il est possible que l'âme n'existe pas : nous sommes les fils du hasard ; mais, relativement aux autres hommes, nous avons des passions qu'il faut satisfaire.

— Je respire ! s'écria Cinq-Mars, il ne croit pas en Dieu !

Joseph poursuivit :

— Or, Richelieu, vous et moi, sommes nés ambitieux ; il fallait donc tout sacrifier à cette idée !

— Malheureux ! ne me confondez pas avec vous !

— C'est la vérité pure cependant, reprit le capucin ; et seulement vous voyez à présent que notre système valait mieux que le vôtre.

— Misérable ! c'était par amour...

— Non ! non ! non ! non... Ce n'est point cela. Voici encore des mots; vous l'avez cru peut-être vous-même, mais c'était pour vous ; je vous ai entendu parler à cette jeune fille, vous ne pensiez qu'à vous-mêmes tous les deux; vous ne vous aimiez ni l'un ni l'autre : elle ne songeait qu'à son rang, et vous à votre ambition. C'est pour s'entendre dire qu'on est parfait et se voir adorer qu'on veut être aimé, c'est encore et toujours là le saint égoïsme qui est mon Dieu.

— Cruel serpent ! dit Cinq-Mars, n'était-ce pas assez de nous faire mourir ? pourquoi viens-tu jeter tes venins sur la vie que tu nous ôtes ! quel démon t'a enseigné ton horrible analyse des cœurs !

— La haine de tout ce qui m'est supérieur, dit Joseph, avec un rire bas et faux, et le désir de fouler aux pieds tous ceux que je hais, m'ont rendu ambitieux et ingénieux à trouver le côté faible de vos rêves. Il y a un ver qui rampe au cœur de tous ces beaux fruits.

— Grand Dieu ! l'entends-tu ? s'écria Cinq-Mars, se levant et étendant ses bras vers le ciel.

La solitude de sa prison, les pieuses conversations de son ami, et surtout la présence de la mort, qui vient comme la lumière d'un astre inconnu donner d'autres couleurs à tous les objets accoutumés de nos regards ; les méditations de l'éternité, et (le dirons-nous ?) de grands efforts pour changer ses regrets déchirants en espérances immortelles et pour diriger vers Dieu toute cette force d'aimer qui l'avait égaré sur la terre ; tout avait fait en lui-même une étrange révolution ; et, semblable à ces épis que mûrit subitement un seul coup de soleil, son âme avait acquis de plus vives lumières, exaltée par l'influence mystérieuse de la mort.

— Grand Dieu ! répéta-t-il, si celui-ci et son maître sont des hommes ? suis-je un homme aussi ? Contemple, contemple deux ambitions réunies, l'une égoïste et sanglante, l'autre dévouée et sans tache ; la leur soufflée par la haine, la nôtre inspirée par l'amour. Regarde, Seigneur, regarde, juge et pardonne. Pardonne, car nous fûmes bien criminels de marcher un seul jour dans la même voie à laquelle on ne donne qu'un nom sur la terre, quel que soit le but où elle conduise.

Joseph l'interrompit durement en frappant du pied.

— Quand vous aurez fini votre prière, dit-il, vous m'apprendrez si vous voulez m'aider, et je vous sauverai à l'instant.

— Jamais, scélérat impur, jamais, dit Henry d'Effiat, je ne m'associerai à toi et à un assassinat ! Je l'ai refusé quand j'étais puissant, et sur toi-même.

— Vous avez eu tort : vous seriez maître à présent.

— Eh ! quel bonheur aurais-je de mon pouvoir, partagé qu'il serait avec une femme qui ne me comprît pas, m'aima faiblement et me préféra une couronne ? Après son abandon, je n'ai pas voulu devoir ce qu'on nomme l'Autorité à la victoire ; juge si je la recevrai du crime !

— Inconcevable folie ! dit le capucin en riant.

— Tout avec elle, rien sans elle : c'était là toute mon âme.

— C'est par entêtement et par vanité que vous persistez, c'est impossible ! reprit Joseph ; ce n'est pas dans la nature.

— Toi qui veux nier le dévouement, reprit Cinq-Mars, comprends-tu du moins celui de mon ami ?

— Il n'existe pas davantage ; il a voulu vous suivre parce que...

Ici le capucin, un peu embarrassé, chercha un instant.

— Parce que... parce que... il vous a formé, vous êtes son œuvre... Il tient à vous par amour-propre d'auteur... Il était habitué à vous sermonner, et il sent qu'il ne trouverait plus d'élève si docile à l'écouter et à l'applaudir... La coutume constante lui a persuadé que sa vie tenait à la vôtre... c'est quelque chose comme cela... il vous accompagne par routine... D'ailleurs, ce n'est pas fini... nous verrons la suite et l'interrogatoire ; il niera sûrement qu'il ait su la conjuration.

— Il ne le niera pas ! s'écria impétueusement Cinq-Mars.

— Il la savait donc ? vous l'avouez, dit Joseph triomphant ; vous n'en aviez pas encore dit si long.

— O ciel ! qu'ai-je fait ? soupira Cinq-Mars en se cachant la tête.

— Calmez-vous : il est sauvé malgré cet aveu si vous acceptez mon offre.

D'Effiat fut quelque temps sans répondre... le capucin poursuivit :

— Sauvez votre ami... la faveur du Roi vous attend, et peut-être l'amour égaré un moment...

— Homme, ou qui que tu sois, si tu as quelque chose en toi de semblable à un cœur, répondit le prisonnier, sauve-le ; c'est le plus pur des êtres créés. Mais fais-le emporter loin d'ici pendant son sommeil, car, s'il s'éveille tu ne le pourras pas.

— A quoi cela me serait-il bon ? dit en riant le capucin ; c'est vous et votre faveur qu'il me faut.

L'impétueux Cinq-Mars se leva, et, saisissant le bras de Joseph, qu'il regardait d'un air terrible :

— Je l'abaissais en te priant pour lui : viens, scélérat ! dit-il en soulevant une tapisserie qui séparait l'appartement de son ami du sien ; viens et doute du dévouement et de l'immortalité des âmes... Compare l'inquiétude de ton triomphe au calme de notre défaite, la bassesse de ton règne à la grandeur de notre captivité, et ta veille sanglante au sommeil du juste !

Une lampe solitaire éclairait de Thou. Ce jeune homme était à genoux encore devant un prie-Dieu surmonté d'un vaste crucifix d'ébène ; il semblait s'être endormi en priant ; sa tête, penchée en arrière, était élevée encore vers la croix ; ses lèvres souriaient d'un sourire calme et divin, et son corps affaissé reposait sur les tapis et le coussin du siége.

— Jésus ! comme il dort ! dit le capucin stupéfait, mêlant par oubli à ses affreux propos le nom céleste qu'il prononçait habituellement chaque jour.

Puis tout à coup il se retira brusquement, en portant la main à ses yeux, comme ébloui par une vision du ciel.

— Brou... brr... brr... dit-il en secouant la tête et se passant la main sur le visage... Tout cela est un enfantillage : cela me gagnerait si j'y pensais... Ces idées-là peuvent être bonnes, comme l'opium, pour calmer... Mais il ne s'agit pas de cela : dites oui ou non.

— Non... dit Cinq-Mars, le jetant à la porte par l'épaule, je ne veux point de la vie, et ne me repens pas d'avoir perdu une seconde fois de Thou, car il n'en aurait pas voulu au prix d'un assassinat ; et quand il s'est livré à Narbonne, ce n'était pas pour reculer à Lyon.

— Réveillez-le donc, car voici les juges, dit d'une voix aigre et riante le capucin furieux.

En ce moment entrèrent, à la lueur des flambeaux et précédés par un détachement de garde écossaise, quatorze juges vêtus de leurs longues robes, et dont on distinguait mal les traits. Ils se rangèrent et s'assirent en silence à droite et à gauche de la vaste chambre ; c'étaient les commissaires délégués par le Cardinal-Duc pour cette sombre et solennelle affaire. — Tous hommes sûrs et de *confiance* pour le Cardinal de Richelieu, qui, de Tarascon, les avait choisis et instruits. Il avait voulu que le chancelier Séguier vînt à Lyon lui-même, *pour éviter*, dit-il dans les instructions ou ordres qu'il envoie au Roi Louis XIII par Chavigny, « *pour éviter toutes les accroches qui arriveront s'il n'y est point. M. de Marillac*, ajoutait-il, *fut à Nantes au procès de Chalais. M. de Château-Neuf, à Toulouse, à la mort de M. de Montmorency ; et M. de Bellièvre, à Paris, au procès de M. de Biron.*

L'autorité et l'intelligence qu'ont ces messieurs des formes de justice est tout à fait nécessaire. »

Le chancelier Séguier vint donc à la hâte ; mais en ce moment on annonça qu'il avait ordre de ne point paraître, de peur d'être influencé par le souvenir de son ancienne amitié pour le prisonnier, qu'il ne vit que seul à seul. Les commissaires et lui avaient d'abord, et rapidement, reçu les lâches dépositions du duc d'Orléans, à Villefranche, en Beaujolais, puis à *Vivey*[1], à deux lieues de Lyon, où ce triste prince avait eu ordre de se rendre, tout suppliant et tremblant au milieu de ses gens, qu'on lui laissait par pitié, bien surveillé par les Gardes françaises et Suisses. Le Cardinal avait fait dicter à Gaston son rôle et ses réponses mot pour mot ; et, moyennant cette docilité, on l'avait exempté en forme des confrontations trop pénibles avec MM. de Cinq-Mars et de Thou. Ensuite le chancelier et les commissaires avaient préparé M. de Bouillon, et, forts de leur travail préliminaire, venaient tomber de tout leur poids sur les deux jeunes coupables que l'on ne voulait pas sauver. — L'histoire ne nous a conservé que les noms des conseillers d'État qui accompagnèrent Pierre Séguier, mais non ceux des autres commissaires, dont il est seulement dit qu'ils étaient six du Parlement de Grenoble et deux présidents. Le rapporteur conseiller d'État Laubardemont, qui les avait dirigés en tout, était à leur tête. Joseph leur parla souvent à l'oreille avec une politesse révérencieuse, tout en regardant en dessous Laubardemont avec une ironie féroce.

Il fut convenu que le fauteuil servirait de sellette, et l'on se tut pour écouter la réponse du prisonnier.

Il parla d'une voix douce et calme.

— Dites à M. le chancelier que j'aurais le droit d'en appeler au Parlement de Paris et de récuser mes juges, parce qu'il y a parmi eux deux de mes ennemis, et à leur tête un de mes amis, M. Séguier lui-même, que j'ai conservé dans sa charge ; mais je vous épargnerai bien des peines, messieurs, en me reconnaissant cou-

---

[1] Maison qui appartenait à un abbé d'Esnay, frère de M. de Villeroy, dit Montrésor.

pable de toute la conjuration, par moi seul conçue et ordonnée. Ma volonté est de mourir. Je n'ai donc rien à ajouter pour moi ; mais, si vous voulez être justes, vous laisserez la vie à celui que le Roi même a nommé le plus honnête homme de France, et qui ne meurt que pour moi.

— Qu'on l'introduise, dit Laubardemont.

Deux gardes entrèrent chez M. de Thou, et l'amenèrent.

Il entra, et salua gravement avec un sourire angélique sur les lèvres, et embrassant Cinq-Mars :

— Voici donc enfin le jour de notre gloire! dit-il ; nous allons gagner le ciel et le bonheur éternel.

— Nous apprenons, monsieur, dit Laubardemont, nous apprenons par la bouche même de M. de Cinq-Mars que vous avez su la conjuration.

De Thou répondit à l'instant et sans aucun trouble, toujours avec un demi-sourire et les yeux baissés :

— Messieurs, j'ai passé ma vie à étudier les lois humaines, et je sais que le témoignage d'un accusé ne peut condamner l'autre. Je pourrais répéter aussi ce que j'ai déjà dit, que l'on ne m'aurait pas cru si j'avais dénoncé sans preuve le frère du Roi. Vous voyez donc que ma vie et ma mort sont entre vos mains. Pourtant, lorsque j'ai bien envisagé l'une et l'autre, j'ai connu clairement que, de quelque vie que je puisse jamais jouir, elle ne pourrait être que malheureuse après la perte de M. de Cinq-Mars ; j'avoue donc et confesse que j'ai su sa conspiration ; j'ai fait mon possible pour l'en détourner. — Il m'a cru son ami unique et fidèle, et je ne l'ai pas voulu trahir, c'est pourquoi je me condamne par les lois qu'a rapportées mon père lui-même, qui me pardonne, j'espère.

A ces mots, les deux amis se jetèrent dans les bras l'un de l'autre. Cinq-Mars s'écriait :

— Ami! ami! que je regrette ta mort que j'ai causée! Je t'ai trahi deux fois, mais tu sauras comment.

Mais de Thou, l'embrassant et le consolant, répondait en levant les yeux en haut :

— Ah! que nous sommes heureux de finir de la sorte! Humainement parlant, je pourrais me plaindre de vous, monsieur, mais Dieu sait combien je vous aime ? Qu'avons-nous fait qui nous mérite la grâce du martyre et le bonheur de mourir ensemble ?

Les juges n'étaient pas préparés à cette douceur, et se regardaient avec surprise.

— Ah! si l'on me donnait seulement une pertuisane, dit une voix enrouée (c'était le vieux Grandchamp, qui s'était glissé dans la chambre, et dont les yeux étaient rouges de fureur), je déferais bien monseigneur de tous ces hommes noirs ! disait-il.

Deux hallebardiers vinrent se mettre auprès de lui en silence; il se tut, et, pour se consoler, se mit à une fenêtre du côté de la rivière, où le soleil ne se montrait pas encore, et il sembla ne plus faire attention à ce qui se passait dans la chambre.

Cependant Laubardemont, craignant que les juges ne vinssent à s'attendrir, dit à haute voix :

— Actuellement, d'après l'ordre de monseigneur le Cardinal, on va mettre ces deux messieurs à la gêne, c'est-à-dire à la question ordinaire et extraordinaire.

Cinq-Mars rentra dans son caractère par indignation, et, croisant les bras, fit, vers Laubardemont et Joseph, deux pas qui les épouvantèrent. Le premier porta involontairement la main à son front.

— Sommes-nous ici à Loudun? s'écria le prisonnier.

Mais de Thou, s'approchant, lui prit la main et la serra; il se tut, et reprit d'un ton calme en regardant les juges:

— Messieurs, cela me semble bien rude ; un homme de mon âge et de ma condition ne devrait pas être sujet à toutes ces formalités. J'ai tout dit et je dirai tout encore. Je prends la mort à gré et de grand cœur : la question n'est donc point nécessaire. Ce n'est point à des âmes comme les nôtres que l'on peut arracher des secrets par les souffrances du corps. Nous sommes devenus prisonniers par notre volonté et à l'heure marquée par nous-mêmes; nous avons dit seulement ce qu'il vous fallait pour nous faire mourir, vous ne sauriez rien de plus ; nous avons ce que nous voulions.

— Que faites-vous, ami ? interrompit de Thou... Il se trompe, messieurs ; nous ne refusons pas le martyre que Dieu nous offre, nous le demandons.

— Mais, disait Cinq-Mars, qu'avez-vous besoin de ces tortures infâmes pour conquérir le ciel? vous, martyr déjà, martyr volontaire de l'amitié ! Messieurs, moi seul je puis avoir d'importants secrets : c'est le chef d'une conjuration qui la connaît ; mettez-moi seul à la question, si nous devons être ici traités comme les plus vils malfaiteurs.

— Par charité, messieurs, reprenait de Thou, ne me privez pas des mêmes douleurs que lui ; je ne l'ai pas suivi si loin pour l'abandonner à cette heure précieuse, et ne pas faire tous mes efforts pour l'accompagner jusque dans le ciel.

Pendant ce débat, il s'en était engagé un autre entre Laubardemont et Joseph ; celui-ci, craignant que la douleur n'arrachât le récit de son entretien, n'était pas d'avis de donner la question ; l'autre, ne trouvant pas son triomphe complété par la mort, l'exigeait impérieusement. Les juges entouraient et écoutaient ces deux ministres secrets du grand ministre ; cependant, plusieurs choses leur ayant fait soupçonner que le crédit du capucin était plus puissant que celui du juge, ils penchaient pour lui, et se décidèrent à l'humanité quand il finit par ces paroles prononcées à voix basse :

— Je connais leurs secrets ; nous n'avons pas besoin de les savoir, parce qu'ils sont inutiles et qu'ils vont trop haut. M. le Grand n'a à dénoncer que le Roi, et l'autre la Reine ; c'est ce qu'il vaut mieux ignorer. D'ailleurs, ils ne parleraient pas ; je les connais, ils se tairaient, l'un par orgueil, l'autre par piété. Laissons-les : la torture les blessera ; ils seront défigurés et ne pourront plus marcher ; cela gâtera toute la cérémonie ; il faut les conserver pour paraître.

Cette dernière considération prévalut : les juges se retirèrent pour aller délibérer avec le chancelier. En sortant, Joseph dit à Laubardemont :

— Je vous ai laissé assez de plaisir ici : maintenant vous allez avoir encore celui de délibérer, et vous irez interroger trois prévenus dans la tour du Nord.

C'étaient les trois juges d'Urbain Grandier.

Il dit, rit aux éclats, et sortit le dernier, poussant devant lui le maître des requêtes ébahi.

A peine le sombre tribunal eut-il défilé, que Grandchamp, délivré de ses deux estafiers, se précipita vers son maître, et, lui saisissant la main, lui dit :

— Au nom du ciel, venez sur la terrasse, monseigneur, je vous montrerai quelque chose ; au nom de votre mère, venez...

Mais la porte s'ouvrit au vieux abbé Quillet presque dans le même instant.

— Mes enfants! mes pauvres enfants! criait le vieillard en pleurant ; hélas! pourquoi ne m'a-t-on permis d'entrer qu'aujourd'hui? Cher Henry, votre mère, votre frère, votre sœur, sont ici cachés...

— Taisez-vous, monsieur l'abbé, disait Grandchamp ; venez sur la terrasse, monseigneur.

Mais le vieux prêtre retenait son élève en l'embrassant.

— Nous espérons, nous espérons beaucoup la grâce.

— Je la refuserais, dit Cinq-Mars.

— Nous n'espérons que les grâces de Dieu, reprit de Thou.

— Taisez-vous, interrompit encore Grandchamp, les juges viennent.

En effet, la porte s'ouvrit encore à la sinistre procession, où Joseph et Laubardemont manquaient.

— Messieurs, s'écria le bon abbé s'adressant aux commissaires, je suis heureux de vous dire que je viens de Paris, que personne ne doute de la grâce de tous les conjurés. J'ai vu, chez Sa Majesté Monsieur lui-même, et quant au duc de Bouillon, son interrogatoire n'est pas défav...

— Silence! dit M. de Ceton, lieutenant des Gardes écossaises

Et les quatorze commissaires rentrèrent et se rangèrent de nouveau dans la chambre.

M. de Thou, entendant que l'on appelait le greffier crimine

du présidial de Lyon pour prononcer l'arrêt, laissa éclater involontairement un de ces transports de joie religieuse qui ne se virent jamais que dans les martyrs et les saints aux approches de la mort ; et, s'avançant au-devant de cet homme, il s'écria :

— *Quam speciosi pedes evangelizantium pacem, evangelizantium bona !*

Puis, prenant la main de Cinq-Mars, il se mit à genoux et tête nue pour entendre l'arrêt, ainsi qu'il était ordonné. D'Effiat demeura debout, mais on n'osa le contraindre.

L'arrêt leur fut prononcé en ces mots :

« Entre le procureur général du Roi, demandeur en cas de crime de lèse-majesté, d'une part ;

» Et messire Henry d'Effiat de Cinq-Mars, Grand écuyer de France, âgé de vingt-deux ans ; et François-Auguste de Thou, âgé de trente-cinq ans, conseiller du Roi en ses conseils ; prisonniers au château de Pierre-Encise de Lyon, défendeurs et accusés, d'autre part ;

» Vu le procès extraordinairement fait à la requête dudit procureur général du Roi, à l'encontre desdits d'Effiat et de Thou, informations, interrogations, confessions, dénégations et confrontations, et copies reconnues du traité fait avec l'Espagne ; considérant, la chambre déléguée :

» 1º Que celui qui attente à la personne des ministres des princes est regardé par les lois anciennes et constitutions des Empereurs comme criminel de lèse-majesté ;

» 2º Que la troisième ordonnance du roi Louis XI porte peine de mort contre quiconque ne révèle pas une conjuration contre l'État ;

» Les commissaires députés par Sa Majesté ont déclaré lesdits d'Effiat et de Thou atteints et convaincus de crime de lèse-majesté, savoir :

» Ledit d'Effiat de Cinq-Mars pour les conspirations et entreprises, ligues et traités faits par lui avec les étrangers contre l'État ;

» Et ledit de Thou, pour avoir eu connaissance desdites entreprises.

» Pour réparation desquels crimes, les ont privés de tous honneurs et dignités, et les ont condamnés et condamnent à avoir la tête tranchée sur un échafaud, qui, pour cet effet, sera dressé en la place des Terreaux de cette ville ;

» Ont déclaré et déclarent tous et un chacun de leurs biens meubles et immeubles, acquis et confisqués au Roi ; et iceux par eux tenus immédiatement de la couronne, réunis au domaine d'icelle ; sur iceux préalablement prise la somme de 60,000 livres applicables à œuvres pies. »

Après la prononciation de l'arrêt, M. de Thou dit à haute voix:
— Dieu soit béni ! Dieu soit loué !
— La mort ne m'a jamais fait peur, dit froidement Cinq-Mars.

Ce fut alors que, suivant les formes, M. de Ceton, le lieutenant des Gardes écossaises, vieillard de soixante-six ans, déclara avec émotion qu'il remettait les prisonniers entre les mains du sieur Thomé, prévôt des marchands du Lyonnais, prit congé d'eux, et ensuite tous les Gardes-du-corps, silencieux et les larmes aux yeux.

— Ne pleurez point, leur disait Cinq-Mars, les larmes sont inutiles ; mais plutôt priez Dieu pour nous, et assurez-vous que je ne crains pas la mort.

Il leur serrait la main, et de Thou les embrassait. Après quoi ces gentilshommes sortirent les yeux humides de larmes et se couvrant le visage de leurs manteaux.

— Les cruels ! dit l'abbé Quillet, pour trouver des armes contre eux, il leur a fallu fouiller dans l'arsenal des tyrans. Pourquoi me laisser entrer en ce moment?...

— Comme confesseur, monsieur, dit à voix basse un commissaire ; car, depuis deux mois, aucun étranger n'a eu permission d'entrer ici...

Dès que les grandes portes furent refermées et les portières abaissées :

— Sur la terrasse, au nom du ciel! s'écria encore Grandchamp. Et il y entraîna son maître et de Thou. Le vieux gouverneur les suivit en boitant.

— Que nous veux-tu dans un moment semblable? dit Cinq-Mars avec une gravité pleine d'indulgence.

— Regardez les chaînes de la ville, dit le fidèle domestique.

Le soleil naissant colorait le ciel depuis un instant à peine. Il paraissait à l'horizon une ligne éclatante et jaune, sur laquelle les montagnes découpaient durement leurs formes d'un bleu foncé; les vagues de la Saône et les chaînes de la ville, tendues d'un bord à l'autre, étaient encore voilées par une légère vapeur qui s'élevait aussi de Lyon, et dérobait à l'œil le toit des maisons. Les premiers jets de la lumière matinale ne coloraient encore que les points les plus élevés du magnifique paysage. Dans la cité, les clochers de l'hôtel de ville et de Saint-Nizier, sur les collines environnantes, les monastères des Carmes et de Sainte-Marie, et la forteresse entière de Pierre-Encise, étaient dorés de tous les feux de l'aurore. On entendait le bruit des carillons joyeux des villages. Les murs seuls de la prison étaient silencieux.

— Eh bien, dit Cinq-Mars, que nous faut-il voir? est-ce la beauté des plaines ou la richesse des villes? est-ce la paix de ces villages? Ah! mes amis, il y a partout là des passions et des douleurs comme celles qui nous ont amenés ici!

Le vieil abbé et Grandchamp se penchèrent sur le parapet de la terrasse pour regarder du côté de la rivière.

— Le brouillard est trop épais : on ne voit rien encore, dit l'abbé.

— Que notre dernier soleil est lent à paraître! disait de Thou.

— N'apercevez-vous pas en bas, au pied des rochers, su l'autre rive, une petite maison blanche entre la porte d'Halincour et le boulevard Saint-Jéan? dit l'abbé.

— Je ne vois rien, répondit Cinq-Mars, qu'un amas de muraille grisâtres.

— Ce maudit brouillard est épais! reprenait Grandchamp toujours penché en avant, comme un marin qui s'appuie sur la dernière planche d'une jetée pour apercevoir une voile à l'horizon

— Chut! dit l'abbé, on parle près de nous.

En effet, un murmure confus, sourd et inexplicable, se faisai entendre dans une petite tourelle adossée à la plate-forme de la terrasse. Comme elle n'était guère plus grande qu'un colombier les prisonniers l'avaient à peine remarquée jusque-là.

— Vient-on déjà nous chercher dit Cinq-Mars.

— Bah! bah! répondit Grandchamp, ne vous occupez pas de cela; c'est la tour des oubliettes. Il y a deux mois que je rôde autour du fort, et j'ai vu tomber du monde de là dans l'eau, au moins une fois par semaine. Pensons à notre affaire : je vois une lumière à la fenêtre la-bas.

Une invincible curiosité entraîna cependant les deux prisonniers à jeter un regard sur la tourelle, malgré l'horreur de leur situation. Elle s'avançait, en effet, en dehors du rocher à pic et au-dessus d'un gouffre rempli d'une eau verte bouillonnante, sorte de source inutile, qu'un bras égaré de la Saône formait entre les rocs à une profondeur effrayante. On y voyait tourner rapidement la roue d'un moulin abandonné depuis longtemps. On entendit trois fois un craquement semblable à celui d'un pont-levis qui s'abaisserait et se relèverait tout à coup comme par ressort en frappant contre la pierre des murs : et trois fois on vit quelque chose de noir tomber dans l'eau et la faire rejaillir en écume à une grande hauteur.

— Miséricorde! serait-ce des hommes? s'écria l'abbé en se signant.

— J'ai cru voir des robes brunes qui tourbillonnaient en l'air, dit Grandchamp; ce sont des amis du Cardinal.

Un cri terrible partit de la tour avec un jurement impie.

La lourde trappe gémit une quatrième fois. L'eau verte reçut avec bruit un fardeau qui fit crier l'énorme roue du moulin, un de ses larges rayons fut brisé, et un homme embarrassé dans les poutres vermoulues parut hors de l'écume, qu'il colorait d'un sang noir, tourna deux fois en criant, et s'engloutit. C'était Laubardemont.

Pénétré d'une profonde horreur, Cinq-Mars recula.

— Il y a une Providence, dit Grandchamp : Urbain Grandier l'avait ajourné à trois ans. Allons, allons, le temps est précieux ; messieurs, ne restez pas là immobiles ; que ce soit lui ou non, je n'en serais pas étonné, car ces coquins-là se mangent eux-mêmes comme les rats. Mais tâchons de leur enlever leur meilleur morceau. Vive Dieu ! je vois le signal ! nous sommes sauvés ; tout est prêt ; accourez de ce côté-ci, monsieur l'abbé. Voilà le mouchoir blanc à la fenêtre ; nos amis sont préparés.

L'abbé saisit aussitôt la main de chacun des deux amis, et les entraîna du côté de la terrasse où ils avaient d'abord attaché leurs regards.

— Écoutez-moi tous deux, leur dit-il : apprenez qu'aucun des conjurés n'a voulu de la retraite que vous leur assuriez ; ils sont tous accourus à Lyon, travestis et en grand nombre ; ils ont versé dans la ville assez d'or pour n'être pas trahis ; ils veulent tenter un coup de main pour vous délivrer. Le moment choisi est celui où l'on vous conduira au supplice ; le signal sera votre chapeau que vous mettrez sur votre tête quand il faudra commencer.

Le bon abbé, moitié pleurant, moitié souriant par espoir, raconta que, lors de l'arrestation de son élève, il était accouru à Paris ; qu'un tel secret enveloppait toutes les actions du Cardinal, que personne n'y savait le lieu de la détention du Grand écuyer ; beaucoup le disaient exilé ; et, lorsque l'on avait su l'accommodement de Monsieur et du duc de Bouillon avec le Roi, on n'avait plus douté que la vie des autres ne fût assurée, et l'on avait cessé de parler de cette affaire, qui compromettait peu de personnes, n'ayant pas eu d'exécution. On s'était même en quelque sorte réjoui dans Paris de voir la ville de Sedan et son territoire ajoutés au royaume, en échange des lettres d'*abolition* accordées à M. de Bouillon reconnu innocent, comme Monsieur; que le résultat de tous les arrangements avait fait admirer l'habileté du Cardinal et sa clémence envers les conspirateurs, qui, disait-on, avaient voulu sa mort. On faisait même courir le bruit qu'il avait fait évader Cinq-Mars et de Thou, s'occupant généreusement de leur retraite en pays étranger, après les avoir fait arrêter courageusement au milieu du camp de Perpignan.

A cet endroit du récit, Cinq-Mars ne put s'empêcher d'oublier sa résignation ; et, serrant la main de son ami :

— *Arrêter !* s'écria-t-il ; faut-il renoncer même à l'honneur de nous être livrés volontairement ? Faut-il tout sacrifier, jusqu'à l'opinion de la postérité ?

— C'était encore là une vanité, reprit de Thou en mettant le doigt sur sa bouche ; mais chut ! écoutons l'abbé jusqu'au bout.

Le gouverneur, ne doutant pas que le calme de ces deux jeunes gens ne vînt de la joie qu'ils ressentaient de voir leur fuite assurée, et voyant que le soleil avait à peine encore dissipé les vapeurs du matin, se livra sans contrainte à ce plaisir involontaire qu'éprouvent les vieillards en racontant des événements nouveaux, ceux mêmes qui doivent affliger. Il leur dit toutes ses peines infructueuses pour découvrir la retraite de son élève, ignorée de la cour et de la ville, où l'on n'osait pas même prononcer son nom dans les asiles les plus secrets. Il n'avait appris l'emprisonnement à Pierre-Encise que par la reine elle-même, qui avait daigné le faire venir et le charger d'en avertir la maréchale d'Effiat et tous les conjurés, afin qu'ils tentassent un effort désespéré pour délivrer leur jeune chef. Anne d'Autriche avait même osé envoyer beaucoup de gentilshommes d'Auvergne et de la Touraine à Lyon pour aider à ce dernier coup.

— La bonne reine ! dit-il, elle pleurait beaucoup lorsque je la vis, et disait qu'elle donnerait tout ce qu'elle possède pour vous sauver ; elle se faisait beaucoup de reproches d'une lettre, je ne sais quelle lettre. Elle parlait du salut de la France, mais ne s'expliquait pas. Elle me dit qu'elle vous admirait et vous conjurait de vous sauver, ne fût-ce que par pitié pour elle, à qui vous laisseriez des remords éternels.

— N'a-t-elle rien dit de plus, interrompit de Thou, qui soutenait Cinq-Mars pâlissant.

— Rien de plus, dit le vieillard.

— Et personne ne vous a parlé de moi? répondit le Grand écuyer.

— Personne, dit l'abbé.

— Encore, si elle m'eût écrit! dit Henry à demi-voix.

— Souvenez-vous donc, mon père, que vous êtes envoyé ici comme confesseur, reprit de Thou.

Cependant le vieux Grandchamp, aux genoux de Cinq-Mars et le tirant par ses habits de l'autre côté de la terrasse, lui criait d'une voix entrecoupée :

— Monseigneur... mon maître... mon bon maître... les voyez-vous? les voilà... ce sont eux, ce sont elles... elles toutes.

— Eh! qui donc, mon vieil ami? disait son maître.

— Qui? grand Dieu! regardez cette fenêtre, ne les reconnaissez-vous pas? Votre mère, vos sœurs, votre frère.

En effet, le jour entièrement venu lui fit voir dans l'éloignement des femmes qui agitaient des mouchoirs blancs; l'une d'elles, vêtue de noir étendait ses bras vers la prison, se retirait de la fenêtre comme pour reprendre des forces, puis, soutenue par les autres, reparaissait et ouvrait les bras, ou posait la main sur son cœur.

Cinq-Mars reconnut sa mère et sa famille, et ses forces le quittèrent un moment; il pencha la tête sur le sein de son ami, et pleura.

— Combien de fois me faudra-t-il donc mourir? dit-il.

Puis, répondant du haut de la tour par un geste de sa main à ceux de sa famille :

— Descendons vite, mon père, répondit-il au vieil abbé; vous allez me dire au tribunal de la pénitence, et devant Dieu si, le reste de ma vie vaut encore que je fasse verser du sang pour la conquérir.

Ce fut alors que Cinq-Mars dit à Dieu ce que lui seul et Marie de Mantoue ont connu de leurs secrètes et malheureuses amours. « Il remit à son confesseur, dit le P. Daniel, un portrait d'une grande dame tout entouré de diamants, lesquels durent être vendus, pour l'argent être employé en œuvres pieuses. »

Pour M. de Thou, après s'être aussi confessé, il écrivit une lettre [1] : « Après quoi (selon le récit de son confesseur) il me dit : *Voilà la dernière pensée que je veux avoir pour ce monde : partons en paradis ;* et se promenant dans la chambre à grands pas, il récitait à haute voix le psaume : *Miserere mei, Deus*, etc., avec une ardeur d'esprit incroyable, et des tressaillements de tout son corps si violents qu'on eust dit qu'il ne touchoit pas la terre et qu'il alloit sortir de luy-mesme. Les gardes étoient muets à ce spectacle, qui les faisait tous frémir de respect et d'horreur. »

Cependant tout était calme le douze du même mois de septembre 1642, dans la ville de Lyon, lorsque, au grand étonnement de ses habitants, on vit arriver dès le point du jour par toutes ses portes, des troupes d'infanterie et de cavalerie que l'on savait campées et cantonnées fort loin de là. Les Gardes françaises et suises, les régiments de Pompadour, les Gens d'armes de Maurevert et les Carabins de La Roque, tous défilèrent en silence ; la cavalerie, portant le mousquet appuyé sur le pommeau de la selle, vint se ranger autour du château de Pierre-Encise ; l'infanterie forma la haie sur les bords de la Saône, depuis la porte du fort jusqu'à la place des Terreaux. C'était le lieu ordinaire des exécutions.

[1] Voir la copie de cette lettre à madame la princesse de Guémenée dans les notes à la fin du volume.

« Quatre compagnies des bourgeois de Lyon, que l'on appelle *Pennonnage*, faisant environ onze ou douze cents hommes, furent rangées, dit le journal de Montrésor, au milieu de la place des Terreaux, en sorte qu'elles enfermoient un espace d'environ quatre-vingts pas de chaque côté, dans lequel on ne laissoit entrer personne, sinon ceux qui étoient nécessaires.

» Au milieu de cet espace fut dressé un échafaud de sept pieds de haut et environ neuf pieds en quarré, au milieu duquel, un peu plus sur le devant, s'élevoit un poteau de la hauteur de trois pieds ou environ, devant lequel on coucha un bloc de la hauteur d'un demi-pied, si que la principale façade ou le devant de l'échafaud regardoit vers la boucherie des Terreaux, du côté de la Saône; contre lequel échafaud on dressa une petite échelle de huit échelons du côté des Dames de Saint-Pierre. »

Rien n'avait transpiré dans la ville sur le nom des prisonniers, les murs inaccessibles de la forteresse ne laissaient rien sortir ni rien pénétrer que dans la nuit, et les cachots profonds avaient quelquefois renfermé le père et le fils durant des années entières, à quatre pieds l'un de l'autre, sans qu'ils s'en doutassent. La surprise fut extrême à cet appareil éclatant, et la foule accourut, ne sachant s'il s'agissait d'une fête ou d'un supplice.

Ce même secret qu'avaient gardé les agents du ministre avait été aussi soigneusement caché par les conjurés, car leur tête en répondait.

Montrésor, Fontrailles, le baron de Beauvau, Olivier d'Entraigues, Gondi, le comte du Lude et l'avocat Fournier, déguisés en soldats, en ouvriers et en baladins, armés de poignards sous leurs habits, avaient jeté et partagé dans la foule plus de cinq cents gentilshommes et domestiques déguisés comme eux; des chevaux étaient préparés sur la route d'Italie, et des barques sur le Rhône avaient été payés d'avance. Le jeune marquis d'Effiat, frère aîné de Cinq-Mars, habillé en chartreux, parcourait la foule, allait et venait sans cesse de la place des Terreaux à la petite maison où sa mère et sa sœur étaient enfermées avec la présidente de Pontac, sœur du malheureux de Thou; il les rassurait, leur donnait un peu d'espérance, et revenait trouver les conjurés et s'assurer que chacun d'eux était disposé à l'action.

Chaque soldat formant la haie avait à ses côtés un homme prêt à le poignarder.

La foule innombrable entassée derrière la ligne des gardes les poussait en avant, débordait leur alignement, et leur faisait perdre du terrain. Ambrosio, domestique espagnol, qu'avait conservé Cinq-Mars, s'était chargé du capitaine des piquiers, et, déguisé en musicien catalan, avait entamé une dispute avec lui, feignant de ne pas vouloir cesser de jouer de la vielle. Chacun était à son poste.

L'abbé de Gondi, Olivier d'Entraigues et le marquis d'Effiat étaient au milieu d'un groupe de poissardes et d'écaillères qui se disputaient et jetaient de grands cris : elles disaient des injures à l'une d'elles, plus jeune et plus timide que ses mâles compagnes. Le frère de Cinq-Mars approcha pour écouter leur querelle.

— Eh! pourquoi, disait-elle aux autres, voulez-vous que Jean Le Roux, qui est un honnête homme, aille couper la tête à deux chrétiens, parce qu'il est boucher de son état? Tant que je serai sa femme, je ne le souffrirai pas; j'aimerais mieux...

— Eh bien, tu as tort, répondaient ses compagnes; qu'est-ce que cela te fait que la viande qu'il coupe se mange ou ne se mange pas? Il n'en est pas moins vrai que tu aurais cent écus pour faire habiller tes trois enfants à neuf. T'es trop heureuse d'être l'*épouse* d'un boucher. Profite donc, ma mignonne de ce que Dieu t'envoie par la grâce de Son Éminence.

— Laissez-moi tranquille, reprenait la première, je ne veux pas accepter. J'ai vu ces beaux jeunes gens à la fenêtre, ils ont l'air doux comme des agneaux.

— Eh bien! est-ce qu'on ne tue pas tes agneaux et tes veaux? reprenait la femme Le Bon. Qu'il arrive donc du bonheur à une petite femme comme ça! Quelle pitié! quand c'est de la part du révérend capucin, encore!

— Que la gaieté du peuple est horrible! s'écria Olivier d'Entraigues étourdiment.

Toutes ces femmes l'entendirent, et commencèrent à murmurer contre lui.

— *Du peuple!* disaient-elles, et d'où est donc ce petit maçon avec ce plâtre sur ses habits ?

— Ah ! interrompit une autre, tu ne vois pas que c'est quelque gentilhomme déguisé? Regarde ses mains blanches : ça n'a jamais travaillé.

— Oui, oui, c'est quelque petit conspirateur dameret : j'ai bien envie d'aller chercher M. le Chevalier du Guet pour le faire arrêter.

L'abbé de Gondi sentit tout le danger de cette situation, et, se jetant d'un air de colère sur Olivier, avec toutes les manières d'un menuisier, dont il avait pris le costume et le tablier, il s'écria en le saisissant au collet :

— Vous avez raison : c'est un petit drôle qui ne travaille jamais ; depuis deux ans que mon père l'a mis en apprentissage, il n'a fait que peigner ses cheveux blonds pour plaire aux petites filles. Allons, rentre à la maison !

Et, lui donnant des coups de latte, il lui fit percer la foule, et revint se placer sur un autre point de la haie. Après avoir tancé le page étourdi, il lui demanda la lettre qu'il disait avoir à remettre à M. de Cinq-Mars quand il serait évadé. Olivier l'avait depuis deux mois dans sa poche, et la lui donna. — C'est d'un prisonnier à un autre, dit-il, car le chevalier de Jars, en sortant de la Bastille, me l'a envoyée de la part d'un de ses compagnons de captivité.

— Ma foi, dit Gondi, il peut y avoir quelque secret important pour notre ami ; je la décachète : vous auriez dû y penser plus tôt.

— Ah ! bah ! c'est du vieux Bassompierre. Lisons.

Mon cher enfant,

« J'apprends du fond de la Bastille, où je suis encore, que vous
» voulez conspirer contre ce tyran de Richelieu, qui ne cesse
» d'humilier notre bonne vieille Noblesse et les Parlements, et de

» saper dans ses fondements l'édifice sur lequel reposait l'État.
» J'apprends que les Nobles sont mis à la Taille, et condamnés
» par de petits juges contre les priviléges de leur condition,
» forcés à l'arrière-ban contre les pratiques anciennes... »

— Ah! le vieux radoteur! interrompit le page en riant aux éclats.

— Pas si sot que vous croyez; seulement il est un peu reculé pour notre affaire...

« Je ne puis qu'approuver ce généreux projet, et je vous prie
» de me bailler advis de tout... »

— Ah! le vieux langage du dernier règne! dit Olivier; il ne sait pas écrire : *me faire expert de toutes choses*, comme on dit à présent.

— Laissez-moi lire, pour Dieu! dit l'abbé; dans cent ans on se moquera aussi de nos phrases.

Il poursuivit :

« Je puis bien vous conseiller, nonobstant mon grand âge, en
» vous racontant ce qui m'advint en 1560. »

— Ah! ma foi, je n'ai pas le temps de m'ennuyer à lire tout. Voyons la fin...

« Quand je me rappelle mon dîner chez madame la maréchale
» d'Effiat, votre mère, et que je me demande ce que sont deve-
» nus tous les convives, je m'afflige véritablement : mon pauvre
» Puy-Laurens est mort à Vincennes, de chagrin d'être oublié
» par Monsieur dans cette prison; de Launay tué en duel; et
» j'en suis marri; car, malgré que je fus mal satisfait de mon ar-
» restation, il y mit de la courtoisie, et je l'ai toujours tenu pour
» un galant homme. Pour moi, me voilà sous clef jusqu'à la fin
» de la vie de M. le Cardinal; aussi, mon enfant, nous étions
» treize à table; il ne faut pas se moquer des vieilles croyances.
» Remerciez Dieu de ce que vous êtes le seul auquel il ne soit
» pas arrivé malencontre... »

— Encore un à-propos! dit Olivier en riant de tout son cœur; et cette fois l'abbé de Gondi ne put tenir son sérieux malgré ses efforts.

Ils déchirèrent la lettre inutile, pour ne pas prolonger encore la détention du pauvre maréchal si elle était trouvée, et se rapprochèrent de la place des Terreaux et de la haie de gardes qu'ils devaient attaquer lorsque le signal du chapeau serait donné par le jeune prisonnier.

Ils virent avec satisfaction tous leurs amis à leur poste, et prêts à jouer des couteaux, selon leur propre expression. Le peuple, en se pressant autour d'eux, les favorisait sans le vouloir. Il survint près de l'abbé une troupe de jeunes demoiselles vêtues de blanc et voilées; elles allaient à l'église pour communier, et les religieuses qui les conduisaient, croyant comme tout le peuple que ce cortége était destiné à rendre les honneurs à quelque grand personnage, leur permirent de monter sur de larges pierres de taille accumulées derrière les soldats. Là elles se groupèrent avec la grâce de cet âge, comme vingt belles statues sur un seul piédestal. On eût dit ces vestales que l'antiquité conviait aux sanglants spectacles des gladiateurs. Elles se parlaient à l'oreille en regardant autour d'elles, riaient et rougissaient ensemble, comme font les enfants.

L'abbé de Gondi vit avec humeur qu'Olivier allait encore oublier son rôle de conspirateur et son costume de maçon pour leur lancer des œillades et prendre un maintien trop élégant et des gestes trop civilisés pour l'état qu'on devait lui supposer : il commençait déjà à s'approcher d'elles en bouclant ses cheveux avec ses doigts, lorsque Fontrailles et Montrésor survinrent par bonheur sous un habit de soldats suisses; un groupe de gentilshommes, déguisés en mariniers, les suivait avec des bâtons ferrés à la main; ils avaient sur le visage une pâleur qui n'annonçait rien de bon. On entendit une marche sonnée par des trompettes.

— Restons ici, dit l'un d'eux à sa suite; c'est ici.

L'air sombre et le silence de ces spectateurs contrastaient singulièrement avec les regards enjoués et curieux des jeunes filles et leurs propos enfantins.

— Ah! le beau cortége! criaient-elles : voilà au moins cinq cents hommes avec des cuirasses et des habits rouges, sur de beaux chevaux; ils ont des plumes jaunes sur leurs grands chapeaux. — Ce sont des étrangers, des Catalans, dit un Garde-française. — Qui conduisent-ils donc? — Ah! voici un beau carrosse doré! mais il n'y a personne dedans.

— Ah! je vois trois hommes à pied : où vont-ils?

— A la mort! dit Fontrailles d'une voix sinistre qui fit taire toutes les voix. On n'entendit plus que les pas lents des chevaux, qui s'arrêtèrent tout à coup par un de ces retards qui arrivent dans la marche de tous cortéges. On vit alors un douloureux et singulier spectacle. Un vieillard à la tête tonsurée marchait avec peine en sanglotant, soutenu par deux jeunes gens d'une figure intéressante et charmante, qui se donnaient une main derrière ses épaules voûtées, tandis que de l'autre chacun d'eux tenait l'un de ses bras. Celui qui marchait à sa gauche était vêtu de noir ; il était grave et baissait les yeux. L'autre, beaucoup plus jeune, était revêtu d'une parure éclatante[1] : un pourpoint de drap de Hollande, couvert de larges dentelles d'or et portant des manches bouffantes et brodées, le couvrait du cou à la ceinture, habillement assez semblable au corset des femmes ; le reste de ces vêtements en velours noir brodé de palmes d'argent, des bottines grisâtres à talons rouge, où s'attachaient des éperons d'or ; un manteau d'écarlate chargé de boutons d'or, tout rehaussait la grâce de sa taille élégante et souple. Il saluait à droite et à gauche de la haie avec un sourire mélancolique.

Un vieux domestique, avec des moustaches et une barbe blanches, suivait, le front baissé, tenant en main deux chevaux de bataille caparaçonnés.

Les jeunes demoiselles se taisaient ; mais elles ne purent retenir leurs sanglots en les voyant.

— C'est donc ce pauvre vieillard qu'on mène à la mort? s'écrièrent-elles ; ses enfants le soutiennent.

— A genoux! mesdames, dit une religieuse, et priez pour lui.

— A genoux! cria Gondi, et prions que Dieu les sauve.

---

[1] Le portrait en pied de M. de Cinq-Mars est conservé dans le musée de Versailles.

Tous les conjurés répétèrent : — A genoux ! à genoux ! et donnèrent l'exemple au peuple, qui les imita en silence.

— Nous pouvons mieux voir ses mouvements à présent, dit tout bas Gondi à Montrésor : levez-vous ; que fait-il ?

— Il est arrêté et parle de notre côté en nous saluant : je crois qu'il nous reconnaît.

Toutes les maisons, les fenêtres, les murailles, les toits, les échafauds dressés, tout ce qui avait vue sur la place était chargé de personnes de toute condition et de tout âge.

Le silence le plus profond régnait sur la foule immense : on eût entendu les ailes du moucheron des fleuves, le souffle du moindre vent, le passage des grains de poussière qu'il soulève ; mais l'air était calme, le soleil brillant, le ciel bleu. Tout le peuple écoutait. On était proche de la place des Terreaux ; on entendit les coups de marteau sur des planches, puis la voix de Cinq-Mars.

Un jeune chartreux avança sa tête pâle entre deux gardes ; tous les conjurés se levèrent au-dessus du peuple à genoux, chacun d'eux portant la main à sa ceinture ou dans son sein et serrant de près le soldat qu'il devait poignarder.

— Que fait-il ? dit le chartreux ; a-t-il son chapeau sur la tête ?

— Il jette son chapeau à terre loin de lui, dit paisiblement l'arquebusier qu'il interrogeait.

CHAPITRE XXVI

LA FETE

> Mon Dieu ! qu'est-ce que ce monde ?
> *Dernières paroles de M. de Cinq-Mars.*

Le jour même du cortége sinistre de Lyon, et durant les scènes que nous venons de voir, une fête magnifique se donnait à Paris, avec tout le luxe et le mauvais goût du temps. Le puissant Cardinal avait voulu remplir à la fois de ses pompes les deux premières villes de France.

Sous le nom d'ouverture du Palais-Cardinal, on annonça cette fête donnée au Roi et à toute la cour. Maître de l'empire par la force, il voulut encore l'être des esprits par la séduction, et, las de dominer, il espéra plaire. La tragédie de *Mirame* allait être représentée dans une salle construite exprès pour ce grand jour : ce qui éleva les frais de cette soirée, dit Pélisson, à trois cent mille écus.

La garde entière du premier ministre[1] était sous les armes ; ses

---

[1] Le Roi donna au Cardinal, en 1626, une garde de deux cents arquebusiers ; en 1632, quatre cents mousquetaires à pied ; en 1638, deux compagnies de gens d'armes et de chevau-légers furent formées par lui.

quatre compagnies de Mousquetaires et de Gens d'armes étaient rangées en haie sur les vastes escaliers et à l'entrée des longues galeries du Palais-Cardinal [1]. Ce brillant *Pandémonium*, où les péchés mortels ont un temple à chaque étage, n'appartint ce jour-là qu'à l'orgueil, qui l'occupait du haut en bas. Sur chaque marche était posté l'un des arquebusiers de la garde du Cardinal, tenant une torche à la main et une longue carabine dans l'autre; la foule de ses gentilshommes circulaient entre ces candélabres vivants, tandis que dans le grand jardin, entouré d'épais marronniers, remplacés aujourd'hui par les arcades, deux compagnies de Chevau-légers à cheval, le mousquet au poing, se tenaient prêtes au premier ordre et à la première crainte de leur maître.

Le Cardinal, porté et suivi par ses trente-huit pages, vint se placer dans sa loge tendue de pourpre, en face de celle où le Roi était couché à demi, derrière des rideaux verts qui le préservaient de l'éclat des flambeaux. Toute la cour était entassée dans les loges, et se leva lorsqu'il parut; la musique commença une ouverture brillante, et l'on ouvrit le parterre à tous les hommes de la ville et de l'armée qui se présentèrent. Trois flots impétueux de spectateurs s'y précipitèrent, et le remplirent en un instant; ils étaient debout et tellement pressés, que le mouvement d'un bras suffisait pour causer sur toute la foule le balancement d'un champ de blé. On vit tel homme dont la tête décrivait ainsi un cercle assez étendu, comme celle d'un compas, sans que ses pieds eussent quitté le point où ils étaient fixés, et on emporta quelques jeunes gens évanouis. Le ministre, contre sa coutume, avança sa tête décharnée hors de sa tribune, et salua l'assemblée d'un air qui voulait être gracieux. Cette grimace n'obtint de réponses qu'aux loges; le parterre fut silencieux. Richelieu avait voulu montrer qu'il ne craignait pas le jugement public pour son ouvrage et avait permis que l'on introduisît sans choix tous ceux

---

[1] Il avait donné au Roi, sous réserve d'usufruit durant sa vie, ce palais avec ses dépendances, comme aussi sa magnifique chapelle de diamants, avec son grand buffet d'argent ciselé, pesant trois mille marcs, et son grand diamant en forme de cœur, pesant plus de vingt carats; M. de Chavigny accepta cette donation pour le Roi. (*Histoire du P. Joseph.*)

qui se présenteraient. Il commençait à s'en repentir, mais trop tard. En effet, cette impartiale assemblée fut aussi froide que la *tragédie-pastorale* l'était elle-même ; en vain les *bergères* du théâtre, couvertes de pierreries, exhaussées sur des talons rouges, portant du bout des doigts des houlettes ornées de rubans, et suspendant des guirlandes de fleurs sur leurs robes que soulevaient les *vertugadins*, se mouraient d'amour en longue tirade de deux cents vers langoureux ; en vain des *amants parfaits* (car c'était le beau idéal de l'époque) se laissaient dépérir de faim dans un antre solitaire, et déploraient leur mort avec emphase, en attachant à leurs cheveux des rubans de la couleur favorite de leur belle ; en vain les femmes de la cour donnaient des signes de ravissement, penchées au bord de leurs loges, et tentaient même l'évanouissement le plus flatteur : le morne parterre ne donnait d'autre signe de vie que le balancement perpétuel des têtes noires à longs cheveux. Le Cardinal mordait ses lèvres et faisait le distrait pendant le premier acte et le second ; le silence avec lequel s'écoulèrent le troisième et le quatrième fit une telle blessure à son cœur paternel, qu'il se fit soulever à demi hors de son balcon, et, dans cette incommode et ridicule attitude, faisait signe à ses amis de la cour de remarquer les plus beaux endroits, et donnait le signal des applaudissements ; on y répondait de quelques loges ; mais l'impassible parterre était plus silencieux que jamais, laissant la scène se passer entre le théâtre et les régions supérieures, il s'obstinait à demeurer neutre. Le maître de l'Europe et de la France, jetant alors un regard de feu sur ce petit amas d'hommes qui osaient ne pas admirer son œuvre, sentit dans son cœur le vœu de Néron, et pensa un moment combien il serait heureux qu'il n'y eût là qu'une tête.

Tout à coup cette masse noire et immobile s'anima, et des salves interminables d'applaudissements éclatèrent, au grand étonnement des loges, et surtout du ministre. Il se pencha, saluant avec reconnaissance ; mais il s'arrêta en remarquant que les battements de mains interrompaient les acteurs toutes les fois qu'ils voulaient recommencer. Le Roi fit ouvrir les rideaux de sa loge, fermés jusque-là, pour voir ce qui excitait tant d'enthousiasme ; toute la cour se pencha hors des colonnes : on aperçut alors dans la foule des spectateurs, assis sur le théâtre, un jeune homme humblement vêtu, qui venait de se placer avec peine ; tous les regards se portaient sur lui. Il en paraissait fort embarrassé, et cherchait à se couvrir de son petit manteau noir trop court. *Le Cid ! le Cid !* cria le parterre, ne cessant d'applaudir. Corneille, effrayé, se sauva dans les coulisses, et tout retomba dans le silence.

Le Cardinal hors de lui, fit fermer les rideaux de sa loge et se fit emporter dans ses galeries.

Ce fut là que s'exécuta une autre scène préparée dès longtemps par les soins de Joseph, qui avait sur ce point endoctriné les gens de sa suite avant de quitter Paris. Le cardinal Mazarin, s'écriant qu'il était plus prompt de faire passer Son Éminence par une longue fenêtre vitrée qui ne s'élevait qu'à deux pieds de terre, et conduisait de sa loge aux appartements, la fit ouvrir, et les pages y firent passer le fauteuil. Aussitôt cent voix s'élevèrent pour dire et proclamer l'accomplissement de la grande prophétie de Nostradamus. On se disait à demi-voix : Le *bonnet rouge,* c'est Monseigneur ; *quarante onces,* c'est Cinq-Mars ; *tout* finira, c'était de Thou : quel heureux coup du ciel ! Son Éminence règne sur l'avenir comme sur le présent !

Il s'avançait ainsi sur son trône ambulant dans de longues et resplandissantes galeries, écoutant ce doux murmure d'une flatterie nouvelle ; mais, insensible à ce bruit des voix qui divinisaient son génie, il eût donné tous leurs propos pour un seul mot, un seul geste de ce public immobile et inflexible, quand même ce mot eût été un cri de haine ; car on étouffe les clameurs, mais comment se venger du silence ? On empêche un peuple de frapper, mais qui l'empêchera d'attendre ? Poursuivi par le fantôme importun de l'opinion publique, le sombre ministre ne se crut en sûreté qu'arrivé au fond de son palais, au milieu de sa cour tremblante et flatteuse, dont les adorations lui firent bientôt oublier que quelques hommes avaient osé ne pas l'admirer. Il se fit placer comme un roi au milieu de ses vastes appartements, et, regardant autour de lui, se mit à compter attentivement les hommes puissants et soumis qui l'entouraient : il les compta et s'admira. Les chefs de toutes les grandes familles, les princes de l'Église, les présidents de tous les parlements, les gouverneurs des provinces, les maréchaux et les généraux en chef des armées, le nonce, les ambassadeurs de tous les royaumes, les députés et les sénateurs des républiques, étaient immobiles, soumis et rangés autour de lui, comme attendant ses ordres. Plus un regard qui osât soutenir son regard, plus une parole qui osât s'élever sans sa volonté, plus un projet qu'on osât former dans le repli le plus secret du cœur, plus une pensée qui ne procédât de la sienne. L'Europe muette l'écoutait par représentants. De loin en loin il élevait une voix impérieuse, et jetait une parole satisfaite au milieu de ce cercle pompeux, comme un denier dans la foule des pauvres. On pouvait alors reconnaître, à l'orgueil qui s'allumait dans ses regards et à la joie de sa contenance, celui des princes sur qui venait de tomber une telle faveur ; celui-là se trouvait même transformé tout à coup en un autre homme, et semblait avoir fait un pas dans la hiérarchie des pouvoirs, tant on entourait d'adorations inespérées et de soudaines caresses ce fortuné courtisan, dont le Cardinal n'apercevait pas même le bonheur obscur. Le frère du Roi et le duc de Bouillon étaient debout dans la foule, d'où le ministre ne daigna pas les tirer ; seulement il affecta de dire qu'il serait bon de démanteler quelques places fortes, parla longuement de la nécessité des pavés et des quais dans les rues de Paris, et dit en deux mots à Turenne qu'on pourrait l'envoyer à l'armée d'Italie, près du prince Thomas, pour chercher son bâton de maréchal.

Tandis que Richelieu ballottait ainsi dans ses mains puissantes les plus grandes et les moindres choses de l'Europe, au milieu d'une fête bruyante dans son magnifique palais, on avertissait la Reine au Louvre que l'heure était venue de se rendre chez le Cardinal, où le Roi l'attendait après la tragédie. La sérieuse Anne d'Autriche n'assistait à aucun spectacle ; mais elle n'avait pu refuser la fête du premier ministre. Elle était dans son oratoire, prête à partir et couverte de perles, sa parure favorite ; debout près d'une grande glace avec Marie de Mantoue, elle se plaisait à terminer la toilette de la jeune princesse, qui, vêtue d'une longue robe rose, contemplait elle-même avec attention, mais un peu d'ennui et d'un air boudeur, l'ensemble de sa toilette.

La Reine considérait son propre ouvrage dans Marie, et, plus troublée qu'elle, songeait avec crainte au moment où cesserait cette éphémère tranquillité, malgré la profonde connaissance qu'elle avait du caractère sensible mais léger de Marie. Depuis la conversation de Saint-Germain, depuis la lettre fatale, elle n'avait pas quitté un seul instant la jeune princesse, et avait donné tous ses soins à conduire son esprit dans la voie qu'elle avait tracée d'avance; car le trait le plus prononcé du caractère d'Anne d'Autriche était une invincible obstination dans ses calculs, auxquels elle eût voulu soumettre tous les événements et toutes les passions avec une exactitude géométrique : et c'est sans doute à cet esprit positif et sans mobilité que l'on doit attribuer tous les malheurs de sa régence. La sinistre réponse de Cinq-Mars, son arrestation, son jugement, tout avait été caché à la princesse Marie, dont la faute première, il est vrai, avait été un mouvement d'amour-propre et un instant d'oubli. Cependant la Reine était bonne, et s'était amèrement repentie de sa précipitation à écrire de si décisives paroles, dont les conséquences avaient été si graves ; et tous ses efforts avaient tendu à en atténuer les suites. En envisageant son action dans ses rapports avec le bonheur de la France, elle s'applaudissait d'avoir étouffé ainsi tout à coup le germe d'une guerre civile qui eût ébranlé l'État jusque dans ses fondements ; mais, lorsqu'elle s'approchait de sa jeune amie et considérait cet être charmant qu'elle brisait dans sa fleur, et qu'un vieillard sur un trône ne dédommagerait pas de la perte qu'elle avait faite pour toujours ; quand elle songeait à l'entier dévouement, à cette totale abnégation de soi-même qu'elle venait de voir dans un jeune homme de vingt-deux ans, d'un si grand caractère et presque maître du royaume, elle plaignait Marie, et admirait du fond de l'âme l'homme qu'elle avait si mal jugé.

Elle aurait voulu du moins faire connaître tout ce qu'il valait à celle qu'il avait tant aimée, et qui ne le savait pas ; mais elle espérait encore en ce moment que tous les conjurés réunis à Lyon parviendraient à le sauver, et, une fois le sachant en pays étranger, elle pourrait alors tout dire à sa chère Marie.

Quant à celle-ci, elle avait d'abord redouté la guerre ; mais, entourée de gens de la Reine, qui n'avaient laissé parvenir jusqu'à elle que des nouvelles dictées par cette princesse, elle avait su ou cru savoir que la conjuration n'avait pas eu d'exécution ; que le Roi et le Cardinal étaient d'abord revenus à Paris presque ensemble; que Monsieur, éloigné quelque temps, avait reparu à la cour ; que le duc de Bouillon, moyennant la cession de Sedan, était aussi rentré en grâce ; et que, si le Grand écuyer ne paraissait pas encore, le motif en était la haine plus prononcée du Cardinal contre lui, et la grande part qu'il avait dans la conjuration. Mais le simple bon sens et le sentiment naturel de la justice disaient assez que, n'ayant agi que sous les ordres du frère du Roi, son pardon devait suivre celui du prince. Tout avait donc calmé l'inquiétude première de son cœur, tandis que rien n'avait adouci une sorte de ressentiment orgueilleux qu'elle avait contre Cinq-Mars, assez indifférent pour ne pas lui faire savoir le lieu de sa retraite, ignoré de la Reine même et de toute la cour, tandis qu'elle n'avait songé qu'à lui, disait-elle. Depuis deux mois, d'ailleurs, les bals et les carrousels s'étaient si rapidement succédé, et tant de *devoirs* impérieux l'avaient entraînée, qu'il lui restait à peine pour s'attrister et se plaindre, le temps de sa toilette, où elle était presque seule. Elle commençait bien chaque soir cette réflexion générale sur l'ingratitude et l'inconstance des hommes, pensée profonde et nouvelle, qui ne manque jamais d'occuper la tête d'une jeune personne à l'âge du premier amour ; mais le sommeil ne lui permettait jamais de l'achever ; et la fatigue de la danse fermait ses grands yeux noirs avant que ses idées eussent trouvé le temps de se classer dans sa mémoire, et de lui présenter des images bien nettes du passé. Dès son réveil, elle se voyait entourée des jeunes princesses de la cour, et, à peine en état de paraître, elle était forcée de passer chez la Reine, où l'attendaient les éternels mais moins désagréables hommages du prince Palatin ; les Polonais avaient eu le temps d'apprendre à la cour de France cette réserve mystérieuse et ce silence éloquent qui plaisent tant aux femmes, parce qu'ils accroissent l'importance des secrets toujours cachés, et rehaussent les êtres que l'on respecte assez pour ne pas oser même souffrir en leur présence. On regardait Marie comme accordée au roi Uladislas ; et elle-même, il faut le confesser, s'était si bien faite à cette idée, que le trône de Pologne occupé par une autre reine lui eût paru une chose monstrueuse : elle ne voyait pas avec bonheur le moment d'y monter, mais avait cependant pris possession des hommages qu'on lui rendait d'avance. Aussi, sans se l'avouer à elle-même, exagérait-elle beaucoup les prétendus torts de Cinq-Mars que la Reine lui avait dévoilés à Saint-Germain.

— Vous êtes fraîche comme les roses de ce bouquet, dit la Reine ; allons, ma chère enfant, êtes-vous prête? Quel est ce petit air boudeur ? Venez, que je referme cette boucle d'oreilles... N'aimez-vous pas ces topazes ? Voulez-vous une autre parure?

— Oh! non, madame, je pense que je ne devrais pas me parer, car personne ne sait mieux que vous combien je suis malheureuse. Les hommes sont bien cruels envers nous ! Je réfléchis encore à tout ce que vous m'avez dit, et tout m'est bien prouvé actuellement. Oui, il est bien vrai qu'il ne m'aimait pas ; car enfin, s'il m'avait aimée, d'abord il eût renoncé à une entreprise qui me faisait tant de peine, comme je le lui avais dit; je me rappelle même, ce qui est bien plus fort, ajouta-t-elle d'un air important et même solennel, que je lui dis qu'il serait rebelle; oui, madame, *rebelle*, je le lui dis à Saint-Eustache. Mais je vois que Votre Majesté avait bien raison: je suis bien malheureuse ! il avait plus d'ambition que d'amour.

Ici une larme de dépit s'échappa de ses yeux et roula vite et seule sur sa joue, comme une perle sur une rose.

— Oui, c'est bien certain... continua-t-elle en attachant ses bracelets; et la plus grande preuve, c'est que depuis deux mois qu'il a renoncé à son entreprise (comme vous m'avez dit que vous l'aviez fait sauver), il aurait bien pu me faire savoir où il s'est retiré. Et moi, pendant ce temps-là, je pleurais, j'implorais toute votre puissance en sa faveur; je mendiais un mot qui m'apprît une de ses actions; je ne pensais qu'à lui; et encore à présent je refuse tous les jours le trône de Pologne, parce que je veux prouver jusqu'à la fin que je suis constante, que vous-même ne pouvez me faire manquer à mon attachement, bien plus sérieux que le sien, et que nous valons mieux que les hommes; mais, du moins, je crois que je puis bien aller ce soir à cette fête, puisque ce n'est pas un bal.

— Oui, oui, ma chère enfant, venez vite, dit la Reine, voulant faire cesser ce langage enfantin qui l'affligeait, et dont elle avait causé les erreurs ingénues; venez, vous verrez l'union qui règne entre les princes et le Cardinal, et nous apprendrons peut-être quelques bonnes nouvelles.

Elles partirent.

Lorsque les deux princesses entrèrent dans les longues galeries du Palais-Cardinal, elles furent reçues et saluées froidement par le Roi et le ministre, qui, entourés et pressés par une foule de courtisans silencieux, jouaient aux échecs sur une table étroite et basse. Toutes les femmes qui entrèrent avec la Reine, ou après elle, se répandirent dans les appartements, et bientôt une musique fort douce s'éleva dans l'une des salles, comme un accompagnement à mille conversations particulières qui s'engagèrent autour des tables de jeu.

Auprès de la Reine passèrent, en saluant, deux jeunes et nouveaux mariés, l'heureux Chabot et la belle duchesse de Rohan; ils semblaient éviter la foule et chercher à l'écart le moment de se parler d'eux-mêmes. Tout le monde les accueillait en souriant et les voyait avec envie : leur félicité se lisait sur le visage des autres autant que sur le leur.

Marie les suivit des yeux : — Ils sont heureux pourtant, dit-elle à la Reine, se rappelant le blâme que l'on avait voulu jeter sur eux.

Mais, sans lui répondre, Anne d'Autriche craignant que, dans la foule, un mot inconsidéré ne vînt apprendre quelque funeste événement à sa jeune amie, se plaça derrière le Roi avec elle. Bientôt Monsieur, le prince Palatin et le duc de Bouillon vinrent lui parler d'un air libre et enjoué. Cependant le second, jetant sur Marie un regard sévère et scrutateur, lui dit : « Madame la princesse, « vous êtes ce soir d'une beauté et d'une gaieté *surprenantes*. »

Elle fut interdite de ces paroles, et de le voir s'éloigner d'un air sombre ; elle parla au duc d'Orléans, qui ne répondit pas et sembla ne pas entendre. Marie regarda la Reine, et crut remarquer de la pâleur et de l'inquiétude sur ses traits. Cependant personne n'osait approcher le Cardinal-Duc, qui méditait lentement ses coups d'échecs ; Mazarin seul, appuyé sur le bras de son fauteuil, et suivant les coups avec une attention servile, faisait des gestes d'admiration toutes les fois que le Cardinal avait joué. L'application sembla dissiper un moment le nuage qui couvrait le front du ministre : il venait d'avancer une *tour* qui mettait le *roi* de Louis XIII dans cette fausse position qu'on nomme *mat*, situation où ce roi d'ébène, sans être attaqué personnellement, ne peut cependant ni reculer ni avancer dans aucun sens. Le Cardinal, levant les yeux, regarda son adversaire, et se mit à sourire d'un côté des lèvres seulement, ne pouvant peut-être s'interdire un secret rapprochement. Puis, en voyant les yeux éteints et la figure mourante du prince, il se pencha à l'oreille de Mazarin, et lui dit :

— Je crois, ma foi, qu'il partira avant moi ; il est bien changé.

En même temps, il lui prit une longue et violente toux ; souvent il sentait en lui cette douleur aiguë et persévérante ; à cet avertissement sinistre il porta à sa bouche un mouchoir qu'il en retira sanglant ; mais, pour le cacher, il le jeta sous la table, et sourit en regardant sévèrement autour de lui, comme pour défendre l'inquiétude.

Louis XIII, parfaitement insensible, ne fit pas le plus léger mouvement, et rangea ses pièces pour une autre partie avec une main décharnée et tremblante. Ces deux mourants semblaient tirer au sort leur dernière heure.

En cet instant une horloge sonna minuit. Le Roi leva la tête :

— Ah ! ah ! dit-il froidement, ce matin, à la même heure, M. le Grand, notre cher ami, a passé un mauvais moment.

Un cri perçant partit auprès de lui ; il frémit et se jeta de l'autre côté, renversant le jeu. Marie de Mantoue, sans connaissance, était dans les bras de la Reine ; celle-ci, pleurant amèrement, dit à l'oreille du Roi.

— Ah ! Sire, vous avez une hache à deux tranchants !

Elle donnait ensuite des soins et des baisers maternels à la jeune princesse, qui, entourée de toutes les femmes de la cour, ne revint de son évanouissement que pour verser des torrents de larmes. Sitôt qu'elle rouvrit les yeux :

— Hélas ! oui, mon enfant, lui dit Anne d'Autriche, ma pauvre enfant, vous êtes reine de Pologne.

Il est arrivé souvent que le même événement qui faisait couler des larmes dans le palais des rois a répandu l'allégresse au dehors ; car le peuple croit toujours que la joie habite avec les fêtes. Il y eut cinq jours de réjouissances pour le retour du ministre, et chaque soir, sous les fenêtres du Palais-Cardinal et sous celles du Louvre, se pressaient les habitants de Paris ; les dernières émeutes les avaient, pour ainsi dire, mis en goût pour les mouvements publics ; ils couraient d'une rue à l'autre avec une curiosité quelquefois insultante et hostile, tantôt marchant en processions silencieuses, tantôt poussant de longs éclats de rire ou des huées prolongées dont on ignorait le sens. Des bandes de jeunes hommes se battaient dans les carrefours, et dansaient en rond sur les places publiques, comme pour manifester quelque espérance inconnue de plaisir et quelque joie insensée qui serrait le cœur.

Il était remarquable que le silence le plus triste régnait justement dans les lieux que les ordres du ministre avaient préparés pour les réjouissances, et que l'on passait avec dédain devant les façades illuminées de son palais. Si quelques voix s'élevaient, c'était pour lire et relire sans cesse avec ironie les légendes et les inscriptions dont l'idiote flatterie de quelques écrivains obscurs avait entouré les portraits du ministre. L'une de ces images était gardée par des arquebusiers qui ne la garantissaient pas des pierres que lui lançaient de loin des mains inconnues. Elle représentait le Cardinal généralissime portant un casque entouré de lauriers. On lisait au-dessus :

> Grand duc ! c'est justement que la France t'honore ;
> Ainsi que le dieu Mars dans Paris on t'adore [1].

Ces belles choses ne persuadaient pas au peuple qu'il fût heureux ; et en effet il n'adorait pas plus le Cardinal que le dieu Mars, mais il acceptait ses fêtes à titre de désordre. Tout Paris était en rumeur, et des hommes à longue barbe, portant des torches, des pots remplis de vin, et des verres d'étain qu'ils choquaient à grand bruit, se tenaient sous le bras, et chantaient à l'unisson avec des voix rudes et grossières, une ancienne ronde de la Ligue :

> Reprenons la danse,
> Allons, c'est assez :
> Le printemps commence,
> Les Rois sont passés.
>
> Prenons quelque trêve,
> Nous sommes lassés ;
> Les Rois de la fève
> Nous ont harassés.
>
> Allons, Jean du Mayne,
> Les Rois sont passés [2]...

Les bandes effrayantes qui hurlaient ces paroles traversèrent les quais et le Pont-Neuf, froissant, contre les hautes maisons qui les couvraient alors, quelques bourgeois paisibles, attirés par la

---

[1] Cette gravure existe encore.
[2] Chant des guerres civiles. (Voy. *Mém. de la Ligue.*)

curiosité. Deux jeunes gens enveloppés dans des manteaux furent jetés l'un contre l'autre et se reconnurent à la lueur d'une torche placée au pied de la statue de Henri IV, nouvellement élevée, sous laquelle ils se trouvaient.

— Quoi! encore à Paris, monsieur? dit Corneille à Milton; je vous croyais à Londres.

— Entendez-vous ce peuple, monsieur? l'entendez-vous? quel est ce refrain terrible :

Les Rois sont passés?

— Ce n'est rien encore, monsieur ; faites attention à leurs propos.

— Le Parlement est mort, disait l'un des hommes, les seigneurs sont morts : dansons, nous sommes les maîtres ; le vieux Cardinal s'en va, il n'y a plus que le Roi et nous.

— Entendez-vous ce misérable, monsieur? reprit Corneille ; tout est là, toute notre époque est dans ce mot.

— Eh quoi! est-ce là l'œuvre de ce ministre que l'on appelle *grand* parmi vous, et même chez les autres peuples? Je ne comprends pas cet homme.

— Je vous l'expliquerai tout à l'heure, lui répondit Corneille ; mais, avant cela, écoutez la fin de cette lettre que j'ai reçue aujourd'hui. Approchons-nous de cette lanterne, sous la statue du feu roi.. Nous sommes seuls, la foule est passée, écoutez :

« ...C'est par l'une de ces imprévoyances qui empêchent l'ac-
» complissement des plus généreuses entreprises que nous n'a-
» vons pu sauver MM. de Cinq-Mars et de Thou. Nous eussions
» dû penser que préparés à la mort par de longues méditations,
» ils refuseraient nos secours; mais cette idée ne vint à aucun de
» nous; dans la précipitation de nos mesures, nous fîmes encore
» la faute de nous trop disséminer dans la foule, ce qui nous ôta
» le moyen de prendre une résolution subite. J'étais placé, pour
» mon malheur, près de l'échafaud, et je vis s'avancer jusqu'au
» pied nos malheureux amis, qui soutenaient le pauvre abbé

» Quillet, destiné à voir mourir son élève, qu'il avait vu naître.
» Il sanglotait et n'avait que la force de baiser les mains des deux
» amis. Nous nous avançâmes tous, près à nous élancer sur les
» gardes au signal convenu; mais je vis avec douleur M. de Cinq-
» Mars jeter son chapeau loin de lui d'un air de dédain. On avait
» remarqué notre mouvement, et la garde catalane fut doublée
» autour de l'échafaud. Je ne pouvais plus voir; mais j'entendais
» pleurer. Après les trois coups de trompette ordinaires, le gref-
» fier criminel de Lyon, étant à cheval assez près de l'échafaud,
» lut l'arrêt de mort que ni l'un ni l'autre n'écoutèrent. M. de
» Thou dit à M. de Cinq-Mars : — Eh bien! cher ami, qui
» mourra le premier? Vous souvient-il de saint Gervais et de
» saint Protais?

» — Ce sera celui que vous jugerez à propos, répondit Cinq-
» Mars.

» Le second confesseur, prenant la parole, dit à M. de Thou :
» — Vous êtes le plus âgé.

» — Il est vrai, dit M. de Thou, qui, s'adressant à monsieur le
» Grand, lui dit : — Vous êtes le plus généreux, vous voulez bien
» me montrer le chemin de la gloire du ciel?

» — Hélas! dit Cinq-Mars, je vous ai ouvert celui du préci-
» pice; mais précipitons-nous dans la mort généreusement, et
» nous surgirons dans la gloire et le bonheur du ciel.

» Après quoi il l'embrassa et monta l'échafaud avec une adresse
» et une légèreté merveilleuses. Il fit un tour sur l'échafaud, et
» considéra haut et bas toute cette grande assemblée, d'un visage
» assuré et qui ne témoignait aucune peur, et d'un maintien
» grave et gracieux; puis il fit un autre tour, saluant le peuple de
» tous côtés, sans paraître reconnaître aucun de nous, mais avec
» une face majestueuse et charmante; puis il se mit à genoux,
» levant les yeux au ciel, adorant Dieu et lui recommandant sa
» fin : comme il baisait le crucifix, le Père cria au peuple de prier
» Dieu pour lui, et M. le Grand, ouvrant les bras, joignant les
» mains, tenant toujours son crucifix, fit la même demande au
» peuple. Puis il s'alla jeter de bonne grâce à genoux devant le

» bloc, embrassa le poteau, mit le cou dessus, leva les yeux au
» ciel, et demanda au confesseur : — Mon Père, serai-je bien
» ainsi? Puis, tandis, que l'on coupait ses cheveux, il éleva les
» yeux au ciel et dit en soupirant : — Mon Dieu, qu'est-ce que ce
» monde? mon Dieu, je vous offre mon supplice en satisfaction
» de mes péchés.

» — Qu'attends-tu? que fais-tu là? dit-il ensuite à l'exécuteur
» qui était là, et n'avait pas encore tiré son couperet d'un méchant
» sac qu'il avait apporté. Son confesseur, s'étant approché, lui
» donna une médaille; et lui, d'une tranquillité d'esprit incroya-
» ble, pria le Père de tenir le crucifix devant ses yeux, qu'il ne
» voulut point avoir bandés. J'aperçus les deux mains tremblantes
» du vieil abbé Quillet, qui élevait le crucifix. En ce moment,
» une voix claire et pure comme celle d'un ange entonna l'*Ave*
» *maris stella*. Dans le silence universel, je reconnus la voix de
» M. de Thou, qui attendait au pied de l'échafaud; le peuple ré-
» péta le chant sacré. M. de Cinq-Mars embrassa plus étroitement
» le poteau, et je vis s'élever une hache faite à la façon des haches
» d'Angleterre. Un cri effroyable du peuple, jeté de la place, des
» fenêtres et des tours, m'avertit qu'elle était retombée et que la
» tête avait roulé jusqu'à terre; j'eus encore la force, heureuse-
» ment, de penser à son âme et de commencer une prière pour
» lui; je la mêlai avec celle que j'entendais prononcer à haute
» voix par notre malheureux et pieux ami de Thou. Je me relevai,
» et le vis s'élancer sur l'échafaud avec tant de promptitude, qu'on
» eût dit qu'il volait. Le Père et lui récitèrent les psaumes; il les
» disait avec une ardeur de séraphin, comme si son âme eût em-
» porté son corps vers le ciel; puis, s'agenouillant, il baisa le sang
» de Cinq-Mars, comme celui d'un martyr, et devint plus martyr
» lui-même. Je ne sais si Dieu voulut lui accorder cette grâce; mais
» je vis avec horreur le bourreau, effrayé sans doute du premier
» coup qu'il avait porté, le frapper sur le haut de la tête, où
» le malheureux jeune homme porta la main; le peuple poussa
» un long gémissement, et s'avança contre le bourreau: ce misé-
» rable, tout troublé, lui porta un second coup, qui ne fit encore

» que l'écorcher et l'abattre sur le théâtre, où l'exécuteur se roula
» sur lui pour l'achever. Un événement étrange effrayait le peuple
» autant que l'horrible spectacle. Le vieux domestique de M. de
» Cinq-Mars, tenant son cheval comme à un convoi funèbre, s'é-
» tait arrêté au pied de l'échafaud, et, semblable à un homme
» paralysé, regarda son maître jusqu'à la fin, puis tout à coup,
» comme frappé de la même hache, tomba mort sous le coup qui
» avait fait tomber la tête.

» Je vous écris à la hâte ces tristes détails à bord d'une galère
» de Gênes, où Fontrailles, Gondi, d'Entraigues, Beauvau, du
» Lude, moi et tous les conjurés, sommes retirés. Nous allons en
» Angleterre attendre que le temps ait délivré la France du tyran
» que nous n'avons pu détruire. J'abandonne pour toujours le
» service du lâche prince qui nous a trahis.

» MONTRÉSOR. »

— Telle vient d'être, poursuivit Corneille, la fin de ces deux jeunes gens que vous vîtes naguère si puissants. Leur dernier soupir a été celui de l'ancienne monarchie ; il ne peut plus régner ici qu'une cour dorénavant ; les Grands et les Sénats sont anéantis[1].

— Et voilà donc ce prétendu grand homme ! reprit Milton. Qu'a-t-il voulu faire ? il veut donc créer des républiques dans l'avenir, puisqu'il détruit les bases de votre monarchie.

— Ne le cherchez pas si loin, dit Corneille ; il n'a voulu que régner jusqu'à la fin de sa vie. Il a travaillé pour le moment, et non pour l'avenir ; il a continué l'œuvre de Louis XI, et ni l'un ni l'autre n'ont su ce qu'ils faisaient.

L'Anglais se prit à rire.

— Je croyais, dit-il, je croyais que le vrai génie avait une autre marche. Cet homme a ébranlé ce qu'il devait soutenir, et on l'admire ! Je plains votre nation.

— Ne la plaignez pas ! s'écria vivement Corneille ; un homme

---

[1] On appelait le parlement *sénat*. Il existe des lettres adressées à *monseigneur de Harlay*, prince du Sénat de Paris, et premier juge du royaume.

passe, mais un peuple se renouvelle. Celui-ci, monsieur, est doué d'une immortelle énergie que rien ne peut éteindre : souvent son imagination l'égarera ; mais une raison supérieure finira toujours par dominer ses désordres.

Les deux jeunes et déjà grands hommes se promenaient en parlant ainsi sur cet emplacement qui sépare la statue de Henri IV de la place Dauphine, au milieu de laquelle ils s'arrêtèrent un moment.

— Oui, monsieur, poursuivit Corneille, je vois tous les soirs avec quelle vitesse une pensée généreuse retentit dans les cœurs français, et tous les soirs je me retire heureux de l'avoir vu. La reconnaissance prosterne les pauvres devant cette statue d'un bon roi ; qui sait quel autre monument élèverait une autre passion auprès de celui-ci ? qui sait jusqu'où l'amour de la gloire conduirait notre peuple ? qui sait si, au lieu même où nous sommes, ne s'élèvera pas une pyramide arrachée à l'Orient ?

— Ce sont les secrets de l'avenir, dit Milton ; j'admire, comme vous, votre peuple passionné ; mais je le crains pour lui-même ; je le comprends mal aussi, et je ne reconnais pas son esprit, quand je le vois prodiguer son admiration à des hommes tels que celui qui vous gouverne. L'amour du pouvoir est bien puéril, et cet homme en est dévoré sans avoir la force de le saisir tout entier. Chose risible ! il est tyran sous un maître. Ce colosse, toujours sans équilibre, vient d'être presque renversé sous le doigt d'un enfant. Est-ce là le génie ? non, non ! Lorsqu'il daigne quitter ses hautes régions pour une passion humaine, du moins doit-il l'envahir. Puisque ce Richelieu ne voulait que le pouvoir, que ne l'a-t-il donc pris par le sommet au lieu de l'emprunter à une faible tête de Roi qui tourne et qui fléchit ? Je vais trouver un homme qui n'a pas encore paru, et que je vois dominé par cette misérable ambition ; mais je crois qu'il ira plus loin. Il se nomme Cromwell.

Écrit en 1826.

FIN

Monsieur

l'honneur de Votre amitié m'est
si cher et si considerable que je
ne veux rien oublier pour me le
conserver et quoyque mes lettres
ne puissent vous porter que les
mesmes protestations des services
que ie vous ay Voués, je trouve
tant de satisfaction à vous rendre
ces devoirs que ie ne puis m'em
pescher de me servir de toutes
les occasions favorables pour cela

Je me croiray parfaittement
heureux sil sen presentoit pour
confirmer par les effets les asseuran
ces que ie vous ay tousjours donnees
quil n'y a personne au monde
qui soit plus veritablement
que moy

Monsieur
a St germain le 16 Jan. Votre tres humble et tres affectionné
1640   serviteur
                                        Effiat Couq de Mars

Monsieur
Monsieur le Mares
chal de Brezé.

Monfrere, Ie prends la plume pour vous donner advis
que la Reyne Mere du Roy, apres avoir tesmoigné
comme vous sçaves depuis qu'elle fut a Compiegne n'en
vouloir point partir, en est sortie depuis 4 iours, et s'est
retirée en Flandres. Elle pensoit aller a la Capelle,
Mais le Sr. de Vardy le Pere y a donné si bon ordre, qu'il
a mis son fils hors de la place ou il avoit deffendu la recevoir
le Roy a envoié tous les Gouverneurs de Picardie chacun
en leurs places pour pourvoir a leur seureté. Il fait estat
de s'acheminer bientost a la frontiere pour dissiper par
sa presence tout ce qui voudroit causer du trouble a son Estat.
On espere (avec l'aide de Dieu) de sa valeur et le heur
qui l'accompagne, qu'il en viendra aussy glorieusement a bout
qu'il a fait de toutes les affaires espineuses qu'il a eues a
demester iusques icy. Ayant Dieu pour soy, et la Justice
il n'a rien a craindre a mon Advis. Il n'y a chose au monde
qu'on n'ait voulu faire pour destourner la Reyne Mere
de l'union qu'elle a avec Monsieur, et l'Espagne. On
luy a voulu rendre le gouvernement d'Anjou et les
places qu'elle avoit, Mais elle a refusé toutes les conditions
honnorables et seures qu'on luy a proposées.
Vous n'aves que faire de bouger d'ou vous estes, &
ie croys qu'il sort de besoin que vous vous en reveniez.
Ie vous en donneray advis lorsqu'il en sera temps.
Cependant Asseurez vous tousiours de mon affection, et que
ie suis

    Monfrere   Vostre tres affectionné frere
                                           a vous rendre service
                                           El Cacd. de Richelieu

Paris ce 24 Juillet 1631
Braci

24 Juillet 1631

A Monsieur
Monsieur le Marquis de Brézé
Lieutenant General d'armée du Roy
Gouverneur de Saumur

NOTES

ET

DOCUMENTS HISTORIQUES

Lorsque parut pour la première fois ce livre [1], il parut seul, sans notes, comme œuvre d'art, comme résumé d'un siècle. Pour qu'en toute loyauté il fût jugé par le public, l'auteur ne voulut l'entourer en nulle façon de cet éclat apparent des recherches historiques, dont il est trop facile de décorer un livre nouveau. Il voulut, selon la théorie qui sert ici de préface : *Sur la vérité dans l'art*, ne point montrer le *vrai* détaillé, mais l'œuvre épique, la composition avec sa tragédie, dont les nœuds enveloppent tous les personnages éminents du temps de Louis XIII. Bientôt cependant l'auteur s'aperçut de la nécessité d'indiquer les sources principales de son travail ; et comme il avait toujours voulu remonter aux plus pures, c'est-à-dire aux manuscrits, et, à leur défaut, aux éditions contemporaines, il ajouta les renseignements les plus détaillés à la seconde édition de *Cinq-Mars* [2], pour rectifier des erreurs répandues sur l'authencité de quelques faits. Depuis lors il revint à la simple et primitive unité de son ouvrage. Mais aujourd'hui qu'on a multiplié, au delà de ce qu'il eût pu prendre, cette production, qu'il est loin de croire irréprochable, il veut que les esprits curieux des détails du *vrai anecdotique* n'aient pas à chercher ailleurs des documents qu'il avait écartés.

[1] Mars 1826. — 2 vol. in-18.
[2] Juin 1826. — 4 vol. in-12.

— Page 89. —

Une barbe plate et rousse à l'extrémité...

« Pendant sa jeunesse, dit l'historien du P. Joseph, il avait les cheveux et la barbe d'un roux un peu ardent. Il s'était aperçu que Louis XIII ne pouvait souffrir cette couleur ; aussi avait-il pris soin de la brunir avec des peignes de plomb et d'acier, jusqu'à ce qu'il eût trouvé le secret de la blanchir, que lui donna plus tard un empirique. L'horreur du roi était telle pour cette couleur, qu'un jour son premier gentilhomme de la chambre (dont le frère avait le plus beau gouvernement du royaume), ayant l'honneur d'accompagner Sa Majesté à Fontainebleau, dans une partie de chasse, il fit tant de pluie qu'il emporta toute la peinture dont il cachait la rousseur de ses cheveux. Le prince, l'ayant aperçue, en eut peur et lui dit : — Bon Dieu, que vois-je ! ne paraissez plus devant moi. Le gentilhomme fut obligé de se défaire de sa charge. »

— Page 90. —

Son confident...

Ce trop célèbre capucin, que l'un de ses historiens appelle *l'esprit auxiliaire* du Cardinal, fut non-seulement son confident, mais celui du Roi même. Inflexible, souple et bas, il affermissait les pas du ministre dans les voies du sang, et l'aidait à y faire descendre le faible prince. L'histoire de cet homme est partout; mais voici les détails d'une de ses manœuvres que l'on connaît peu :

M. de Montmorency était pris à Castelnaudary. Louis XIII hésitait à le faire périr. Monsieur, qui l'avait abandonné sur le champ de bataille, demandait sa grâce avec vigueur. Le Cardinal voulait sa mort, et ne savait comment obtenir cette précieuse faveur. Bullion était chargé de la négociation, et conseillait Gaston : ce fut à cet homme que Joseph s'adressa d'abord.

Il s'empare de lui avec une adresse de serpent, et, par son organe, fait conseiller à Monsieur de ne plus demander au Roi des assurances pour la grâce du jeune duc, mais de s'en remettre à la bonté seule de Louis, dont on blessait le cœur en ayant l'air d'en douter. Monsieur croit voir dans ce discours l'intention de pardonner, insinuée par son frère même, et fait *son accommodement* pour lui seul, sans rien stipuler pour le jeune duc, et, s'en remettant à la clémence du Roi. C'est alors qu'en un *conseil étroit* entre le Roi, le Cardinal et Joseph, celui-ci ose prendre la parole le premier, et concertant la fougue de ses vociférations politiques avec les flegmatiques arguments du Cardinal, arrache de Louis la promesse, trop bien tenue d'être inflexible.

Brulart de Léon, ambassadeur à Ratisbonne avec Joseph, dit que le capucin n'avait de chrétien que le nom et ne cherchait qu'à tromper tout le monde.

Un ouvrage de 1635, intitulé *la Vérité défendue*, en parle en ces termes :

« Il est le grand inquisiteur d'État, interroge les prétendus criminels, fait mettre les hommes en prison sans information, empêche que leur justification ne soit écoutée, et, par des terreurs paniques, il tire les déclarations qui servent pour couvrir l'injustice du Cardinal. Il fait indignement servir le ciel à la terre, le nom de Dieu aux tromperies, et la religion aux ruses de l'État. »

Du reste, il appartenait à une très-bonne famille, dont le nom était *du Tremblay*.

Je renvoie à la *Vie* même de cet indigne religieux ceux qu le voudront mieux connaître.

— Page 93. —

Le Cardinal lui dicta ces devoirs de nouvelle nature, etc.

Ces insolents commandements de la *religion ministérielle*, fondée par Richelieu, sont extraits d'un manuscrit désigné dans l'histoire du P. Joseph.

Voici comment s'exprime à ce sujet le révérend et naïf historien et généalogiste, continuateur de l'abbé Richard :

« Il composa avec le Cardinal un livre ayant pour titre *l'Unité du ministre, et les qualités qu'il doit avoir*. Cet ouvrage n'a jamais vu le jour qu'entre les mains du Roi, et c'est ce traité qui détermina Sa Majesté à se reposer entièrement du gouvernement de son royaume sur Son Éminence. J'ai vu ce manuscrit *in-folio*, qui est très-bien écrit. On n'aura pas de peine à reconnaître que le P. Joseph en est l'auteur, par la lecture des principales propositions qui y sont prouvées, premièrement, comme vérités chrétiennes, secondement, comme vérités politiques. On pourrait intituler ce livre : Testament politique du P. Joseph. Tous les *grands hommes* du siècle passé en ont laissé. On reconnaîtra aisément le *génie* du Père dans l'extrait de ce testament. » (*Histoire du P. Joseph.*) Suivent les articles tels qu'on vient de les lire.

— Page 97. —

Quant au Marillac, etc.

Le maréchal de Marillac fut privé de ses juges légitimes; les membres du Parlement, qui voulurent en vain prendre connaissance de l'affaire, virent Molé, leur procureur général, *décrété et interdit*; traîné innocent de tribunaux en tribunaux, sans en trouver un assez habile pour lui découvrir un crime, le maréchal de Marillac tomba enfin sous l'arrêt des *commissaires*, lu par un garde des sceaux *ecclésiastique* (Châteauneuf), auquel il fallut une dispense de Rome, sollicitée exprès, pour condamner un homme sans reproche ; et le Cardinal se prit à rire des *lumières* qu'il avait fait descendre forcément sur les juges. Quelle confusion ! quel temps ! On ne saurait trop éclairer les points principaux de l'histoire, pour éteindre les puérils regrets du passé dans quelques esprits qui n'examinent pas.

— Page 135. —

Ce jour-là le Cardinal parut revêtu d'un costume entièrement guerrier...

Ce costume est exactement décrit dans les *Mémoires manuscrits de Pontis*, tel qu'on les lit ici. (*Bibl. de l'Arsenal.*)

— Page 158. —

D'extirper une branche royale de Bourbon...

Le comte de Soissons, assassiné à la bataille de la Marfée, qu'il gagnait sur les troupes du Roi, ou plutôt du Cardinal. J'ai sous les yeux des relations contemporaines les plus détaillées de cette affaire : elles renferment ce qui suit : « Le régiment de Metternich et l'infanterie de Lamboy s'estant rompus, il ne resta près dudit comte que trois ou quatre des siens ; lequel, dans ce désordre, fut abordé d'un cavalier seul, que ses gens ne connurent dans cette confusion pour ennemy, qui luy donna un coup de pistolet au-dessous de l'œil, dont il fut tué tout roide... Ce grand prince, n'ayant d'autre dessein que de servir Sa Majesté et son État, et arrester les violences de celuy qui veut miner tout ce qui est au-dessus de lui ;... il (le Cardinal) vient d'extirper une branche royale de Bourbon, ayant fait choisir ce prince par un de ses gardes, qui s'était mis avec ce dessein exécrable, et par son commandement, parmy les gens d'armes de ce prince, *ayant été reconneu tel*, après qu'il fut tué sur la place, par Riquemont, escuyer du même prince défunct. » (*Montglat, Fabert*, etc., etc., *Relation de Montrésor*, t. II, p. 520.)

Il existe à la Bibliothèque de Paris un curieux autographe, qui montre quel prix mettait le Cardinal à ces sortes d'expéditions.

BILLET DE M. DES NOYERS, ESCRIT A M. LE MARÉCHAL DE CHATILLON, APRÈS LA BATAILLE DE SEDAN.

Le Roy a résolu de donner un gouvernement et une pension pour sa vie durante au gendarme qui a tué le général des ennemis. Monsieur le maréchal l'enverra à Reims trouver Sa Majesté aussitôt qu'il y sera arrivé. Fait à Péronne, ce 9 juillet 1641.

DES NOYERS.

Vol. g. 6, 233. MM.

EXAMEN DE LA CORRESPONDANCE SECRÈTE DU CARDINAL DE RICHELIEU RELATIVE AU PROCÈS DE MM. DE CINQ-MARS ET DE THOU.

L'activité infatigable, la pénétration vive, la persévérance ingénieuse du cardinal de Richelieu à la fin de ses jours, quand les maladies, les fatigues, les chagrins, semblaient devoir amortir ses rares facultés, ne sont pas seulement en évidence dans la conduite de cette affaire ; il est curieux d'y observer en gémissant les voies souterraines par lesquelles devait passer, pour arriver à son but, ce puissant mineur, comme disait Shakspeare : *O worthy pioneer!* Toutes les petitesses auxquelles sont forcés de descendre les travailleurs politiques pourraient rendre plus modestes leurs imitateurs, s'ils considéraient que celui-ci, après tous ses efforts, après l'accomplissement entier de ses projets, ne réussit qu'à hâter et assurer la chute de la monarchie unitaire qu'il croyait affermir pour toujours.

Pour montrer ces écrits sous leur vrai jour, il est nécessaire d'en écarter les longues phrases de procès-verbal, dont la sécheresse et la confusion ont dégoûté sans doute tous ceux qui les ont parcourus. Mais il importe d'en extraire les traits singuliers et vifs que l'on démêle dans cette nuit, lorsqu'on y attache des regards attentifs.

Sitôt que M. de Cinq-Mars est arrêté et que le duc d'Orléans s'est excusé par la lettre que j'ai citée dans le cours de ce livre[1], la première inquiétude du Cardinal est de savoir si M. de Bouillon est arrêté. Dans le doute, et craignant le retour de Louis XIII à sa première affection pour Cinq-Mars, il s'arrête à Tarascon, et de là veut s'assurer que son crédit est dans toute sa force : comme un athlète qui se prépare à un grand combat, il essaye son bras et pèse sa massue.

Instruction, après l'arrest de M. le Grand, à messieurs de Chaviguy, et Des Noyers, estant près du Roy, pour sçavoir, entre autres choses, de Sa Majesté, si Son Éminence agira comme elle a fait ci-devant, ainsi qu'elle le jugera à propos.

Si monsieur de Bouillon est pris, il est question de faire voir promptement que l'on l'a pris avec justice ; pour ce faire il faut descouvrir les auteurs de Madame qui en ont donné advis, et qu'au cas que ladite dame ne voudroit, on peut trouver quelque invention par laquelle on puisse faire connoistre qu'on a cette découverte ; on le peut faire en resserrant de toutes parts les prisonniers sans permettre de parler à personne, parce que par ce moyen on *pourroit faire croire aux uns que les autres ont dit ce que l'on sçait :* ce qui leur donnera lieu de se confesser, et à tout le moins de le croire.

Faut arrester Cloniac, que l'on dit avoir des papiers secrets. Faut retirer la *cassette de cheveux et amourettes*, qu'a monsieur de Choisy.

Faut représenter au Roy qu'il est très-important de ne dire pas qu'il ait bruslé tous les papiers, et en effet l'on croit qu'il ne l'a pas fait.

Si monsieur de Bouillon est pris, il faut pourvoir l'Italie d'un chef de grand

---

[1] Chapitre XXIV, intitulé LE TRAVAIL.

fidélité, pour plusieurs raisons qui pressent. Il en faut un en Guyenne et un autre dans le Roussillon, estant douteux si monsieur de Turenne voudroit servir, et si l'on doit le laisser seul, le Roy y pourvoira s'il lui plaist.

On voit quel piége il indique ; M. de Cinq-Mars y tomba le premier. La réponse ne se fait pas attendre : on a arrêté M. de Bouillon ; le Roi a consenti à faire tous les mensonges qui lui sont dictés, et, pour preuve de son obéissance, il écrit de sa main la lettre qui suit :

Lettre du Roy à Son Éminence.

Je ne me trouve jamais que bien de vous voir. Je me porte beaucoup mieux depuis hier ; et ensuite de la prise de monsieur de Bouillon, qui est un coup de parti, j'espère avec l'ayde de Dieu que tout ira bien, et qu'il me donnera la parfaite santé ; c'est de quoy je le prie de tout mon cœur.

LOUYS.

Avec ce gage on peut agir : il a fait menacer MONSIEUR, et ne lui a répondu que vaguement. Gaston se remet à supplier : le même jour il écrit au Roi, au cardinal Mazarin, à M. Des Noyers, à M. de Chavigny, et une seconde fois au Cardinal. Remarquez que c'était à lui d'abord qu'il avait demandé pardon le 17 juin, avant de supplier le Roi le 25, suivant en cela la hiérarchie établie par le Cardinal. Il demande grâce à tout le monde et promet une entière confession.

Là-dessus, le Cardinal met le pied sur le frère du Roi, et l'écrase par la lettre froide où il lui conseille de tout confesser. On l'a lue au chapitre *le Travail*.

Reviennent de nouveaux rapports du fidèle agent Chavigny, lequel ne connaît pas d'assez humbles termes pour parler au Cardinal, dont il se dit sans cesse la créature. Chavigny se moque de MONSIEUR et du *choléra-morbus* (déjà connu comme l'on voit), qui saisit l'agent de ce prince dans la peur d'être arrêté. — Il fait conseiller à Gaston de se retirer hors de France. On voit que le Roi ne se permet pas de répondre sans que le Cardinal ait *corrigé* la lettre qu'il doit écrire.

M. de Chavigny à Son Éminence.

Le Roy parla hier à monsieur de La Rivière *aussi bien et aussi fortement qu'on le pouvoit désirer*. Je luy fis mettre par escrit et signer tout ce qu'il luy dit de la part de Monsieur, ainsi que Son Éminence verra par la copie que je luy envoye : et lorsqu'il fit difficulté d'obéir aux commandements de Sa Majesté, *elle luy parla en maistre*, et il eut si grand' peur qu'on l'arrestat, qu'il luy prit presque une défaillance, et ensuite une espèce de *choléra-morbus* dont il a esté guary en luy rasseurant l'esprit. Le Roy fut ravy de ce que Monseigneur n'eust pas la pensée de voir Monsieur. En parlant à monsieur de La Rivière, je l'ai fait tomber *insensiblement* dans le dessein de proposer à Monsieur qu'il confesse ingenuëment toutes les choses par un escrit qu'il envoyera au Roy ; pour, après avoir vu Sa Majesté, s'en aller pendant un temps hors du royaume, avec ses bonnes grâces, et *celles de Son Éminence*.

Il m'a dit qu'il ferait cette proposition à Monseigneur, et qu'il luy demanderoit sa parole, pour la seureté de Monsieur, au cas qu'en confessant toutes choses par escrit il vinst trouver le Roy, pour s'en aller par après hors de France.

En ce cas Son Éminence aura agréable de faire sçavoir à ses *créatures* si Venise n'est pas le meilleur lieu où puisse aller Monsieur, et quelle somme elle estime qu'on puisse lui accorder par an.

J'envoye à Monseigneur la réponse du Roy, qui doit estre mise au pied de la déclaration de La Rivière, afin qu'elle soit *corrigée comme il lui plaira*, et de la mettre entre ses mains quand il passera.

Je seray jusques à la mort sa très-humble, très-obligée et très-*fidèle créature*,

CHAVIGNY.

A Montfrin, le dernier juin 1642.

Le Cardinal permet à MONSIEUR de sortir du royaume, et d'aller à Venise, et stipule la pension qu'il aura, de façon à le rendre sage.

Mémoire de MM. de Chavigny et Des Noyers.

Je ne fais point de difficulté, si le Roy le trouve bon, de donner parole à monsieur de La Rivière que, Monsieur déclarant au Roy tout ce qu'il sçait par escrit, sans réserve, venant voir Sa Majesté avant que de sortir du royaume, selon la proposition que nous en a fait ledit sieur de La Rivière, Sa Majesté le laissera aller librement, sans qu'il reçoive mal, s'il sort du consentement du Roy. Venise est une bonne demeure, et en ce cas il faut que la permission qu'il demandera au Roy de sortir porte : « Pour ne revenir en France que lorsqu'il plaira au Roy » nous le permettre et nous l'ordonner. »

Quant à l'argent, je crois qu'il se doit contenter de ce que le Roy d'Espagne luy devoit donner, sçavoir : dix mille écus par mois. Car luy donner plus, c'est luy donner moyen de mal faire ; et le Roy ne pouvant consentir qu'il meine avec luy les mauvais esprits qui l'ont perdu, il n'a pas besoin davantage pour luy et pour les gens de bien. Cependant, s'il faut passer jusques à quatre cent mille livres, je ne crois pas qu'il faille s'arrester pour peu de chose. Je suis entièrement à ceux qui m'aiment comme vous.

Le cardinal de RICHELIEU.

De Tarascon, ce dernier juin 1642.

Ou monsieur de La Rivière vient avec un simple compliment de parole et une confession de faute déguisée, ou il vient avec charge de descouvrir une partie de ce qui a esté fait :

Si le premier, le Roy *doit adjouster foi (ou le témoigner) à ce qu'il dit*, et responde qu'il pardonne volontiers à Monsieur, et que monsieur de La Rivière luy rapporte ce qu'il a sur la conscience, qu'il n'en doit pas estre en peine :

Si le second, il doit encore lui tesmoigner de croire que tout ce qu'il dit est tout, et responde : « Ce que vous venez de descouvrir me surprend, et ne me
» surprend pas.
» Il me surprend, parce que je n'eusse pas attendu ce nouveau tesmoignage de
» manque d'affection de mon Frère. Il ne me surprend pas, parce que monsieur
» le Grand, estant pris, s'enquiert fort si on ne l'accuse point d'intelligence avec
» Monsieur.
» Monsieur de La Rivière, je vous parleray franchement : ceux qui ont donné
» ces mauvais conseils à mon Frère ne doivent rien attendre de moi, que la ri-
» gueur de la justice : pour mon Frère, s'il me descouvre tout ce qu'il a fait sans
» réserve, il recevra des effets de ma bonté, comme il en a déjà receu plusieurs
» fois par le passé. »

Quelque instance que La Rivière fasse d'avoir promesse d'un pardon général, sans obligation de descouvrir tout ce qui s'est passé, le Roy demeurera dans sa dernière response, luy disant qu'il ne voudroit pas luy-mesme le conseiller de faire plus que Dieu, qui requiert un vrai repentir et une ingénue reconnoissance pour pardonner;

Qu'il luy doit suffire qu'il l'asseure que Monsieur recevra les effets de sa bonté, s'il se gouverne envers Sa Majesté comme il doit, c'est-à-dire, ainsi qu'il est dit cy-dessus.

On voit que les rôles sont écrits mot pour mot, et que le Roi ne doit rien ajouter ni retrancher. Aussitôt l'agent de MONSIEUR (La Rivière) accourt, et le Cardinal l'envoie au Roi d'avance dicter sa réponse. Avec quelle souplesse chaque personnage obéit au directeur de cette sanglante comédie !

Les observateurs politiques ne s'endorment pas : ils excitent Louis XIII par tous les moyens possibles contre le bouc émissaire sur qui tout péché doit retomber. On redouble de rigueurs avec le prisonnier.

Des Noyers écrit, le 30 juin 1642, au Cardinal :

Le Roy m'a dit qu'il croit que M. le Grand eût été capable de se faire huguenot. J'y ay adjousté qu'il se fût fait Turc pour régner et oster à Sa Majesté ce que Dieu luy a si légitimement donné. Sur quoi le Roy m'a dit :
— Je le crois.

Sa Majesté m'a dit ce matin que Treville avoit entretenu M. le Marquis sur l'arrivée de M. le Grand à Montpellier, et qu'en entrant dans la citadelle, il avait dit :

— Ah! faut-il mourir à vingt-deux ans! Faut-il conspirer contre la patrie d'aussi bonne heure! Ce qu'elle avait très-bien reçeu.

M. Des Noyers à Son Éminence.

Paris, le 1er juillet.

Sa Majesté est échauffée plus que jamais contre M. le Grand, car elle a sceu que, durant sa maladie, ce *misérable*, que M. le premier président nomme fort bien le *perfide public*, avait dit du Roy :

— Il traînera encore !

Rien n'est oublié pour irriter Louis XIII, quoiqu'il nous soit difficile de sentir le sel du bon mot du premier président.

Le même homme (Des Noyers) écrit encore le 1er juillet 1642, de Pierrelate :

Sa Majesté continue dans de très-grandes démonstrations d'amour pour Monseigneur, et dans une exécration non pareille pour ce malheureux *perfide public*.

Ainsi le bulletin de la *colère royale* est envoyé au Cardinal heure par heure, et l'on a soin que la fièvre ne cesse pas. Les parents des deux jeunes gens veulent supplier, on les arrête. M. de Chavigny écrit le 3 juillet 1642 :

L'abbé d'Effiat et l'abbé de Thou venoient trouver le Roy, à ce qu'on nous avoit assuré : Sa Majesté *a trouvé bon* qu'on envoyast au-devant d'eux pour leur commander de se retirer.

La correspondance est pressante. Le lendemain (4 juillet 1642), le Cardinal écrit de Tarascon :

Les énigmes les plus obscures commencent à s'expliquer : *le perfide public* confessant, au lieu où il est, *qu'il a eu de mauvais desseins contre la personne de M. le Cardinal, mais qu'il n'en a point eu que le Roy n'y ait consenti;* le mal est que la liberté qu'il a eue jusques à présent de se promener deux fois le jour, fait que ce discours commence d'être bien espandu en cette province, ce qui peut faire beaucoup de mauvais effets.

Une crainte mortelle agite le Cardinal qu'on ne vienne à savoir que le Roi a été de la conjuration : il rend la prison plus sévère. Il ajoute :

Ceton, lieutenant des gardes écossaises, âgé de soixante-six ans, a laissé promener M. le Grand deux fois le jour. Il n'y a que trois jours qu'il en usoit encore ainsi ; ce qui me feroit croire que les premiers ordres ont été perdus.

M. de Bouillon n'a demandé qu'un médecin et deux valets de chambre ; le *perfide public* a six personnes qui doivent être retranchées. Autrement, il est impossible *qu'il ne fasse sçavoir tout ce qu'il voudra* ; jamais prince n'en eut davantage,

Vous parlerez adroitement de ce que dessus, *sans me mettre en jeu aucunement.*

Comme il attend avec impatience un *bon commissaire*, il dit :

J'attends M. de Chazé, que *nous essayerons par M. de Thou.* — Faites-le hâter par le Rhône, car le temps nous presse, et il est nécessaire que je sois icy pour l'aider à ses interrogatoires, que je lui donnerai *toutes digérées.*

Comme il faut envenimer la plaie du cœur royal, il n'oublie pas un trait qui puisse porter :

Il est bon que le *fidel marquis de Mortemar* dise au Roy comme le *perfide public* disait que Fontrailles avait dit un bon mot sur ses maladies, sçavoir, est :
— *Il n'est pas encore assez mal.*
Pour montrer comme le *perfide* et ses principaux confidents estoient mal intentionnez vers le Roy.

On voit que nulle légèreté de propos, nulle étourderie du jeune favori, vraie ou supposée, n'est omise par le rusé politique. Chavigny répond sur-le-champ et dans les mêmes termes :

Le fidèle marquis n'a pu encore prendre son temps pour dire ce que monsieur le Cardinal a mandé : ce sera pour demain ; nous verrons ce que le Roy en dira.

Puis, le lendemain, le même Chavigny écrit à la hâte :

Mortemar a dit tout au long au Roy le mot de M. le Grand. Le Roy n'a pas manqué, aussi-tôt ouy ce discours, de le rapporter à Chavigny.

C'est-à-dire : à lui-même. Il persifle ainsi Louis XIII sur sa docilité !

Et je crois qu'il en fait de mesme à M. Des Noyers.
Roy m'a commandé expressément de le faire sçavoir à Son Éminence, et luy dire qu'il croyait M. le Grand assez détestable pour avoir eu une si horrible

pensée, et qu'il se souvient qu'il avait à *Lyon plus de cinquante gentilshommes* qui dépendoient de luy.

On n'a rien oublié pour entretenir Sa Majesté *en belle humeur*. Le Roy a répété plusieurs fois que M. le Grand estoit le plus grand menteur du monde. Ainsi on peut espérer que l'amitié est bien usée dans le cœur de Louis XIII.

Le 6 juillet 1642 (que l'on remarque cette rapidité), les deux créatures du Cardinal-Duc, Chavigny et Des Noyers, lui disaient le résultat de leurs insinuations :

Nous supplions très-humblement Monseigneur de se mettre l'esprit en repos, et de croire qu'il ne fut jamais si puissant auprès du Roy qu'il est, que sa présence opérera tout ce qu'elle voudra.

Le même jour le Cardinal-Duc écrit au Roi très-humblement, et sur le ton d'une victime et d'un prêtre candide que le Roy défend.

Son Éminence au Roy.

Ayant sçeu, dit-il, la nouvelle descouverte qu'il a pleu au Roy faire du mauvais dessein qu'avoit M. le Grand contre moy, contre un cardinal, qui depuis vingt-cinq ans a, par la permission de Dieu, assez heureusement servi son maistre ; plus la malice de ce malheureux est grande, plus la bonté de Sa Majesté paroist.—Du septiesme juillet 1642.

Et le 7, il fait venir M. de Thou dans sa chambre, l'envoyant chercher dans la prison de Tarascon. J'ai sous les yeux ce curieux interrogatoire, et le donne tel qu'il a été conservé mot pour mot. Il n'est pas superflu de faire remarquer le ton de politesse exquise des deux personnages, dont aucun n'oublie le rang et le caractère de l'autre, et qui semblent toujours avoir dans la pensée leur vieil adage : *Un gentilhomme en vaut un autre.*

Interrogatoire et réponse de M. de Thou à Monseigneur le Cardinal-Duc, qui l'envoya querir en la prison du chasteau de Tarascon. (Journal de M. le cardinal de Richelieu, qu'il a fait durant le grand orage de la cour, en l'année 1642, et tiré des mémoires qu'il a escrits de sa main. M.DC.XLVIII.)

M. LE CARDINAL. Monsieur, je vous prie de m'excuser de vous avoir donné la peine de venir icy.

M. DE THOU. Monseigneur, je la reçois avec honneur et faveur.

Après, il lui fit donner une chaise près de son lit.

M. LE CARDINAL. Monsieur, je vous prie de me dire l'origine des choses qui se sont passées cy-devant.

M. DE THOU. Monseigneur, il n'y a personne qui le puisse mieux sçavoir que Votre Éminence.

M. LE CARDINAL. Je n'ai point d'intelligence en Espagne pour le sçavoir.

M. DE THOU. Le Roy en ayant donné l'ordre, Monseigneur, cela n'a peu estre sans vous l'avoir fait connoistre.

M. LE CARDINAL. Avez-vous escrit à Rome et en Espagne?

M. DE THOU. Ouy, Monseigneur, par le commandement du Roy.

M. LE CARDINAL. Estes-vous secrétaire d'État, pour l'avoir fait?

M. DE THOU. Non, Monseigneur; mais le Roy me l'avait commandé, je n'ai peu faillir de le faire.

M. LE CARDINAL. Avez-vous quelque pouvoir de cela?

M. DE THOU. Ouy, Monseigneur, la parole du Roy et un commandement de le faire, par escrit.

M. LE CARDINAL. Si est-ce que M. de Cinq-Mars n'en a rien dit.

M. DE THOU. Il a eu tort, Monseigneur, de ne l'avoir dit; car il a receu le commandement aussi bien que moi.

M. LE CARDINAL. Où sont ces commandements?

M. DE THOU. Ils sont en bonnes mains, pour les produire quand il en sera besoin.

Mais c'est là ce qu'il faut éviter. Le Cardinal ne veut pas savoir que le Roi a donné des ordres contre lui. Il demande à Paris des commissaires, un surtout qu'il désigne, M. de Lamon, pour aider M. de Chazé à de nouveaux interrogatoires dirigés contre ce de Thou si imposant, si ferme, si grave, si loyal et si redoutable par sa vertu.

Tandis que ce jeune magistrat parle ainsi, Gaston d'Orléans, MONSIEUR, le frère du Roi, envoie sa confession et se met à genoux, en ces termes :

Gaston, fils de France, frère unique du Roy, estant touché d'un véritable repentir d'avoir *encore* manqué à la fidélité que je dois au Roy monseigneur, et désirant me rendre digne de la grâce et du pardon, j'avoue sincèrement toutes les choses dont je suis coupable.

Suivent les accusations contre M. le Grand, sur qui il rejette noblement toute l'affaire.

Puis une seconde confession accompagne la première, touchant l'autre péché :

Monsieur, frère du Roy, à Son Éminence.

D'Aigueperce, le 7 juillet 1642.

Gaston, etc. Ne pouvant assez exprimer à mon cousin le Cardinal de Richelieu quelle est mon extrême douleur d'avoir pris des liaisons et correspondances avec ses ennemis... je proteste devant Dieu, et prie M. le Cardinal de croire que je n'ai pas eu plus grande connoissance de ce qui peut regarder sa personne, et que, pour mourir, je n'aurois jamais presté ny l'oreille ny le cœur à la moindre proposition qui eust été contre elle, etc., etc.

La politesse de la frayeur ne peut aller plus loin et plus bas assurément.

Mais le maître n'est pas content encore de ces mensonges et de ces humiliations.

Il envoie ses ordres sur ce qui doit être dit par MONSIEUR, s'il veut qu'on lui permette de rester dans le royaume et qu'on lui donne de quoi vivre.

On confrontera MONSIEUR et M. de Cinq-Mars.

Instructions de Son Éminence.

Quand on amènera M. le Grand au lieu où sera la personne de MONSIEUR, MONSIEUR luy doit dire :

« Monsieur le Grand, quoyque nous soyons de différente qualité, nous nous trouvons en mesme peine, mais il faut que nous ayons recours à mesme remède. Je confesse notre faute et supplie le Roy de la pardonner. »

Ou M. le Grand prendra le mesme chemin et demeurera d'accord de ce qu'aura dit MONSIEUR, ou il voudra faire l'innocent ; en quel cas, MONSIEUR lui dira :

« Vous m'avez parlé en tel lieu, vous m'avez dit cela, vous vinstes à Saint-Germain me trouver en mon escurie avec M. de Bouillon (tel et moy, tels et tels) »... Ensuite MONSIEUR dira le reste de l'histoire.

Il fera de mesme lorsqu'on luy amènera M. de Bouillon.

Il se contentera de la promesse de rester dans le royaume, sans jamais prétendre charge ny emploi.

Je dis ceci, après avoir bien philosophé sur cette affaire, *qui peut être celle de la plus grande importance qui soit jamais arrivée en ce royaume de cette nature.*

Mais MONSIEUR fait beaucoup de difficulté de se laisser confronter aux accusés ; il craint de manquer d'assurance devant eux. Le Roi n'ose l'exiger de son frère ; il faut trouver un biais ; le chancelier Séguier le trouve et l'envoie bien vite :

J'ai proposé au Roy de mander MM. Talon, conseiller d'Estat et advocat général, Le Bret et du Bignon, qui ont tous grande connoissance de matières criminelles, pour conférer avec moy sur toutes les propositions que je lui ferai.

Leur advis est que l'on peut dispenser MONSIEUR d'être présent à la lecture de sa déclaration aux accusés.

Cet advis est appuyé d'exemples et de raisons : quant aux exemples, nous avons la procédure faite de La Mole et de Coconas, accusés de lèze-majesté. En ce procès les déclarations du Roy de Navarre et du duc d'Alençon furent receues et leues aux accusés sans confrontation, encore qu'ils l'eussent demandée.

... Une déposition d'un témoin avec des *présomptions infaillibles servent de preuves et de conviction* contre un accusé en *crime de lèze-majesté :* ce qui n'est pas aux autres crimes.

On voit que le chancelier y met fort bonne volonté.

Suit l'avis donné par Jacques Talon et Hierosme Bignon et Omer Talon, décidant « qu'aucun *fils de France* n'a esté ouy dans aucun procès, et que leur *déclaration* sert de preuve sans confrontation. »

Le chancelier reçoit la déclaration de Monsieur, en compagnie des juges, sieurs de Laubardemont, Marca, de Paris, Champigny, Miraumesnil, de Chazé et de Sève, dans laquelle le duc d'Orléans avoue : *avoir donné deux blancs signés à Fontrailles pour traiter avec le roi d'Espagne*, à l'instigation de M. le Grand ; il le présente comme ayant séduit aussi M. de Bouillon.

Après ces écrits, le Cardinal est armé de toutes pièces, et sûr du succès, il peut partir. Il se rend à Paris ; et, tandis que l'on juge à Lyon Cinq-Mars et de Thou qu'il abandonne, il va à Paris remettre la main sur le Roi et faire grâce à Monsieur moyennant sa nullité politique, et à M. de Bouillon en échange de la place de Sedan.

Le rapport du procès est très-curieux à lire et trop volumineux pour être copié ici ; il se trouve à la suite des interrogatoires. Le rapporteur charge ainsi M. de Cinq-Mars après avoir passé légèrement sur Monsieur et le duc de Bouillon.

Quant à M. le Grand, il est chargé non-seulement d'estre complice de cette conjuration, mais ensuite d'en estre auteur et promoteur.

M. le Grand empoisonne l'esprit de Monsieur par des craintes imaginaires et supposées par lui. Voilà un crime.

Pour se garantir de ses terreurs, *il le porte* à faire un parti dans l'Estat. En voilà deux.

Il le porte à s'unir à l'Espagne. C'en est un troisième.

Il le porte à ruiner M. le Cardinal, *et le faire chasser des affaires*. C'en est un quatrième.

Il le porte à faire la guerre en France pendant le siège de Perpignan, pour interrompre le cours du bonheur de cet Estat. C'en est un cinquième.

Il dresse luy-mesme le *traité* d'Espagne. C'en est un sixième.

Il produit Fontrailles à Monsieur pour estre envoyé pour le traité, et envoyé à monsieur le comte d'Aubijoux. Ces suites *peuvent estre estimées un* septième crime, ou au moins l'accomplissement de tous les autres.

Tous sont crimes de lèze-majesté, celuy qui touche la personne des ministres des princes estant réputé, par les lois anciennes et constitutions des empereurs, de pareil poids que *ceux qui touchent leurs propres personnes.*

Un ministre *sert bien* son prince et son Estat, on l'ôte à tous les deux, c'est tout de mesme que qui priveroit le premier d'un bras et le second d'une partie de sa puissance.

Je livre ces arguments aux réflexions des jurisconsultes. Ils penseront peut-être qu'il y eût eu quelque réponse à faire si l'on eût regardé comme possible de répondre à ces absurdités d'un pouvoir sans contrôle. Le grand fait du traité d'Espagne suffisait, et je ne transcris ce que le rapporteur ajoute que pour montrer l'acharnement qui lui était prescrit contre l'ennemi, le rival de faveur du premier ministre [1].

Si M. de Cinq-Mars eût été moins ardent, moins hautain et plus habile, il ne devait pas se mettre dans son tort en traitant avec l'étranger. Il pouvait renverser le Cardinal à moins de frais et sans s'attacher au front l'écriteau d'*allié de l'étranger*, toujours détesté des nations monarchiques ou républicaines, celui du connétable de Bourbon et de Coriolan. Mais il avait vingt-deux ans et n'avait pas la tête tout entière aux grandes affaires. Il agissait trop vite, hâté par la passion, contre un homme d'expérience qui savait attendre avec froideur et mettre son ennemi dans son tort.

SUR L'INTERROGATOIRE SECRET.

(Extrait des registres.)

M. de Cinq-Mars advoua à M. le Chancelier que la plus forte passion qui l'avait emporté à ce qu'il avoit fait estoit de mettre hors des affaires M. le Cardinal, contre lequel il avoit une adverison qu'il ne pouvoit vaincre ny modérer.

Il disoit que six choses lui avoient donné cette adversion.

1. La première, qu'après le siége d'Arras, à la fin duquel il s'estoit trouvé, M. le Cardinal avoit parlé de luy comme d'une personne qui n'avoit pas témoigné beaucoup de cœur.

2. Qu'après l'alliance de M. le marquis de Sourdis et de son frère, le Cardinal avoit dit que M. de Sourdis avoit faict honneur à sa maison.

3. Qu'ayant souhaité d'estre faict Duc et Pair, M. le Cardinal en avoit détourné le Roy.

4. Qu'il s'estoit senti obligé de prendre la protection de M. l'archevêque de Bordeaux, lequel il avoit cru qu'on vouloit perdre.

5. *Que luy parlant de la princesse Marie, il dit que sa mère vouloit faire*

---

[1] Il y a peu de mots aussi involontairement et cruellement comiques que celui-ci répété si souvent : *Il le porte à*, etc. Monsieur se trouve ainsi présenté comme un écolier au-dessous de l'âge de raison et irresponsable, que son gouverneur porte à quelques petites erreurs. Gouverneur de *vingt-deux ans*, élève de *trente-quatre*. Sanglante facétie !

le mariage de luy avec elle ; Son Éminence dict que *sa mère, Mme d'Effiat, estoit une folle, et que si la princesse Marie avoit cette pensée, qu'elle estoit plus folle encore.* Qu'ayant esté proposée pour femme de MONSIEUR, il auroit bien de la vanité et de la présomption de la prétendre ; que c'estoit chose ridicule.

6. Que le Cardinal avoit trouvé étrange que le Roy l'eust admis au conseil, et l'en avoit faict sortir.

— Page 352. —

Il se faisait tirer, dit un journal manuscrit, etc., etc.

Son bateau prit terre contre la balme de Bonneri. En cette ville, où quantité de noblesse l'attendoit, entre autres M. le comte de Suze, Monseigneur de Viviers le salua à la sortie de son bateau ; mais il fallut attendre de lui parler jusques à ce qu'il fût au logis qu'on lui avait préparé dans la ville. Quand son bateau abordait la terre, il y avoit un pont de bois qui du bateau alloit au bord de la rivière ; après qu'on avoit vu s'il s'estoit bien assuré, on sortoit le lit dans lequel ledit seigneur estoit couché, car il estoit malade d'une douleur ou ulcère au bras. Il y avoit six puissants hommes qui portoient le lit avec deux barres ; et les liens où les hommes mettoient les mains étoient rembourrés et garnis de buffleteries. Ils portoient sur les épaules et autour du cou certaines trapointes garnies en dedans de coton, et la main couverte de buffle ; si bien que les sangles ou surfaix qu'ils mettoient au cou estoient comme une étole qui descendoit jusques aux barres dans lesquelles elles estoient passées. Ainsi ces hommes portoient le lit et ledit seigneur dans les villes ou aux maisons auxquelles il devoit loger. Mais ce dont tout le monde estoit étonné, c'est qu'il entroit dans les maisons par les fenêtres car auparavant qu'il arrivât, les maçons qu'il menoit abattoient les croisées des maisons, ou faisoient des ouvertures aux murailles des chambres où il devoit loger, et en après on faisoit un pont de bois qui venoit de la rue jusqu'aux fenêtres ou ouvertures de son logis : ainsi étant dans son lit portatif, il passoit par les rues, et on le passoit sur le pont jusque dans un autre lit qui lui estoit préparé dans sa chambre, que ses officiers avoient tapissée de damas incarnat et violet, avec des ameublements très-riches. Il logea à Viviers dans la maison de Montargny, qui est à présent à l'université de notre église. On abattit la croisée de la chambre, qui a sa vue sur la place, et le pont de bois pour y monter venoit depuis la boutique de Noël de Viel, sous la maison d'Ales, du côté du nord, jusques à l'ouverture des fenêtres, où le seigneur Cardinal fut porté de la manière expliquée. Sa chambre estoit gardée de tous côtés, tant sous les voûtes qu'ès côtés et sur le dessus des logements où il couchoit.

Sa cour ou suite était composée de gens d'importance ; la civilité, affabilité et courtoisie estoient avec eux. La dévotion y estoit très-grande ; car les soldats, qui sont ordinairement indévots et impies, firent de grandes dévotions. Le lendemain de son arrivée, qui estoit un dimanche, plusieurs d'iceux se confessèrent et communièrent avec démonstration de grande piété ; ils ne firent aucune insolence dans la ville, vivant quasi comme des pucelles. La noblesse aussi fit de grandes dévotions. Quand on estoit sur le Rhône, quoiqu'il y eût quantité de bateliers, tant dans les barques qu'après les chevaux, on n'osait jamais blasphémer, qu'est quasi un miracle que de telles gens demeurassent dans une telle rétention ; on ne leur voyait proférer que les mots qui leur estoient nécessaires pour la conduite de leurs barques, mais si modestement, que tout le monde en estoit ravi.

Monseigneur le cardinal Bigni logea à l'archidiaconé. On avoit préparé la maison de M. Panisse pour monseigneur le cardinal Mazarin ; mais au partir du bourg Saint-Andéol, il prit la poste pour aller trouver le Roy. Le dimanche 25, ledit seigneur fut reporté dans son bateau avec le même ordre. (*Extrait du journal manuscrit de J. de Banne.*)

SUR LES DERNIERS MOMENTS DE MM. DE CINQ-MARS ET DE THOU, ET LEURS ACTES DE DÉVOTION.

La bravoure de M. de Cinq-Mars était froide, noble et élégante. Il n'y en a pas de mieux attestée. Si, après tant de détails historiques résumés dans le livre, il en fallait de nouvelles preuves, j'ajouterais, pour les confirmer, cette lettre de M. de Marca, et des fragments du rapport qui les suit, où l'on pourra remarquer ce passage :

« C'est une merveille incroyable qu'il ne témoigna jamais aucune peur, ni trouble, ni aucune émotion, etc. »

Le recueil intitulé : *Journal de M. le Cardinal, duc de Richelieu, qu'il a faict durant le grand orage de la court, en l'an 1642, tiré de ses Mémoires qu'il a écrits de sa main*, porte ces paroles à la relation de l'instruction du procès :

M. de Cinq-Mars ne changea jamais de visage, ny de parole ; toujours les mêmes douceur, modération et assurance.

Tallemant des Réaux dit dans ses *Mémoires*, tome I, page 418, etc, etc.

« M. le Grand fut ferme, et le combat qu'il souffroit en luy-même ne parut
» point au dehors. — Il mourut avec une grandeur de courage étonnante, et ne
» s'amusa point à haranguer. Il ne voulut point de bandeau. Il avoit les yeux
» ouverts quand on le frappa, et tenait le billot si ferme, qu'on eut de la peine à
» en retirer ses bras. Il estoit plein de cœur et mourut en galant homme. Quoi-
» qu'on eût résolu de ne point lui donner la question, comme portoit la sentence,
» on ne laissa pas de la lui présenter ; cela le toucha, mais ne lui fit rien faire
» qui le démentit, et il défaisait déjà son pourpoint quand on lui fit lever la main
» seulement pour dire la vérité. »

Plusieurs rapports ajoutent que, conduit à la chambre de la torture, il s'écria : — *Où me menez-vous ?* — *Qu'il sent mauvais ici !* en portant son mouchoir à son nez. Ce dédain me semble un de ces traits de *bravoure moqueuse* dont notre histoire fourmille.

Il rappelle le mot d'un gentilhomme qui, conduit à l'échafaud de 1793, dit au charretier du tombereau : « Postillon, mène-nous bien, tu auras *pour boire.* » Les Français se vengent de la mort en se moquant d'elle.

Fragment d'une lettre de Monsieur de Marca, conseiller d'Estat, à Monsieur de Brienne, secrétaire d'Estat, laquelle fait mention de tout ce qui s'est passé à l'instruction du procez de Messieurs de Cinq-Mars et de Thou.

MONSIEUR,

J'ay creu que vous auriez pour agréable d'estre informé des choses principales qui se sont passées au jugement qui a esté rendu contre Messieurs le Grand et de Thou ; c'est pourquoy j'ay pris la liberté de vous en donner connoissance par celle-cy. Monsieur le Chancelier commença par la déposition de Monsieur le duc d'Orléans, laquelle il receut en forme judiciaire à Ville-Franche en Beau-Jolois, où estoit lors Monsieur, dont lecture luy fut faite en présence de sept commissaires qui assistoient Monsieur le Chancelier. En cette action il déclara que Monsieur le Grand l'avoit sollicité de faire une liaison avec luy et avec Monsieur de Bouillon, et de traiter avec l'Espagne ; ce qu'ils auroient résolu eux trois dans l'hostel de Venise, au faubourg Saint-Germain, environ la feste des Rois dernière.

Fontrailles fut choisi pour aller à Madrid, où il arresta le traité avec le Comte-Duc, par lequel le Roy d'Espagne promettoit de fournir douze mille hommes de pied et cinq mille chevaux de vieilles troupes, quarante mille escus à Monsieur pour faire nouvelles levées, etc., etc. . . . .

La confession du traité, sans l'avoir révélé, jointe aux preuves qui sont au procez, des entremises pour la liaison des complices, et le temps de six semaines ou plus que M. de Thou avoit demeuré près de Monsieur le Grand, logeant dans sa maison près de Perpignan, le conseillant en ses affaires, après avoir eu connoissance que ledit sieur le Grand avoit traité avec l'Espagne, et partant qu'il estoit criminel de lèze-majesté ; tout cela joint ensemble porta les juges à le condamner, suivant les lois et l'ordonnance qui sont expressément contre ceux qui ont sceu une conspiration contre l'Estat et ne l'ont pas révélée, encore que leur silence ne soit point accompagné de tant d'autres circonstances qu'estoient en l'affaire dudit sieur de Thou. *Il est mort en vray chrestien, en homme de courage,* cela mérite un grand discours particulier. Monsieur le Grand a aussi tesmoigné *une fermeté toujours égale, et fort résolue à la mort, avec une froideur admirable, une constance et une dévotion chrestienne.* Je vous supplie que je quitte ce discours funeste, pour vous asseurer que je continue dans les respects que je dois, et le désir de paroistre par les effets que je suis,

MONSIEUR,

Votre très-humble et obéissant serviteur,
MARCA.

De Lyon, ce 16 septembre 1642.

A la suite de cette lettre de M. de Marca fut imprimé, en M. DCC. LXV, un journal qui, depuis peu, a été attribué légèrement à un greffier de la ville de Lyon. Ce rapport fut très-répandu, et publié, comme on voit, *il y a cent soixante-douze ans*. Une partie des détails a été reproduite, en 1826, par moi, en le citant, et ses traits principaux sont épars, et, pour ainsi dire, semés dans le cours de la composition. Cependant quelques-uns de ces traits, qui ne pouvaient y trouver place, furent à dessein laissés de côté, et ont été omis dans les réimpressions qui ont été faites de ce rapport. Il ne sera pas inutile de les reproduire ici. Ils complètent la peinture des caractères de ce livre, et montrent que j'ai été religieusement fidèle à l'histoire, et n'ai pas permis à l'imagination de se jouer hors du cercle tracé par la vérité.

« Nous avons vu le favori du plus grand et du plus juste des rois laisser sa tête sur l'échafaud, à l'âge de vingt-deux ans, mais avec une constance qui trouvera à peine sa pareille dans nos histoires. Nous avons vu un conseiller d'Estat mourir comme un saint, après un crime que les hommes ne peuvent pardonner avec justice. — Il n'y a personne au monde qui, sçachant leur conspiration contre l'Estat, ne les juge dignes de mort, et il y aura peu de gens qui, ayant connoissance de leur condition et de leurs belles qualités naturelles, ne plaignent leur malheur.

» Monsieur de Cinq-Mars arriva à Lyon le quatriesme septembre de la présente année 1642, sur les deux heures après midy, dans un carrosse traisné par quatre chevaux, dans lequel il y avait quatre Gardes du corps, avant le mousquet sur le bras, et entouré de gardes à pied au nombre de cent qui estoient à Monsieur le Cardinal-Duc. Devant marchaient deux cents cavaliers, la plus part Catalans, et estoient suivis de trois cents autres bien montez.

» M. le Grand estoit vêtu de drap de Hollande, couleur de musc, tout couvert de dentelle d'or, avec un manteau d'escarlate à gros boutons d'argent à queue : lequel estant sur le pont du Rosne, avant que d'entrer dans la ville, demanda à Monsieur de Ceton, lieutenant des gardes escossoises, s'il agréoit qu'on fermast le carrosse ; ce qui luy fut refusé, et fut conduit par le pont Saint-Jean ; de là au Change : et puis par la rue de Flandre jusques au pied du chasteau de Pierre-Encise, se montrant par les rues incessamment par l'une et l'autre portière, saluant tout le monde avec une face riante, sortant demy-corps du carrosse ; et mesme recogneut beaucoup de personnes qu'il salua, les appelant par leurs noms.

» Estant arrivé à Pierre-Encise, il fut assez surpris quand on luy dit qu'il fallait descendre, et monter à cheval par le dehors de la ville, pour atteindre le chasteau : Voicy donc la dernière que je feray, dit-il, s'estant imaginé qu'on avait donné ordre de le conduire au bois de Vincennes. Il avoit souvent demandé aux gardes si on ne luy permettroit pas d'aller à la chasse quand il y seroit.

» Sa prison estoit au pied de la grande tour du chasteau, qui n'avait pas d'autre vue que deux petites fenestres qui tombaient dans un petit jardin, au bas desquelles il y avait corps de gardes, dans la chambre aussi, où Monsieur de Ceton couchoit avec quatre gardes dans l'arrière-chambre, et à toutes les portes il en estoit de mesme.

» Monsieur le cardinal Bichy le fut visiter le lendemain cinquiesme, et luy demanda s'il lui agréoit qu'on luy envoyast quelqu'un avec qui il se pust divertir dans sa prison: Il respondit qu'il en seroit très-aise, mais qu'il ne méritoit pas que personne prist cette peine.

» En suite de quoy Monsieur le cardinal de Lyon fit appeler le Père Malavalete, jésuite, auquel il donna commission de l'aller voir puisqu'il le désiroit; lequel il fut le 6 dès les cinq heures du matin, où il demeura jusques à huit heures. Il le trouva dans un lit de damas incarnat, incommodé, ce qui le rendoit fort pasle et débile. Le bon Père sceut si bien entrer dans son esprit, qu'il le demanda encore sur le soir, puis continua à le voir soir et matin pendant tous les jours de sa prison : lequel rendit compte puis après à Messieurs les Cardinaux-Ducs et de Lyon, et à Monsieur le Chancelier de tout ce qu'il lui avoit dit, et demeura ce mesme Père longtemps en conférence avec Son Éminence Ducale encore qu'elle ne se laissoit voir pour lors à personne.

» Le septiesme, Monsieur le Chancelier fut visiter Monsieur de Cinq-Mars, et le traita fort civilement, lui disant qu'il n'avoit point sujet d'appréhender, mais bien d'espérer toute chose à son advantage, qu'il sçavoit bien qu'il avoit affaire à un bon juge, qui n'avoit garde d'estre mesconnoissant des faveurs qu'il avoit receues *de son bienfaiteur*; qu'il sçavoit très-bien que c'estoit par ses bontez et son pouvoir, que le Roy ne l'avoit pas dépossédé de sa charge ; que cette faveur estoit si grande, qu'elle ne méritoit pas seulement un souvenir immortel, mais des reconnoissances infinies : et que c'estoit dans les occasions qu'il les y feroit paroistre. Le sujet de ce compliment estoit pris sur ce que Monsieur le Grand avoit adoucy une fois le Roy, qui estoit en grande colère contre Monsieur le Chancelier ; mais la véritable raison de ces civilitez estoit la crainte qu'il avoit qu'il ne le refusast pour juge, et qu'il n'appelast au Parlement de Paris pour *estre délivré par le peuple qui l'aymoit passionnément.*

» Monsieur le Grand luy respondit que cette civilité le remplissoit de honte et de confusion ; mais pourtant, dit-il, je voy bien que de la façon que l'on procède à mon affaire, l'on en veut à ma vie ; *c'est fait de moy, monsieur, le Roy m'a abandonné. Je ne me considère que comme une victime qu'on va immoler à la passion de mes ennemis et à la facilité du Roy.* A quoy Monsieur le Chancelier repartit que ses sentiments n'estoient pas justes, et qu'il en avoit des expériences toutes contraires. — Dieu le veuille, dit Monsieur le Grand, mais je ne le puis croire.

» Le 8, Monsieur le Chancelier l'alla voyr, accompagné de six maistres des requestes, de deux Présidents et de six Conseillers de Grenoble, duquel après l'avoir interrogé depuis les sept heures du matin jusques à deux heures après midy, ils ne purent jamais rien tirer des cas à luy imposez. »

Ce rapport, qui, ainsi que je l'ai dit, fut imprimé à la suite de la lettre de M. de Marca, donne encore ce trait curieux, qui atteste la présence d'esprit incroyable de M. de Thou :

« Après sa confession, il fut visité par le Père Jean Terrasse, gardien du couvent de l'Observatoire de Saint-François de Tarascon, qui l'avoit visité et consolé durant sa prison de Tarascon. Il fut bien aise de le voir, il se promena avec lui quelque temps dans un entretien spirituel. Ce Père estoit venu à l'occasion d'un vœu que M. de Thou avoit fait à Tarascon pour sa délivrance, qui étoit de fonder une chapelle de trois cents livres de rente annuelle dans l'église des pères Cordeliers de cette ville de Tarascon ; il donna ordre pour cette fondation, voulant s'acquitter de son vœu, puisque Dieu, disoit-il, le délivroit non-seulement d'une prison de pierre, mais encore de la prison de son corps ; demanda de l'encre et du papier, et écrivit judicieusement cette belle inscription qu'il voulut estre mise en cette chapelle :

Christo liberatori,
votum in carcere pro libertate
conceptum

Fran. August. Thuanus
e carcere vitæ jam jam
liberandus merito solvit.

XII Septemb. M. D. C. XLII
confitebor tibi, Domine, quoniam
exaudisti me, et factus es mihi
in salutem.

» Cette inscription fera admirer la présence et la netteté de son esprit, et fera avouer à ceux qui la considéreront que l'appréhension de la mort n'avoit pas eu le pouvoir de lui causer aucun trouble. Il pria M. Thomé de faire compliment de sa part à M. le Cardinal de Lyon, et lui témoigna que s'il eust plu à Dieu de le sortir de ce péril, il avoit dessein de quitter le monde et de se donner entièrement au service de Dieu.

» Il écrivit deux lettres qui furent portées ouvertes à M. le Chancelier, et puis remises entre les mains de son confesseur pour les faire tenir ; ces lettres étant fermées, il dit : *Voilà la dernière pensée que je veux avoir pour le monde, partons au Paradis.* Et dès lors il reprit sans interruption ses discours spirituels et se confessa une seconde fois. Il demandoit parfois si l'heure de partir pour aller au supplice approchoit, quand on les devoit lier, et prioit qu'on l'avertit quand l'exécuteur de la justice seroit là, afin de l'embrasser : mais il ne le vit que sur l'échafaud. »

Sur la paraphrase que fit M. de Thou.

Le père Montbrun, confesseur de M. de Thou, est cité dans ce rapport, et donne ces détails :

M. de Thou, étant sur l'échafaud à genoux, récita aussi le *Psaume* 115, et le paraphrasa en françois presque tout du long, d'une voix assez haute et d'une action assez vigoureuse, avec une ferveur indicible, mêlée d'une sainte joie, incroyable à ceux qui ne l'auroient point vue. Voici la paraphrase qu'il en fit, et que je voudrois pouvoir accompagner de l'action avec laquelle il la disoit ; j'ai tâché de retenir ses propres paroles.

« *Credidi, propter quod locutus sum*. Mon Dieu, *credidi* ; je l'ai cru et le crois fermement, que vous êtes mon créateur et mon bon père, que vous avez souffert pour moi, que vous m'avez racheté au prix de votre sang, vous m'avez ouvert le Paradis. *Credidi*. Je vous demande, mon Dieu, un grain, un petit grain de cette foi vive, qui enflammoit les cœurs des premiers chrétiens : *Credidi, propter quod locutus sum*. Faites, mon Dieu, que je ne vous parle pas seulement des lèvres, mais que mon cœur s'accorde à toutes mes paroles, et que ma volonté ne démente point ma bouche : *Credidi*. Je ne vous adore pas, mon Dieu, de la langue : je ne suis point assez éloquent ; mais je vous adore d'esprit, oui, d'esprit, mon Dieu, je vous adore en esprit et en vérité ! Ah ! ah ! *credidi*. Je me suis fié en vous, mon Dieu, je me suis abandonné à votre miséricorde après tant de grâces que vous m'avez faites, *propter quod locutus sum*; et, dans cette confiance, j'ai parlé, j'ai tout dit, je me suis accusé.

» *Ego autem humiliatus nimis*. Il est vrai, Seigneur, me voilà extrêmement humilié, mais non pas encore comme je le mérite. *Ego dixi in excessu meo : Omnis homo mendax*. Ah ! qu'il n'est que trop vrai que tout ce monde n'est que mensonge, que folie, que vanité ! ah ! qu'il est vrai : *Omnis homo mendax*! *Quid retribuam Domino pro omnibus quæ retribuit mihi?* Il répétoit ceci d'une grande véhémence : *Calicem salutis accipiam*. Mon père, il faut boire courageusement ce calice de la mort ; oui, je le reçois d'un grand cœur, et je suis prêt à le boire tout entier.

» *Et nomen Domini invocabo*. Vous m'aiderez, mon Père, à implorer l'assistance divine, afin qu'il plaise à Dieu de fortifier ma faiblesse, et me donner du courage autant qu'il en faut pour avaler ce calice que le bon Dieu m'a préparé pour mon salut. »

Il passa les deux versets qui suivent dans ce *Psalme*, et s'écria d'une voix forte et animée : « *Dirupisti, Domine, vincula mea !* Ah ! mon Dieu, que vous avez fait un grand coup ! vous avez brisé ces liens qui me tenoient si fort attaché au monde ! Il falloit une puissance divine pour m'en dégager. *Dirupisti, Domine, vincula mea !* » Voici les propres mots qu'il dit ici : « Que ceux qui m'ont amené ici m'ont fait un grand plaisir ! que je leur ai d'obligations ! Ah ! qu'ils m'ont fait un grand bien, puisqu'ils m'ont tiré de ce monde pour me loger dans le ciel ! »

Ici son confesseur lui dit qu'il falloit tout oublier, qu'il ne falloit pas avoir de ressentiment contre eux. A cette parole, il se tourna vers le père tout à genoux, comme il estoit, et d'une belle action : « Quoi ! mon Père, dit-il, des ressentiments ? Ah ! Dieu le sait, Dieu m'est témoin que je les aime de tout mon cœur, et qu'il n'y a dans mon âme aucune aversion pour qui que ce soit au monde. *Dirupisti, Domine, vincula mea ; tibi sacrificabo hostiam laudis*. La voilà l'hostie. Seigneur (se montrant soi-même), la voilà cette hostie qui vous doit être maintenant immolée : *Tibi sacrificabo hostiam laudis et nomen Domini invocabo. Vota mea Domino reddam* (étendant les deux bras et la vue de tous côtés, d'un agréable mouvement, le visage enflammé) *in conspectu omnis populi ejus.* Oui, Seigneur, je veux vous rendre mes vœux, mon esprit, mon cœur, mon âme, ma vie, *in conspectu omnis populi ejus,* devant tout ce peuple, devant toute cette assemblée ! *In atriis domus Domini, in medio tui, Jerusalem. In atriis domus Domini.* Nous y voici à l'entrée de la maison du Seigneur. Oui, c'est d'ici, c'est de Lyon, de Lyon qu'il faut monter là-haut (levant les bras vers le ciel). Lyon, que je t'ai bien plus d'obligation qu'au lieu de ma naissance, qui m'a seulement donné une vie misérable, et tu me donnes aujourd'hui une vie éternelle ! *in medio tui, Jerusalem.* Il est vrai que j'ai trop de passion pour cette mort. N'y a-t-il point de mal, mon Père ? dit-il plus bas en souriant, se tournant à côté vers le Père. J'ai trop d'aise. N'y a-t-il point de vanité ? Pour moi, je n'en veux point. »

Détails du supplice de M. de Cinq-Mars.

(Fragment du même rapport.)

C'est une merveille incroyable qu'il ne témoigna jamais aucune peur, ni trouble, ni aucune émotion, ains parut toujours gai, assuré, inébranlable, et témoigna une si grande fermeté d'esprit, que tous ceux qui le virent en sont encore dans l'étonnement.

M. de Cinq-Mars, sans avoir les yeux bandés, posa *fort proprement son col,* dit le narrateur, sur le poteau, tenant le visage droit, tourné vers le devant de l'échafaud ; et embrassant fortement de ses deux bras le poteau, il ferma les yeux et la bouche, et attendit le coup que l'exécuteur lui vint donner assez pesamment et lentement, et s'étant mis à gauche et tenant son couperet des deux mains. En recevant le coup, il poussa une voix forte, comme : Ah ! qui fut étouffée dans son sang ; il leva les genoux de dessus le bloc, comme pour se lever, et retomba en la même assiette qu'il estoit. La tête n'estant pas entièrement séparée du corps par ce coup, l'exécuteur passa à sa droite par derrière, et, prenant la tête par les cheveux de la main droite, de la gauche il scia avec son couperet une partie de la trachée artère et la peau du cou, qui n'estoit pas coupée : après quoi i jeta la tête sur l'échafaud, qui de là bondit à terre, où l'on *remarqua soigneusement qu'elle fit encore un demi-tour et palpita assez longtemps.* Elle avoit le visage tourné vers les religieuses de Saint-Pierre, et le dessus de la tête vers l'échafaud, les yeux ouverts. Son corps demeura droit contre le poteau, qu'il tenoit toujours embrassé, tant que l'exécuteur le tira pour le dépouiller, ce qu'il fit, et puis le couvrit d'un drap et mit son manteau par-dessus ; la tête ayant été rendue sur l'échafaud, elle fut mise auprès du corps, sous le même drap.

L'exécution de M. Thou ressemble, comme celle de M. de Cinq-Mars à un assassinat ; la voici telle que la donne ce même journal, et plus horriblement minutieux que la lettre de Montrésor.

L'exécuteur vint pour lui bander les yeux avec le mouchoir ; mais comme il lui faisoit fort mal, mettant les coins du mouchoir en bas, qui couvroient sa bouche, il le retroussa et s'accommoda mieux. Il adora le crucifix avant que de mettre la tête sur le poteau. Il baisa le sang de M. de Cinq-Mars qui y étoit resté. Après, il mit son col sur le poteau, qu'un frère jésuite avait torché de son mouchoir, parce qu'il estoit tout mouillé de sang, et demanda à ce frère s'il estoit bien, qui lui dit qu'il falloit qu'il avançât mieux sa tête sur le devant, ce qu'il fit. En même temps, l'exécuteur, s'apercevant que les cordons de sa chemise n'estoient point déliés et qu'ils lui tenoient le col serré, lui porta la main au col pour les dénouer ; ce qu'ayant senti, il demanda : « Qu'y a-t-il ? faut-il encore ôter la chemise ? » et se disposoit déjà à l'ôter. On lui dit que non, qu'il falloit seulement dénouer les cordons ; ce qu'ayant fait il tira sa chemise pour découvrir son col et ses épaules, et, ayant mis sa tête sur le poteau, il prononça ses dernières paroles, qui furent : *Maria, mater gratiæ, mater misericordiæ...*; puis *In manus tuas...* et lors ses bras commencèrent à trembloter en attendant le coup, qui lui fut donné tout en haut du col, trop près de la tête, duquel coup son col n'étant coupé qu'à demi, le corps tomba du côté gauche du poteau, à la renverse, le visage contre le ciel, remuant les jambes et haussant foiblement les mains. Le bourreau le voulut renverser pour achever par où il avoit commencé ; mais, effrayé des cris que l'on faisoit contre lui, il lui donna trois ou quatre coups sur la gorge, et ainsi lui coupa la tête, qui demeura sur l'échafaud.

L'exécuteur, l'ayant dépouillé, porta son corps, couvert d'un drap, dans le carrosse qui les avoit amenés ; puis y il mit aussi celui de M. de Cinq-Mars et leurs têtes, qui avoient encore toutes deux les yeux ouverts, particulièrement celle de M. de Thou, qui sembloit être vivante. De là, ils furent portés aux Feuillans, où M. de Cinq-Mars fut enterré devant le maître autel, sous le balustre de ladite église, par la bonté et autorité de M. du Gay, trésorier de France en la généralité de Lyon. M. de Thou a été embaumé par le soin de madame sa sœur et mis dans un cercueil de plomb, pour être transporté en sa sépulture.

Telle fut la fin de ces deux personnes, qui, certes, devoient laisser à la postérité une autre mémoire que celle de leur mort. Je laisse à chacun d'en faire tel jugement qu'il lui plaira, et me contente de dire que ce nous est une grande leçon de l'inconstance des choses de ce monde et de la fragilité de notre nature.

Les dernières volontés de ces deux nobles jeunes gens nous sont demeurées par des lettres qu'ils écrivirent après la prononciation de leur arrêt. Celle de M. de Cinq-Mars à la maréchale d'Effiat, sa mère, peut paraître froide à quelques personnes, par la difficulté de se reporter à cette époque, où, dans les plus graves circonstances, on s'attachait à contenir plus qu'à exprimer chaleureusement ses émotions, et où le grand monde, dans les écrits et les discours, fuyait le *pathétique* autant que nous le cherchons.

Lettre de M. le Grand à madame sa mère, la marquise d'Effiat.

Madame ma très-chère et très-honorée mère, je vous escris, puisqu'il ne m'est plus permis de vous voir, pour vous conjurer, madame, de me rendre deux marques de votre dernière bonté : l'une, madame, en donnant à mon âme le plus de prières qu'il vous sera possible, ce qui sera pour mon salut ; l'autre, soit que vous obteniez du Roy le bien que j'ai employé dans ma charge de grand-escuyer, et ce que j'en pouvois avoir d'autre part auparavant qu'il fust confisqué, ou soit que cette grâce ne vous soit pas accordée, que vous ayez assez de générosité pour satisfaire à mes créanciers. Tout ce qui dépend de la fortune est si peu de chose, que vous ne devez pas me refuser cette dernière supplication, que je vous fais pour le repos de mon âme. Croyez-moi, madame, en cela plutôt que vos sentiments s'ils répugnent en mon souhait, puisque, ne faisant plus un pas qui ne me conduise à la mort, je suis plus capable que qui que ce soit de juger de la valeur des choses du monde. Adieu, madame, et me pardonnez si je ne vous ay pas assez respectée au temps que j'ai vescu, et vous assurez que je meurs,

Ma très-chère et très-honorée mère,

Votre très-humble et très-obéissant et très-obligé
fils et serviteur,

Henri D'EFFIAT DE CINQ-MARS.

Le manuscrit original est à la Bibliothèque royale de Paris (manusc. n° 9327), écrit d'une main ferme et calme.

Sur la dernière lettre de M. François-Auguste de Thou.

On a vu que, laissé seul un moment dans sa prison, M. de Thou écrivit une lettre qui fut remise à son confesseur. *Voilà*, disait-il, *la dernière pensée que je veux avoir pour ce monde.* On a vu ses efforts pour se détacher de cette dernière pensée, et ce redoublement de prières ferventes qu'il prononce en se frappant la poitrine. Il prie Dieu d'avoir pitié de lui ; il repousse tout le monde ; il s'enveloppe déjà dans son linceul. Cette dernière pensée était déjà la plus cruelle qui puisse faire saigner le cœur d'un homme ; c'était un regard dernier jeté sur une femme aimée ; c'était un adieu à sa maîtresse, la princesse de Guémenée. Le ton est grave, et le respect du rang ne s'y perd pas, non plus que celui de sa dignité personnelle et du moment solennel qui s'approche. J'ai retrouvé dernièrement cette lettre précieuse (Bibliothèque royale de Paris, manuscrit n° 9276, page 223.) La voici :

Copie de la lettre de M. de Thou, escrite à madame la princesse de Guémenée après la prononciation de l'arrest.

MADAME,

Je ne vous ay jamais eu de l'obligation en toute ma vie qu'aujourd'huy qu'estant près de la quitter, je la pers avec moins de peyne parce que vous *me l'avez rendue* assés *malheureuse*; j'espère que celle de l'autre monde sera bien différente pour moy de celle-cy, et que j'i trouveray des félicités autant pardessus l'imagination des hommes qu'elles doivent estre dans leur espérance : la mienne, madame, n'est fondée que sur la bonté de Dieu et le mérite de la passion de son Filz, seule capable d'effacer mes péchez, dont j'estois redevable à sa justice, et qui sont à un tel excez qu'il n'y a rien qui les surpasse que celuy de sa miséricorde. Je vous demande pardon de tout mon cœur, madame, de toutes les choses que j'ay faictes qui vous ont pu desplaire, et fais la mesme prière *à toutes les personnes que j'ay haïes à vostre occasion*, vous protestant, madame, qu'autant que la fidélité que je doibs à mon Dieu me le doit permettre, je meurs *trop asseurément*, madame, votre très-humble et très-obéissant serviteur,

DE THOU.

De Lion, ce 12ᵉ septembre 1642.

Quel reproche amer et quel mélancolique retour sur sa vie ! Si cette femme étoit digne de lui, comment reçut-elle une telle lettre sans en mourir ? Fut-elle jamais consolée de mériter un tel adieu ?

La vie de madame la princesse de Guémenée ne permet guère de penser que ses rigueurs aient causé tant de tristesse et une douleur si profonde. Tallemant des Réaux dit, en plusieurs endroits, que M. de Thou était son amant. *On dit*, ajoute-t-il (t. I, p. 418), *qu'il lui écrivit après avoir été condamné.* C'est cette lettre qu'on vient de lire. Elle me semble écrite par un homme tel que le misanthrope de Molière, avec plus de piété, et ces mots ; *toutes les personnes que j'ay haïes à vostre occasion*, ressemblent douloureusement à :

C'est que tout l'univers est bien reçu de vous.

Mais ne cherchons pas à deviner des peines que rien ne trahit, si ce n'est ce dernier soupir au pied de l'échafaud. Le souvenir de M. de Thou nous doit représenter une autre pensée et conduit à d'autres réflexions. Elles suivront la copie de ce traité avec l'Espagne, qui fait la base du procès criminel.

Articles du traité fait entre le Comte-Duc pour le Roy d'Espagne, et monsieur de Fontrailles pour et au nom de Monsieur, à Madrid, le 13 mars 1642, dont Monsieur fait mention dans sa déclaration du 7 juillet dudit an. Au tome 1ᵉʳ des Mémoires de Fontrailles.

Le sieur de Fontrailles aiant esté envoié par monseigneur le duc d'Orléans vers le Roy d'Espagne avec lettres de Son Altesse pour Sa Majesté catholique et monseigneur le Comte-Duc de San Lucar, datées de Paris, du 20 janvier, a proposé, en vertu du pouvoir à luy donné, que Son Altesse, désirant le bien général et particulier de la France, de voir la noblesse et le peuple de ce royaume délivrés des oppressions qu'ils souffrent depuis longtemps par une si sanglante guerre, pour faire cesser la cause d'icelle, et pour establir une paix générale et raisonnable entre l'Empereur et les deux couronnes, au bénéfice de la chrestienté, prendroit volontiers les armes à cette fin, si Sa Majesté Catholique y vouloit concourir de son costé avec les moyens possibles pour avancer leurs affaires. Et après avoir déclaré le particulier de sa commission en ce qui est des offres et demandes que font les seigneurs d'Orléans et ceux de son party, a esté accordé et conclu par ledit seigneur Comte-Duc pour Leurs Majestez Impériale et Catholique, et au nom de Son Altesse par ledit sieur de Fontrailles, les articles suivants :

1. Comme le principal but de ce traité est de faire une juste paix entre les deux couronnes d'Espagne et de France, pour leur bien commun et de toute la chrestienté, ont déclaré unanimement qu'on ne prétend en cecy aucune chose contre le Roy très-chrestien et au préjudice de ses Estats, ny contre les droits et authoritez de la Reine très-chrestienne et régnante; ains au contraire on aura soin de la maintenir en tout ce qui lui appartient.

2. Sa Majesté Catholique donnera 12,000 hommes de pied et 5,000 chevaux effectifs de vieilles troupes, le tout venant d'Allemagne, ou de l'Empire, ou de Sa Majesté Catholique. Que si par accident il manquoit de ce nombre 2,000 ou 3,000 hommes, on n'entend point pour cela qu'on ayt manqué à ce qui est accordé, attendu qu'on les fournira le plus tost qu'il sera possible.

3. Il est accordé que, dès le jour que monsieur le duc d'Orléans se trouvera dans la place de seureté où il dit estre en estat de pouvoir lever des troupes, Sa Majesté Catholique luy baillera quatre cens mil escus comptant, payables au contentement de Son Altesse, pour estre employez en levées et autres frais utiles pour le bien commun.

4. Sa Majesté Catholique donnera le train d'artillerie avec les munitions de guerre propres à ce corps d'armée, avec les vivres pour toutes les troupes, jusques à ce qu'elles soient entrées en France, là où Son Altesse entretiendra les siens, et Sa Majesté Catholique les autres, comme il sera spécifié plus bas.

5. Les places qui seront prises en France, soit par l'armée de Sa Majesté Catholique, ou celles de Son Altesse, seront mises ès mains de Son Altesse et de ceux de son party.

6. Il sera donné audit seigneur d'Orléans douze mil escus par mois de pension, outre ce que Sa Majesté Catholique donne en Flandres à la duchesse d'Orléans sa femme.

7. Est arresté que cette armée et les troupes d'icelle obéiront absolument audit seigneur duc d'Orléans; et néantmoins, attendu que ladite armée est levée des deniers de Sa Majesté Catholique, les officiers d'icelle presteront le serment de fidélité à Son Altesse de servir aux fins du présent traité, et arrivant faute de Son Altesse, s'il y a quelque prince du sang de France dans le traité, il commandera en la manière qu'il avoit esté arresté dans le traité fait avec monseigneur le comte de Soissons. Et en cas que l'archiduc Léopold ou autre personne, fils ou frère ou parent de Sa Majesté Catholique, vienne à estre gouverneur pour Sadite Majesté Catholique en Flandres, comme il sera là, par mesme moyen, général de ses armées, et que Sa Majesté Catholique a tant de part en ce lieu : est accordé que le seigneur duc d'Orléans et ceux de son party de quelque qualité et condition qu'ils soient, aiant esgard à ces considérations, tiendront bonne correspondance avec

ledit seigneur archiduc ou autre que dit est, et luy communiqueront tout ce qui se présentera, en recevant tous ensemble *les ordres de l'Empereur, de Sa Majesté Catholique*, tant pour ce qui concerne la guerre que pour les plaiges de cette armée, et tous les progrez.

8. Et d'autant que Son Altesse a deux personnes propres à estre mareschaux de camp en cette armée, que ledit sieur de Fontrailles déclarera après la conclusion du présent traité, Sa Majesté Catholique se charge d'obtenir de l'Empereur deux lettres patentes de mareschaux de camp pour eux.

9. Il est accordé que Sa Majesté Catholique donnera quatre-vingt mil ducas de pension à répartir par mois aux seigneurs susdits.

10. Comme aussi on donnera dans trois mois cent mil livres pour pourvoir et munir la place que Son Altesse a pour sa seureté en France. Et si celuy qui baille la place n'est pas satisfait de cela, on baillera ladite somme contant, et de plus cinq cent quintaux de poudre et vingt-cinq mil livres par mois, pour l'entretien de la garnison.

11. Il est accordé de part et d'autre qu'il ne se fera point d'accommodement en général ny en particulier avec la couronne de France, si ce n'est d'un commun consentement, et qu'on rendra toutes les places et pays qu'on aura pris en France, sans se servir contre cela d'aucuns prétextes, toutefois et quantes que la *France rendra les places qu'elle a gagnées*, en quelque pays que ce soit, mesme celles qu'elle a *achetées et qui sont occupées par les armées qui ont serment à la France*. Et ledit seigneur duc d'Orléans et ceux de son party se déclarent dès maintenant pour *ennemis des Suédois et de tous autres ennemis de Leurs Majestez Impériale et Catholique*, et de tous ceux qui leur donnent et donneront faveur, ayde et protection. Et pour les destruire, Son Altesse et ceux de son party donneront toutes les assistances possibles.

12. Il est convenu que les armées de Flandres, et celle que doit commander Son Altesse, ainsi que dit est, agiront de commune main à mesmes fin, avec bonne correspondance.

13. On taschera de faire que les troupes soient prestes au plutost, et que ce soit à la fin de may : sur quoy Sa Majesté Catholique fera escrire au gouverneur de Luxembourg afin qu'il die à celuy qui luy portera un blanc signé de Son Altesse ou de quelqu'un des deux seigneurs, le temps auquel tout pourra estre en estat. Lequel blanc signé Son Altesse envoyera au plutost, afin de gagner temps si les choses sont pressées ; ou si elles ne le sont point encore lorsque la personne arrivera elle s'en retournera à la place de seureté.

14. Sa Majesté Catholique donnera aux troupes de Son Altesse un mois après qu'elles seront dans le service et ensuite, *cent mil livres par mois*, pour leur entretien et pour les autres affaires de la guerre. Et Son Altesse aura agréable de déclarer après le nombre des hommes qu'il aura dans la place de seureté, et celuy de ses troupes s'il trouve bon ; demeurant dès maintenant accordé que les logemens et les contributions se distribueront également entre les deux armées.

15. L'argent qui se tirera du royaume de France sera à la disposition de Son Altesse, et sera départy également entre les deux armées, comme il est dit en l'article précédent, et est déclaré qu'on ne pourra imposer aucuns tributs que par l'ordre de Son Altesse.

16. Au cas que ledit seigneur duc d'Orléans soit obligé de sortir de France et qu'il entre dans la Franche-Comté ou autre part, Sa Majesté Catholique donnera ordre à ce que Son Altesse et les deux autres grands du party soient receus dans tous ses Estats, et pour les faire conduire de là dans la place de seureté.

17. D'autant que ledit seigneur duc d'Orléans désire un pouvoir de Sa Majesté Catholique pour donner la paix ou neutralité aux villes et provinces de France qui la demanderont, il y aura auprès de Son Altesse un ambassadeur de Sa Majesté avec plein pouvoir : Sa Majesté accorde à cela.

18. S'il arrive faute, ce que Dieu ne veuille, dudit seigneur duc d'Orléans, Sa Majesté Catholique promet de conserver *les mesmes pensions auxdits seigneurs, et à un seul d'eux si le parti subsiste,* ou qu'ils demeurent au service de Sa Majesté Catholique.

19. Ledit seigneur duc d'Orléans asseure, et en son nom ledit sieur de Fontrailles, qu'à mesme temps que Son Altesse se découvrira, il lui fera livrer une place des meilleures de France pour sa seureté, laquelle sera déclarée à la conclusion du présent traité : et au cas qu'elle ne soit trouvée suffisante ledit traité demeurera nul, comme aussi ledit sieur de Fontrailles déclarera lesdits deux seigneurs pour lesquels on demande pensions susdites dont Sa Majesté demeure d'accord.

20. Finalement est accordé que tout le contenu de ces articles sera approuvé et ratifié par Sa Majesté Catholique et ledit seigneur duc d'Orléans, en la manière ordinaire et accoustumée en semblables traitez. Le Comte-Duc le promet ainsi au nom de Sa Majesté, et ledit sieur de Fontrailles au nom de Son Altesse, s'obligeant respectivement à cela, comme de leur chef ils l'approuvent dés à présent, le ratifient et le signent. — A Madrid, le 13 mars 1642. Signé : Dom GASPAR DE GUSMAN, et, par supposition de nom : CLERMONT, pour FONTRAILLES.

Nous GASTON, fils de France, frère unique du Roy, duc d'Orléans, certifions que le contenu cy-dessus est la vraie copie de l'original du traité que Fontrailles a passé en nostre nom avec monsieur le Comte-Duc de San Lucar. En tesmoin de quoy nous avons signé la présente de nostre main, et icelle fait signer par notre secrétaire, le 26 aoust 1642, à Villefranche. Signé GASTON, et plus bas GOULAS.

CONTRE-LETTRE.

D'autant que par le traité que j'ay signé aujourd'hui, pour et au nom de monseigneur le duc d'Orléans, avec M. le Comte-Duc, pour et au nom de Sa Majesté Catholique, je suis obligé de déclarer le nom des deux personnes qui sont comprises par Son Altesse dans ledit traité, et la place qu'elle a prise pour sa seureté, je déclare et asseure au nom de Son Altesse à monsieur le Comte-Duc, afin qu'il die à Sa Majesté Catholique, *que les deux personnes sont le seigneur duc de Bouillon, et le seigneur de Cinq-Mars, Grand escuyer* de France ; et la place de seureté qui y est asseurée à Son Altesse *est Sedan, que ledit seigneur de Bouillon luy met entre les mains.* En foy de quoy j'ay signé cet escrit à Madrid, le 13 mars 1642. Signé, par supposition de nom : CLERMONT.

Nous Gaston, fils de France, frère unique du Roy, duc d'Orléans, reconnoissons que le contenu cy-dessus est la vraie copie de la déclaration que monsieur de

Bouillon, monsieur le Grand et nous soubsignez avons donné pouvoir au sieur de Fontrailles de faire des noms de *ces sieurs de Bouillon et le Grand*, à monsieur le *duc de San Lucar* après qu'il auroit passé le traitté avec luy, auquel traitté ils ne sont compris que sous le titre de *deux grands seigneurs de France*. En témoin de quoy nous avons signé la présente certification de nostre main, et icelle fait contresigner par nostre secrétaire.

Signé GASTON.

A Villefranche, le 29 aoust 1642.

Et plus bas : GOULAS.

SUR LA NON-RÉVÉLATION.

La vie de tout homme célèbre a un sens unique et précis, visible surtout, et dès le premier regard, pour ceux qui savent juger les grandes choses du passé, et qui, j'espère, est demeuré dans l'esprit des lecteurs attentifs du livre de *Cinq-Mars*. Le sang de François-Auguste de Thou a coulé au nom d'une idée sacrée, et qui demeurera telle tant que la *religion de l'honneur* vivra parmi nous; c'est *l'impossibilité de la dénonciation sur les lèvres de l'homme de bien*.

Les hommes d'État de tous les temps qui ont voulu acclimater la dénonciation en France, y ont échoué jusqu'ici, à l'honneur de notre pays. C'est déjà une assez grande tache sur cette entreprise que le premier qui l'ait formée soit Louis XI, dont la bassesse était le caractère, et la trahison le génie; mais cet arbre du mal qu'il planta au Plessis-les-Tours ne porta point ses fruits empoisonnés ; et l'on ne vit personne dénoncer un citoyen,

Et, sa tête à la main, demander son salaire.

Le salaire était cependant stipulé dans l'édit de Louis XI; et, pour que nulle autorité ne manque à l'examen d'une question aussi grave, j'en vais citer le point important.

Édit contre la non-révélation des crimes de lèze-majesté.

Loys, par la grace de Dieu, Roy de France : sçavoir faisons à tous présens et advenir que, comme par cy-devant maintes conjurations, conspirations damnables et pernicieuses entreprises ayant été faictes, conspirées et machinées, tant par grands personnages que par moyens et petits, à l'encontre d'aucuns nos progéniteurs Roys de France, et mesmement depuis notre advenement à la couronne :

Disons, déclarons, constituons et ordonnons par lettres, édict, ordonnance et constitution perpétuelle, irrévocable et durable à toujours, que toutes personnes quelconques qui dores en avant sçauront ou auront connoissance de quelques traités, machinations, conspirations et entreprises qui se fairont à l'encontre de notre personne, de notre très-chère et amée compagne la Royne, de notre très-cher et amé fils le Dauphin de Viennois, et de nos successeurs Roys et Roynes de France, et de leurs enfans, aussi à l'encontre de l'Estat et seureté de nous ou d'eux et de la chose publique de notre royaume, soient tenus et réputés criminels de leze-majesté, et punis de semblable peine et de pareille punition que doivent estre les principaux aucteurs, conspirateurs et fauteurs et conducteurs des dits crimes, sans exception ni réservation de personnes quelconques, de quelque estat, condition, qualité, dignité, noblesse, seigneurie, prééminence ou prérogative que ce soit ou puisse estre, à cause de nostre sang ou autrement en quelque manière que ce soit, s'ils ne le revellent ou envoyent reveller à nous ou à nos principaux juges et officiers des pays où ils seront, le plustôt que possible leur sera apris, qu'ils en auront eu connoissance ; auquel cas et quant ainsy le revelleront ou enverront reveller, *ils ne seront en aucuns dangers des punitions des dits crimes ; mais seront dignes de rémunération entre nous et la chose publique.* Toutesfois, en autre chose, nous voulons et entendons les anciennes lois, constitutions et ordonnances qui par nos prédécesseurs ou de droict sont introduites, et les usages qui d'ancienneté ont esté gardés et observés en notre royaume, demeurer à leur force et vertu sans aucunement y déroger par ces présentes. Si nous donnons et mandons à nos amés et féaux gens de notre grand conseil, gens de nos parlemens, et à nos autres justiciers, officiers et subjects qui à présent sont et qui seront pour le temps advenir et à chacun d'eux, si comme à luy appartiendra, que cette présente notre loy, constitution et ordonnance ils facent publier par tous les lieux de leur pouvoir et jurisdiction accoutumés, de faire cris et proclamations publiques, les lire publiquement et enregistrer en leurs cours et auditoires, et, selon icelle loy et constitution, jugent, sententient et déterminent dores en avant, perpetuellement, sans quelconque difficulté, toutes les fois que les cas adviendront. Et afin que soit chose ferme et stable à toujours, nous avons fait mettre notre scel à ces dites présentes. Et, pour ce que ces présentes l'on pourra avoir à besogner à plusieurs et divers lieux, nous voulons que au *vidimus* d'icelles fait soubs scel royal, foy soit adjoustée comme à ce présent original.

Donné au Plessis-du Parc-lès-Tours, le vingt-deuxième jour de décembre mil quatre cent soixante-dix-sept, et de notre règne le dix-septième.

Sic signatum supra plicam.

Par le Roy en son conseil,
L. TEXIER.

Et est scriptum : Lecta, publicata, et registrata, Parisiis, in parlamento, decima quinta die novembris, anno millesimo quadringentesimo septuagesimo nono.

Certes il est facile de comprendre que cet édit ait été rendu par Louis XI en 1477, c'est-à-dire lorsque le comte de La Marche, Jacques d'Armagnac, venait d'avoir la tête tranchée pour crime de lèse-majesté, et quand ses terres et ses biens immenses avaient été impudemment distribués à ses juges[1], héritage monstrueux et inouï depuis les Tibère et les Néron, et qui s'accomplissait pendant que l'on forçait les enfants du condamné à recevoir goutte à goutte le sang de leur père qui tombait de son échafaud sur leur front. Après ce coup fameux, il pouvait poursuivre et se croire en droit de mépriser assez la France pour lui jeter un tel édit et lui proposer de nouvelles infamies. Accoutumé qu'il était à faire un perpétuel marché des consciences, à beaux deniers comptants, n'allant jamais en avant qu'une bourse dans une main et une hache dans l'autre, il suivait le vieil axiome, qui n'est pas un grand effort de génie et que Machiavel a trop fait valoir, de placer les hommes entre l'espérance et la crainte. Louis XI jouait finement son jeu, mais enfin la France se releva et joua noblement le sien en lui montrant qu'elle avait d'autres hommes que son barbier. Malgré le mot de son invention, car il faut le lui restituer en toute loyauté, malgré la traduction adoucie de *dénonciation* par *révélation*, personne, de propos délibéré, ne sortit de chez soi pour aller répéter une confidence surprise dans l'abandon de l'amitié, échappée à la table ou au foyer. La vile ordonnance tomba en oubli jusqu'au jour où le cardinal de Richelieu donna le signal de sa résurrection. M. de Thou n'avait point d'échange de place forte à faire contre sa grâce ainsi que M. de Bouillon, et sa mort devait ajouter à la terreur qu'inspirait celle de M. de Cinq-Mars; s'il était absous, ce serait au moins un censeur jeune et vertueux que conserverait M. de Richelieu; destiné à survivre au vieux ministre, il écrirait peut-être comme son père une histoire du Cardinal, et serait un juge à son tour, juge inflexible et irrité par la mort de M. le Grand, son ami. M. de Richelieu pensait à tout, et ces motifs qui ne m'échappent pas ne sauraient lui avoir échappé. Oublions, pour plus d'impartialité, son mot sur le président de Thou : *Il a mis mon nom dans son histoire, je mettrai le sien dans la mienne.* Faisons-lui la grâce de l'esprit de vengeance, il reste une dureté inflexible[2] une mauvaise foi profonde et le plus immoral égoïsme. La

---

[1] Le seigneur de Beaujeu eut le comté de La Marche (l'arrêt avait été prononcé en son nom); le chevalier de Bonsile, le comté de Castres; Blosset, la vicomté Carlat; Louis de Graville, les villes de Nemours et de Pont-sur-Yonne; le seigneur de l'Isle eut la vicomté de Murat, etc.; et l'on regrette de voir, parmi les autres noms de ceux qui eurent part à la proie, Philippe de Comines partageant avec Jean de Daillon les biens de Tournai et du Tournaisis, qui avaient appartenu à ce duc de Nemours qu'ils venaient de condamner à mort.

[2] Dupuy rapporte dans ses mémoires que lorsque l'exempt lui apporta la lettre du chancelier qui lui apprenait l'arrêt:

« Et M. de Thou aussi! dit le Cardinal avec un air de satisfaction. M. le Chancelier m'a délivré d'un grand fardeau. Mais, Picaut, ils n'ont point de bourreau! » — On voit s'il pensait à tout.

vie sévère de M. de Thou, qui pouvait devenir utile à un État où tout se corrompait, était importune et dangereuse au ministre; il n'hésita pas : n'hésitons pas non plus à juger cette justice. Il faut à tout prix connaître le fond de ces *raisons d'État* si célébrées et dont on a fait une sorte d'arche sainte impossible à toucher. Les mauvaises actions nous laissent le germe des mauvaises lois, et il n'est pas un passager ministre qui ne cherche à les faire poindre pour conserver la source de son pouvoir d'emprunt, par amour de cet douteux éclat. Une chose peut, il est vrai, rassurer : c'est que toutes les fois qu'une pareille idée se porte au cerveau d'un homme politique, la gestation en est pesante et pénible, l'enfantement en serait probablement mortel, et l'avortement est un bonheur public.

Je ne pense pas qu'il se rencontre dans l'histoire un fait qui soit plus propre que le jugement d'Auguste de Thou à déposer contre cette fatale idée, en cas que le mauvais génie de la France voulût jamais que la proposition fût renouvelée d'une loi de non révélation.

Comme rien n'inspire mieux les réponses les plus sûres et ne les présente avec de plus nettes expressions qu'un danger extrême chez un homme supérieur, je vois que dès l'abord M. de Thou alla au fond de la question de droit et de possibilité avec sa raison, et au fond de la question de sentiment et d'honneur avec son noble cœur; écoutons-le :

Le jour de sa confrontation avec M. de Cinq-Mars [1], il dit : « Qu'après avoir
» beaucoup considéré dans son esprit, sçavoir, s'il se devait déclarer au Roy (le voyant
» tous les jours au camp de Perpignan) la cognoissance qu'il avoit eue de ce traité,
» il résolut en luy-mesme pour plusieurs raisons de n'en point parler. 1° Il eût
» fallu se rendre délateur d'un crime d'Estat de Monsieur, frère unique du Roy,
» de Monsieur de Bouillon et de Monsieur le Grand, qui *estoient tous beaucoup*
» *plus puissans* et plus accrédités que luy, et qu'il y avoit certitude qu'il succom-
» beroit en cette action, dont il *n'avoit aucune preuve* pour le vérifier. — Je
» n'aurois pu citer, dit-il, le tesmoignage de Fontrailles, qui estoit absent, et Mon-
» sieur le Grand auroit peut-être nié alors qu'ils m'en eust parlé. J'aurois donc
» passé pour un calomniateur, et mon honneur, qui me sera toujours plus cher
» que ma propre vie, estoit perdu sans ressource. »

2° Pour ce qui regarde M. le Grand, il ajoute ces paroles déjà fidèlement rapportées (p. 361) et d'une beauté incomparable par leur simplicité antique, j'oserai presque dire évangélique :

« — Il m'a cru son amy unique et fidèle, et je ne l'ai pas voulu trahir. »

Quelle que puisse être l'entreprise secrète que l'on suppose, ou contre

---

[1] Voir interrogatoire et confrontation (12 septembre 1642), Journal de M. le Cardinal-Duc, écrit de sa main (page 190).

une tête couronnée, ou contre la constitution d'un État démocratique ou contre les corps qui représentent une nation ; quelle que soit la nature de l'exécution du complot, ou assassinat, ou expulsion à main armée, ou émeute du peuple, ou corruption ou soulèvement de troupes soldées, la situation sera la même entre le conjuré et celui qui aura reçu sa confidence. Sa première pensée sera la perte irréparable, éternelle, de son honneur et de son nom, soit comme colomniateur s'il ne donne pas de preuves, soit comme lâche délateur s'il les donne : puni dans le premier cas par des peines infamantes, puni dans le second par la vindicte publique, qui le montre au doigt tout souillé du sang de ses amis.

Ce premier motif de silence, lorsque M. de Thou daigna l'exprimer, je crois que ce fut pour se mettre à la portée des esprits qui le jugeaient et pour entrer dans le ton général du procès et dans les termes précis des lois, qui ne se supposent jamais faites que pour les âmes les plus basses, qu'elles circonscrivent et pressent par des barrières grossières et une nécessité inexorable et uniforme. Il démontre qu'il n'eût pas pu être délateur quand même il l'eût voulu. Il sous-entend : Si j'eusse été un infâme, je n'aurais pu même accomplir mon infamie, on ne m'eût pas cru. — Mais, après ce peu de mots sur l'impossibilité matérielle, il ajoute le motif de l'impossibilité morale, motif vrai et d'une vérité éternelle, immuable, que tous les cultes ont reconnue et sanctionnée, que tous les peuples ont mise en honneur :

Il m'a cru son amy.

Non-seulement il ne l'a pas trahi, mais on remarquera que dans tous ses interrogatoires, ses confrontations avec M. de Bouillon et M. de Cinq-Mars, il ne nomme et ne compromet personne [1].

« Soudain que je fus seul avec M. de Thou, dit Fontrailles dans ses Mémoires, il me dit le voyage que je venois de faire en Espagne, et qui me surprit fort, car je croyois qu'il luy eust été célé, conformément à la délibération qui en avoit esté prise. — Quand je luy demanday comme quoy il l'avoit appris, il me déclara en confiance fort franchement qu'il le *sçavoit de la Royne* et qu'elle le tenoit de Monsieur.

» Je n'ignorois pas que Sa Majesté eust fort souhaité une cabale et y avoit contribué de tout son pouvoir [2]. »

M. de Thou pouvait donc s'appuyer sur cette autorité ; mais il sait qu'il fera persécuter la reine Anne d'Autriche, et il se tait. Il se tait

---

[1] Voir l'interrogatoire et procès-verbaux instruits par Monsieur le Chancelier, etc., etc., 1642.

[2] Relation de M. de Fontrailles.

aussi sur le Roi lui-même et ne daigne pas répéter ce qu'il a dit au Cardinal dans son entretien particulier. Il ne veut pas de la vie à ce prix.

Quant à M. de Cinq-Mars, il n'a qu'une raison à donner :

Il m'a cru son amy.

Quand même, au lieu d'être un ami éprouvé, il n'eût été qu'un homme uni à M. de Cinq-Mars par des relations passagères, *il l'a cru son ami*, il a eu foi en lui, *il ne l'a pas voulu trahir*. Tout est là.

Lorsque la religion chrétienne a institué la confession, elle a, je l'ai dit ailleurs, divinisé la confidence ; comme on aurait pu se défier du confident, elle s'est hâtée de déclarer criminel et digne de la mort éternelle le prêtre qui révélerait l'aveu fait à son oreille. Il ne fallait pas moins que cela pour transformer tout à coup un étranger en ami, en frère, pour faire qu'un chrétien pût aller ouvrir son âme au premier venu, à l'inconnu qu'il ne reverra jamais, et dormir le soir en paix dans son lit, sûr de son secret comme s'il l'eût dit à Dieu.

Donc tout ce qu'a pu faire le confesseur, à l'aide de sa foi et de l'autorité de l'Église, a été d'arriver à être considéré par le pénitent comme un ami, de parvenir à faire naître ces épanchements salutaires, ces larmes sacrées, ces récits complets, ces abandons sans réserve que l'amitié grave et bonne avait seule le droit de recevoir avant la confession, l'amitié, la sainte amitié, qui rend en vertueux conseils ce qu'elle reçoit en coupables aveux.

Si donc le confesseur prétend à la tendresse de cœur, à la bonté suprême de l'ami, quel ami ne doit regarder comme premier devoir l'infaillible sûreté du secret déposé en lui comme dans le tabernacle du confesseur ?

Mais ce n'est pas seulement de l'ami ancien et éprouvé qu'il s'agit, c'est encore de tout homme traité en ami, de tout *premier venu* qui, la main dans la main a reçu une confidence sérieuse. Le droit de l'hospitalité est aussi ancien que la famille et la race humaine : nulle tribu, nulle horde, si sauvage qu'elle soit, ne conçoit qu'il soit possible de livrer son hôte. Un secret est un hôte qui vient se cacher dans le cœur de l'honnête homme comme dans son inviolable asile. Quiconque le livre et le vend est hors de la loi des nations.

Ce serait une bien grande honte pour les pauvres règnes qui ne pourraient avoir un peu de durée qu'au prix de ces lois barbares, et se tenir debout qu'avec de si noirs appuis. Mais, voulût-on en faire usage, on ne le pourrait pas. Il faudrait, pour que ce fût praticable que la civilisation eût marché d'un pied et non l'autre. Or on est venu partout à une sorte de délicatesse générale de sentiment qui fait que telles actions publiques ne sont pas même proposables. On ne sait comment il se fait que telles choses, utiles il y a des siècles, ne se peuvent faire, ne se peuvent dire, ne se peuvent même nommer sérieusement par aucun homme vivant ; et cela, sans que jamais on ne les ait abolies. Ce sont les véritables changements de mœurs qui forcent à naître les véritables et durables lois. Qui nous dira où est le pays si reculé qui oserait aujourd'hui donner à l'homme juge la dépouille de l'homme jugé ? Toutes les lois ne sont pas de main humaine... La loi qui défend cet héritage sanglant n'a pas été écrite, elle est venue s'asseoir parmi nous. A ses côtés s'est posée celle qui dit : *Tu ne dénonceras pas !* et le plus humble journalier n'oserait, de nos jours, se placer à la table de son voisin s'il y avait manqué.

Pour moi, s'il fallait absolument aux hommes politiques quelques vieux ustensiles des temps barbares, j'aimerais mieux leur voir dérouiller, restaurer, et mettre en scène et en usage les chevalets et les outils de la torture ; car ils ne souilleraient du moins que le corps et non l'âme de la créature de Dieu. Ils feraient parler peut-être la chair souffrante, mais le cri des nerfs et des os sous la tenaille est moins vil que la froide vente d'une tête sur un comptoir, et il n'y a pas encore eu de nom qui ait été inscrit plus bas que le nom de Judas.

Oui, mieux vaut le danger d'un prince que la démoralisation de l'espèce entière. Mieux vaudrait la fin d'une dynastie et d'une forme de gouvernement, mieux vaudrait même celle d'une nation, car tout cela se remplace et peut renaître, que la mort de toute vertu parmi les hommes.

FIN

TABLE

RÉFLEXIONS SUR LA VÉRITÉ DANS L'ART.....................	1
CHAPITRE I. — Les adieux...............................	11
CHAPITRE II. — La rue.................................	32
CHAPITRE III. — Le bon prêtre..........................	43
CHAPITRE IV. — Le procès..............................	55
CHAPITRE V. — Le martyre.............................	66
CHAPITRE VI. — Le songe..............................	76
CHAPITRE VII. — Le cabinet............................	86
CHAPITRE VIII. — L'entrevue...........................	108
CHAPITRE IX. — Le siége...............................	121
CHAPITRE X. — Les récompenses........................	134
CHAPITRE XI. — Les méprises..........................	146
CHAPITRE XII. — La veillée............................	157
CHAPITRE XIII. — L'Espagnol...........................	176
CHAPITRE XIV. — L'émeute............................	185
CHAPITRE XV. — L'alcôve..............................	201
CHAPITRE XVI. — La confusion.........................	215
CHAPITRE XVII. — La toilette..........................	223

CHAPITRE XVIII — Le secret...............................	237
CHAPITRE XIX. — La partie de chasse........................	244
CHAPITRE XX. — La lecture.................................	270
CHAPITRE XXI. — Le confessionnal..........................	290
CHAPITRE XXII. — L'orage.................................	301
CHAPITRE XXIII. — L'absence..............................	315
CHAPITRE XXIV. — Le travail..............................	324
CHAPITRE XXV. — Les prisonniers..........................	351
CHAPITRE XXVI. — La fête.................................	389
NOTES..	397

COLLECTION A 3 FR. LE VOLUME

FORMAT GRAND IN-8°, IMPRIMÉ AVEC CARACTÈRES NEUFS, SUR BEAU PAPIER SATINÉ

ALFRED DE VIGNY
(ŒUVRES COMPLÈTES)

STELLO (les Consultations du Docteur Noir), 1 volume grand in-8°, édition de luxe. . . . . 3 fr.

CINQ-MARS, OU UNE CONJURATION SOUS LOUIS XIII, 1 volume grand in-8° de 500 pages, édition de luxe, avec autographes de Cinq-Mars et de Richelieu, etc. . . . . 3 fr.

SERVITUDE ET GRANDEUR MILITAIRES, 1 vol. grand in-8°, édition de luxe. 3 fr.

THÉATRE COMPLET. — *Othello ou le More de Venise* — *Le Marchand de Venise.* — *La Maréchale d'Ancre.* — *Quitte pour la peur.* — *Chatterton*, 1 vol. grand in-8°, nouvelle édition de luxe, revue et corrigée. . . . 3 fr.

POÉSIES COMPLÈTES, 1 volume grand in-8°, édition de luxe, revue et corrigée. 3 fr.

VICTOR COUSIN

COURS DE PHILOSOPHIE, 4 volumes de 400 à 500 pages, grand in-8°, édition de luxe.
    TOME Ier. — Premiers Essais de philosophie . . . . 3 fr.
    TOME II. — Philosophie sensualiste . . . . 3 fr.
    TOME III. — Philosophie écossaise . . . . 3 fr.
    TOME IV. — Philosophie de Kant . . . . 3 fr.

Ces quatre volumes, quoique formant collection, peuvent se détacher, et se vendent séparément.

Les mêmes, in-12 . . . . 2 fr.

MÉMOIRES POLITIQUES ET CORRESPONDANCE DIPLOMATIQUE
de
JOSEPH DE MAISTRE

Avec explications et commentaires historiques

Par Albert Blanc.

Un beau volume grand in-8°, imprimé avec luxe — Prix : 5 francs.

QUATRE ANS DE RÈGNE. — OU EN SOMMES-NOUS?
PAR LE Dr L. VÉRON.

Un volume grand in-8°, imprimé avec luxe. — Prix : 5 francs.

HISTOIRE DU CONGRÈS DE PARIS
PAR M. ÉDOUARD GOURDON

Chargé des affaires étrangères à la division de la presse (ministère de l'intérieur)

Un volume grand in-8°, de 600 pages, imprimé avec luxe

PRIX : 5 FRANCS

www.ingramcontent.com/pod-product-compliance
Lightning Source LLC
Chambersburg PA
CBHW070539230426
43665CB00014B/1750